广东省政区图

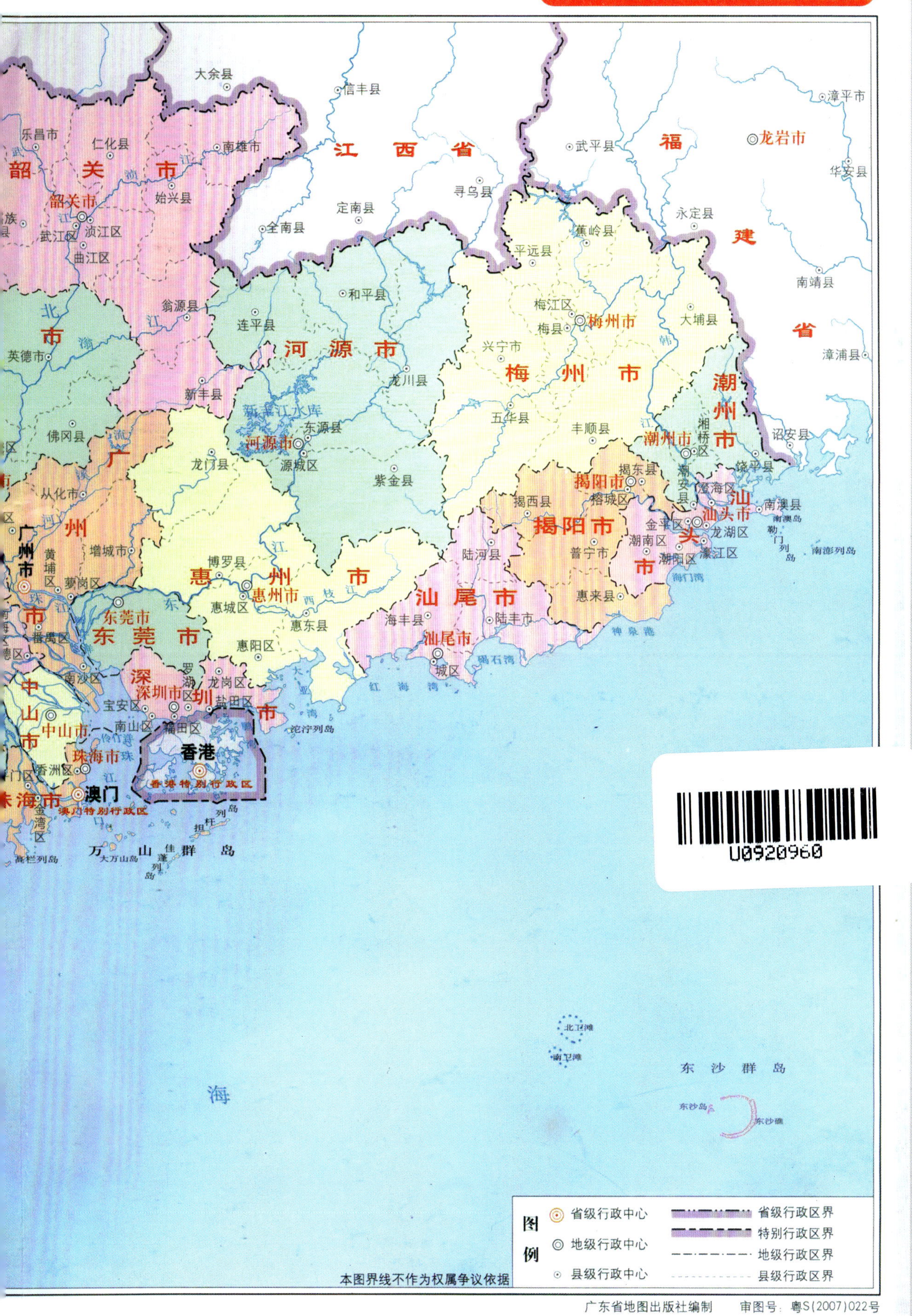

广东省地图出版社编制 审图号：粤S(2007)022号

2010

广东国土资源年鉴

广东国土资源年鉴编纂委员会编

广东省地图出版社

图书在版编目（CIP）数据

广东国土资源年鉴．2010／《广东国土资源年鉴》编纂委员会编．-- 广州：广东省地图出版社，2011.5
ISBN 978-7-80721-426-7

Ⅰ．①广… Ⅱ．①广… Ⅲ．①国土资源－广东省－2010－年鉴 Ⅳ．① F129.965-54

中国版本图书馆 CIP 数据核字（2011）第 078968 号

责任编辑：陈英杰

广东国土资源年鉴（2010）
1996 年创刊

编　者　广东国土资源年鉴编纂委员会
出　版　广东省地图出版社
发　行　广东国土资源年鉴编辑部
地　址　广州市环市东路 468 号
邮　编　510075
电　话　020-87601858（采编室）
　　　　020-87601827（通联室）

开　本　850 毫米 ×1168 毫米 1/16
印　张　21
字　数　500 千字
印　数　3000 册
版　次　2011 年 5 月第一版
　　　　2011 年 5 月第一次印刷

书　号　ISBN978-7-80721-426-7/F·98
定　价　160.00 元

编 辑 说 明

一、《广东国土资源年鉴》是广东国土资源年鉴编纂委员会主编的、反映年度本省国土资源利用变化以及本行业政务活动的史实记录，其前身《广东地政地产年鉴》自1996年起由广东国土资源年鉴编纂委员会主编，每年编纂出版一次。根据机构改革后业务范围的调整，从2000年起更名为《广东国土资源年鉴》。

二、2010年的《广东国土资源年鉴》记述上一年度国土资源工作有关资料。全书设图片专辑、特辑、国土资源省情、国土资源行政、各市国土资源管理、部门国土资源管理、厅属事业单位、学会社团、统计资料、政策法规摘选共10章，近500千字。并附照片93张，插图14张，图表34幅。

三、本年鉴编排结构，采用编目、类目、条目三个层次，不同层次的标题、字体、字号和版式设计均有明显的区别。其中全书出现最多的“目”一级标题，统一用黑体字加【】号表示。

四、本年鉴所有的统计数字，主体是国土资源部门统计数字。由于统计口径的差异，有的数字可能与政府统计部门的数字不尽一致，公开使用时应以省统计局《社会经济统计资料》的数字为准。

五、本年鉴的资料来源：全省性的资料，由厅机关各有关业务处室、厅属事业单位、社团、厅归口管理单位提供；各市及部门资料，由各市国土资源管理部门及有关部门提供。

六、广东国土资源年鉴编辑部负责全书资料的收集、整理及校核，广东省地图出版社出版。在本年鉴编纂出版过程中，各级领导给予了关怀和支持，供稿、编校人员付出了辛勤劳动，借此深表谢意。本书的粗疏、错漏之处，敬请批评指正。

编　者

2010年9月

《广东国土资源年鉴》编纂委员会

顾　问： 林木声

总　编： 招玉芳

副总编： 沈绍梅　黄奕锋　涂高坤　杨俊波　叶伟龙　邢建江　李俊祥　杨林安　李　师　张超群　游启胜

委　员： 朱　江　方为民　张英奇　徐健慧　吴伟强　吴建林　谢自力　陈厚松　杨天源　邱　毅　张玉平　赵　红　许史兴　王祖华　王超锋　李晓波　蒋金波　方锡林　罗国斌　刘克斌　廖益良　林良彬　马兰峰　陈茵茵　余井泉　曾元武　朱　雷　张少平　于忠陵　宁晓锋　李俊夫　王　芃　夏克军　刘　杰　黄添胜　麦镜儒　张映平　张文浩　刘润荣　何权昌　利为民　潘念礼　林什旺　杜　林　陈海亭　陈建中　叶　锐　吴素贞　陈　鹏　陈岳平

广东国土资源年鉴编辑部

主任编辑： 朱　江

副主任编辑： 吴志伟　江淑生　袁学东　祝桂峰

责任编辑： 张普辉　卢小娅

美术编辑： 邝文强

摄　　影： 祝桂峰　邝文强　张　澄

电脑排版： 张思恩

工作人员： 卢风华　张　澄　谢东荣

2010年《广东国土资源年鉴》主要撰稿人

王　彤　王晓光　文　燕　方伟标　叶小芊　石美坤　冯德斌　许新立　许翠丽
陈　丹　陈　勇　陈　峰　陈　涛　陈万鑫　陈伟玲　陈英杰　杨　扬　肖　婷
肖桂涛　吴　鋆　吴兴菊　吴福明　李　臻　李晓明　李益新　李盛春　张冬芸
邹伟健　沈宗文　余青青　苏琛贸　罗　娟　范　晶　范利辉　周志文　周志怡
周克军　林传彰　钟　丽　钟志勇　柯小兵　赵红昌　胡春雷　袁旭峰　袁晓兰
殷华清　莫新生　秦新辉　黄　浩　黄永松　黄国锐　黄海文　梁　叙　梁华贤
舒　洁　曾　铭　谢向东　温善强　谭小兵　熊进军　裴宝琛　蔡淑敏　魏　瑄

目　录

各市国土资源管理

部门国土资源管理

厅属事业单位

学会社团

统计资料

政策法规摘选

图片专辑

1/24

2010

责任编辑：张普辉　卢风华

2009年4月15日，国土资源部党组书记、部长、国家土地总督察徐绍史到广东调研。图为中共中央政治局委员、广东省委书记汪洋与国土资源部党组书记、部长、国家土地总督察徐绍史就如何进一步做好省部合作，推动广东建设节约集约用地试点示范省相关工作进行亲切交谈。

2009年4月16日上午，国土资源部党组书记、部长、国家土地总督察徐绍史在广东省委党校作“广东学习论坛”国土资源管理工作专题报告。会前，省委书记汪洋、省人大常委会主任欧广源、省长黄华华与徐绍史亲切交谈。

2009年4月16日上午，应第61期《广东学习论坛》邀请，国土资源部党组书记、部长、国家土地总督察徐绍史在广东省委党校作“关于国土资源管理形势分析专题报告”。

2009年4月16日，国土资源部部长徐绍史一行在广东省佛山市南海区夏西村调研了解该村“三旧”改造情况，并对“三旧”改造工作给予了充分的肯定。

2009年4月17日，国土资源部部长徐绍史在广东省副省长林木声、广东省国土资源厅厅长招玉芳及深圳市有关领导陪同下，前往深圳市罗湖区田贝村田贝花园工地“三旧”改造现场调研。

2009年2月7日，国土资源部副部长鹿心社等领导一行，在国家土地督察广州局局长束伟星、省国土资源厅厅长招玉芳等有关领导的陪同下，先后到佛山市顺德区、珠海市横琴岛等地，就国土资源管理工作进行考察调研。

2009年9月1日至3日，国土资源部副部长贠小苏一行6人，冒着酷暑，先后赴佛山、东莞、惠州、深圳等地，对广东节约集约用地、土地监察实时巡查系统、地质灾害防治和基层国土资源所建设等工作进行调研。

2009年11月23日至25日，国土资源部副部长、党组成员、国家测绘局局长徐德明，率国家测绘局地理信息与地图司司长李永雄、国家测绘局发展研究中心副主任周德军等人，深入广州、佛山、深圳等地开展调研。

2009年12月8日至12日，国土资源部党组成员、中央纪委驻国土资源部纪检组长王寿祥一行，听取关于广东省国土资源管理形势及党风廉政建设等情况汇报。

2009 年 2 月 1 日，春节后第一个工作日。上午，在省长办公室里，中共广东省委副书记、省长黄华华向省国土资源厅厅长招玉芳一行送上新春的祝福，勉励省国土资源厅在新的一年再接再厉，把好的经验、好的做法发扬光大，立足岗位，再创佳绩。

2009 年 6 月 25 日，广东省政府召开全省土地管理工作会议，深入贯彻落实国家关于加强土地调控、严格土地管理的要求，进一步部署推进广东省的耕地保护和土地利用工作。省长黄华华作重要讲话并代表省政府与各地级以上市政府签订了 2009 年度耕地保护责任书。

2009 年 7 月 28 日，广东省省长黄华华和副长林木声率省直有关部门负责人到省国土资源，就贯彻落实省委十届五次全会精神，围绕如进一步做好新形势下的国土资源管理工作、促经济平稳较快发展的问题进行调研。

2009 年 2 月 5 日，省政府在广州召开全省国土资源管理工作会议，省政府林木声副省长、省政府罗欧副秘书长、国家土地督察广州局邱耿华副专员出席会议。会上，林木声副省长作了重要讲话，省国土资源厅招玉芳厅长作了工作报告。

2009 年 2 月 28 日，广东省“青年志愿者协助开展国土资源保护活动启动暨国土执法监察车辆发放仪式” 在广州举行。仪式上，广东省人民政府副省长林木声向省国土资源厅厅长招玉芳颁发了 165 台国土执法监察车钥匙。

2009 年 4 月 13 日，广东省政府在阳江市召开全省补充耕地现场会，现场观摩阳江市补充耕地情况。图为副省长林木声在江城区双捷镇了解开发补充耕地项目情况。

2009年5月11日上午，由中共广东省委组织部主办、省国土资源厅协办、华南农业大学承办的"广东省领导干部国土资源管理专题研讨班"在华南农业大学开班。

2009年9月18日，广东省政府召开"三旧"改造工作会议。广东省副省长林木声指出，"三旧"改造工作对于推进节约集约用地试点示范省建设，推动"三促进一保持"，具有十分重要的意义和作用。

2009年11月30日，国务院第二次全国土地调查领导小组办公室在北京召开全国"二调"工作电视会议。会议结束后，广东省政府紧接着召开全省"二调"工作电视电话会议，省政府副省长、省第二次土地调查领导小组组长林木声出席会议强调，广东省二次调查各项工作取得了阶段性成果。

2009年2月20日，肇庆市国土资源局在封开县隆重举行国土资源执法监察车辆发放仪式，广东省国土资源厅厅长招玉芳、省厅执法监察总队总队长李师等参加了赠车仪式。

2009年1月9日，省国土资源厅召开会议，传达学习贯彻省委十届四次全会精神，并就如何抓好落实、做好下阶段国土资源管理工作作部署。厅长招玉芳出席会议并发表了重要讲话。

2009年1月20日，省厅召开学习实践科学发展观活动整改落实阶段动员会。省委深入学习实践科学发展观检查组第三组组长周光明和厅长招玉芳分别在会上作了讲话。

2009年2月28日，广东省“青年志愿者协助开展国土资源保护活动启动暨国土执法监察车辆发放仪式”在广州举行。国土资源部执法监察局局长李建勤、省国土资源厅厅长招玉芳等领导一起开通“广东省青少年国土资源保护信息网站”。

2009年3月17日下午，云浮市委书记、市人大常委会主任王蒙徽一行10人，走访了省国土资源厅，并进行了交流座谈。座谈会上，厅长招玉芳、云浮市委书记王蒙徽分别作了讲话。

2009 年 3 月 18 日，省国土资源厅召开全厅干部职工大会，厅长招玉芳传达了十一届全国人大二次会议精神。

2009 年 4 月 23 日，广西南宁举行华南地区“保增长保红线”行动工作联席会议暨土地督察工作座谈会。广东省国土资源厅厅长招玉芳等出席了座谈会并发表了重要讲话。

2009 年 6 月 30 日，广东省国土资源厅召开省厅政风行风建设情况汇报会，厅党组书记、厅长招玉芳在会上发表重要讲话。

2009 年 4 月 8 日起，广东省国土资源系统开展大接访活动，解决了一批群众反映强烈的信访突出问题，息诉了一批重复上访户，化解了一批信访隐患和苗头。图为招玉芳厅长热情接访茂名地区的上访群众。

2009 年 6 月 26 日，厅党组书记、厅长、省委学习实践活动领导小组成员招玉芳，前往联系点佛山市国土资源局禅城分局进行调研指导，佛山市局局长潘念礼，禅城区委常委、常务副区长葛承书和禅城分局局长陈维庆等陪同调研。

2009 年 7 月 20 日，省厅召开传达学习省委十届五次全会精神大会，厅党组书记、厅长招玉芳传达了十届五次会议精神。厅机关全体干部和下属单位有关负责人出席了会议。

2009年7月24日，广东省召开了加快建设用地报批工作座谈会，厅长招玉芳就如何落实《关于加快建设用地报批依法保障扩大内需建设项目用地的紧急通知》作了重要讲话。

2009年8月11日，广东省国土资源厅在广州市广东大厦召开全省各市国土资源局长座谈会。厅长招玉芳出席了座谈会并发表了重要讲话。

2009年9月18日，全省国土资源系统先进事迹宣讲会在广州举行，省纪委常委、省监察厅副厅长秦通海，省国土资源厅招玉芳厅长等领导接见了宣讲团11位代表。

2009年6月25日，数字佛山地理空间框架建设工程设计书评审会暨国家测绘局、省国土资源厅、佛山市政府共建共享合作协议签署仪式在佛山市举行。三方代表签署共建共享合作协议。

2009年8月28日，由省国土资源厅和惠州市国土资源局联合举办的“加强基础测绘，发展地理信息产业”测绘法宣传、咨询活动在惠州市滨江公园前广场举行。省厅巡视员张新民在《测绘法》宣传日活动现场发表讲话。

2009年6月25日晚，为配合第19个全国“土地日”宣传活动，广东省国土资源厅在南方网上进行了“广东建设节约集约用地试点示范省”访谈直播。图为省国土资源厅副厅长涂高坤和华南农大教授汤惠君接受在线访谈。

2009 年 12 月 21 日，国土资源部会同有关专家组成的评估小组一行 3 人在省国土资源厅副厅长涂高坤陪同下，对佛山祖庙东华里片区和佛山家居博览城进行了考察评估。

2009 年 6 月 26 日，“广东省矿业权市场建设研究课题报告评审会”召开，广东省纪委派驻省国土资源厅纪检组组长叶伟龙、省监察厅执法室副主任杨汉军出席会议并讲话。

2009 年 11 月 5 日，广东省国土资源厅召开民主评议政风行风面对面评议大会。广东省纪委派驻省国土资源厅纪检组长叶伟龙主持会议。

2009 年 9 月 16 日至 18 日，受省国土资源厅厅长招玉芳的委托，省厅副厅长邢建江率省厅机关和直属单位的负责人一行 17 人深入梅州开展扶贫开发“规划到户、责任到人”工作调研。

2009 年 9 月 25 日，中国共产党广东省国土资源厅直属机关代表大会在厅机关举行。会议由厅副巡视员游启胜主持，副厅长邢建江代表厅直属机关党委作重要讲话，129 名党员代表出席了大会。

2009 年 4 月 2 日，越南自然资源与环境部部长范奎元一行到广东省国土资源厅进行自然资源与环境的工作交流，省国土资源厅总工程师杨林安参加了交流活动，双方还互赠了纪念品。

2009年4月22日，广东省国土资源厅和清远市国土资源局在清远市清城区城市广场举办纪念第40个“世界地球日”科普咨询活动。省厅总工程师杨林安在活动现场发表讲话。

2009年3月12日，省国土资源厅在广州市召开了全省国土资源局执法监察大队长座谈会，省国土资源厅执法监察总队总队长李师在会上作了重要讲话。

2009年6月26日，“珍爱国土·青年担当”——广东青年国土资源保护行动试点工作推进会暨惠州青年国土资源保护行动启动仪式在惠州举行。广东省国土资源厅执法监察总队总队长李师出席了启动仪式并讲话。

2009年2月5日，省国土资源厅在广东大厦召开了21个地级以上市国土资源局长座谈会，研讨新一年工作。

2009年2月6日，省国土资源厅党组和省纪委派驻省国土资源厅纪检组在广州联合召开全省国土资源系统党风廉政建设工作会议。

2009年2月6日，省纪委派驻省国土资源厅纪检组召开全省国土资源系统纪检组长（纪委书记）工作座谈会。

2009年2月24日，省厅在机关五楼会议室召开学习实践科学发展观总结测评大会，省厅全国人大代表、省政协委员、省优秀共产党员、全国和省“五一”劳动奖章获得者代表、厅机关离退休干部代表参加了会议。

2009年3月12日至13日，“全省利用园地山坡地补充耕地工作座谈会”、“全省利用园地山坡地补充耕地项目资料编制业务培训班”同时在广州举行。

2009年4月10日，省厅召开参加地理信息产业峰会和展览会筹备工作动员协调会。全省甲级测绘资质单位及部分从事地理信息产业的乙级测绘资质单位的主要负责人共40多人参加了会议。

2009年4月13日，广东省政府在阳江市江城区双捷镇双捷村长凹岭召开了低效园地山坡地开发补充耕地现场会。图为代表们察看补充耕地成效。

2009年4月24日，省国土资源厅召开了民主评议政风行风工作自查自评阶段动员大会，省国土资源厅领导、厅机关全体干部、厅直属单位领导班子成员和联络员共100多人参加会议。

2009年6月17日，越南土地管理总局一行9人访问广东省土地勘察规划院，就土地调查、土地规划及土地政策等开展交流并实地考察。

2009年6月23日，省行评督导办副主任、省直行评办副主任唐策一行9人到省国土资源厅检查工作，并召开了两场座谈会。厅有关处室代表和下属单位职工代表分别参加了座谈会。

2009年8月25日，广东省国土资源厅召开全省国土资源执法监察暨维稳信访工作座谈会。厅长招玉芳在会上作了工作部署并提出了具体要求。

2009年9月9日，广东省国土资源信息中心组织全体党员干部观看廉政教育影片。通过正反典型案例促进党员干部自觉开展对照检查，使精神面貌有新变化、工作效率有新提高、工作作风有新转变，确保党员干部的素质和能力得到了有效提高。

2009年9月15日，省厅举办全省测绘质量监督管理培训班。除各市国土资源局测绘管理科（处）负责人、质量管理工作人员外，各甲乙级测绘资质单位主管质量工作的负责人和质检人员等240多人参加了此次培训。

2009年10月13日，全省国土资源执法监察工作座谈会在广州三寓宾馆举行，全省21个地级市国土资源局的执法监察大队（支队）长参加了会议。

2009年10月13日，省国土资源厅召开全省城乡建设用地增减挂钩试点暨规划修编工作会议，各地级以上市相关负责人参加了会议。

2009 年 10 月 23 日，省国土资源厅召开单独评议处室测评大会，厅办公室、矿产资源管理处、执法监察总队、省国土资源信息中心、省征地服务中心五个部门认真接受了省直行评团的测评。

为构建和谐国土文化，增强干部职工身体素质和身心健康，2009 年 10 月 30 日，广东省国土资源厅机关及机关服务中心全体干部职工到白云山开展登山活动。

2009 年 11 月 13 日，省厅在广州举行国土资源系统党风廉政建设工作会，检查党风廉政建设责任制和构建惩防体系落实情况，对下阶段国土资源反腐倡廉工作进行研究部署。

2009 年 11 月 13 日，省厅在广州举行了典型案件剖析和预防职务犯罪视频报告会。视频会覆盖全系统，全省共有 5215 人同步收看本次报告会。

2009 年 11 月 26 日，广东省“三旧”改造工作现场会在佛山召开。

2009 年 12 月 7 日，省厅 107 名公务员统一在厅四楼考场参加 2009 年度广东省直和中央驻穗单位公务员学法考试。

2009 年 3 月 25 日至 27 日，潮州市国土资源系统地质灾害突发公共事件应急管理全员培训班活动开班。

2009 年 4 月 22 日，广州局在天河公园举行“世界地球日”咨询活动，向市民宣传有关保护环境、珍惜资源的知识。

2009 年 5 月 21 日至 22 日，由中山局城区分局、发证办、土地储备中心联合牵头的业务窗口工作人员来到位于东区长江北路大桥旁的洋角口村为村民收件办证。

2009 年 6 月 25 日，惠州市大亚湾区国土资源局启动“珍爱国土·青年担当”青年保护国土资源行动仪式暨“6·25”现场宣传活动。

2009 年 6 月 25 日，梅州市国土资源局在百花洲影剧院门口举行纪念第 19 个全国“土地日”宣传活动，现场接受群众咨询，为群众释疑解难，向群众着力宣传国土资源管理政策法规。

湛江市国土资源局针对空心村、旧村场土地浪费严重的现象加大了开发整理土地的力度。截至 2009 年 6 月底止，遂溪县开发整理旧村场 101 宗，新增耕地面积 7063.3 亩。

2009年7月4日，河源市连平县忠信镇人民政府在县国土资源局等有关部门的积极配合下，对忠信镇上坐村三厂背地段5宗违法违规占用耕地建设行为进行了查处整改，当天恢复复耕地原貌，复耕复绿面积达500平方米。

2009年7月11日，汕尾市海丰县国土资源局举办了全县国土资源管理所工作人员培训班，45位国土资源管理所工作人员参加了培训。

2009年，国家测绘局第一测量大队先进事迹在广东省国土资源系统引起强烈反响。图为2009年8月12日，惠州市惠阳区国土资源局干部职工在交流学习心得。

2009年9月15日，汕头市国土资源局举行“处处是窗口，人人是形象”演讲比赛，局机关和局下属12个基层单位共14名选手参加了比赛。图为局党组书记、局长郑镇青为获奖选手颁奖。

2009年9月17日至18日，国家土地督察广州局副专员罗华等一行在佛山市市委常委、副市长叶明权和佛山市国土资源局潘念礼局长等领导陪同下，到佛山市察看卫片执法检查整改现场和在建重点项目用地现场，并听取了工作汇报。

2009年10月10日至13日，阳江市政风行风评议团第一组对阳江市国土资源局政风行风建设进行助评。10月16日，阳江市政风行风评议团到阳江局进行了面对面的评议。

2009年11月4日，广州从化市政府牵头召开查处违法用地、打击非法采矿联席会议。从化市国土房管局、从化市公安局、从化市检察院和从化市法院相关负责人参加了会议。

2009年11月25日，经东莞市国土资源局批准，东莞市土地交易中心对位于该市松山湖的3幅土地使用权进行拍卖。

2009年12月23日，云浮市政府召开会议，传达全省"三旧"改造佛山现场会精神，汇报了全市"三旧"改造工作情况，全面部署了云浮市的"三旧"改造工作。

2009年12月23日上午，佛山市南海区人民法院首次对土地犯罪案进行宣判，两起非法占用农用地案的5名被告被依法判处有期徒刑6至10个月，并被分别处以罚金。

2009年12月25日，茂名市国土资源局在高州市宝光国土资源所召开全市国土资源所建设试点工作会议，现场参观和推广了宝光所的经验和做法。图为省国土资源厅执法监察总队总队长李师（中）查阅有关资料。

韶关市曲江区国土资源局创新土地利用方式，多年来，城市建设坚持存量挖掘，大力推进土地市场建设。旧城改造取得显著成效，低效建设用地得到较好处置，土地利用率大大提高。

韶关市乐昌局坪石所对5处地质灾害危险点、隐患点进行摸底调查，根据实际情况划定地质灾害危险区；加强宣传，结合镇实际重新修改与制定应急预案和防治方案，建立健全汛期地质灾害灾情（险情）速报制度。

为纪念全国“土地日”，韶关南雄市隆重举行了宣传文艺晚会。以富有地方特色的采茶戏、小品、快板和大合唱等形式，形象生动地阐释了“保障科学发展，保护耕地红线”的宣传主题。

近两年来，梅州兴宁市国土资源部门采取由当地政府统一租赁，承包给专业户；农村集体收回土地统一经营；农户分散经营和施工单位种植经营四种方式，因地制宜，种植花生、番薯、蓖麻等经济作物，取得较好的经济效益。

为切实做好矿山安全工作，肇庆市怀集县政府组织县矿治办、公安局、国土资源局、安监局、森林分局以及相关镇政府共50多人，对辖区内几个镇的20个铁矿、白泥非法开采点进行全面打击并予以取缔。

清远市积极利用社会资金来开发补充耕地。图为清远市国土资源局局长吴素贞与技术人员在补充耕地项目现场办公，保障了补充耕地任务能及时完成。

清远英德市浛洸镇境内的广晟农场重点对田、水、路、林、村等综合整治，实现了“环境园林化、地块方格化、耕作机械化、灌溉硬底化”的土地整理工程，新增耕地1031.96亩。

2010

特辑

25/62

责任编辑：黄国锐 王彤

在全省土地管理工作会议上的讲话

广东省省长　黄华华

（2009 年 6 月 25 日）

同志们：

今天是全国“土地日”。省政府选在这个特别的日子里召开全省土地管理工作会议，目的就是要深入贯彻落实国家关于加强土地调控、严格土地管理的要求，更有力地部署和推进我省的耕地保护和土地利用工作。刚才，我代表省政府与各地级以上市政府签订了 2009 年度耕地保护责任书。国家土地督察广州局束伟星同志作了讲话，省政府副秘书长罗欧同志和省国土资源厅招玉芳同志分别通报了集中开展违法违规用地查处整治工作及 2008 年度我省土地利用计划执行考核情况，广州市、江门市的市长也分别作了发言，讲得都很好。希望全省各级政府及各有关部门认真贯彻落实这次会议精神，采取有力措施落实好新一年度计划执行责任制，努力推动我省国土资源管理工作再上新台阶。下面，我讲两点意见。

一、认清形势，进一步重视做好我省的国土资源管理工作

省委、省政府历来高度重视国土资源管理。特别是近年来，省委、省政府把加强国土资源管理工作作为保增长保民生保稳定的重中之重来抓。全省各级党委、政府和国土资源管理等部门认真贯彻执行国家和省的决策部署，严格土地管理，严把土地闸门，强化节约集约利用土地，取得了明显成效。一是围绕发展大局，国土资源调控保障能力进一步增强。各级国土资源管理部门主动做好各项用地服务，加强用地管理创新，出台用地保障政策，千方百计为我省经济社会发展拓展更大的用地空间。2008 年，全省共批准建设用地 20 万亩，有力地保障了国家和省重点项目、重要产业和民生项目的用地需求。二是严格保护耕地，土地管理保护制度进一步完善。执行最严格的土地管理制度，率先在全国将“耕地保有量”纳入市厅级领导干部落实科学发展观评价指标体系。全省设立国家和省级基本农田保护示范区 9 个、总规模 60 万亩。积极开辟补充耕地新途径，大力推动利用低效园地山坡地补充耕地工作。省财政 5 年内安排 40 亿元专项资金用于补充耕地。2008 年全省验收新增耕地 21 万亩，比 2007 年翻了一番，连续 9 年实现耕地占补平衡。三是大胆开拓创新，土地节约集约利用水平进一步提高。全力推进省部合作节约集约用地试点示范省建设，积极开展土地开发整理、“三旧”改造、闲置土地处置、围海造地、开发区节约集约用地等专项工作。2008 年我省单位 GDP 增长消耗新增建设用地量比 2007 年下降 11.8%。四是严格监管责任，违法违规用地查处力度进一步加大。采取有力措施对各类违法用地进行严肃处理，在全省范围内集中开展违法违规用地查处整治和违章建（构）筑物清拆行动，全省共拆除违法建（构）筑物用地面积 2.3 万亩，复耕复绿土地面积 13.1 万亩，落实党纪政纪处分 271 人，移送司法机关处理 373 人，有效遏制了违法违规用地的高发态势。经核查，全省各市、县（区）违法占用耕地都控制在 15 号令问责比例的 15% 之内。这些成绩，是全省各级党委、政府和各有关部门共同努力的结果。借此机会，我代表省委、省政府，对各级各有关部门特别是国土资源管理系统的同志们表示衷心的感谢！

当前，我省发展正处于全面转入科学发展轨道的关键时期。加强国土资源管理，既是我省贯彻落实科学发展观的必然要求，也是确保有效应对国际金融危机、保持经济平稳较快发展的客观需要。一方面，经济社会发展的新形势对国土资源管理工作提出了新任务。国家批准实施的《珠江三角洲地区改革发展规划纲要》，明确提出要建设 11 个开发新区、42 个重要基地、63 个重大项目，这些基地、项目的落地建设，需

要我们科学统筹建设用地。为积极应对国际金融危机、促进经济平稳较快发展，我省去年以来启动实施“新十项工程”，出台了扩内需促发展的16项措施，大力推进“三促进一保持”，加快推进产业和劳动力“双转移”，着力构建现代产业体系，也需要土地资源的支撑和保障。另一方面，我省建设用地十分突出的供需矛盾对国土资源管理工作提出了严峻挑战。近几年来，我省每年实际需要新增的建设用地量超过45万亩，而国家每年下达我省的新增建设用地计划仅有25万亩左右，缺口很大。没有土地支撑，建设项目将成为“无水之鱼”。与此同时，我省国土资源管理工作中存在的一些突出问题制约了国土资源管理工作的改革发展。这些问题主要是：耕地保护面临巨大压力，开发补充耕地任务十分艰巨；土地管理工作存在监管体制不完善、执法力量薄弱、部分基层政府违法违规用地等突出问题；特别是部分地方土地计划使用缺乏统筹安排，一些地方出现前缓后急、年底集中使用的现象。今年1月至5月，全省使用土地利用计划指标只占2009年度土地利用计划指标的21.7%。还有一些地方存在批地多供地少的情况，不少已批用地在闲置。对此，各级政府和各有关部门一定要保持清醒认识，切实从推动科学发展的全局和保增长保民生保稳定的战略高度进一步重视国土资源管理工作，把思想认识和行动统一到党中央、国务院和省委、省政府的决策部署上，不断增强做好国土资源管理工作的责任感和紧迫感。

二、加强领导，强化责任，千方百计提高我省国土资源管理工作能力和水平

做好国土资源管理工作，关键要加强组织领导，狠抓责任落实。各级政府和国土资源等部门要切实按照这次会议的部署和责任书的要求，正确处理好保障发展与依法依规管理利用土地的关系，坚决执行土地年度利用计划，努力破解发展中遇到的困难和问题。下一步，我省的国土资源管理工作要突出抓好以下三个重点：

（一）突出保增长的核心，确保扩内需促发展和节约集约用地政策的全面落实。各级政府和国土资源管理等部门要围绕扩内需保增长这一中心任务想办法、谋对策，切实加强对国土资源管理工作的领导，深化对国家和省国土资源管理政策的理解和掌握，完善和改进国土资源管理参与宏观调控的方式和手段，不断增强国土资源管理服务经济发展的能力。一是以贯彻落实珠三角改革发展规划纲要为契机，科学统筹优化全省土地布局。规划是建设的先导。要根据《规划纲要》明确的重大项目、重要基地以及正在编制的主体功能区规划要求，进一步修编完善国土规划和土地利用总体规划，并根据规模优先、质量优先、集约优先、急用优先的原则，加强土地需求调控，创新土地管理方式，不断提高我省有限计划指标的使用效益，促进土地利用计划差别化管理。要从实际出发，坚持有保有压，根据全省经济发展布局和各地发展实际，集中土地保重点、保发展，确保重点项目、重点产业、重大工程建设的用地需求。二是以全面推进节约集约用地试点示范省建设为主线，为扩大内需项目提供用地空间。各级政府及国土资源管理部门要根据建设节约集约用地试点示范省工作方案的要求，围绕“三旧”改造、闲置地处置、围海造地、土地开发整理等方面进行大胆探索，逐步建立全省节约集约用地评价考核体系。在这里要特别强调，“三旧”改造将是今后几年的一项重要工作。汪洋书记对此高度重视，国土资源部、国家土地督察广州局给予大力支持和政策倾斜，省委、省政府还将出台具体的政策意见。各级政府要抓住这一有利时机加快推进“三旧”改造。三是以落实“三促进一保持”和“双转移”工作为抓手，全面推动产业升级。要紧紧抓住国家支持产业结构调整优化升级的有利时机，按照“产业集聚、布局集中、用地集约”的原则建设产业转移工业园，杜绝“规划跟着项目走，土地任由投资者圈”的现象，多引进占用土地少、科技含量高、带动能力强、环境污染少的项目，尤其是“高附加值、高效益、高科技含量”和“低能耗、低污染、低占地”的“三高三低”项目，推动土地利用率实现重大突破。

（二）突出保红线的关键，确保我省国土资源长远可持续利用。这里的“红线”，包括耕地保有量“红线”和基本农田保护“红线”。目前，全国的红线是坚守18亿亩耕地。我省到2020年的耕地红线是4363万亩，这是谁都不能触碰的红线。要强化政府主要负责人对本行政区域内耕地保有量和基本农田保护面积、对审批用地和所有实际发生用地的责任，确保国土资源的可持续发展。一是抓好耕地的“开源”。要抓住有利时机，加强耕地开发改造整理，积极开展利用低

效园地山坡地开发补充耕地工作，确保今年完成开发补充耕地50万亩以上。二是抓好耕地的“节流”。强化土地用途管制，严格控制非农建设占用耕地和基本农田，严厉查处非法乱占滥用耕地的行为。各市、县政府对确需占用耕地和基本农田进行建设的项目，要严格执行耕地占补和基本农田补划制度。尤其是对违法违规用地占用的基本农田，在今年内一定要补划回来。三是抓好责任的“考核”。要进一步完善耕地保护共同责任机制，认真开展耕地保护责任目标年度考核工作。对保护耕地成绩突出的，要给予表彰和奖励；对完不成耕地保护指标和开发复垦耕地任务的，政府和国土资源部门主要领导要承担领导责任。四是抓好政策的“引导”。要制订鼓励耕地开发和保护的优惠政策，逐步建立新增耕地先补充先储备、多补充多奖励、补充快用地快、调剂多补偿多的鼓励和补偿机制，抓紧建立新增耕地指标调剂交易平台。

（三）突出保稳定的大局，确保我省国土资源管理依法规范有序。国土资源工作事关人民群众的切身利益，事关社会和谐稳定。各级各有关部门特别是国土资源管理部门在履行职责中，既要积极主动服务，又要严格规范管理，继续采取有力措施加强监管，防止违法违规用地出现反弹。一是要强化依法行政。各级党委、政府要严格执行国家和省有关产业政策、土地供应政策和标准，对当地扩大内需项目用地情况做到心中有数，分清轻重缓急，保证有限的土地投放符合扩大内需、调整结构和“三促进一保持”的要求，坚决杜绝违背产业政策供地、搭车用地、侵害农民合法权益等行为。同时，各市对国家、省的重点交通能源基础设施项目用地要抓紧办理用地报批手续，避免出现国家、省重点项目违规违法用地的情况。二是要进一步落实土地管理共同责任制度。各级党委、政府要对国土资源管理工作负总责，切实把国土资源工作抓紧抓好，体现政府的领导、组织和协调作用，加快形成政府领导、国土资源部门牵头、有关部门密切配合、社会各界广泛参与、齐抓共管的土地管理工作新格局，真正做到“大家管、大家用”。三是要落实规范农村土地管理责任。各级各有关部门要认真贯彻落实十七届三中全会精神，全面把握“健全严格规范的农村土地管理制度”的目标要求，认真落实最严格的耕地保护制度和最严格的节约用地制度。按照“产权明晰、用途管制、节约集约、严格管理”的原则，结合“万村土地整治”工程和城乡建设用地增减挂钩试点等相关工作，依法规范、积极探索、稳妥推进农村土地管理制度改革。四是要落实15号令有关规定进行问责处理。今年开展的全国第九次卫片检查，检查数量由82个城市增加到172个，其中我省增加了15个，对年度内违法占用耕地面积占新增建设占用耕地总面积比例达到15%以上的，将严格按照15号令的规定对地方政府主要负责人实行问责。各地要认真研究具体执行规定，结合国家第九次和省第四次卫片执法检查情况，选准典型，严格问责，依法追究有关政府和部门责任人的违法违纪责任。要继续保持违法违规用地查处整治的高压态势，严肃查处土地违法违规案件，落实复耕复绿等整改措施，预防遏制违法违规用地行为，确保违法占用耕地面积占新增建设用地占用耕地总面积的比例控制在15%以内。

同志们，加强国土资源管理任务繁重、责任重大。希望各级政府和国土资源等部门在省委、省政府的正确领导下，深入贯彻落实科学发展观，认真履行职责，扎实开展工作，不断开创我省国土资源管理工作新局面，为全省经济社会的又好又快发展提供更有力支撑和保障。

谢谢大家。

在全省国土资源管理工作会议上的讲话

广东省副省长 林木声

（2009 年 2 月 5 日）

同志们：

一年之计在于春。春节刚过我们就召开全省国土资源管理工作会议，深入学习贯彻省委十届四次全会和全国国土资源厅局长会议精神，总结过去一年国土资源管理工作，谋划和部署新一年工作任务，对于进一步推动我省国土资源管理工作科学发展具有重要的意义。刚才，招玉芳厅长代表省国土资源厅作了一个很好的工作报告。国家土地督察广州局非常重视和支持我省国土资源管理工作，邱耿华同志专门安排时间出席了今天的会议。希望全省各级政府和国土资源管理等部门认真贯彻落实这次会议精神，开拓创新，真抓实干，扎实做好国土资源管理的各项工作，努力开创我省国土资源管理工作的新局面。下面，我讲两点意见。

一、过去一年我省国土资源管理工作取得了新的可喜的成绩

刚刚过去的 2008 年，是我省经受住严重自然灾害和历史罕见国际金融危机的严重冲击，改革开放和现代化建设取得显著成绩的一年，也是我省国土资源管理工作解放思想、科学谋划并取得重要突破的一年。一年来，全省各级政府和国土资源管理等部门牢固树立和落实科学发展观，全面贯彻落实省委、省政府和国土资源部的工作部署，紧紧围绕全省中心工作和建设节约集约用地试点示范省的目标，按照“保资源、保发展、保稳定”的要求，坚决落实国家土地宏观调控政策和国土资源管理责任，大力推进国土资源管理改革创新，加强节约集约用地，强化依法行政，推动国土资源管理各项工作取得显著成绩。主要体现在四个方面：

（一）解放思想、创新思路，努力破解制约国土资源科学发展的难题。认真开展解放思想学习讨论和学习实践科学发展观活动，以创新工作思路和体制机制为突破口，深入调研，查找问题，积极探索寻求破解制约国土资源科学发展的难题，取得了重要成果。一是针对土地供需矛盾突出的实际，全面启动节约集约用地试点示范省建设。认真落实温家宝总理的重要指示精神，与国土资源部共同研究制订《广东省建设节约集约用地试点示范省工作方案》并得到国家批复同意，去年 12 月正式启动试点示范省建设，部署 14 个市、县围绕节约集约用地 5 个专题开展试点工作，开创了我省节约集约用地工作新局面。二是针对耕地后备资源严重不足的情况，积极开辟补充耕地新途径。省出台了土地开发整理补充耕地项目管理办法等系列规定，省财政 5 年内将专门安排 40 亿元资金用于补充耕地，同时，省委、省政府将“耕地保有量”纳入市厅级领导干部落实科学发展观评价指标体系，进一步强化耕地保护责任，有力推动和规范利用园地、山坡地补充耕地工作，全省连续 9 年实现耕地占补平衡，有效缓解我省耕地后备资源严重不足的情况。三是针对国土资源管理存在的问题，进一步改革创新了体制机制。出台了《关于建立土地管理共同责任制度的通知》等一系列规章制度，初步探索建立了政府主导的国土资源联席会议制度，有力促进了国土资源管理体制机制的整体创新。

（二）围绕中心、服务大局，国土资源保障经济社会发展能力进一步增强。各级政府和国土资源管理等部门认真落实中央和省出台的扩大内需、促进经济平稳较快发展的政策措施，主动作为，及时跟进，强化管理，有效保障了国家和省重点项目、重要产业、社会民生、基础设施等的用地需求。严格执行国家土地宏观调控政策，严把土地闸门，严格土地规划、计划和建设用地审批管理，全面落实工业用地招标、拍卖、

挂牌出让制度，有效遏制了工业用地低成本粗放扩张。积极服务城乡建设布局，部省联合开展的广东省国土规划编制试点工作基本完成，新一轮土地利用总体规划修编工作加快推进，省级规划大纲获国家审查通过，土地规划的统筹和管控作用进一步强化。全力做好产业转移园区和现代产业体系建设等的用地服务保障工作，有力促进了产业结构优化升级和区域协调发展。去年全省共批准建设用地 20 万亩，供应建设用地 15 万亩，有效促进了经济社会平稳较快发展。

（三）强化责任、严格监管，执法监察查处整治成效显著。认真落实国土资源部关于土地执法百日行动违法用地整体性处理意见，切实抓好对"以租代征"等三大类土地违法违规行为后续的处理结案工作。在全省范围内集中开展了违法违规用地查处整治行动，采取有力措施对各类违法用地进行严肃处理，开展大规模的违章建（构）筑物清拆行动，全省共拆除违法建（构）筑物用地面积 2.4 万亩，复耕复绿土地面积 13.4 万亩，有效遏制了违法违规用地高发态势，产生了积极广泛的社会影响。

（四）加强管理、夯实基础，国土资源管理工作水平有新提高。扎实推进土地管理基础工作，不断提升国土资源管理效能。全面加强矿产资源管理，探索建立矿政管理长效机制，科学编制全省第二轮矿产资源规划，大力推进主要矿产资源开发整合，优化了全省矿产勘查开发布局。切实抓好地质灾害防治工作，建立健全群防群测体系，有效减少了地质灾害造成的人员伤亡和财产损失。规范地质勘查管理，顺利完成地质勘查队伍管理体制改革。加强测绘工作和信息化建设，测绘服务保障能力有新提高。扎实做好国土资源信访工作，妥善化解了一批矛盾纠纷。加强基层国土资源所建设，逐步解决执法监察专用车和乡镇国土所人员编制配备等问题。认真抓好党风廉政建设和反腐败工作，教育、制度、监督并重的惩防体系进一步完善。

我省国土资源管理工作的扎实推进，有力地服务和保障了全省经济社会的平稳较快发展。借此机会，我代表省政府，对在座各位并通过你们向全省国土资源管理系统的广大干部职工表示衷心的感谢和诚挚的问候！

在充分肯定成绩的同时，我们也要清醒地认识到，面对当前国际国内经济形势复杂多变的严峻挑战，我省国土资源管理任务更加繁重，所面临的压力和难度增大。一是资源供需矛盾依然突出，经济粗放型增长方式尚未根本改变，导致土地、矿产资源总体保障能力不足。二是耕地保护和占补平衡形势严峻，我省目前实际耕地保有量、基本农田保护面积与国家下达给我省的目标要求有很大差距，补充耕地和实现占补平衡的任务十分艰巨。三是国土资源违法违规问题仍比较严重，未批先用、非法占地圈地等行为屡禁不止，无证勘查开采矿产资源也时有发生。对这些问题，我们必须采取有力措施认真加以解决。

二、突出重点，真抓实干，努力开创我省国土资源管理工作新局面

2009 年是我省新世纪以来经济发展最为困难的一年，是深入贯彻落实科学发展观的关键之年，也是实施《珠江三角洲地区改革发展规划纲要》的开局之年。前不久，省委召开了十届四次全会，深入分析了我省面临的国际国内形势，研究部署了今年的各项工作，提出了 GDP 增长 8.5％的目标任务。国土资源管理是政府调控经济社会发展的重要职能，承担着保护资源、保障发展、维护稳定的重要职责，在推动经济社会又好又快发展中地位重要、责任重大。全省各级政府和国土资源管理部门要坚持以科学发展观为统领，认真学习领会、深入贯彻落实省委十届四次全会精神，切实把思想和行动统一到中央和省委、省政府的决策部署上来，紧紧围绕"三促进一保持"的中心，突出重点，开拓创新，真抓实干，努力做到保护资源更加严格规范、保障发展更加持续有力、维护权益更加切实有效、服务社会更加全面优质，全面提升我省国土资源管理能力和水平，推动我省国土资源管理工作开创新局面。在具体工作中，要重点抓好六项工作：

（一）以贯彻落实珠江三角洲改革发展规划纲要为契机，科学统筹优化全省土地布局。去年底国家编制实施了《珠江三角洲地区改革发展规划纲要》，赋予了珠三角探索科学发展模式试验区、深化改革先行区、扩大开放的重要国际门户、世界先进制造业和现代服务业基地以及全国重要的经济中心等五个新的战略定位，把珠三角发展上升到国家战略层面来部署推进。前几天，省委理论学习中心组专门举行《珠江三角洲地区改革发展规划纲要》专题研讨班，汪洋书记、

黄华华省长作了重要讲话，就贯彻落实规划纲要作出全面部署。规划纲要既是新时期推动我省尤其是珠三角地区改革发展的行动纲领，也是做好新时期全省国土资源管理工作的重要行动指南。规划纲要对国土资源管理工作提出了明确要求，强调要积极探索耕地保护严、建设占地少、用地效率高的科学发展道路，建设国家节约集约用地试点示范区，以及到2012年每新增亿元地区生产总值所需新增建设用地量下降等目标任务。各级政府和国土管理部门要把学习贯彻珠三角规划纲要作为当前和今后的一项重要任务，紧密结合国土资源工作实际抓好落实。要按照纲要的要求，进一步修编完善国土规划和土地利用总体规划，促进建立以主体功能区规划为基础，国民经济和社会发展规划、土地利用规划、城乡总体规划等相衔接的规划体系，科学统筹全省土地布局。要根据规划纲要中安排的建设世界先进制造业等42个重要基地和建设珠三角城际快速轨道等63个重大项目的情况，提前研究，早作准备，早作谋划，切实保障用地需求。要按照汪书记提出的要求，对规划纲要中涉及到国土资源管理的相关指标任务，进一步进行细化，并按年度分解目标任务，提出工作进度表，明确落实责任，加强监督考核，在贯彻落实珠三角规划纲要中发挥国土部门的重要作用。

（二）以建设节约集约用地试点示范省为主线，不断提高国土资源管理水平。开展节约集约用地试点示范省建设是当前和今后一个时期我省国土资源管理工作的首要任务，也是提升国土资源管理水平、破解土地资源供需矛盾难题的根本出路。要切实按照示范省建设工作方案的要求和省委、省政府及国土资源部的有关部署，齐心协力把这件大事抓紧、抓实、抓好、抓出成效。一是落实责任，加强领导。省已下发示范省建设的工作方案，各级政府要尽快成立专门的工作领导机构，从各地实际出发制订具体的实施方案，明确示范省建设工作推进的目标、任务、阶段及具体负责人员等，迅速开展相关工作。国土资源管理及各相关部门要按照方案的分工要求明确各自的职责任务，确保各项工作责任落到实处。二是重点突破，整体推进。我省已部署14个市、县围绕“三旧”改造、闲置地处置、围海造地、土地开发整理、开发区节约集约用地等5个专题开展先行先试工作。承担试点的地区，要加快进度，早出成效。示范省建设工作方案是适用于全省的，其他地区也要主动作为，结合自身实际开展工作。各级政府和国土资源管理部门要根据工作实践研究相关政策，逐步建立全省节约集约用地评价考核体系，完善节约集约用地约束和激励机制。在这里要特别强调一下，各市要高度重视“三旧”改造这个问题，在很多城市开发强度已经很大的情况下，“三旧”改造是一个能严格控制新增建设用地、挖潜盘活现有存量土地的有效途径，汪洋书记对此专门作出了重要批示：“加快‘三旧’改造既可拉动经济的即期增长，又可为转型升级创造条件，对影响推进此项工作的难题，可从实际出发研究对策和措施，省委、省府集体拍板，创造‘腾笼换鸟’节约集约利用土地的条件”。请各地各部门认真研究，共同抓好落实。三是统筹安排，全面提高。要以开展节约集约用地试点示范省建设为重要抓手，全面提升我省整个国土资源管理工作水平。要充分利用市场机制、经济手段促进节约集约用地，不断完善土地市场体系机制，提高土地调控的有效性。积极推进第二次土地调查和土地登记发证工作，为节约集约用地示范省建设提供坚实基础。加强国土资源基础性工作，推进第二次土地调查工作，抓好地质灾害防治工作，加快推进全省矿产资源开发整合，加强测绘基础设施以及“金土工程”和国土资源信息化建设，提高土地利用监管水平和效率。

（三）以促进我省经济平稳较快发展为中心，注重做好用地服务保障工作。服务发展是国土资源管理部门的首要任务和核心工作。今年我省保持经济增长的任务很重，国土资源管理部门要充分发挥职能作用，为全省发展做好用地服务保障。重点要做好三个方面的工作。一是主动服务，加快审批。按照“积极主动服务、严格规范管理”的要求进一步提高审批效率，建立土地审批快速通道，加快审批进程。并组织专门团队对国家和省重点项目用地报批实行专责跟踪服务，协调解决征地和报批过程中的相关问题。二是突出重点，优化结构。按照“依法依规、突出重点、节约集约、优质高效”的原则，科学统筹土地资源，优先保障省委、省政府重大决策的用地需求，认真做好重点项目、基础设施、民生工程、产业转移升级、现代产业体系建设以及扶持中小企业发展等用地的保障和服务工作，优化供地结构和布局。三是深化改革，完善管理。省国土资源厅要继续加强与国土资源部的沟通和请示，加快用地审查报批制度改革进程，简化审批手续，优化审批程序，提高审批效率。清理现行法规政策，研究制订有针对性的政策措施，形成有利于企业依法用地、加快发展的政策环境。

（四）以建立健全严格规范的农村土地管理制度为目标，促进农村改革发展。今年工作的一项重要内容就是贯彻落实党的十七届三中全会决定精神和省委、省政府加快推动农村改革发展的意见，积极稳妥地推进农村土地管理制度改革。重点做好四个方面的工作。一是着力落实最严格的耕地保护制度。继续开展各级政府耕地保护责任目标年度考核，层层落实耕地保护责任制。结合规划修编从严落实耕地保有量和基本农田保护面积。在承包经营权流转中坚决贯彻“三个不得”的原则，不得改变土地集体所有性质，不得改变土地用途，不得损害农民土地承包权益。各级政府和国土、农业等部门要认真开展调查研究，制订相关政策，防止土地承包经营权流转中出现改变土地用途的问题。二是着力做好农村土地确权发证工作。集体土地流转的前提是权属清晰，农村的承包地、宅基地、农村集体建设用地都需要确权、登记、颁证，我们要结合二次土地调查工作，提高确权登记工作的覆盖率和颁证率，为建立明晰的农村土地产权制度打下良好基础。三是着力推进建立城乡统一的建设用地市场。加快出台相关政策，依法保障农民对承包土地的占有、使用、收益等权利，让土地市场在提高农民土地等资产性收入方面发挥更大的作用。通过深化农村土地管理制度改革，逐步建立能适应城乡经济社会发展一体化要求的农村土地管理新机制。四是着力深化征地制度改革。完善征地补偿制度，规范征地程序，完善安置制度，拓宽安置渠道，充分保障被征地农民的合法权益。

（五）以落实土地管理共同责任为重点，逐步形成齐抓共管、各界参与的工作合力。加强土地管理是各级政府、有关部门和全社会的共同责任。去年 11 月省政府下发了《关于建立土地管理共同责任制度的通知》，明确各级政府、各有关部门在土地管理中的职责和分工，今年要扎实推进共同责任制度的落实工作，加快形成政府领导、国土资源部门牵头、有关部门密切配合、社会各界广泛参与、齐抓共管的土地管理工作新格局。一是进一步落实管理责任。要强化对国土资源工作的领导，健全完善国土资源管理联席会议制度，充分发挥各职能部门的作用，逐步改变“一家管、大家用”的国土资源管理工作局面。国土资源部门作为牵头部门，要切实履行职责，加强与相关部门的沟通协调，寻求合作、争取支持。发展改革、劳动保障、组织人事、农业、林业、监察、建设、环保、财政及公安、法院、检察院等相关部门要积极支持配合开展工作，确保土地管理共同责任落实到位。二是进一步强化执法监察。要继续狠抓国土资源执法监管，抓好整治行动成果的验收和巩固，全面落实执法监察分级管理制度和执法动态巡查制度，做到执法监察关口前移，切实做到对违法违规行为早发现、早制止、早处理。要落实《违反土地管理规定行为处分办法》（15 号令），选准典型，严格问责，进一步加大对土地违法违规行为的查处和惩治力度，依法追究有关政府和部门责任人的违法违纪责任。三是进一步夯实国土资源管理基层工作。各市要高度重视抓好基层国土所建设，做到每个国土所有办公场所、有工作人员、有必要经费、有基本设备，更好地发挥国土所在国土资源管理和执法监察的基础性作用。省国土资源厅要制订出台建设国土所的规范化标准，并在下半年组织检查小组进行全面检查验收。四是进一步搞好宣传。通过各种渠道大力宣传土地管理共同责任制度的理念和政策，深入开展国土资源法律、法规、政策的学习宣传与教育培训，努力营造土地管理共同责任的良好社会氛围。

（六）以转变作风为突破口，提高国土资源管理队伍的执行力和公信力。省委十届四次全会提出今年是抓落实年，强调要加强和改进作风建设。当前，国土资源管理工作任务重、时间紧、要求高、压力大，加强作风建设尤为重要。各级国土部门要按照省委十届四次全会的要求，把加强和改进作风建设作为学习实践科学发展观、推动国土资源管理工作上新水平的重点工作和重要保障，以作风转变推动工作落实，以工作落实取信人民群众。一是强化责任意识，切实抓好各项工作落实。要牢固树立事事讲落实、层层抓落实的行政意识和纪律要求，认真制定抓工作落实的目标进度，明确刚性要求和细化分解任务，形成层层负责任、人人抓落实的工作机制。要大兴调查研究之风，积极深入基层调研，及时发现问题，解决问题，总结经验，增强工作的前瞻性和主动性。要明确狠抓落实的工作重点，加强协调处置和检查督促，认真解决突出问题，确保各项工作取得实效。二是强化服务意识，切实改进和优化国土资源管理服务。要转变服务理念，创新服务方式，拓宽服务范围，主动服务于社会、企业和人民群众在涉及土地方面的问题。要坚持以人为本，克服“重物轻人”的观念，把维护权益放在突出位置，坚决纠正在国土管理、服务和执法工作中简单粗暴的工作方法和作风，树立良好执法形象，发挥国土资源管理部门在维护社会和谐稳定中的作用。三是强化法治意识，切实推进依法行政。要把依法行政贯穿到国土资源审批、管理和监督等各个层面，切实把土地管理工作真正纳入法制化、制度化的轨道。四是强化廉洁意识，切实加强党风廉政建设。各级政府和国土资源管理部门要认真学习贯彻党中央《建立健全惩治和预防腐败体系2008-2012年工作规划》和省委实施办法的要求，从国土资源管理存在的薄弱环节和突出问题入手，坚持惩防结合，切实提高国土资源系统的廉政建设水平和行政执行力。要加强党风廉政教育，提高各级国土资源领导干部的道德修养水平，进一步筑牢道德、纪律、法律三道防线，尽量减少干部犯错的机率。要坚持源头治腐，落实完善相关制度， 注意抓住容易出现问题的环节，切实堵塞容易滋生腐败的漏洞。要加强队伍特别是领导班子建设，创新干部管理机制，努力培养打造一支政治坚定、作风扎实、业务精通、廉洁高效的国土资源管理干部队伍。

同志们，做好新形势下的国土资源管理工作意义重大、责任重大！希望各级政府和国土等部门在省委、省政府的正确领导下，深入贯彻落实科学发展观，认真履行职责，扎实开展工作，努力开创我省国土资源管理工作新局面，为我省经济社会又好又快发展做出新贡献！

在全省国土资源管理工作会议上的工作报告

广东省国土资源厅厅长 招玉芳

（2009年2月5日）

尊敬的林木声副省长，各位领导、同志们：

这次会议的主要内容是：贯彻落实省委十届四次全会和全国国土资源厅局长会议精神，总结2008年工作，部署2009年工作。等一下，林木声副省长将作重要讲话，我们要认真学习、深刻领会、抓好落实。下面，我讲三个方面内容。

一、全国国土资源管理工作会议主要精神

（一）会议概况。

1月15日至16日，全国国土资源厅局长会议在北京召开。参加会议的人员有各省（区、市）、计划单列市、省会副省级城市国土资源厅（局）及各省（区、市）地勘局主要负责同志，部机关各司局、部各直属事业单位主要负责人，各派驻地方国家土地督察局负责同志，党中央、国务院相关部门有关负责同志等共计300多人。会议之前，李克强副总理会见了第四届黄汲清青年地质科技奖获奖者，并就国土资源管理工作做了重要讲话。徐绍史部长在会上做了工作报告，鹿心社副部长主持会议并对会议进行了总结。

（二）李克强副总理讲话精神。

李克强副总理充分肯定了过去一年全国国土资源管理工作所取得的成绩，同时强调，新的一年，我们面临的任务十分艰巨。应对国际金融危机的挑战，保持经济平稳较快发展，需要更好地发挥国土资源部门的作用。要深入贯彻落实科学发展观，进一步增强责任感和使命感，坚持积极主动服务与严格规范管理并举，促进经济增长与推动结构调整并举，统筹土地管理、地质勘查、矿产资源开发利用和保护等工作，建立健全有利于科学发展的体制机制，促进经济社会全面协调可持续发展。

（三）徐绍史部长报告主要内容。

徐绍史部长代表国土资源部党组作了题为“坚定信心，迎难而上，全力促进经济平稳较快发展”的工作报告。

徐部长在总结2008年国土资源管理工作中指出，2008年全系统以学习实践活动为契机，解放思想、改革创新，主动作为、积极应对，国土资源管理工作迈出了新步伐，主要有四个方面：一是服务经济社会发展大局，促进经济平稳较快发展，推进农村土地管理制度改革，取得新成效；二是从国土资源管理工作实际出发，针对制度缺失和制度障碍的突出问题，推进保障和促进科学发展新机制的建设，迈出新步伐；三是耕地保护成效显著，矿产勘查开发秩序明显好转，地质找矿和服务能力不断增强，国土资源管理有了新起色；四是加强统计工作和信息化建设，法律法规不断健全，国土资源管理基础工作得到新加强。

在充分肯定成绩的同时，徐部长深入分析了当前国土资源管理工作面临的严峻形势，要求我们进一步增强忧患意识。同时，要善于在困难中寻找机遇，充分把握有利条件，努力转“危”为“机”。要处理好三个突出问题：正确处理积极主动服务与严格规范管理的关系；正确处理改革创新与依法行政的关系；解决能力水平同当前繁重任务不适应的问题。

徐部长对2009年国土资源管理工作做了总体部署。一是全力促进经济平稳较快发展，主要是保重点建设项目用地，加强地质技术服务和矿产勘查，严格执法监管；二是健全和落实严格规范的农村土地管理制度，主要是落实最严格的耕地保护制度和最严格的节约用地制度，加快推进农村土地确权登记发证，改革征地制度和建立城乡统一的建设用地市场；三是加快推进重点领域和关键环节的改革发展，主要是完善规划计划体系，发挥土地整理在统筹城乡发展中的平台作用，加快土地审批制度改革，提高矿政管理和地

质工作水平；四是切实增强管理基础支撑保障能力，主要是加快“两法”修改论证，完成第二次全国土地调查任务，加强干部队伍和党风廉政建设工作。最后，徐部长专门就如何巩固和扩大学习实践科学发展观活动成果提出了具体的要求。

在会议结束时，徐部长做了强调讲话。他指出，眼下最重要的是统一思想，保持清醒，进一步增强应对危机的紧迫感和责任感，进一步增强克服困难、战胜危机的信心和决心；眼下最关键的是要坚定信心，迎难而上，主动作为，积极应对，让积极主动服务、严格规范管理的各项措施真正落地，确保发展。

二、2008 年全省国土资源管理工作基本情况

去年，全省国土资源系统在省委、省政府和国土资源部的正确领导下，以解放思想为先导，以改革创新为动力，以构建保障和促进科学发展新机制为主线，努力推进节约集约利用资源，切实加强执法监察力度，积极提高保障和服务水平，大力推进国土资源管理各项工作，为我省经济建设和社会发展做出积极的贡献。

（一）深入开展解放思想学习讨论和学习实践科学发展观活动，探索构建保障与促进科学发展新机制。

在省委的统一部署下，结合国土资源工作的特点，深入开展解放思想学习讨论和学习实践科学发展观活动，取得了明显的成效。广大党员干部深化了对科学发展观的理解和认识，进一步摸清了国土资源管理工作现状，查找了制约国土资源管理工作科学发展的各种障碍，深入分析了我省建设用地供需矛盾突出、耕地保护缺口大等方面的突出问题，形成了促进科学发展的一系列措施办法。在解放思想学习讨论活动和学习实践活动中先后出台了 32 项改革创新的措施，还有 10 多项正在推进当中，在破解资源瓶颈问题、提高服务水平和能力、改进机关作风等方面有新的突破，为构建国土资源保障和促进科学发展新机制打下了坚实的基础。我厅开展活动的成效和做法得到了省领导、省委实践办的充分肯定。

（二）积极推进节约集约用地试点工作，着力破解保障发展和保护资源的难题。

针对土地资源供需矛盾突出、耕地保护任务艰巨、解决历史遗留问题难度大等实际，着眼于广东的未来发展，我们认真贯彻落实温家宝总理要求广东建设节约集约用地示范省的重要指示，按照省委、省政府的部署要求，举全系统之力，推动节约集约用地试点示范省建设。历经 9 个月完成了部省合作建设节约集约用地试点示范省工作方案，于去年底获得国务院领导同意。为了把方案落到实处，省政府与 21 个地级以上市人民政府签订了工作责任书，全面铺开试点示范省工作。与此同时，我们按照汪洋书记的批示精神，积极推进先行先试工作。在省林业局、财政厅、农业厅等有关部门的支持和协助下，大力开展利用低效园地、山坡地开发补充耕地工作，2008 年全省已通过验收的补充耕地 21 万亩，面积比 2007 年翻了近一番。组织部署 14 个市、县、区围绕围海造地、土地开发整理、“三旧”改造、闲置地处置、开发区节约集约用地等 5 个专题开展先行先试工作，取得了实质性进展。佛山市在“三旧”改造、阳江市在开发整理补充耕地等方面探索了新的经验，取得了好的成效。

（三）强化土地管理服务，有力保障经济社会发展。

去年，全省各级国土管理部门始终将保障发展作为中心工作，积极做好产业转移园区、现代产业体系建设和支持中小企业发展的用地服务保障工作，努力促进产业结构优化升级和区域协调发展。各级国土管理部门通过开通绿色通道，实行专人专责跟踪落实，保证了渝湛高速、江肇高速、厦深铁路、广珠铁路、珠三角城际轨道交通、中船项目、湛江钢铁项目等项目的顺利推进。共办理用地预审 271 宗约 20 万亩、用地报批手续 565 宗约 20 万亩。为落实省委、省政府《关于加快建设现代产业体系的决定》，我们分别会同广州、深圳等 8 市人民政府举办土地法规政策座谈会，听取 500 多家企业和有关部门的意见和建议，主动为企业排忧解难。去年底，为应对全球金融危机，我们及时出台了做好服务和监管工作，促进经济平稳较快发展的六大措施，对促进全省经济平稳较快发展起到了积极的作用。

规划修编和二次调查等基础性工作顺利推进。完成了广东省国土规划编制工作，加快推进新一轮土地利用总体规划的修编工作，省级规划大纲已通过国土资源部审查，规划文本经省政府同意，将报国务院审批。中山、梅州等 13 个地级以上市规划大纲已上报审批，东莞市规划文本已获省政府批准实施。全面开展第二次全国土地调查工作，目前全省已完成 90% 以上的农村外业调查工作，城镇土地调查工作有序推进。加强

土地确权登记发证工作，基本完成了全省农村集体土地所有权登记发证和农垦农场国有土地使用权登记发证工作，为合理利用土地、维护土地所有者的权利提供了可靠的依据。

耕地保护工作取得新成效。我省将“耕地保有量”纳入市厅级领导干部落实科学发展观评价指标体系；建立了土地管理共同责任制度；各级政府主要负责人继续层层签订年度土地利用计划执行责任书，推进耕地保护制度的落实。争取了省财政5年内安排40亿资金补助市、县开发耕地250万亩。设立徐闻、连州等6个省级基本农田示范区，积极探索建立耕地保护的经济补偿机制。我省连续9年实现耕地占补平衡。

（四）全面加强矿产资源管理和地质灾害防治工作，建立和完善矿政管理长效机制。

认真组织开展整顿和规范矿产资源开发秩序工作及“回头看”行动，顺利通过了国家检查组的检查验收。加大矿产资源开发整合力度，全省共确定各类整合矿区99个，已完成整合任务的矿区56个，通过整合减少矿业权192个，逐步改变我省矿山布局“小、散、乱”的局面；推进全省第二轮矿产资源规划编制工作，省级规划已通过国土资源部的预审，市、县级规划的编制正在抓紧推进。切实推进采矿权有偿出让工作，全省采矿权出让宗数达137宗，价款2.74亿元，其中采矿权招拍挂出让的宗数与价款首次超过协议出让的宗数与价款。切实加强对矿产资源开发利用活动的监督检查，组织开展打击无证开采稀土违法行为专项行动、矿山开发利用年度检查和安全生产百日督查专项行动，矿产资源开发秩序进一步好转。完成全省涉密地质资料清理工作，启动矿产资源利用现状调查和矿业权实地核查工作，为强化矿产资源管理奠定了基础。

依法规范探矿权市场建设，加强矿产资源勘查监督管理，危机矿山接替资源找矿项目成效明显，全省矿产资源潜力评价工作进展顺利，修编完成并报省政府批准实施了《广东省地质勘查“十一五”规划》，地质勘查管理工作稳步推进。出台了全省地质灾害防治工作责任考核办法和地质灾害成功预报奖励办法。积极应对雨雪低温冰冻灾害引发的地质灾害，认真开展汛期地质灾害防治，全力支援汶川地震灾区抢险救灾工作，有效保障了人民群众生命财产安全，得到了省委、省政府和国土资源部的充分肯定。顺利实施了粤北岩溶地区和雷州半岛地区地下水资源勘查监测，完成了《广东省矿泉水资源规划》的编制工作，地质环境保护取得了新的进展。

（五）测绘管理工作卓有成效，信息化建设稳步推进。

围绕经济社会发展大局，扎实推进基础测绘工作。实施粤东、粤西基础地理信息数据更新和地图生产与综合服务数据库建设，推进地理信息资源共建共享；完成连续运行卫星定位服务系统建设，全省海岸线修测、更新和地形图保密处理技术试点工作。测绘统一监管进一步加强，建立测绘质量监督检查制度，对全省588家测绘单位实施了质量监督检查；组织完成全省5043个地图网站的地图检查处理工作。服务保障取得新成效，提供省级测绘成果314批次、各等级控制1904点、各种比例尺图件数据超过4万幅，应用量比2007年增长40%。

推进“金土工程”建设，进一步完善国土资源电子政务系统，加强省厅网站建设，推进政务信息网上公开；着手开发外网审批系统，基本完成了60多项国土资源业务审批系统搭建，为实现外网受理与内网审批同步奠定了基础。

（六）不断加大执法监察力度，切实加强信访维稳工作。

针对全省土地违法违规量大面广的严峻形势，全省国土资源系统形成共识，把落实15号令、加强土地执法监察工作作为当前最重要、最紧迫的工作之一切实抓好。省委、省政府高度重视，汪洋书记做出了“选准典型，严肃纪律”的重要批示，黄华华省长签发了《关于集中开展违法违规用地查处整治行动的紧急通知》，林木声副省长亲自部署并给予全面的指导，在全省范围内迅速开展违法违规用地查处整治行动。省监察厅、发展改革委员会、建设厅、人事厅、农业厅积极支持配合，各市党政一把手亲抓亲管，各级国土资源管理部门措施有力，整治行动取得了明显的阶段性成效。经初步验收，全省已拆除违法建筑物用地面积2.4万亩，已复耕复绿13.4万亩，落实党纪政纪处分271人，移送司法机关处理373人。这次行动实现了四个“前所未有”：各级党委、政府的认识与行动的统一性前所未有；各级查处整治的力度前所未有；取得的成效前所未有；产生的社会影响前所未有。

创新工作方式，提高信访维稳工作水平。变被动为主动，变接访为下访，开展重信重访问题专项治理、“万人大下访”以及局长“接访周”和“下访月”等活动，及时有效解决信访问题，保护群众的合法权益。去年我厅受理群众来信来访量同比下降了14%。通过“民声热线”上线直播节目，倾听群众心声，了解百姓诉求，全系统实行四级联动，对投诉的问题，专人督办跟踪，迅速加以解决，做到件件有着落，事事有回复，受到了群众的广泛好评。

（七）积极开展国土资源政策法规宣传，加强干部队伍和党风廉政建设。

利用世界地球日、土地日、测绘日等广泛开展法律法规宣传活动。根据我省外向型经济比重大、加工贸易企业多的特点，首次在香港、广州举办了土地法规政策介绍会和宣讲会，共2000多家加工贸易企业参加。与省委组织部共同举办县长专题研讨班，开展县、镇、村级干部国土资源法律知识宣传培训活动和在线咨询，近3万人参加，强化了干部群众依法管地、依法用地的意识，收到了良好的效果。

着力加强国土资源各级领导班子和队伍建设，优化班子结构，提高队伍素质；建立了厅党组成员与各市班子联系制度，加强了上下的互动与沟通；培养选拔任用了一批优秀年轻的厅、处级干部；探索全系统干部交流轮岗制度，激发干部职工的工作热情和创业活力。协调有关部门，研究制订国土资源系统执法监察机构和国土所人员身份过渡的方案，进一步充实人员，强化力量；省政府安排2700万元购置执法监察专用车165辆，改善执法工作条件。

坚持教育、制度、监督并重，协同纪检监察部门重点开展了土地使用权出让、节约集约用地和土地管理法规政策执行情况等专项监督检查。认真组织开展机关作风建设年、纪律教育学习月和“三创建三促进”活动，全面推进依法行政工作，完善窗口办文、公开听证等多项制度，实现“五个提高”，即思想政治素质、依法行政能力、为民服务能力、行政效能建设水平和党风廉政建设水平有新的提高。

过去的一年，全省国土资源系统在大事多、急事多、难事多的情况下，主动作为，积极应对，为我省经济平稳较快增长提供了有力的保障。这是省委、省政府和国土资源部正确领导的结果，是国家土地督察广州局关心、指导的结果，是各市党委、政府和省有关部门大力支持的结果，是全省国土资源系统干部职工辛勤工作、团结奋斗的结果。在这里，我代表厅党组，向长期以来关心、支持全省国土资源管理工作的领导和同志们，向全省国土资源系统的广大干部职工表示衷心的感谢！

在充分肯定去年成绩的同时，我们也必须清醒看到全省国土资源管理工作一些不容忽视的问题：建设用地的供需矛盾依然突出、土地利用方式仍然相对粗放、防止土地违法违规反弹的任务仍相当艰巨，等等。特别是面对国际国内经济形势严峻的挑战，我们工作的压力和难度进一步加大。因此，在新的一年里，我们要坚持解放思想，继续改革创新，充分认识到应对危机和困难我们还有许多有利条件和有利因素，进一步坚定信心。我们相信，在省委省政府和国土资源部的正确领导下，在全省国土资源系统干部职工的共同努力下，我们必定能克服前进道路上的各种困难，开创我省国土资源管理工作新局面。

三、2009年工作安排

2009年，我们要坚持以科学发展观为指导，认真贯彻落实省委十届四次全会和全国国土资源厅局长会议精神，进一步增强紧迫感和使命感，积极实施《珠江三角洲地区改革发展规划纲要》，努力实现“三促进一保持”，推进科学发展。概括来说，就是要坚持“一条主线”，突出“三个重点”，正确处理“四个关系”，抓好“八项工作”。坚持“一条主线”，就是以构建保障和促进科学发展新机制为主线，全面推进国土资源管理工作上新台阶。突出“三个重点”：重点抓服务，更好地促进和保障我省经济社会又好又快发展；重点抓改革，努力创新国土资源管理工作机制；重点抓队伍，切实转变作风，提高效能。正确处理“四个关系”：正确处理保发展与保资源的关系、开源与节流的关系、服务与监管的关系、创新与规范的关系。抓好八项工作，具体是：

（一）开拓创新，进一步推动学习实践科学发展观活动成果转化。

继续深入开展学习实践科学发展观活动，把握国土资源改革发展的方向，围绕“党员干部受教育、科学发展上水平、人民群众得实惠”的总要求，扎实做好整改落实工作。要把整改落实与积极应对国际金融危机、推进“三促进一保持”结合起来，与贯彻落实《珠江三角洲地区改革发展规划纲要》、推动各项工作落实结合起来，与加强领导干部党性修养、转变工作作风结合起来。要进一步认清国土资源管理面临的复杂形势，增强忧患意识和危机感，增强推进改革创新的自觉性和坚定性，努力巩固和提高思想认识成果。要围绕构建保障和促进科学发展新机制，加快相关配套政策的修订与完善，力争在推进开源节流、健全市场配置、落实共同责任、深化服务创新等四大机制上取得新进展。要切实解决人民群众反映的重难点问题，更好地维护群众利益，让群众真正感受到学习实践活动带来的新变化。各市局很快也将开展学习实践科学发展观活动，大家要紧密结合当地实际，围绕经济社会发展的需要，认真学习，深入调研，大胆探索，努力构建国土资源保障和促进科学发展新机制。

（二）大胆探索，进一步加快节约集约用地试点示范省建设步伐。

建设节约集约用地试点示范省，是国务院赋予广东的一项光荣任务，是我省提高节约集约用地水平、增强服务经济社会发展能力的迫切需要，也是调整优化结构、加快发展方式转变的重要抓手。最近国务院出台《珠江三角洲地区改革发展规划纲要》，把试点示范省建设作为实施纲要的重要目标和保障措施，全省国土资源系统要充分认识示范省建设的重大意义，切实把工作抓紧抓好。试点示范省工作方案内容丰富、含金量高、空间很大，各级国土资源管理部门要认真组织学习，深入领会方案的精神实质，充分发挥主观能动性和工作创造性，用好、用足、用活方案的政策，把潜在的政策效能变成现实的发展成果。各地要根据实际，因地制宜地开展试点工作，在开发补充耕地、“三旧”改造、盘活闲置土地、提高低效用地效率、围填海造地等方面，创出成效，创出经验，把方案提出的六大任务落到实处。省已经出台分工方案，明确各地各部门的任务、目标和责任，希望各地各部门给予大力的支持配合，共同推进试点示范省建设。

（三）主动服务，进一步促进经济平稳较快发展。

紧紧围绕落实《珠江三角洲地区改革发展规划纲要》和“三促进一保持”的工作部署，积极采取措施，加强协调配合，提供优质高效服务。一是加强土地利用总体规划统筹力度。科学配置城乡、区域、产业发展用地，重点保障规划纲要明确的重要基地和重点项目，积极促进城乡区域布局优化、产业结构升级转型和经济发展方式转变，为探索科学发展模式的试验区和深化改革的先行区提供有力的保障。各地要加快规划修编进度，确保在今年 12 月底前全部完成市、县、镇级规划修编工作。二是确保年度计划指标合理高效使用。各地要实行年度计划指标的差别化管理，合理安排、精打细算、节约集约，保重点、保民生、保基础。要做好计划安排服务工作，提高计划指标的使用效率，保证用地指标得到及时、高效使用。省里将进一步完善计划指标下达方式，形成年初下达、年中执行奖惩和年末调节追加的管理模式，对合理高效使用指标的地方给予追加奖励。三是深化审批制度改革，积极推进减少环节、简化手续，探索将部分行政审批事项委托各市办理。各地要认真执行好《关于简化建设用地报批材料、加快重点项目报批工作的通知》等文件要求，提高审批效率和服务水平。四是认真做好第二次全国土地调查工作，确保农村土地调查、基本农田调查及城镇各类专项用地面积统计在年底前完成。

（四）稳步推进，健全严格规范的农村土地管理制度。

按照产权明晰、用途管制、节约集约、严格管理的原则，进一步完善农村土地管理制度。一是强化耕地保护措施，加强土地利用规划控制和用途管制。各地要依据新一轮土地利用总体规划确定的耕地保有量、基本农田保护面积，层层落实耕地保护责任，制订鼓励耕地保护和基本农田保护的优惠政策，建立和完善耕地和基本农田保护的经济补偿机制。各级国土资源管理部门要协同农业部门紧密跟踪农村土地承包经营权流转的动态，坚持农地农用的原则，坚决遏制“以租代征”、非法占地案件的发生。二是规范农村建设用地管理。要尽快建立城乡土地统一登记制度，推进农村集体建设用地、宅基地登记、颁证工作；完善农村宅基地管理，保障农户宅基地依法取得、使用和收益的权利，研究下达宅基地用地指标，保障农民合理的用地需求；探索建立与国有土地权能一致、权益相当的集体土地产权制度，建立城乡统一的建设用地市场，规范集体建设用地交易行为。三是继续深化征地制度改革。要探索缩小征地范围，保护农民的利益；完善征地补偿、社会保障和留用地等相关政策，确保被征地农民的长远生计；进一步完善征地程序，规范征地协商、听证和预公告的程序和探索改革征地补偿裁决机制，保障农民的知情权、参与权、监督权和诉求权。

（五）规范管理，进一步提高矿政管理工作水平。

充分发挥市场配置资源的基础性作用，依靠科技创新和管理创新，全面提高矿产资源综合利用水平，走出一条开发有序、利用高效、生产安全、环境友好的新路子。一是切实加强矿产资源规划编制工作，确保年底前全面完成编制任务并转入实施阶段。二是切实巩固整顿规范工作成果，加快我省重点矿种、重要矿区整合工作进度，确保整合工作依法有序、成效明显。三是加快矿业权市场建设步伐，争取尽快出台矿业权招标、拍卖、挂牌出让管理办法和矿业权交易办法，完善相关配套政策措施，进一步建立和完善“统一、竞争、开放、有序”的矿业权市场。四是认真完成全省矿产资源利用现状调查和矿业权实地检查工作，加大矿产资源勘查开发监督管理力度，研究制定规范矿产勘查登记管理工作的有关规定，按照国土资源部的要求，实行采矿权统一配号。五是认真落实年度地质灾害防治方案和重大地质灾害隐患点应急预案，编制县（市、区）地质灾害防治规划工作，组织实施地质灾害隐患点和危险点搬迁与勘查治理工程。加快建设全省地质灾害应急指挥和远程监测预警系统，强化地质环境监测和地质遗迹保护，抓紧编制完成全省关闭矿井治理规划，保障重大基础设施建设和人民群众的生命财产安全。

（六）落实措施，进一步促进测绘工作和信息化建设。

大力加强测绘工作和信息化建设，提升测绘监管和服务保障能力，提高国土资源管理的科学性和工作效率。一是大力推进基础测绘工作。推进市、县基础地理信息资源建设，组织实施粤西、粤北地理基础地理信息数据更新；全面推进连续运行卫星定位服务系统应用服务，推进地图生产与综合服务数据库建设；加快地形图保密处理技术应用，开展大比例尺地形图保密处理技术试点，着手建设基础地理信息公共服务平台。二是强化测绘监督管理。建立测绘项目登记制度，组织实施测绘资质复审换证，整顿地理信息市场秩序，强化地图市场监管工作；严格测绘质量监管制度，着手建立全省测绘质量信用体系，完善测绘监督管理机制。三是切实增强测绘服务保障能力。完善基础测绘成果使用管理制度，大力推进部门间的地理信息资源共建共享工作，逐步建立省市县间基础地理信息资源共建共享机制；大力推进数字城市地理空间框架建设和应用；加强基础测绘成果、标准地图、公共地图应用服务，有计划有步骤开展新农村建设测绘保障服务保障工作。四是加快“金土工程”建设。完善电子政务系统，加快实现部、省、市、县“网上审批、并联审批”；加强基础数据库建设，建立全省土地利用监管平台，切实加强对建设用地的审批、供应、利用和补充耕地、违法用地查处等有关情况的动态监管。各级国土资源管理部门要重视信息化建设，积极争取工作机构、人员和经费的落实。

（七）强化责任，努力构建从源头遏制国土资源违法违规行为的新机制。

我省违法违规用地查处工作取得了一定成效，但仍面临较大的压力。当前扩大内需，落实规划纲要，新增建设用地集中且需求量大；推进农村土地管理制度改革，承包土地和集体建设用地流转加快，有可能出现借机违法占地的现象，如果不及时采取有力措施，违法违规用地可能会出现反弹。全省国土资源系统要把国土资源违法违规行为的预防查处作为工作的重中之重，切实抓紧抓好。一是强化依法管地用地的责任。今年是 15 号令开始问责的第一年，省将结合国土资源部第九次和省第四次卫片执法检查情况，于第二季度组织对各地查处整改工作进行全面检查验收。对查处整治不力，没有按要求完成查处整治任务的地区予以通报批评。对违法违规用地特别是违法占用耕地问题严重、压案不查、漏报瞒报、土地管理秩序混乱的地区，按照 15 号令和有关规定进行问责处理。各地要保持违法违规用地查处整治的高压态势，严肃查处土地违法违规案件，落实复耕复绿等整改措施，预防遏制违法违规用地行为，争取主动权，确保违法占用耕地面积占新增建设用地占用耕地总面积的比例控制在 15% 以内。二是形成土地执法监管的合力。落实省政府《关于建立土地管理共同责任的通知》，加强与发展改革、建设、水利、工商、税务等有关部门的沟通协调，共同遏制各种土地违法违规行为。加强信息通报，完善发出责令停止违法行为通知书通报备案制度和违法违规用地查处通报制度。三是提高主动预防违法违规用地的能力。完善出台《广东省国土资源管理所规范化建设的意见》，将基层国土所建设作为市局班子考核的重要内容，采取有力措施保障基层国土资源所机构、编制、人员、经费、装备、职责“六到位”，强化基层执法力量；构建省、市、县、镇、村五级国土资源监察动态监测网络，加大动态巡查力度，把国土资源违法违规行为消灭在萌芽状态；探索建立国土资源保护青年志愿者队伍，建立违法违规用地举报奖励制度。

（八）提高素质，进一步改进作风增强执行力。

要完成好各项工作任务，实现全年预定目标，关键在人。要努力建设一支思想正、作风好、素质高、能力强的国土资源管理干部队伍。一是增强干部队伍执行力。结合当前国土资源管理工作的重点、难点，举办国土资源局长专题培训班，举办土地、测绘、地质科学高新科技研修班，着力提高干部队伍的综合素质。建立健全对厅处室单位“一把手”和各地级市国土资源局领导班子的评议和考核制度，提拔重用坚持科学发展观、求真务实、想干事、会干事、干成事的干部。进一步推进干部交流工作，探索建立后备人才库，完善干部选拔、培养、锻炼和使用的良性统筹配套机制，提升干部队伍的素质和活力。二是继续加大国土资源法律政策宣传力度。各市国土资源部门要采取灵活多样、简便易学的方式，加大对基层领导干部宣传培训力度，不断提高依法行政和依法管地、用地的能力。三是切实改进工作作风。以解决群众反映强烈的突出问题为重点，继续推进服务型机关建设，进一步增强服务意识、责任意识、效率意识，不断提高服务企业、服务基层、服务群众的能力水平。四是继续强化廉政建设。建立健全经常化、规范化的思想教育机制，扎实开展党员干部的日常教育，加强对领导干部特别是主要领导干部、人财物管理使用、关键岗位的监督，健全质询、问责、经济责任审计制度。抓好行政效能监察工作，探索试行对行政效能进行实时监控、预警纠错和绩效评估。

同志们，做好今年的国土资源管理工作任务繁重而艰巨，责任重大而光荣。我们要在省委、省政府的坚强领导下，深入贯彻落实科学发展观，齐心协力，迎难而上，锐意进取，扎实工作，努力构建保障和促进科学发展的新机制，为全省经济社会发展做出新的更大的贡献！

广东省节约集约用地试点示范省建设

为了贯彻落实温总理的重要指示精神，广东省人民政府与国土资源部共同推进节约集约试点示范省建设，将之作为学习和贯彻落实科学发展观的重要内容，并于2008年12月20日签订了《共同建设节约集约用地试点示范省合作协议》。在国土资源部的指导和帮助下，广东省按照合作协议的要求，以构建保障科学发展新机制为主线，以保护耕地为前提，以规划和标准控制为基础，以政策约束激励为导向，以评价、监管、考核为保障，以市场配置为主导，努力提高土地管理水平，在节约集约用地方面取得新的进展。

领导重视，责任落实，确保各项工作顺利推进

广东省委、省政府将节约集约用地试点示范省建设作为实现广东新一轮大发展的重大契机，作为广东的一项重点工作进行部署。节约集约用地工作被列入国务院制定的《珠江三角洲地区发展改革规划纲要》中，成为其中一项目标和重要保障措施。主要的做法有：

一、加强领导。汪洋书记主持省委常委会，专门听取节约集约用地试点示范省建设工作的情况报告，给予了充分的肯定并提出了明确的要求。黄华华省长与全省21个地级以上市人民政府主要负责人分别签订《广东省推进节约集约用地试点示范省工作责任书》，还多次就相关工作作出批示。林木声副省长亲抓亲管，全程指导、深入开展试点示范省建设的各项工作。

二、强化责任。根据《广东省建设节约集约用地试点示范省工作方案》和合作协议的要求，国土资源部、广东省人民政府成立建设节约集约用地试点示范省领导小组。省人民政府专门发出《广东省建设节约集约用地试点示范省工作分工方案》，就省直各有关部门、地方各级政府的职责作具体的分工、落实责任，并定期督促检查，确保各项工作落到实处。省国土资源厅专门成立专责的工作办公室。形成了省委、省政府领导，地方各级人民政府牵头，各有关部门协同配合、齐抓共管的良好工作局面。

三、营造氛围。邀请徐绍史部长在《广东学习论坛》上作“当前中国国土资源管理形势分析”专题报告，省领导和省直有关部门主要负责人参加学习；省委组织部和省国土资源厅联合举办县（市、区）委书记国土资源管理专题研讨班，加大对示范省工作方案的宣传培训工作力度。通过举办新闻发布会，并充分利用各种媒体开展广泛的宣传活动。全省上下形成了共同关心、共同推进试点示范省建设的良好氛围。

2008年以来，国土资源部与广东省保持经常性的沟通和协商，指导帮助协调解决试点示范省建设中的重大问题，从政策、技术等各个层面给予了大力支持和具体指导。徐绍史、鹿心社、贠小苏等部领导及各有关司局领导多次到广东省视察指导工作，有力促进试点示范省建设工作的开展。

先行先试，重点突破，试点示范省建设取得初步成效

按照合作协议的要求，广东省在组织专题试点的基础上，创新土地管理制度和机制，取得了一些初步的进展，努力探索耕地保护严、建设占地少、用地效率高的新路，促进城乡布局优化、产业结构升级转型和经济发展方式的转变。

一、创新耕地保护机制。积极探索保护耕地的新途径，出台保障措施，初步实现主动的保护。一是完善耕地保护目标责任体系。省委、省政府将“耕地保有量”纳入市厅级领导干部落实科学发展观评价指标体系，作为各市主要领导的主要政绩考核指标之一；黄华华省长与各市市长签订《耕地保护目标责任书》，落实土地管理和耕地保护的法定责任；省政府每年拿出1000万元用于奖励保护成绩突出的市政府。二是拓

宽开发补充耕地的渠道。在国土资源部的支持指导下，针对广东省耕地后备资源严重不足的实际情况，在符合生态环境保护要求和充分论证的前提下，科学实施工程和生物措施，积极整理开发部分低效园地和山坡地补充耕地。研究探索采用政府出资、公司运作的模式和引入社会资金等多种方式进行耕地开发整理，省级财政安排40亿元资金专项用于补助开发补充耕地。出台《广东省土地开发整理补充耕地项目管理办法》，省发展改革委、监察、财政、农业、审计、林业、国土资源等部门紧密配合，严格验收，确保耕地质量。2009年广东省开发补充耕地53万多亩，是往年平均水平的5倍。三是探索建立耕地保护经济补偿机制。开展专题调研，探索对耕地和基本农田给予直接补贴，并在佛山、东莞等市开展试点。

二、创新规划管控机制。广东省始终将做好规划工作作为土地管理工作的“龙头”，作为试点示范省建设的基础。一是推进国土规划试点工作。完成省部合作国土规划编制并着手实施，对广东省国土资源合理开发利用和国土空间进行整体部署，优化空间结构，调整生产空间、优化生活空间和整治生态空间，制订地区间差别化供地政策，强化对土地资源的统筹配置。二是科学编制新一轮的土地利用总体规划。在规划修编过程中，做好与广东省国土规划、主体功能区规划、经济社会发展规划、城乡建设规划等各种规划的衔接，提高规划的科学性、合理性、可操作性。三是完善规划立法。研究制订《广东省土地利用总体规划条例》，对土地利用总体规划的编制、实施、修改及法律责任进行全面的规定，在此基础上进一步加强各市、县执行规划的监督，加强责任追究，使严格执行规划成为各市、县的自觉行动。

三、创新存量用地盘活机制。广东省在发展初期的土地利用方式较为粗放，存在大量低效“三旧”（旧城镇、旧厂房、旧村庄）用地，改造利用空间巨大。在国土资源部的指导和帮助下，广东省遵循“全面探索、局部试点、封闭运行、结果可控”的原则，研究制定了一些专门的支持政策。通过深入调查摸底、开展试点探索、研制出台政策等一系列措施，“三旧”改造工作开局良好，进展顺利，并在实践中总结形成了“政府引导、规划引领、属地实施、市场运作、分步推进、各方受益”的工作思路，探索出不同类型的改造模式和运行机制。截至2009年底广东省累计完成“三旧”改造面积4万多亩，产生了良好的经济社会效益。通过实践表明，“三旧”改造在扩大内需、促进产业结构调整、推动城镇化建设、增强城市竞争力、持续改善民生、优化用地布局、节约集约用地等方面都具有明显的成效。

四、创新导向机制。广东省注重定期对土地利用情况进行调查分析，评估各地的节约集约用地水平，采取约束和激励措施，促进各地加强节约集约用地工作。一是强化约束。组织研究制定《广东工业和公共管理公共服务用地指南》，细化各种用地的控制性指标，在供地环节落实节约集约措施，鼓励高效用地，促进产业结构优化升级。二是强化考核。积极组织开展有关土地利用评价指标的研究，草拟《广东省建设用地节约集约利用评价体系》，并开展试点评价工作。从节约集约用地评价指标体系中选取相关指标作为考核评价指标，比如将“耕地保有指标”、“土地产出指标”等纳入考核体系，对全省各地节约集约用地水平进行量化考核。认真做好全省开发区土地利用评价工作，对开发区的土地开发程度、用地结构状况、土地利用强度、产业用地投入产出等多项指标进行综合评价，为开发区升级、扩区、增减土地供应提供决策依据。研究制订珠三角地区“单位建设用地第二、三产业增加值”目标量化分解方案，将之作为《珠江三角洲地区改革发展规划纲要》目标考核的核心指标。三是强化激励。根据全省各地节约集约用地水平的量化考核结果，2009年将5万亩农转用指标调整奖励给节约集约利用土地成绩突出的地市。

五、创新服务机制。广东省加大对重点项目用地的支持力度，优先保障重点项目的用地需求，优化土地资源配置。针对重点项目用地办理手续繁杂的问题，研究制订《关于简化建设用地报批材料加快重点项目建设报批工作的通知》、《关于加快建设用地报批依法保障扩大内需建设项目用地的紧急通知》等文件，进一步提高用地报批的效率。一是简化了项目的报批材料。其中报国务院审批的单独选址项目用地由34项简化为19项，报省政府审批的单独选址项目和批次用地分别由23项简化为12项和由17项简化为7项。二是改进了审批方式。将办理使用林地、征地社保、征地留用地等手续由原来有关部门的串联式审批改为并联式审批。三是成立专门工作机构。省国土资源厅成立用地报批联合审核办公室，对用地报批材料进行集中审核，大大缩短了审批时间。四是加强沟通协调。省国土资源厅积极与省发改委、劳保厅、林业局等部门的协调联动，主动走访省交通厅、广铁集团等用地业主单位，及时研究解决报批存在问题。

六、创新共同责任机制。为了确保试点示范省建设顺利推进，广东省十分注重落实共同责任，努力实现从“一家管，大家用”向“大家管，大家用”转变。一是抓制度。省政府专门发出《关于建立土地管理共同责任制度的通知》，广东省各级政府均建立国土资源管理联席会议制度，落实政府主导、国土资源部门牵头、各相关部门齐抓共管的国土资源管理共同责任和联合执法机制。二是抓协作。发展改革、建设、国土、水利、工商、税务等有关部门加强沟通协调，努力形成齐抓共管、相互配合、共同遏制各种土地违法违规行为的监管新局面。省国土资源厅还与省人民检察院、省公安厅、省高级人民法院建立查处国土资源违法犯罪协作配合机制和涉嫌国土资源犯罪案件移送机制等，不断加强国土资源执法监察联动力度。三是抓队伍。注重增强基层和执法队伍建设，省编办专门下达5000多个国土所行政编制；省国土资源厅专门制订《广东省国土资源管理所规范化建设的意见》，保障基层国土资源所机构、编制、人员、经费、装备、职责“六到位”。四是抓预防。设立12336国土资源违法违规举报专线，开展青年志愿者保护国土资源活动，实行基层动态巡查日报告、零报告制度，做到对违法违规用地行为的早发现、早报告、早处置。

（钟　丽）

广东省“三旧”改造

为贯彻落实最严格的节约用地制度和温家宝总理关于广东省建设节约集约用地试点示范省的重要指示要求，2008 年 3 月，广东省与国土资源部合作共建节约集约用地试点示范省。在示范省建设过程中，广东省将“旧城镇、旧厂房、旧村庄”（以下简称“三旧”）改造作为其中一项重要内容，积极探索、全力推进，取得了阶段性成效。

“三旧”改造是广东省破解土地供需矛盾难题，探索节约集约用地新路的重要举措

作为改革开放先行地，广东省经历了 30 年的高速发展，但也消耗了大量的土地资源。目前，广东省建设用地面积已达 1.79 万平方千米，占土地总面积的比例达 10%；珠江三角洲地区比例达 16%，其中深圳、东莞市比例已超过 40%，佛山也超过 30%，而各地经济社会发展对用地的需求继续增加。由于资源环境容量等因素的要求，各地建设用地总量不可能无限增加，新增建设用地逐年减少是必然趋势，从而造成用地供需矛盾日益加剧。根据广东省 2000—2009 年用地数据统计，广东省平均每年使用新增建设用地约 45 万亩，而新一轮土地利用总体规划中安排每年的新增建设用地平均只有 29 万亩，缺口 16 万亩。广东省的高速发展消耗了大量土地资源，但由于发展初期利用方式粗放，导致大量土地低效利用。据初步调查，广东省“三旧”用地面积超过 175 万亩，相当于国家每年下达广东省新增建设用地计划数 7 年的总量，改造利用好这些用地，土地潜能巨大。

建设用地巨大需求与有限供给之间的矛盾已成为制约广东省新一轮发展的瓶颈，也是经济发展较快地区遇到的共同难题，单靠增加新增建设用地来满足经济社会发展需求的方式已难以为继，必须通过对存量建设用地的再开发，释放存量建设用地潜能，努力从存量上找增量，从效益中找空间，才能确保土地对经济社会发展需求的长久保障，也有利于最严格的耕地保护制度和节约集约用地制度的有效落实。因此，“三旧”改造成为广东省破解土地供需矛盾难题，提高节约集约用地水平的必要之路。

加强领导，科学规划，全面推进“三旧”改造

一、加强领导，强化合力。广东省委、省政府高度重视“三旧”改造。汪洋书记专门作出批示：“加快‘三旧’改造既可拉动经济的即期增长，又可为转型升级创造条件，对影响推进此项工作的难题，可从实际出发研究对策和措施，省委、省府集体拍板，创造‘腾笼换鸟’节约集约利用土地的条件”。黄华华省长在全省“三旧”改造现场会上提出：“‘三旧’改造工作事关广东城乡发展全局，事关长远科学发展、可持续发展战略，具有十分重要的经济效益、社会效益。”加强“三旧”改造领导机构的建设，强化对“三旧”改造的统一协调、指导、服务和监督。全省各市、县、镇三级政府均建立了“三旧”改造领导小组和工作机构，并由党委、政府主要领导任负责人。省国土资源厅与广州、深圳、佛山、东莞等市建立了联动机制，及时掌握“三旧”改造情况新动向，共同研究、不断完善“三旧”政策。

二、科学规划，统筹推进。在全省范围内部署开展“三旧”用地的调查摸底工作，全面掌握“三旧”用地具体位置、范围、面积、地类、权属、是否需完善手续等基本情况。在此基础上，紧紧围绕城市功能再造、城乡空间布局优化、产业转型升级、拉动经济增长等战略，开展“三旧”改造规划编制工作。依据“三旧”改造规划，各地还根据自身实际合理制定年度实施计划，明确改造的规模、地块和时序，并纳入城乡规划年度实施计划。对列入改造范围内的地块，必须

编制控制性规划和改造方案，确保改造有序推进。

三、加强监管，规范运作。一是组织开展“三旧”用地标图建库工作。要求把“三旧”地块在影像图、土地利用现状图、土地利用规划图上标注，并建立“三旧”监管数据库。明确规定没有标图建库的地块，不能享受“三旧”改造优惠政策，为掌握“三旧”工作进展和加强“三旧”改造项目审批监管提供有力保障，防止弄虚作假、搭车报批的行为。二是进一步完善相关工作规程。针对以协议方式供地的“三旧”改造项目，明确要求各地政府事前制订统一操作办法，按程序集体研究决定，并将结果公示，确保公平、公开。

四、试点先行，探索模式。组织广州、深圳、佛山、东莞等市开展“三旧”改造专题的试点工作。试点城市根据自身的实际情况，分类推进，形成了“政府引导、规划引领、属地实施、市场运作、分步推进、各方受益”的工作思路，并形成了不同的“三旧”改造模式。

扩内需促转型，“三旧”改造工作初见成效

从实践来看，“三旧”改造在扩大内需、促进产业结构调整、推动城镇化建设、增强城市竞争力、持续改善民生、促进节约集约用地等方面都具有明显的成效。主要体现在以下五方面：

一、促进产业结构调整，加快经济发展方式转变。

通过“三旧”改造，一是促进了现代产业体系的构建。二是通过对现有产业的升级改造，挖掘现有产业的潜在产能，进一步提高了经济运行的质量。三是顺应了低碳经济发展要求。通过开展“三旧”改造，淘汰规模小、效益差、能耗大的企业，为培育以低碳排放为特征的新经济增长点腾出空间。

二、扩大内需，推动经济的即期增长。

在“三旧”改造中，无论是旧村庄、旧厂房还是旧城镇的改造，都涉及到基础设施配套、功能产业提升或拆旧建新，必然会扩大政府投资、刺激民间投资，对带动社会投资增长产生积极的推动作用。同时，“三旧”改造还能带动建筑、建材、冶金、轻工、化工、机械、能源等10多个行业、40多个相关产业的发展，其推动经济增长的成效十分明显。

三、推进城镇化进程，促进宜居城乡建设。

通过“三旧”改造，可以有效化解城镇化进程中的影响和制约因素，从而推动城镇化进程、实现城乡统筹发展。一是提升了城市形象。通过开展“旧城区”改造，对缺乏规划指导、治安消防和污染隐患较多的老城区、城中村进行集中的整治与改造，进一步完善城市基础设施建设，增加城市绿地、改善市民的生活居住环境。二是改善农村生活环境。通过“旧村庄”改造，推动农村基础设施建设，有效解决“旧村庄”脏乱差、基础设施落后、建筑安全隐患较多等一系列问题。三是促进了城乡公共服务均等化。“三旧”改造为公益设施建设、公共绿化建设等腾挪空间，可有效解决长期以来旧城区公共配套设施不全、城乡公共服务不均等的问题。

四、改善民生，提高广大群众的幸福感。

在开展“三旧”改造过程中，坚持经济效益与社会效益并重，最大限度实现改造成果的共享，不断提高广大群众的幸福感。一是满足群众合理的安居需求。把改善城乡人居环境作为“旧城区”和“旧村庄”改造的一项重要内容，通过政策引导把改造后的“三旧”用地优先用于保障性安居工程建设。二是增加了城乡居民收入。通过开展“三旧”改造，村集体可以腾挪出土地来发展集体经济，从而增加群众的分红收入；“三旧”改造也使得原有的土地与物业价值上升，从而增加了群众的物业收入；“三旧”改造带来的产业结构调整，特别是大力推进“退二进三”、“优二壮三”，可以提供更多的就业岗位，增加了群众的工资性收入。三是切实保障了群众的土地权益。在开展“三旧”改造中，注重平衡投资者和原土地所有者的利益关系，特别重视农村集体土地权益的保护，坚持通过公平协商、公开听证、村（居）民投票表决等方式，确定补偿标准和改造模式，确保广大市民群众公平参与土地收益分配的权益不受侵犯，使“三旧”改造成为多方共赢的一件大好事。

五、提高土地利用效率，缓解土地供需矛盾。

开展“三旧”改造，促进了低效用地的二次开发，不断提高土地利用效率，实现了向存量要增量、向效率要空间的目的。开展“三旧”改造，在推动土地节约集约利用的同时，还可以通过旧村复垦和城乡建设用地增减挂钩等手段，减少对农用地特别是耕地的占用，实现城乡土地要素的有序流动。

（钟　丽）

利用园地山坡地开发补充耕地

广东省地貌类型复杂，以丘陵为主，素有“七山一水二分田”之称，耕地后备资源匮乏，且主要分布在边远区域，开发成本高，全省耕地占补平衡和耕地保护工作面临较大压力。2008年，国土资源部与省政府签订合作协议，共同建设节约集约用地试点示范省。全省制定了《广东省节约集约用地试点示范省工作方案》，经国务院主要领导圈阅同意后积极推进示范省的建设工作。该方案明确：“在符合生态环境要求和充分论证的前提下，科学实施工程和生物措施，积极整理开发部分低效园地和山坡地，按项目管理规定新增加的耕地用于耕地占补平衡”。利用园地山坡地开发补充耕地是国家赋予广东省的一项特殊政策，有效推进这项工作，对于确保省建设占用耕地落实占补平衡，增加农民收入，促进农村、农业发展具有重要意义。

2009年，在省委、省政府的正确领导下，在省直各有关部门的共同努力下，全省开发补充耕地工作取得了实质性进展。

部门联动，形成分工合作工作机制

一、在开发补充耕地工作中，全省各级各有关部门密切配合，通力合作，齐抓共管，形成国土资源部门牵头、多部门联动、分工合作的良好机制。省国土资源厅、农业厅、林业局、发改委、财政厅、监察厅、审计厅等省直有关部门加强沟通协调，共同研究推进全省利用园地山坡地开发补充耕地工作。在各县（市、区）政府的直接领导下，各地认真按照《广东省土地开发整理补充耕地项目管理办法》的有关规定，严格审查，认真组织项目实施，在摸索中总结积累经验，稳步推进利用园地山坡地开发补充耕地工作。从编制项目专项规划到项目前期审核、规划设计，再到项目实施、监理、验收等程序，各级各有关部门按照职责，严格把关，规范管理，切实抓好补充耕地的基础业务工作。

二、2009年3月，省政府主持召开省直有关部门工作协调会，省国土资源厅、农业厅、林业局、发改委、财政厅、监察厅、审计厅有关负责同志参加了会议。会议对补充耕地省级抽查工作形成一致意见，并就部门职责和有关程序达成共识，制订完善了《广东省土地开发整理补充耕地项目省级抽查工作方案》，明确各部门在补充耕地抽查工作中的职责和工作要求。2009年，省直有关部门先后5次组成联合抽查组，对全省各地申报补充耕地项目进行了抽查。各部门分工合作的工作机制为我省的开发补充耕地工作的规范有序开展提供了有力保障，也确保了全年开发补充耕地计划的完成。

以点带面，及时总结试点经验

一、2009年3月，阳江市在全省第一批申报利用园地山坡地开发补充耕地抽查，经省国土资源厅、农业厅、林业局、发改委、财政厅、监察厅、审计厅联合工作组的实地抽查检查，一致认为项目符合《广东省土地开发整理补充耕地项目管理办法》（粤府办〔2008〕74号）的规定，确认抽查项目合格。阳江市成为全省第一个利用园地山坡地开发补充耕地项目通过省级抽查确认的地级市。

二、为加快推进利用园地山坡地开发补充耕地工作进度，2009年4月，省政府在阳江市召开利用园地山坡地开发补充耕地现场会，总结阳江市开发补充耕地工作试点经验。省直有关单位负责人，各地级以上市分管副市长、国土资源局局长、副局长及部分县（市、区）政府分管领导和国土资源局局长参加了现场会。省政府林木声副省长、国土资源部耕地保护司朱留华司长出席会议并作重要指示。现场会为各地进一步做好开发补充耕地工作提出了要求，明确了标准。

狠抓落实，补充耕地工作取得实效

在各级政府和有关部门的共同努力下，全省上下将开发补充耕地作为省国土资源管理一项重要工作来抓。加强部门联动，密切配合，狠抓落实，积极推动全省利用园地山坡地开发补充耕地工作，取得可喜的成绩。2009年广东省全年共完成开发补充耕地53.7万亩，圆满完成了省政府确定的全年完成开发补充耕地任务。

一、通过有效推进开发补充耕地，确保了省非农业建设占用耕地落实占补平衡的需求，特别是2009年“保增长、保红线”行动中重点项目用地的需求，有力缓解了耕地保护工作的压力，为连续十年实现全省建设占用耕地落实占补平衡奠定了坚实的基础。同时，也为今后一个时期内的经济社会发展提供了有力的用地保障。

二、通过组织实施土地开发工作，推动了城乡区域协调和农村、农业的可持续发展；省政府采取以奖代补的方式对按项目管理通过验收确认的新增耕地给予补贴，促进了全省财政资金的转移，支持了耕地耕地保护任务重、耕地开发后备资源多、相对欠发达地区的经济发展。农业部门牵头加强对新增耕地的后期管理管护和承包种植管理，实现新增耕地规模经营，发挥应有的经济效益，为农民增收提供了物质保障。

（肖桂涛）

第二次全国土地调查

2009年是第二次全国土地调查工作的决战年。为顺利完成全省第二次全国土地调查（以下简称“二次调查”）工作，广东省各地对二次调查工作高度重视，周密部署，再接再厉，二次调查工作进展顺利，圆满地完成了各项任务。全省123个县（市、区）已全面完成农村土地外业调查和数据库建设工作，县级农村土地调查成果已全部通过省土地调查办检查并提交国家级核查，经国家组织内业核查完成后并全部返回省开展实地核查工作；全省已按要求完成城镇地籍调查工作，调查成果已上报省土地调查办核查；全省已完成基本农田划定、补划、上图和专项土地调查等工作。

采取有效措施，加快工作进度

在广东省各级政府的高度重视和有关部门的支持配合下，各地摆出决战的阵势，坚定决战的信心，采取决战的措施，切实加快全省二次调查工作的进度。一是认真部署任务。全省各级领导精心组织，统筹安排，定期召开工作会议，总结和布置阶段工作，并对决战年进了再动员、再部署，采取强有力的措施，加强与有关部门的沟通与联系，确保完成任务。为贯彻落实2009年5月5日及11月30日全国二次调查工作电视电话会议精神，广东省紧接着召开全省电视电话会议，总结前阶段二次调查工作，并部署下阶段调查工作，省人民政府林木声副省长、省国土资源厅招玉芳厅长对二次调查工作进行了动员和部署，要求各地都要坚定信心，采取非常有效措施，确保全省二次调查工作全面完成。二是制定相关政策。及时转发国土资源部《关于完善第二次全国土地调查中耕地增加或减少有关政策的通知》和《关于做好第二次全国土地调查工作的若干意见的通知》等，要求全省各县（市、区）按文件精神确定可调整地类，并提出具体贯彻意见。三是落实保障措施。全省各地都制定了每个阶段的工作计划，规定了每项工作完成的时间，通过政府采购确定了承担土地调查工作的专业队伍，积极落实土地调查经费，省财政也安排了2000万元，支持欠发达县（市、区）的土地调查工作。四是建立定期通报。为了掌握各地二次调查工作进展情况，表扬先进，促进中间，鞭策后进，为领导相关决策提供依据，促进全省二次调查工作顺利开展，省土地调查办定期通报全省二次调查工作进展情况和存在问题，并提出具体要求。同时还编印了25期工作简报，对先进经验、先进典型进行总结、推广和交流。五是开展工作督导。省土地调查办先后开展了基本农田上图、“批而未用”土地清查和标准时点统一更新等工作督导组，在对全省土地调查工作进行检查督导的基础上，对工作相对落后的市进行重点督导。各地级市调查办也相应组织人员对辖区内的县（市、区）土地调查工作进行督促检查。

加大核查力度，确保成果质量

广东省各地认真按照《土地调查条例》和国家土地利用分类标准的要求，在进行实地调查中，准确认定地类，保障二次调查数据的真实性。省土地调查办及时组织省、市、县（市、区）及土地调查专业队伍的人员，对农村土地调查成果进行复核工作，对国家内业核查结果进行实地的外业核查和室内核对，确保农村土地调查工作成果的质量；还组织对基本农田上图、城镇土地调查检查和指导工作，促进全省基本农田上图、城镇土地调查工作规范和有序开展。2009年9月份，为了确保全省二次调查的工作质量，针对二次调查个别数据可能存在的问题，省土地调查办专门印发《关于进一步核实我省第二次全国土地调查成果的紧急通知》（粤国土调查办〔2009〕31号），并召开全省紧急会议，研究部署成果核查工作，要求各地进一步提高认识、高度重视，对调查中的相关数据及合法依据要严格把关、全面核查、确保质量。

重点指导，规范基本农田上图

广东省基本农田上图工作，在二次调查初期存在进度慢、做法不规范的现象，省土地调查办充分认识到基本农田上图问题的重要性。因此，首先从解决思想认识问题入手，提高各级国土管理部门对基本农田调查上图重要性的认识；其次是明确工作要求，强调规范做好基本农田上图工作必须抓好资料收集整理等五个环节的工作；第三是加强工作指导，省土地调查办抽出了专门的人员，到梅州、揭阳、云浮三市指导开展基本农田上图的工作，摸索基本农田上图工作的经验和如何开展及做好基本农田上图成果的省级验收工作。从点到面，全面指导规范做好基本农田的上图工作。

实行问责，保证数据真实性和准确性

广东省土地调查办于2009年12月3日紧急下发《关于做好第二次全国土地调查中“批而未用”土地核实工作的紧急通知》，一是要求各地必须认真执行《土地调查条例》各项规定，坚持实事求是的原则，组织实施好全省“批而未用”土地核实工作，如实填报调查数据，决不允许虚报数据的行为，同时必须防止瞒报数据现象发生。虚报、瞒报数据都是弄虚作假行为，一经发现，必将严肃处理。二是要求各地国土资源部门主要负责人高度重视，统筹安排好各项工作。各地级以上市“批而未用”土地核实结果必须按时上报省土地调查办；对经省复查需修改的必须在要求的时间内完善并上报。对逾期未上报，影响全省成果如期汇总上报国家的，将对该市国土资源部门主要负责人进行问责。同时，在省级复查工作中，邀请国家土地督察广州局派员参加，并对全过程进行监督和指导。全省“批而未用”土地核实工作按照县（市、区）国土资源部门自查，地级以上市国土资源部门检查，省国土资源厅复查，邀请国家土地督察广州局督查的程序进行。核实工作由各级领导小组牵头；地籍部门负责提供“批而未用”土地图斑相关信息，填写汇总“批而未用”土地核实情况记录表及统计表；土地利用部门（建设用地征转报批部门）负责收集、查找批地原始文件材料，审查“批而未用”土地批文的真实性和有效性，判定批文的合法性；规保、地籍、执法等部门负责予以配合。全省各县（市、区）国土资源部门迅速组织完成辖区内“批而未用”土地核实自查工作，并及时上报地级以上市国土资源部门检查；地级以上市国土资源部门将经过检查后的各县（市、区）“批而未用”土地的结果上报省厅，省厅组织力量对“批而未用”土地结果进行复查。为确保我省“批而未用”土地核实工作保质、按时完成，省国土资源厅抽调人员、集中时间、集中地点对各地上报的“批而未用”土地结果进行全面的省级复查。

统筹安排，做好标准时点统一更新

为顺利开展第二次全国土地调查标准时点统一更新，及时汇总2009年度土地变更调查结果，省土地调查办及时转发全国土地调查办《关于开展第二次全国土地调查标准时点统一更新工作的通知》（国土调查办发〔2009〕30号）和实施方案，以各地二次调查成果为基础，将二次调查成果统一更新到2009年12月31日标准时点。同时，查清2009年度各类土地变化情况，完成2009年度土地变更调查工作。

主动服务，做好二次调查成果应用

广东省按照“边调查、边应用”原则，加强土地调查成果应用，充分发挥二次调查成果的社会经济效益。

一、全省及时将经审核确认的二次调查成果，应用到国土资源管理各项工作。

（一）二次调查成果为新一轮土地利用总体规划修编提供重要基础数据。广东省国土资源厅《转发国土资源部关于加强市县乡土地利用总体规划成果核查工作的通知》和《关于市县镇级土地利用总体规划修编有关问题指导意见的通知》明确要求，县、镇级土地利用总体规划采用二次调查数据成果作为规划基础数据，以二次调查现状图为规划底图，以二次调查现状数据库为规划数据库基础数据，实现规划文本数据与规划图、规划数据库相一致；同时要求规划划定的基本农田应与二次调查基本农田上图成果相衔接。全省将新一轮土地利用总体规划修编和二次调查工作统筹考虑，进一步提高了规划修编工作的科学性和现势性。

（二）二次调查成果广泛运用于土地执法监察工作。全省充分利用二次调查成果通过与遥感影像相结合方式，加强对土地的监测，通过土地卫片执法检查和土地督察等，减少违法用地产生。

（三）充分利用二次调查成果推进土地登记发证工作。调查成果为土地登记发证工作提供基础图件，为日常登记发证、查封抵押等业务工作提供信息数据。全省正在建设节约集约用地试点示范省的实施工作，把农村集体建设用地和宅基地使用权登记发证作为重要的工作来部署，彻底查清农村土地家底和土地权属状况，并以此为基础建立土地利用数据库，加快农村集体土地确权登记和颁证工作。

（四）二次调查成果为补充耕地提供科学依据。调查成果为开发整理园地山坡地补充耕地提供最全面、最现实、最准确的土地利用现状及变化情况、土地权属及变化情况、土地条件等基础数据和统计分析，促进全省耕地保护责任目标实现，确保耕地占补平衡。

（五）二次调查成果为建设用地预审和报批、征用（收）土地及农用地转用等土地管理业务提供详实的土地利用地类信息。

（六）二次调查成果为全省“三旧”改造计划编制、改造范围及现状地类、地块图标建库等工作提供最新调查影像图和土地利用现状图。

（七）二次调查成果为国土资源电子政务平台、土地利用动态监测等提供数据支撑。

二、在不违反有关规定的前提下，将调查成果提供给各级政府和其他有关部门使用。一是第六次全国人口普查工作利用二次调查的有关资料来划分人口普查区域、绘制普查区地图，为科学开展人口普查奠定基础。省土地调查办与广东省第六次全国人口普查领导小组办公室联合转发《关于做好第六次全国人口普查所需土地调查资料保障工作的通知》，要求各地土地调查办积极配合做好相关工作，并签订保密协议，确保数据安全保密。二是二次调查成果为数字城市建设、社会经济发展规划编制、市政配套工程建设、“城中村”改造等提供服务。三是二次调查成果为民政部门行政勘界提供参考。二次调查形成的区、镇、村三级工作界线在行政勘界中具有重要参考作用。

（许翠丽）

广东省国土资源厅民主评议政风行风活动

2009年，省国土资源厅被列为广东省政风行风评议部门之一，充分体现了省委、省政府和省纪委对国土资源管理工作的重视和关心，为省国土资源厅进一步提升政风行风建设水平、提高服务保障能力创造了良好的条件。经过9个多月的努力，省国土资源厅顺利通过了省直行评团的检验，被评为“满意”单位，政风行风建设取得了新的成效。

强化合力，扎实推进，政风行风“生命工程”建设取得新的进展

省国土资源厅把政风行风工作摆在突出位置，将之作为国土资源管理工作的“生命工程”加以推进，成立了以厅党组书记、厅长为组长的领导小组，形成了党组统一领导、主要领导亲自抓、分管领导具体抓、层层抓落实的工作局面。厅结合国土资源管理工作的特点，周密组织开展各阶段、各环节具体工作，做到四个“深入”。

一、深入宣传动员，夯实思想基础。省国土资源厅紧紧围绕行评工作的要求，积极创新学习宣传模式，通过视频大会、网上专栏、走访学习、知识测试等多种形式，做到了“人人知晓行评、人人参与行评、人人推动行评”，为民主评议政风行风工作的顺利开展奠定了坚实的基础。

二、深入自查自评，找准存在问题。全省国土资源系统深入开展内部自查，通过召开民主生活会、评议会等方式开展批评和自我批评。在此基础上，广泛征求社会各界特别是服务对象的意见，共发放问卷调查表和征求意见表1940份，满意度为93%；开通专门的电子邮箱和热线电话，并委托移动公司向社会各界群发短信5万多条；厅领导分12个组先后到35个单位部门进行了实地走访。

三、深入开展整改，落实责任措施。省国土资源厅将省直行评办、行评团以及社会各界反馈的意见建议归纳为60项任务，厅党组专门召开扩大会议，研究明确责任处室单位，明确整改的标准、时限，建立台账，落实到人。经过一段时间的努力，已经完成整改58项，完成率为97%，5个单独评议处室整改完成率达到100%。在这个过程中，省国土资源厅注重建章立制，全厅修改完善制度36项，新建制度83项；注重反馈宣传，及时向建议人反馈整改结果，并将进展情况在网上公布，接受监督；注重督促指导，配合省行评办、行评团前往韶关、深圳开展督导工作，促进各市工作的开展。

四、深入推进创新，突出行业特色。省国土资源厅结合行评工作的总体安排，开展创新性的工作。一是启动规范权力运行试点工作，对各处室、单位各岗位所行使的权力进行梳理，查找廉政风险点，加强内部监管，形成结构合理、配置科学、程序严密、制约有效的权力运行机制。二是举办全省国土资源系统先进事迹宣讲会，11名同志讲述了身边先进典型的事迹，使广大干部受到了教育和激励。三是开展作风建设宣传口号征集活动，将“忠于职守、高效服务、依法管理、廉洁从政”作为全省国土资源系统的“训示”，进一步提升政风行风建设的影响力和凝聚力。

以良好政风行风保障中心工作，“生命工程”建设取得新的成效

省国土资源厅把推动国土资源科学发展作为政风行风建设的最终目标，坚持以各项工作的实绩，来检验“生命工程”的成效。一年来，省国土资源厅的工作得到了省委、省政府、国土资源部的充分肯定。8月份，在省委常委会议听取省国土资源厅关于节约集约

用地工作情况汇报后，汪洋书记指出省国土资源管理工作成绩可喜，突破创新，任务艰巨，前景光明。广东省节约集约用地考核全国排名第一；省国土资源厅共为全省435个扩大内需项目提供地质资料信息服务，名列全国第一；2009年省国土资源厅被评为全国“五五”普法中期先进集体；全省政务公开工作也被省政务公开工作考核组评为优秀。通过行评工作，推动省国土资源厅在四个方面有了新的提高。

一、执政为民意识有了新的提高，切实解决群众关心的热点、难点问题。全省国土资源系统始终把增强执政为民意识放在首位，以实际行动积极解决问题，不断提高服务水平。针对集体建设用地使用权流转中抵押难的问题，省国土资源厅会同省高级人民法院、省银监局进行研究，商定出台了集体建设用地使用权抵押融资的指导文件。为应对金融危机，帮助解决企业的实际困难，对东莞观音山饮用水有限公司、广晟资产经营有限公司的遗留问题，省国土资源厅攻坚克难、想方设法予以解决，受到了企业的好评。

二、工作效率有新的提高，推动了服务型机关的建设。针对建设用地手续复杂、报批进展慢的问题，省国土资源厅深入开展调研，推进用地审批制度改革，草拟了《关于加快建设用地报批依法保障扩大内需建设项目用地的紧急通知》并经省政府同意下发。在简化材料上，大大减少了扩大内需项目的报批材料；在改进审批方式上，将办理使用林地、征地社保、征地留用地等手续由原来有关部门的串联式审批改为并联式审批；在加强沟通协调上，积极与省发展改革委、劳保厅等部门的协调联动，主动走访省交通厅、广铁集团等用地单位，及时研究解决报批中存在的问题。截至11月底，全省共办理并上报用地685宗，用地面积26.51万亩，分别同比增长了77%和148%。为了进一步提高工作效率，省国土资源厅对45项行政审批事项进行了认真清理，将其中的32项依法委托、下放或取消，清理比例达到69%，超额完成了省政府减少行政审批项目50%左右的要求，得到了省政府的充分肯定。

三、服务保障能力有新的提高，推动国土资源管理科学发展。全省国土资源系统以政风行风评议活动为动力，努力促进科学发展上水平。一是抓紧补充耕地，拓宽用地空间，预计全年开发补充耕地可达到50万亩，是往年平均水平的5倍。二是抓紧“三旧”改造，积极争取国土资源部支持，经省政府同意，省国土资源厅从完善历史用地手续、鼓励社会资金参与、利益共享机制等方面出台了创新性、突破性的政策措施，有力地推动“三旧”改造工作的开展，对节约集约用地、推动经济增长和转型升级、促进城乡统筹做出了积极的贡献。三是抓紧构建机制，促进节约集约，组织制定了《广东工业和公共管理公共服务用地指南》，研究节约集约用地评价指标体系，建立考核评价制度。四是强化执法监察，营造良好环境。通过进一步完善土地管理共同责任制度，开展青年志愿者保护国土资源活动，进一步建立健全预防查处土地违法行为的长效机制。截至11月底，全省发现违法土地面积同比下降55%。同时，省国土资源厅还进一步加强矿产资源管理的基础性工作，推进了矿业权市场建设和改革工作；强化地质灾害的防治工作，有效地减少了地质灾害造成的损失；加大测绘统一监管工作力度，进一步提高测绘服务保障水平。

四、党风廉政建设有新的提高，推动形成干净干事的良好风气。省国土资源厅通过切实查找国土资源系统在政风行风方面存在的突出问题，大大增强了大局意识和全局观念；通过召开全省廉政建设座谈会、典型案件剖析报告会，深入开展党风廉政教育，使党员干部职工强化了宗旨意识，拒腐防变、廉洁自律的意识有明显提高；通过抓好党员领导干部民主生活会，督促各单位严格执行党内民主集中制，进一步落实党风廉政建设责任制，从源头上防止腐败问题的发生。

（邹伟健）

2009年广东国土资源管理大事记

1月

9日　省国土资源厅党组书记、厅长招玉芳主持召开会议，传达学习贯彻省委十届四次全会精神，并就如何抓好落实、做好下阶段国土资源管理工作、推进构建保障和促进科学发展的新机制作部署。厅机关全体党员干部，厅直属事业单位领导班子成员共200多人出席了会议。

20日　省国土资源厅召开深入学习实践科学发展观活动转入整改落实阶段动员大会，回顾总结学习实践活动分析检查阶段的情况，部署下一整改落实阶段的工作。厅党组书记、厅长、厅学习实践活动领导小组组长招玉芳作动员报告，省委第三指导检查组组长周光明到会指导，厅领导，机关全体党员干部和直属单位班子成员近150人参会。

·省国土资源厅被省委组织部授予2008年“城乡基层党组织互帮互助活动先进单位”；省矿产资源储量评审中心党支部、省国土资源测绘院地籍队党支部被授予2008年“城乡基层党组织互帮互助活动先进党支部”。

2月

4日　省国土资源厅《广东省节约集约用地试点示范省工作分工方案》，经省政府同意，由省政府办公厅转发各地级以上市政府、各县（市、区）政府、省政府各部门、各直属机构执行。

5日　省政府在广州召开全省国土资源管理工作会议，深入学习贯彻省委十届四次全会和全国国土资源厅局长会议精神，总结2008年全省国土资源管理工作，部署工作任务。省政府林木声副省长、省政府罗欧副秘书长、国家土地督察广州局邱耿华副专员出席会议。会上，副省长林木声作重要讲话，省国土资源厅招玉芳厅长作工作报告。各地级以上市政府分管领导、国土资源局局长、省有关单位负责人等共130多人出席了会议。

6日　省国土资源厅党组和省纪委派驻国土资源厅纪检组在广州联合召开全省国土资源系统党风廉政建设工作会议。会议传达了十七届中央纪委三次全会精神和省纪委十届三次全会精神，总结去年全系统的反腐倡廉建设工作，部署今年的工作任务。省监察厅张渝副厅长出席会议并作讲话，省国土资源厅党组书记、厅长招玉芳就加强作风建设作重要讲话，叶伟龙纪检组长代表厅党组和驻厅纪检组作工作报告。会议由省国土资源厅张新民巡视员主持，各地级以上市国土资源局局长、纪检组长（纪委书记），省国土资源厅机关副处以上党员干部270多人参加会议。

7日　国土资源部副部长鹿心社一行，在国家土地督察广州局局长束伟星、省国土资源厅厅长招玉芳等陪同下，先后到佛山市顺德区、珠海市横琴岛等地，就国土资源管理工作进行考察调研。调研期间，省人大常委会主任欧广源、省政府副秘书长罗欧与鹿心社就广东经济社会发展及国土资源管理工作情况进行了交流。

19日　省国土资源厅党组书记、厅长招玉芳主持召开党组扩大会议，传达学习省十一届人大二次会议精神，研究贯彻落实措施。

20日　省国土资源厅、团省委联合发出《关于招募青年志愿者协助开展国土资源保护工作的通知》。决定在全省范围内招募青年志愿者协助保护国土资源，充分发挥共青团员在国土资源保护管理中的宣传监督作用，建立健全国土资源违法违规行为信息快速反馈机制。

23日　经省人民政府同意，省国土资源厅印发了《关于促进扩大内需支持现代产业发展用地的若干意见》，对现代服务业、先进制造业、高新技术产业、优势传统产业、现代农业、基础产业等六大产业以及中央和省财政新增投资计划项目（合称“现代产业项目”）的发展用地提出六点意见。

24日　省国土资源厅召开学习实践科学发展观活动总结暨测评大会，组织群众对省厅学习实践活动的思想成果、实践成果、惠民成果、总体评价四个方面进行满意度测评，结果为满意度皆在90%以上。厅党组书记、厅长、厅学习实践活动领导小组组长招玉芳同志作总结报告，广东省委第三指导检查组成员出席大会。厅机关全体党员、干部，厅直属各单位班子成员，在该厅的全国人大代表、省政协委员、省优秀共产党员、全国和省五一劳动奖章获得者，以及机关离退休干部代表130余人参加总结大会。

28日　省国土资源厅和团省委在广东奥林匹克体育中心联合举行青年志愿者和信息员保护国土资源活动启动仪式暨国土执法监察车辆发放仪式，并开通广东省青少年保护国土资源信息服务网站。副省长林木声、省政府副秘书长罗欧、国土资源部执法监察局局长李建勤、国家土地督察广州局局长束伟星、省国土资源厅厅长招玉芳、团省委书记谭君铁等领导出席了仪式。

3月

1日　《广东省土地利用总体规划条例》开始正式实施。该条例由广东省十一届人大常委会第七次会议于2008年11月28日审议通过。

4日　省国土资源厅召开“三创建三促进”学习实践活动总结暨“转变作风抓落实”主题实践活动动员大会。机关全体党员、干部和厅属各单位主要负责人参加了会议。

10日　省国土资源厅召开全厅干部大会，认真学习贯彻胡锦涛总书记在参加十一届全国人大二次会议广东代表团审议时的重要讲话精神。在京参加全国两会的全国人大代表、厅长招玉芳亲自打电话布置这次会议，并就贯彻落实意见提出了具体要求。

12日　国土资源部党组成员、副部长王世元和部扶贫领导小组成员单位负责同志一行，在省国土资源厅巡视员张新民等陪同下，在韶关仁化、始兴等地进行考察调研。

16日　国家测绘局、工业和信息化部、国家安全部、国家工商行政管理总局、国家新闻出版总署、国家保密局、总参测绘局联合召开全国地理信息市场专项整治电视电话会议，省、市国土资源、信息产业、国家安全、工商行政、新闻出版、保密、通信管理和军队等部门650人参加了广东分会场会议。

17日　省国土资源厅在广州召开全省测绘工作会议，深入贯彻落实党的十七届三中全会、省委十届四次全会和全国测绘局长会议精神，总结2008年全省测绘工作，部署2009年工作任务。省国土资源厅招玉芳厅长出席会议并讲话，省国土资源厅巡视员张新民传达了全国测绘局长会议精神，省直有关单位、厅领导和各地级以上市国土资源局共117名代表参加了会议。

18日　省国土资源厅召开全厅干部职工大会，全国人大代表招玉芳厅长传达了十一届全国人大二次会议主要精神。

4月

1日　省国土资源厅召开全省国土资源系统2009年民主评议政风行风工作动员大会。会议以电视电话会议形式召开，会议的主要任务是贯彻落实省政府纠风办《关于做好2009年民主评议政风行风工作的通知》文件精神，部署2009年全省国土资源系统民主评议政风行风工作。省国土资源厅党组成员、巡视员张新民受厅党组书记、厅长招玉芳的委托作动员讲话，全省共设1个主会场和89个分会场，共有4650多人参加了会议。

10日　广东省委省政府印发《关于贯彻落实〈珠江三角洲地区改革发展规划纲要（2008-2020年）〉的决定》（粤发[2009]10号），将“珠江三角洲基础地理信息公共平台”列为实施《规划纲要》的重大项目。

13日　省政府在阳江市召开全省补充耕地现场会，现场观摩阳江市补充耕地情况。副省长林木声、省政府副秘书长罗欧，阳江市委、市政府领导，省国土资源厅、省监察厅、省农业厅等省直有关部门领导以及21个地级以上市政府、国土资源局近150名代表出席会议。

15日　至16日，国土资源部党组书记、部长、国家土地总督察徐绍史到广东调研，在广东省委党校作“广东学习论坛”国土资源管理工作专题报告，省委中心组成员，省人大、省政协其他领导同志，省军区党委常委，省法院院长、省检察院检察长，省武警总队军政主官，省委各部委、省直有关单位，省各人民团体现职正厅级领导干部和省有关部门干部约300余人参加了报告会。报告会后徐绍史部长到佛山、深圳等地调研“三旧”改造等有关情况。副省长林木声，省国土资源厅厅长招玉芳、副厅长涂高坤等有关人员参加了调研。

22日　省国土资源厅和清远市国土资源局在清远清城区城市广场举办“世界地球日”科普宣传活动。

24日　省国土资源厅召开民主评议政风行风第二阶段工作动员大会，总结民主评议政风行风第一阶段工作情况，动员部署第二阶段自查自评工作。省国土资源厅领导、厅机关全体干部、厅直属单位领导班子成员和联络员共100多人参加会议。

27日　省国土资源厅厅长招玉芳主持召开党组扩大会议，深入研究部署贯彻落实《珠江三角洲地区改革发展规划纲要》和珠江三角洲各市现场会精神的各项工作。

·省国土资源厅向全省下发了《关于加快农村集体建设用地和宅基地使用权登记发证工作的通知》。

5月

5日　第二次全国土地调查工作电视电话会议在北京举行，国土资源部王世元副部长通报第二次全国土地调查工作进展，重点部署“决战年”的工作，我省第二次土地调查领导小组副组长罗欧副秘书长、国家土地督察广州局束伟星局长、省第二次土地调查领导小组副组长招玉芳厅长、省国土资源厅邢建江副厅长在省分会场出席会议。为认真贯彻全国会议精神，总结我省前一阶段第二次全国土地调查工作，并部署下阶段我省第二次调查工作，全国会后我省紧接着召开全省第二次全国土地调查工作电视电话会议，招玉芳厅长作了重要讲话。

11日　由中共广东省委组织部主办、省国土资源厅协办、华南农业大学承办的“广东省领导干部国土资源管理专题研讨班”在华南农业大学开班。副省长林木声、国土资源部总规划师胡存智、国家土地督察广州局局长束伟星、省委组织部副部长林存德等有关领导参加了开班典礼。省国土资源厅厅长招玉芳为学员们讲授了《国土资源管理的形势和任务》。全省各县（市、区）委书记，东莞、中山市国土资源局主要负责人共125人参加了培训。

18日　国家测绘局下发《关于开展珠江三角洲地区地形图保密处理工作的批复》（测办[2009]52号），批准实施珠江三角洲9市和茂名市1:1万基础地理信息数据保密处理工作。

19日　广东省国土资源厅与澳门特别行政区政府地图绘制暨地籍局在珠海召开粤澳控制网联测成果交换会议，会上双方移交了各自计算的成果。

21日　至31日，省国土资源厅组织多个检查组，对全省21个地级以上市汛期地质灾害防治工作进行全面检查。

25日　粤澳控制网联测项目成果确认会在澳门特别行政区举行，省国土资源厅张新民巡视员和澳门特别行政区政府地图绘制暨地籍局张绍基代局长分别代表粤澳双方在粤澳控制网联测项目成果资料上签字确认，标志着粤澳控制网联测项目测绘工作全面完成，将上报国家测绘局进行验收后启用。

26 日　省国土资源厅党组书记、厅长招玉芳主持召开会议，传达学习全省信访维稳工作会议精神，部署国土资源系统的信访维稳工作，积极促进信访积案化解。

28 日　省国土资源厅厅长招玉芳前往梅州市国土资源局调研开展深入学习实践科学发展观活动情况，并召开调研座谈会，与该局干部职工交流座谈。

29 日　国土资源部、农业部、国家统计局联合组成检查组，对我省耕地保护责任目标履行情况、卫片执法检查和保增长保红线行动等三项工作进行督导检查。督查结果，检查组一致认为，广东省各级党委、政府高度重视国土资源管理工作，尤其是在耕地保护责任目标履行、保增长保红线行动和卫片执法检查等三项工作上作了很大努力，做了大量工作，取得了明显成效。

6 月

13 日　省政府下发《广东省非农建设补充耕地管理办法》，自 2010 年 9 月 1 日起施行。

18 日　省国土资源厅由招玉芳厅长主持召开党组扩大会议，传达学习 6 月 13 日至 16 日省委、省政府召开的粤东地区现场会和工作会议精神，特别是汪洋书记、黄华华省长的重要讲话精神，部署对粤东四市提出的请求支持解决重大问题的跟进落实工作。

23 日　省行评督导办一行 9 人到省国土资源厅检查行评工作，并召开了两场座谈会，厅有关处室代表和厅属单位职工代表分别参加了座谈会。

25 日　省政府召开全省土地管理工作会议，深入贯彻落实国家关于加强土地调控、严格土地管理的要求，进一步部署推进广东省耕地保护和土地利用工作。省长黄华华作重要讲话并代表省政府与各地级以上市政府签订了 2009 年度耕地保护责任书。省委常委、深圳市代市长王荣出席会议，副省长林木声主持会议。国家土地督察广州局局长束伟星参加会议并讲话。会上，省政府罗欧副秘书长对全省违法违规用地查处整治工作的情况作了通报，省国土资源厅厅长招玉芳对 2008 年度全省土地利用计划执行情况作了通报，并就 2009 年度耕地保护目标责任书作了说明。

·为配合第 19 个全国“土地日”宣传活动，省国土资源厅在南方网上进行了“广东建设节约集约用地试点示范省”访谈直播。

·数字佛山地理信息空间框架建设工程设计书评审暨国家测绘局、省国土资源厅、佛山市政府共建共享合作协议签署仪式在佛山市举行。

·国家测绘局主持的“粤澳控制网联测项目”成果验收会在广州举行。由广东省国土资源厅和澳门特别行政区政府地图绘制暨地籍局承担的“粤澳控制网联测项目”，标志着长期以来粤澳两地测绘基准不统一、难以满足跨境建设需要的历史划上了句号，是粤澳在测绘领域科技合作的一个里程碑，为落实《珠江三角洲地区改革发展规划纲要》，推动粤澳重大基础建设对接奠定了基础。

26 日　省国土资源厅党组书记、厅长、省委学习实践活动领导小组成员招玉芳，带队前往联系点佛山市国土局禅城分局开展学习实践科学发展观调研活动。

·“珍爱国土·青年担当”——广东青年国土资源保护行动试点工作推进会暨惠州青年国土资源保护行动启动仪式在惠州举行。

30 日　省国土资源厅召开省国土资源系统近三年来政风行风建设情况汇报会，省纠风办对省国土资源厅的政风行风建设给予了充分肯定。

7 月

1 日　省国土资源厅被广东省军队转业干部安置工作领导小组、省委组织部、省人事厅、省军区政治部授予“全省军队转业干部安置工作先进单位”荣誉称号。

9日　省国土资源厅召开用地报批工作座谈会，重点分析国家和省重点项目用地报批工作中存在的问题，探讨如何加强协调配合，加快用地报批速度，更好地服务和促进发展。会议由招玉芳厅长主持，省直有关单位、部分市、县（区）政府、国土资源局以及企业的负责同志近50人参加了会议，国家土地督察广州局束伟星局长到会并作讲话。

20日　省国土资源厅厅长招玉芳主持召开会议，传达学习贯彻省委十届五次全会精神，并就如何抓好落实、进一步做好下阶段国土资源管理工作进行部署。厅机关全体干部，厅直属事业单位领导班子成员共200多人出席了会议。

24日　省政府办公厅印发了《关于加快建设用地报批依法保障扩大内需建设项目用地的紧急通知》（粤府办明电[2009]245号），要求各地各部门、各单位切实履行职责，提高效率，加快进度，依法保障扩大内需建设项目用地。

28日　省长黄华华和副省长林木声率省直有关部门负责人到省国土资源厅，就贯彻落实省委十届五次全会精神，按照“三促进一保持”和《珠江三角洲地区改革发展规划纲要（2008-2020年）》的要求，围绕如何进一步做好新形势下的国土资源管理工作，促进经济平稳较快发展的问题进行调研。黄华华省长一行先后视察了土地开发整理、国土资源信息化建设、节约集约用地试点示范省建设、建设用地联合审批、窗口办文等工作部门，其间还看望慰问了地质灾害防治工作人员。省政府秘书长、办公厅主任徐尚武，以及省政府副秘书长罗欧，省直有关部门领导参加了这次调研。

29日　省国土资源厅在珠岛宾馆召开转业复员退伍军人座谈会。厅领导、机关各处室主要负责同志、退休及在职转业复退军人共100多人参加了座谈会，座谈会由副厅长邢建江主持，厅党组书记、厅长招玉芳讲话。

8月

4日　广东省人民政府办公厅印发了《转发省国土资源厅关于全面整顿和规范地理信息市场秩序实施意见的通知》，部署开展地理信息市场清理整顿工作。

10日　省国土资源厅召开“民主评议政风行风工作第三阶段转段动员大会”。按照《广东省国土资源系统2009年民主评议政风行风工作方案》的要求，第二阶段民主评议行风工作从4月中旬开始，省国土资源厅共发放问卷调查表和征求意见表1940份，回收1683份，满意度为93%。其中，厅行评办发放342份，回收216份，满意度91%；厅机关各处室发放629份，回收591份，满意度96%；厅属各单位发放969份，回收876份，满意度为91%。省直政风行风评议工作办公室副主任唐策出席动员大会并讲话，省国土资源厅领导、厅机关全体干部、厅属各单位班子成员近100名代表出席会议。

·省政府召开全省加快用地报批工作会议，研究部署落实共同责任、加快用地报批工作，确保省重点项目及时落地。会上，林木声副省长传达了汪洋书记、黄华华省长的重要指示精神，招玉芳厅长就如何贯彻落实黄华华省长签发的紧急通知精神作了发言。各地级以上市分管国土资源的副市长，国土资源、发展改革委、社会保障、交通、水利、林业以及铁路、交通、电力等企业单位负责人参加了会议。

11日　省国土资源厅召开全省国土资源局长座谈会，招玉芳厅长在会上传达了国土资源部党组务虚（扩大）会议主要精神、省委常委会主要精神，部署国土资源管理有关工作，推动各地进一步落实工作措施，加快工作进度，确保全年工作目标的顺利完成。

·国土资源部发布了《关于落实土地利用计划指标奖励和扣减的通知》，通报了2008年全国土地利用计划执行情况考核结果。根据节约集约用地考核结果，2008年广东省在全国各省（区、市）中排名第一位，奖励计划7500亩指标，计划执行情况、耕地保护、节约集约用地、土地执法等考核合计奖励计划指标1.99万亩，其中占农用地指标1.47万亩（耕地计划指标9300亩）。

13 日　省国土资源厅召开全省第二次全国土地调查工作会议。

19 日　省国土资源厅招玉芳厅长主持召开厅务会议，部署涉及国土资源系统的工程建设领域突出问题专项治理工作。

21 日　国务院批复了我省上报的《广东省土地利用总体规划（2006−2020 年）》，这标志着我省土地利用规划与管理迈进了一个新里程。

25 日　省国土资源厅召开全省国土资源执法监察暨维稳信访工作座谈会，传达国家和省维护稳定暨信访工作电视电话会议精神，通报上半年执法监察和信访工作，并就如何做好下一阶段国土资源执法监察和维稳信访工作作部署。国家土地督察广州局束伟星局长、罗中华副专员等到会指导。省国土资源厅厅长招玉芳在会上作重要讲话。

·省政府正式下发了《关于推进“三旧”改造促进节约集约用地的若干意见》（粤府 [2009] 78 号），加强对“三旧”改造的政策扶持力度。

·省国土资源厅被省委老干局评为离退休干部统计报表全优单位。

28 日　由省国土资源厅和惠州市国土资源局联合举办的“加强基础测绘，发展地理信息产业”测绘法宣传、咨询活动在惠州市滨江公园前广场举行。

9 月

1 日　至 3 日，国土资源部副部长贠小苏率部有关司局负责同志到广东调研指导工作。省委常委、常务副省长黄龙云，省委常委、深圳市代市长王荣会见了贠小苏副部长一行。在省政府罗欧副秘书长和省国土资源厅招玉芳厅长等领导的陪同下，贠小苏一行先后到佛山、东莞、惠州、深圳等地就“三旧”改造、闲置地处置、地质灾害治理、农村城市化历史遗留用地问题处理等开展调研。

10 日　省国土资源厅召开民主评议政风行风汇报反馈会。

16 日　至 18 日，受省国土资源厅厅长招玉芳的委托，邢建江副厅长率厅机关和直属单位负责同志一行 17 人前往梅州市丰顺县，开展扶贫开发“规划到户责任到人”调研工作，重点对挂钩扶贫村丰良镇仙龙村开展实地调研工作。

18 日　省国土资源厅结合正在开展的民主评议政风行风工作、纪律教育学习月活动和庆祝新中国成立 60 周年，利用视频方式举办了一场“全省国土资源系统先进事迹宣讲会”活动。

·省政府在广州召开了全省“三旧”改造工作专题会议，全面部署“三旧”改造工作，推进节约集约用地试点示范省建设，更好地服务和促进我省经济平稳较快发展。省政府林木声副省长、罗欧副秘书长，国家土地督察广州局罗中华副专员出席会议。会上，林木声副省长作了重要讲话，省国土资源厅招玉芳厅长介绍了我省“三旧”改造的相关政策和下一阶段工作重点。各地级以上市政府分管领导、国土资源局、建设局、规划局局长，省有关单位负责人等共 120 多人出席了会议。

22 日　省国土资源厅党组书记、厅长招玉芳主持召开党组（扩大）会议，学习传达党的十七届四中全会精神，并就如何抓好落实、推进国土资源管理各项工作作部署。

25 日　中国共产党广东省国土资源厅举行直属机关代表大会。会议由厅副巡视员游启胜主持，副厅长邢建江代表厅直属机关党委作重要讲话，129 名党员代表出席了大会。

29 日　省国土资源厅党组书记、厅长招玉芳主持召开厅党组会议，传达学习粤西地区各市现场会和粤西地区工作会议精神，研究贯彻落实措施。

·省国土资源厅召开民主评议政风行风组织评议阶段工作动员大会。广东省直工委副书记、省直纪工委书记、省行评督导组副组长、省直行评领导小组副组长翁汉涛出席会议并讲话；省国土资源厅党组书记、厅长招玉芳总结了该厅民主评议政风行风前三阶段主要工作情况，并部署了该厅民主评议政风行风组织评议阶段工作；省纪委派驻省国土资源厅纪检组长叶伟龙主持会议。广东省行评督导办副主任、省直行评办副主任唐策，省直行评团朱列玉副团长、国土分团团长王东武出席会议，省国土资源厅党组成员和厅领导、厅机关全体干部，以及厅直属单位领导班子成员共100余名代表出席了会议。

10月

13日　省国土资源厅召开全省城乡建设用地增减挂钩试点暨规划修编工作会议。

19日　至20日，省国土资源厅副厅长涂高坤、省纪委派驻省国土资源厅纪检组组长叶伟龙率有关处室负责人，赴韶关举行“4·21”腐败案件剖析专题调研工作座谈会。

23日　省国土资源厅召开单独评议处室测评大会，厅办公室、矿产资源管理处、执法监察总队、省国土资源信息中心、省征地服务中心五个部门认真接受了省直行评团的测评。省直纪工委副书记、省直行评办主任王爱群，省直行评团王东武、黄国荣等领导一行36人，厅领导、机关和直属单位有关人员共139人参加了评议大会。在接受评议大会上，五个单独评议部门主要领导分别就近三年改选职责情况、开展行评等工作情况作了述职报告，并对下一步履行岗位职责作出了承诺、提出了计划。省直行评团就国土资源管理工作中的难点热点问题和参加单独评议的五个部门开展行评工作情况进行了询问，厅领导、五个单独评议部门主要领导就行评团的提问做了详细解答。

25日　广东省“十二五”基础地理信息系统更新与应用研究报告评审会在广州举行，专家组评审通过了研究报告。

26日　广东省国土资源厅测绘院被省直机关工作委员会授予“广东省文明单位”荣誉称号，已连续12年获取该殊荣。

11月

4日　广东省国土资源厅组团赴澳门参加澳门卫星定位系统参考站服务启用仪式，与澳门、香港测绘界开展学术交流。

5日　省国土资源厅召开民主评议政风行风面对面评议大会。中国农工民主党中央副主席、广东省主席、省人大常委会副主任、省直行评团团长王宁生对省国土资源厅政风行风建设给予了充分的肯定。

8日　至12日，国土资源部储量司贾其海司长一行7人对我省地质资料管理工作情况进行了抽查。检查组在黄奕锋副厅长的陪同下，先后召开了部分地勘单位和矿山企业代表座谈会，实地查看了省地质局七O六地质大队、凡口铅锌矿等单位的地质资料管理情况。

9日　省国土资源厅党组书记、厅长、省委学习实践活动领导小组成员招玉芳，专程赴学习实践活动联系点——佛山市国土资源局禅城分局祖庙管理所，开展调研工作。

·至13日，广东省国土资源厅与广东省人力资源与社会保障厅联合举办了全省测绘高新技术研修班，陈俊勇、李德仁、刘经南、宁津生、张祖勋、王家耀6位院士以及武汉大学朱宜萱教授应邀在研修班作学术报告，共有230人参加学习培训。

13日　省国土资源厅召开国土资源系统党风廉政建设工作会议，检查党风廉政建设责任制和构建惩防体系落实情况，对下阶段国土资源反腐倡廉工作进行研究部署。

17日　省国土资源厅在东莞召开全省地级以上市国土资源局长座谈会。省国土资源厅党组书记、厅长招玉芳及厅领导出席会议并讲话，广州市等21个地级市国土资源局局长和有关负责人在会上发言，厅机关各处室主要负责人出席会议。

18日　省国土资源厅党组、驻厅纪检组在东莞市召开了全省国土资源系统党风廉政建设工作会议。省国土资源厅党组书记、厅长招玉芳，省纪委派驻省国土资源厅纪检组长叶伟龙出席会议并讲话。各地级以上市国土资源局党组书记、局长在会上作了党风廉政工作情况发言。

23日　省政府下发了《转发省国土资源厅关于“三旧”改造工作实施意见（试行）的通知》

（粤府办 [2009]122 号）。

·至 25 日，国土资源部副部长、党组成员、国家测绘局局长徐德明，率队深入广州、佛山、深圳等地开展调研。期间，广东省副省长林木声与徐德明局长举行了会谈，省国土资源厅厅长招玉芳、副厅长李俊祥等陪同调研。

24 日　国家档案局副局长李和平一行在广东省档案局副局长李士智、省国土资源厅副厅长黄德发的陪同下，到省国土资源档案馆考察调研。

26 日　广东省政府在佛山市召开全省“三旧”（旧城镇、旧厂房、旧村庄）改造工作现场会，总结推广佛山等市的经验，研究部署下一阶段的工作。省政府黄华华省长，国土资源部党组副书记、副部长、国家土地副总督察鹿心社同志出席会议并讲话，林木声副省长主持会议。全省 21 个地级以上市市长，国土资源管理、建设、规划、财政等部门的主要负责同志，国家土地督察广州局、国家审计署驻广州特派办、省直有关部门、省法院、省高院的负责同志参加会议。会上，佛山市政府陈云贤市长介绍了佛山市推进“三旧”改造工作的经验；省国土资源厅招玉芳厅长介绍了“三旧”改造的工作进展情况。与会代表现场参观了佛山的“三旧”改造工作情况。

·省国土资源厅党组成员、省纪委派驻省国土资源厅纪检组组长叶伟龙带领有关人员赴梅州市丰顺县，到丰良镇仙龙村开展扶贫开发“规划到户，责任到人”工作，并到汤西镇和安村检查驻村工作，看望驻村干部。

30 日　国土资源部召开第二次全国土地调查电视电话会议之后，省政府紧接着召开电视电话会议，迅速贯彻落实全国土地调查电视电话会议精神，动员部署我省二次土地调查的收尾工作。省政府副省长、省第二次土地调查领导小组组长林木声出席会议并讲话，省第二次土地调查领导小组副组长、省政府副秘书长罗欧主持会议，国家土地督察广州局束伟星局长，省第二次土地调查领导小组副组长、省国土资源厅厅长招玉芳，省直部门单位以及省第二次土地调查领导小组和其办公室的全体成员在省主会场参加会议。

12 月

7 日　省国土资源厅 107 名公务员统一参加了 2009 年度广东省直和中央驻穗单位公务员学法考试。

8 日　至 12 日，国土资源部党组成员、中央纪委驻国土资源部纪检组长王寿祥一行到我省广州市、江门市、佛山市等地，就广东省国土资源管理形势、党风廉政建设等问题开展调研。省委常委、省纪委书记朱明国，副省长林木声先后与王寿祥会谈。在粤期间，王寿祥一行先后实地考察了江门市工业园区工业用地利用情况，佛山南海区“三旧”改造现场夏西村等地。国家土地督察广州局局长束伟星，省国土资源厅党组书记、厅长招玉芳，省国土资源厅党组成员、驻厅纪检组长叶伟龙等陪同调研。

·省国土资源厅下发《关于明确省国土资源系统作风建设“训示”内容的通知》，“忠于职守，高效服务，依法管理，廉洁从政”作为省国土资源系统作风建设的“训示”。

9 日　省直单位民主评议政风行风工作总结通报大会在广州召开。会上通报，省国土资源厅被评为政风行风满意单位，被单独评议的省国土资源厅办公室、矿产资源管理处、执法监察处、信息中心、征地服务中心等 5 个机关处室（直属单位）也均被评为政风行风满意单位。厅办公室在 5 个厅局 15 个单独评议的机关处室中被评为综合成绩优秀的 5 个机关处室之一，征地服务中心在 5 个厅局 10 个单独评议的直属单位中被评为综合成绩优秀的 5 个直属单位之一。

14 日　省国土资源厅党组书记、厅长招玉芳主持召开厅党组扩大会议，传达学习中央经济工作会议精神及部领导来粤考察时的讲话精神，研究部署年底前必须抓紧做好的各项工作。

·国家土地督察广州局对我省 2008 年度土地卫片执法检查整改查处工作情况进行了通报，我省被国土资源部列为 2008 年度卫片执法检查对象的19个市（其中2个县级市）已经全部通过验收。

15日　中共中央政治局常委、国务院副总理李克强在中共中央政治局委员、广东省委书记汪洋等领导陪同下，到佛山市南海区夏西村，就农村城镇化建设和“旧村庄”改造工作进行考察。省国土资源厅厅长招玉芳向李克强副总理简要汇报了广东省在部省合作建设节约集约用地试点示范省中大力推进“三旧”改造工作的基本情况，李克强副总理对“三旧”改造工作给予了肯定。

17日　省国土资源厅被省委组织部授予2009年“城乡基层党组织互帮互助先进单位”；省矿产资源储量评审中心党支部、测绘院三队党支部被省委组织部授予2009年“城乡基层党组织互帮互助活动先进党支部”。

20日　省纪委派驻省国土资源厅纪检组被省纪委评为“全省纪检监察信息工作先进单位”和“全省纪检监察调研工作先进单位”，梁国威同志被评为“全省纪检监察信访举报工作先进个人”。

·至23日，由中国土地勘测规划院副院长张建平等专家组成的国土资源部评估组对部省共同签署的《共同建设节约集约用地试点示范省合作协议》的履行情况进行评估。评估组对我省一年来履行合作协议的工作情况给予了充分的肯定。

29日　省国土资源厅召开了民主评议政风行风总结通报大会。会议由省国土资源厅副厅长邢建江主持，省国土资源厅领导、机关和直属单位100余名代表出席了评议大会。经广东省各地行评团民主评议，省国土资源厅办公室被评为综合成绩优秀机关处室，省征地服务中心被评为综合成绩优秀直属单位。汕头市国土资源局、梅州市国土资源局、阳江市国土资源局、肇庆市国土资源局被评为当地“满意”单位第一名。

（王彤）

国土资源省情

63/66

责任编辑：胡春雷

国土资源省情

土地资源

【概况】 广东省地处中国大陆最南部，位于北纬20°09′~25°31′，东经109°45′~117°20′。土地总面积17.96万平方千米。广东土地资源在地形地貌、气候水文等自然因素和人类活动影响下，形成了具有南粤地域特点的自然综合体。

根据第二次全国土地调查数据，广东省2009年农用地1509.79万公顷（其中耕地253.22万公顷），建设用地180.96万公顷，未利用地105.03万公顷。

全省土地利用现状（2009年）

土地利用类型		面积（万公顷）	占土地总面积比例	占上级土地利用类型比例
农用地	小计	1509.79	84.07%	100.00%
	耕地	253.22	14.10%	16.77%
	园地	136.11	7.58%	9.02%
	林地	1013.20	56.42%	67.11%
	牧草地	0.24	0.01%	0.02%
	其他农用地	107.02	5.96%	7.09%
建设用地	小计	180.96	10.08%	100.00%
	城镇村及工矿用地	147.68	8.22%	81.61%
	交通运输用地	14.05	0.78%	7.76%
	水利设施用地	19.23	1.07%	10.63%
未利用地	小计	105.03	5.85%	100.00%
合计		1795.77	100.00%	100.00%

【土地资源特点】

一、自然地理环境优越，土地复种指数高。广东省位于热带、亚热带海洋季风气候区域，以砖红壤、红壤和赤红壤为主，年均气温大于等于10℃，年积温6000-8500℃，年雨日175-225日，年辐射总量4200-5400兆焦／平方米，日照时数1500-2200小时，且雨热同季。大部分地区一年三熟，蔬菜可每年8-10茬种植，鱼虾2-3批生产。

二、地势北高南低、海陆兼备，适合多元化经营。广东属于多轮回造山区，地形地貌复杂，分布着中山地、低山地、丘陵地、台岗地、冲积盆地、冲积平原、冲积海积平原、水域和滩涂，素有“七山一水两分田”之称。多样化的地貌类型，为广东发展农、林、牧、副、渔多样化农业生产奠定了坚实的基础。

三、人地关系矛盾突出，耕地后备资源不足。广东人多地少，2009年人均耕地0.39亩，仅为全国平均水平的1/3。同时，广东有136.11万公顷园地、1013.20万公顷林地，其中相当部分在低效利用，采取适当的生物、工程措施，可以开发补充为耕地，弥补耕地资源不足。广东还有面积广大的滩涂和海域资源，能围填为耕地或建设用地，拓展全省用地空间。

四、土地利用集约化水平高，但仍有较大潜力。2009年，广东省土地产出率2176万元／平方千米，仅次于江苏、浙江省，是全国平均水平的6倍，尤其是珠三角地区，土地产出率达到5866万元／平方千米，是全省平均水平的2.7倍。但全省土地利用集约化水平与发达国家仍有相当大的差距，土地产出率仅相当于日本、韩国、德国等国的1/8—1/5。据统计，全省有“三旧”（旧城镇、旧厂房、旧村庄）用地24万公顷，还有相当部分闲置土地，土地挖掘的潜力很大。

五、地缘人缘优势明显，有利于土地发展外向型经济。广东濒临海洋，毗邻港澳，面向东南亚，位于环太平洋经济圈，交通方便，华侨众多，地缘人缘优势明显，加上对外经济历史悠久，是中国改革开放先行地区，为广东土地发展外向型经济提供了便利的条件。

六、土地资源分布与建设用地需求空间“错位”，保护耕地与保障发展协调难度大。珠江三角洲平原地区分布着全省中高产农田，但同时经济发达，建设用地需求量大，大量“良田”不得不变为建设用地。粤北山区中高产农田不多，但同时经济欠发达，建设用地需求量少。这种土地资源分布与建设用地需求的空间“错位”，使得保护耕地和保障发展难于协调，给全省土地资源管理工作带来了巨大挑战。

另外，近年来，随着工业“三废”和生活污水、垃圾的排放增加，广东省土地资源受污染面积不断扩大，程度不断加剧，尤其是珠三角和粤东地区部分地区，土地资源污染较为严重，土壤质量不断下降。而在粤北地区，由于森林过度砍伐和盲目开荒、陡坡垦殖及大肆取土开石，导致水土流失严重，造成土地易旱易涝，沙瘦土浅，土地综合生产能力大幅度下降。

矿产资源

【概况】 广东省矿产资源丰富，种类繁多。已找到矿产 148 种、探明储量 101 种，产地 1900 多处。矿产资源保有储量占全国前十位的有 63 种，占全国前三位的有 26 种，如硫铁矿、油页岩、高岭土（涂布级）、地下热水、稀土、矿泉水、水泥用灰岩等。曲江大宝山铁多金属矿、云浮大降坪硫铁矿、茂名高岭土、连平锯板坑钨矿、信宜银岩锡矿、湛江地热田、连平大顶铁矿、高明富湾金银矿、高要河台金矿、长坑金矿、信宜贵蛇纹石（南方玉）、阳春石碌铜矿等均是国内或省内很有名气的大型、超大型矿床。

全省煤炭已查明资源储量的矿区 203 处，保有煤炭储量 0.63 亿吨，基础储量 1.89 亿吨，资源量 4.41 亿吨，查明资源储量 6.30 亿吨。近年来，广东的金、银等矿产勘查工作成绩显著，已探明有我国所发现的最大的独立银矿床。优质高岭土、硅灰石、膨润土、大理石等非金属矿产极具开发前景。

【矿产资源特点】

一、矿种较齐全，现有矿产资源居全国中等水平；

二、有色、稀有稀土金属、放射性矿产及建材、化工原料等非金属矿产资源优势明显；

三、矿产资源分布广泛，主要矿产地地域特色明显；

四、能源等支柱性矿产资源短缺；

五、小型矿床比例高，共（伴）生矿、贫矿及难选冶矿多；

六、查明矿产资源储量地质控制程度较低。

海洋资源

【概况】 广东是海洋大省，海岸线漫长，滩涂广布，陆架宽广，港湾优良，不仅拥有广阔的海洋空间优势，还拥有丰富的海洋资源。广东大陆海岸线东迄闽粤相交的饶平县界山，西止粤桂交界的英罗港洗米河口，全长 3368.1 千米（不含港、澳地区），居中国沿海各省区之首。海域面积 41.93 万平方千米，其中内水面积 5.02 万平方千米，领海面积 1.57 万平方千米，200 海里专属经济区 35.34 万平方千米。

【海洋资源特点】

一、海岸类型多样，海岛众多，有利于多元化开发利用。广东省主要海岸类型有山地溺谷海岸、台地溺谷海岸、河口三角洲平原淤积海岸、岬湾海岸、珊瑚礁海岸。海岛方面，全省共有海洋岛屿 1431 个，其中大于 500 平方米以上的海岛 759 个，总面积近 1600 平方千米。类型多样的海岸和众多海岛，为全省海洋资源开发提供了多种选择形式。

二、港湾资源丰富，有利于建设发达的海上交通。广东省大、小港湾 510 多处，适宜建设大、中、小型港口的 200 多个。大型港湾主要集中在珠三角沿岸，以深圳市最多。航道是一种重要的海洋空间资源形式，广东省近海主要航道达到 13 条。丰富的港湾和航道资源，为全省发展外向型经济提供了便利条件。

三、海洋生物资源丰富多样，开发利用潜力较大。广东省近岸浮游生物有 252 种。在我国已有记录的 2 万多种海洋生物中，有 2/3 的种类分布于南海。其中有记录的海洋鱼类 1065 种，常见的经济鱼类 100 多种，常见的经济虾类有 35 种，蟹类 100 余种，经济贝类 50 余种。南海同时富含药用价值高的生物活性物质，迄今已发现 7500 种。这些生物资源为广东发展生物产业，建设海洋大省提供了丰富的“原材料”。

四、海洋旅游资源独特，开发条件优越。广东沿海自然环境优美，山水石土、园林花草、鸟兽虫鱼等千姿百态。同时，名人辈出，古迹文物众多，形成了山水风景、水库湖泊、园林温泉、天然浴场、海岛胜地、自然物象、历史古迹、古建筑群、名人故居等多种类型的滨海旅游资源，为滨海旅游业发展提供了优越条件。

五、滩涂资源广袤，可利用空间较大。广东沿海滩涂面积为 2019 平方千米，0~10 米等深线浅海面积为 10586 平方千米。可供发展海水增养殖的浅海、滩涂等面积约 7300 平方千米，其中 −10 米等深线以内浅海可养面积为 5300 平方千米，滩涂可养面积为 1200 平方千米，潮上带可养面积（包括围垦后未能种植面积）约 800 平方千米。

（胡春雷）

国土资源行政

67/104

责任编辑：苏琛贸

国土规划与土地规划

【国土规划修编】 经征求省国土规划编制工作领导小组成员单位意见，并与有关部门、专家对接协调后，《广东省国土规划（2006–2020 年）》于 2009 年 1 月形成送审稿。

经省国土规划编制工作领导小组充分研究，2009 年 3 月，省政府林木声副省长确定广东省国土规划的报批路径为“由省人大审议、省政府批准实施”。

2009 年 3 月，《广东省国土规划（2006–2020 年）》经省国土资源厅办公会议讨论通过后，于 4 月上报省政府。2009 年 5 月至 10 月，按照省政府办公厅意见，规划进行了网上公示，并与省发展改革委负责编制的省主体功能区规划进行了协调、衔接。

【省级土地规划】 2009 年 1 月，《广东省土地利用总体规划（2006–2020 年）》经十一届 24 次省政府常务会议讨论通过；2 月，规划由省政府上报国务院审批。6 月，根据国土资源部转来的全国土地利用总体规划修编委员会修改意见，省国土资源厅对规划进行了修改完善，并报送国土资源部审查。2009 年 8 月 21 日，国务院正式批复《广东省土地利用总体规划（2006–2020 年）》（国函〔2009〕99 号）。

【市级土地规划】 全省 21 个地级以上市全部完成规划大纲编制并获批复。以规划大纲为基础，各市开展了规划成果编制工作。截至 2009 年年底，全省有 20 个地级以上市形成了规划成果初稿，其中有 15 个地级以上市（占全省的 71%）通过了专家评审。国土资源部规划修编试点城市东莞市、佛山市市级土地利用总体规划成果已上报审批。

【县级土地规划】 据统计，全省 118 个县级单位开展规划大纲编制工作，已形成初稿的有 109 个（占应编制总数的 92%），已报批的有 107 个（占应编制总数的 90%），已批准的有 104 个（占应编制总数的 87%）。全省有 118 个县级单位须开展规划成果编制工作，已形成初稿的有 73 个（占应编制总数的 61%），已报批有 3 个（占应编制总数的 2.5%）。

【镇级土地规划】 为加快规划修编工作进程，镇级规划与市县级规划修编同步开展。据统计，全省 1354 个镇级单位，已完成规划成果初稿的有 802 个（占应编总数的 59%），已报批的 98 个（占应编总数的 7%），已批准的 90 个（占应编总数的 7%）。国土资源部规划修编试点城市东莞市、佛山市的镇级土地利用总体规划成果已全部批准实施。

【规划指导】 积极加强规划指导，先后印发了《关于下发广东省土地利用总体规划土地利用调控指标分解方案的通知》（粤国土资规保电〔2009〕13 号，2009 年 2 月）、《广东省县级土地利用规划数据库标准和检查验收办法》（粤国土资规保发〔2009〕67 号，2009 年 2 月），《关于印发省人民政府 < 关于同意授权地级以上市人民政府审批镇级土地利用总体规划的批复 > 的通知》（粤国土资规保发〔2009〕89 号，2009 年 3 月），《广东省各级土地利用总体规划审查审批办法》（粤国土资规保发〔2009〕198 号，2009 年 5 月），《关于新一轮土地利用总体规划成果备案有关问题的通知》（粤国土资规保发〔2009〕67 号，2009 年 7 月），《关于印发 < 限制建设区用地项目目录 >

的通知》（粤国土资规保发〔2009〕395 号，2009 年 9 月），并于 2009 年 12 月举办了土地利用总体规划修编技术培训班，规范全省规划修编工作。

【土地利用计划的下达】 2009 年，国家共下达给广东省新增建设用地指标 19693 公顷，其中农用地 14880 公顷（耕地 9570 公顷）。广东省及时分解下达，经过两次调整，最终安排给省级建设项目新增建设用地指标 6557 公顷，农用地转用指标 5300 公顷（耕地 3579 公顷）；各地级以上市（不包含深圳市）建设项目新增建设用地指标 11428 公顷，农用地转用指标 8119 公顷（耕地 5640 公顷）；深圳市（国家计划单列下达）建设项目新增建设用地指标 1708 公顷，农用地转用 1461 公顷（耕地 351 公顷）。详见表一。

表一　2009 年土地利用计划分解下达表

单位：公顷

地区	新增建设用地	农转用	耕地	土地开发整理复垦增加耕地	其中	
					开发	整理复垦
广州市	1476	974	720	1383	1153	230
深圳市	1708	1461	351	400	330	70
珠海市	205	149	102	305	254	51
汕头市	629	450	313	613	511	102
佛山市	641	446	318	825	688	137
韶关市	608	442	300	504	420	84
河源市	725	527	361	542	452	90
梅州市	497	353	243	520	433	87
惠州市	455	330	226	638	532	106
汕尾市	311	226	154	411	343	68
东莞市	699	489	346	922	769	153
中山市	356	258	178	539	449	90
江门市	591	399	290	589	491	98
阳江市	861	628	424	486	405	81
湛江市	442	322	217	498	415	83
茂名市	272	198	135	361	301	60
肇庆市	678	494	334	646	538	108
清远市	798	573	393	607	506	101
潮州市	295	214	147	458	382	76
揭阳市	586	426	290	420	350	70
云浮市	303	221	149	333	278	55

备注：本表包含 2009 年国土资源部追加给广东省指标

【土地利用计划的使用】 2009 年 1 月 1 日至 12 月 31 日，广东省共使用当年新增建设用地指标 14825.4369 公顷，其中农用地转用指标 13715.5026 公顷（耕地 4676.9034 公顷），分别占国家下达省新增建设用地指标的 75.28%，农用地转用指标的 92.17%（耕地的 48.87%）。详见表二。

表二　广东省 2009 年土地利用计划使用情况

单位：公顷

地区	已使用指标（12 月 31 日止）		
	新增建设用地	农用地	其中：耕地
全　省	14825.4369	13715.5026	4676.9034
省　级	7247.5417	6726.2457	2438.7874
广州市	991.1464	953.0644	351.3771
深圳市	1477.2465	1439.0597	185.6751
珠海市	147.8566	47.8366	35.8278
汕头市	45.0487	32.4805	14.9744
佛山市	447.3324	441.5866	170.6137
韶关市	325.8405	325.0887	108.9132
河源市	427.7517	363.7019	54.1612
梅州市	228.2071	200.0958	96.3467
惠州市	312.0415	296.1084	60.8413
汕尾市	50.9634	50.6234	45.7727
东莞市	524.2333	488.8947	197.9978
中山市	295.9678	168.1263	80.5026
江门市	357.7486	354.4577	68.067
阳江市	502.8999	465.7283	181.734
湛江市	116.9226	108.9662	57.0442
茂名市	160.8796	159.513	113.0298
肇庆市	401.6316	377.4613	80.0398
清远市	447.2648	432.2145	164.7093
潮州市	26.1623	26.1623	18.695
揭阳市	222.499	192.7522	150.0301
云浮市	68.2509	65.3344	1.7632

【用地预审】 2009 年，广东省按照建设节约集约用地试点示范省和开展“保增长和保红线”活动要求、认真执行《建设项目用地预审管理办法》（国土资源部第 42 号令）等法律法规规章，全省预审、初审建设项目用地预审项目 235 宗，涉及用地 14485 公顷，其中，报国土资源部审批的用地预审项目共计 38 宗，用地面积 3565 公顷（耕地 1028 公顷）。总用地中能源项目用地 248 公顷，交通项目用地 2826 公顷，交通项目用地占预审总申报面积的 79%；省审批的用地预审项目 197 宗，涉及用地 10920 公顷（耕地 2932 公顷），其中，能源项目 311 公顷，交通项目 9155 公顷，水利项目 186 公顷，其他项目 1268 公顷，交通项目用地占预审申报总面积的 84%。与 2008 年同期相比，由省审批预审项目用地面积增长 112%。一些国家和省重点项目如珠江三角洲环线广州增城沙庄至花都北兴二期工程（荔城至花都北兴段）、乐金显示（中国）有限公司 8.5 代液晶面板生产线项目、广（莞）惠城际轨道交通建设项目、广州至肇庆城际轨道交通佛山至肇庆段、东风日产乘用车公司花都工厂扩建项目、梅县机场扩建项目等通过了部、省用地预审。

（胡春雷、舒洁、熊进军）

耕地保护与农地整理

【耕地保护履行情况检查】 国土资源部、农业部、国家统计局于2009年5月30日至6月5日到广东省检查了2008年度省级政府耕地保护责任目标履行、卫片执法检查和开展保增长保红线行动情况，充分肯定了全省的耕地保护工作。2008年末全省耕地保有量为4555.2万亩，其中耕地面积4246.10万亩，带K地类309.07万亩，达到新一轮土地利用总体规划2010年的耕地保有量目标4371万亩的水平。2008年末我省基本农田面积4275万亩，可以落实新一轮土地利用总体规划基本农田面积目标3834万亩任务。建设占用耕地连续9年实现占补平衡。

【土地利用计划执行情况考核】 2009年上半年对各地级以上市人民政府2008年度土地利用计划执行情况进行了考核，起草并由省政府印发了《2008年度广东省土地利用计划执行情况考核方案》，联合省财政厅制订了《广东省2008年度土地利用计划执行情况奖励办法》。2009年6月25日，省政府召开全省土地管理工作会议通报考核结果，其中江门市等13个地市获得综合奖，东莞等9个地级以上市获得单项奖。省政府继续拿出1000万元对耕地保护、节约集约利用土地等执行情况较好的地级以上市给予奖励。

【耕地占补平衡和基本农田保护检查】2009年上半年，从耕地保有量和基本农田面积变化、非农业建设占用耕地计划执行、补充耕地计划完成、耕地占补平衡落实、耕地保护目标责任制落实和2007年度耕地保护责任目标履行中存在问题的整改落实等方面对2008年度各地执行情况进行了检查，结果显示全省实现了耕地保护目标。

【签订2009年度耕地保护目标责任书】 2009年6月25日，在全省土地管理工作会议上，黄华华省长与21个地级以上市市长签订了《广东省2009年度耕地保护目标责任书》。经省政府同意，省国土资源厅下发了《广东省地级以上市人民政府耕地保护责任目标履行情况考核方案》，对2009年度耕地保护考核工作进行了部署。

【整改耕地保护存在问题】 为进一步加强全省土地宏观管理工作，强化目标责任制的落实，省政府办公厅于2009年7月下发了《转发国家检查组关于对广东省耕地保护责任目标履行情况等三项工作检查意见的通知》（粤府办明电〔2009〕249号），要求各地结合新一轮卫片执法检查工作，对照整改，确保保增长保红线行动顺利进行，确保耕地保护各项工作落实到位。

【开展修改省政府66号令工作】 《广东省非农业建设补充耕地管理办法》（2001年省政府令第66号）从2002年实施七年多来，对规范全省非农建设补充耕地管理发挥了很大作用，确保了全省的耕地占补平衡，拓展了建设用地空间，为全省经济社会快速发展提供了有力保障。随着补充耕地工作的深入开展，66号令已难以适应当前全省国土资源管理要求和经济社会发展需要，尤其是耕地开垦费标准偏低，已低于补充耕地开发成本。为此，省国土资源厅联合省物价局启动了66号令修改相关工作，于2009年8月将修改稿报省政府。

【强化土地利用计划管理】 为进一步加强和改进计划管理，全面落实土地利用年度计划差别化政策，切实发挥计划的宏观调控作用，经省人民政府同意，2009年6月印发了《关于进一步明确土地利用年度计划管理有关问题的通知》（粤国土资规保电〔2009〕99号），建立“年初下达、年中调整、年尾考核、全年监管”的计划管理制度，进一步强化对计划执行情况的动态管理。

【加强耕地占补平衡基础工作】 2009年，扎实开展了补充耕地项目备案工作，完成了近100万亩储备耕地指标报国土资源部备案入库工作，为耕地储备指标储备的规范使用和管理奠定了基础。

【推进土地开发补充耕地工作】 在2008年完成补充耕地21万亩的基础上，加大力度推进补充耕地工作。2009年4月，省政府在阳江市召开利用低效园地山坡地补充耕地工作现场会，总结经验、推广典型。2009年全年完成补充耕地53.7万亩。阳江、清远、湛江等市补充耕地面积居全省前列。

【加快土地整理“老项目”进度】 为加快推进国家投资、省级投资土地开发整理项目实施，2009年8月，招玉芳厅长与各地级以上市国土资源局局长签订了《推进土地开发整理项目工作责任书》，要求2008年批准实施的省级以上投资项目应在2010年底前完成。各地按照责任书要求，加大力度，落实责任，一批久拖不决的“老项目”顺利完成。截至2009年12月底，2008年之前批准的省级投资土地开发整理项目有48个完成建设任务并报验收，项目进度明显加快。

【积极实施农田整理】 2009年，联合省财政厅批准实施雷州市英利镇等16个国家级和省级基本农田保护示范区土地整理项目以及兴宁市罗岗镇土地整理项目，建设总规模20.73万亩，拟新增耕地7050亩，预算总额4.81亿元。同时，还联合省财政厅对河源市和平县林寨镇土地整理项目等20个省级投资土地整理予以立项，建设总规模21.77万亩，拟新增耕地7705亩。

【积极开展土地复垦】 严格按照《关于组织土地复垦方案编报和审查有关问题的通知》（国土资发〔2007〕81号）要求，加强对土地复垦方案的评审。2009年，省厅受理申报土地复垦方案35个，已评审通过24个。

【加强土地开发整理制度建设】 为加强对全省土地开发整理项目的管理，规范勘测设计、工程实施、竣工验收等程序，提高工程质量和投资效益，制定下发了《广东省补充耕地省级补助资金管理暂行办法》（粤财农〔2009〕13号）、《广东省国土资源厅关于土地开发整理项目勘测设计管理的规定（试行）》（粤国土资规保发[2009]93号）、《广东省土地开发整理工程建设标准》，研究起草了《省级投资土地开发整理项目竣工验收的暂行办法（征求意见稿）》。2009年10月，会同省农业厅开展新增耕地后期管护和种植管理调研，计划于2010年上半年出台相关指导性文件，以加大对新增耕地的后续管理。

【设立省级基本农田保护示范区】 以建设促保护，在确定3个连片各10万亩国家级基本农田保护示范区基础上，2009年2月，省政府批准高州市、徐闻县、连州市、罗定市、蕉岭县、阳西县6个连片各5万亩的省级基本农田示范保护区。

【规范基本农田调整划定行为】 为规范新一轮土地利用总体规划修编过程中的基本农田调整与划定工作，2009年下半年研究起草了《广东省基本农田保护区调整划定工作验收暂行办法（征求意见稿）》，计划于2010年初联合省农业厅行文下发。

【开展耕地保护补偿机制调研】 为贯彻落实党的十七届三中全会“划定永久基本农田，建立耕地保护补偿机制”和《中共广东省委广东省人民政府关于贯彻落实党的十七届三中全会加快推进农村改革发展的意见》“划定永久基本农田，逐步建立耕地和永久基本农田经济补偿制度”要求，省国土资源厅联合省财政厅于2009年2月赴四川等地进行专题调研，形成了《关于建立耕地保护经济补偿机制的调研报告》。

【表彰基本农田保护先进单位】 在开展基本农田保护20周年之际，国土资源部、农业部于2009年12月通报表彰了全国基本农田保护工作先进单位和先进个人。其中汕头市澄海区溪南镇人民政府、蕉岭县人民政府、东莞市国土资源局麻涌分局、博罗县国土资源局、雷州市国土资源局被评为全国基本农田保护先进单位，李溟、林什旺、刘玉如、陈超宁、钟声被评为全国基本农田保护先进个人。

（赵红昌）

建设用地与土地市场

【建设用地审批】 全省2009年度经国务院和省政府批准建设用地共760宗，用地总面积14151.0241公顷，其中占用耕地3883.3716公顷。其中省级批准建设用地共718宗，用地总面积11639.0285公顷，其中占用耕地3084.1755公顷；国务院批准建设用地共42宗，用地总面积2511.9956公顷，其中占用耕地799.1961公顷。办理了广东河源电厂、厦深铁路、武广铁路客运专线、广深沿江高速公路、穗莞深城际轨道交通、广州本田汽车研究开发有限公司产品自主开发及能力建设项目、珠海550千伏国安变电站、东莞市海昌50000DWT煤码头、中国船舶工业集团公司广州龙穴造船基地一期工程等一批国家和省重点项目用地。

【深化建设用地审批制度改革】

*一是成立建设用地联合审核报批办公室。*为进一步提高建设用地审批效率，省厅成立由招玉芳厅长任组长，涂高坤副厅长任副组长的建设用地审核报批领导小组。领导小组下设联合审核报批办公室（以下简称“联审办”），集中人员、集中时间、集中地点对用地报批材料进行审核，实行专人负责、提前介入、跟踪指导、全程服务，对材料齐备符合要求的报件做到一周内审核完毕，有效地提高建设用地审批效率。

*二是依法加快建设用地审批进程。*为贯彻落实中央关于扩大内需促进经济平稳较快发展的重大决策和国土资源部“保增长保红线行动”，加快重点项目建设，全力促进扩大内需各项建设依法依规及时落地，研究制订《关于加快建设用地报批依法保障扩大内需建设项目用地的紧急通知》（粤府办明电〔2009〕245号），经省人民政府同意于7月24日下发执行。《紧急通知》按照特事特办原则，提出了对土地利用总体规划审查实行过渡期政策、用地报批相关部门审查由串联式变为并联式、简化用地报批材料以及适当扩大先行用地范围等措施，有效地提高了建设用地报批工作效率，保障了包括国家、省重点项目在内的各类扩大内需项目的依法用地。

*三是简化用地报批材料。*为加快用地报批，参照国土资源部《关于改进国务院批准单独选址建设项目用地审查报批工作的通知》（国土资发〔2009〕8号）中简化报国务院批准的单独选址建设项目用地报部审查材料的有关要求，结合广东省的审查责任和实际情况，对目前报国务院审批的单独选址项目和省政府审批的用地报件材料进行精简。将报国务院审批的单独选址项目用地由原来的34项材料简化为18项材料，报省政府批准的单独选址建设项目用地由原来的23项材料简化为11项材料，报省政府批准的批次用地由原来的17项材料简化为7项材料，简化后的材料无需上报省国土资源厅而留地级以上市国土资源管理部门存查，有关情况在用地请示文中作结论性审查说明，真实性由地级以上市国土资源管理部门负责。

*四是支持现代产业发展用地。*研究出台《印发关于促进扩大内需支持现代产业发展用地若干意见的通知》（粤国土资利用发〔2009〕71号），就促进扩大内需支持现代产业发展用地提出了主动高效做好项目用地预审、农用地转用、土地征收、建设用地供应等有关服务工作，科学合理安排现代产业项目用地布局，优先保障现代产业项目用地计划指标，加快现代产业项目用地报批，鼓励盘活利用存量建设用地，界定供地方式等六大扶持措施，有效地满足全省现代产业项目用地需求。

【深化征地制度改革】

*一是落实留用地安置方式。*制定出台《广东省征

收农村集体土地留用地管理办法（试行）》（粤府办〔2009〕41号），将留用地安置方式制度化、规范化，明确留用地安置的具体操作规范，并真正落到实处，有效解决留用地问题，更好地维护被征地农民的合法权益，维护社会稳定。同时，为确保留用地安置有效落实，研究制订《关于落实兑现留用地安置承诺有关问题的通知》（粤国土资利用发〔2009〕551号），修订了留用地安置承诺的证明材料，督促市、县落实留用地的承诺。

二是解决铁路、高速公路的夹心地问题。为切实保护农民利益，确保铁路和公路等重点项目用地，经省人民政府同意，研究制订《解决广珠铁路、江肇高速公路等路段建设形成的夹心地问题的指导意见》，合理界定了夹心地的标准，提出夹心地按照“只补、不征”的原则办理，不作为计算“留用地”和解决征地农民养老保险的基数等指导性意见，既解决了基础设施急需用地问题，也切实保障了被征地农民的合法权益。

【重点项目月度通报】 根据省委、省政府的要求，省厅下发《关于对省重点建设项目用地进度情况进行月度报告和月度通报的通知》（粤国土资利用电〔2009〕181号），从7月份开始实行省重点项目用地进度月度报告和月度通报制度，严格按照省政府办公厅的要求，于每月10日前按时按质报送至省重点项目工作领导小组办公室。为做好该项工作，并结合进一步完善全省建设用地报批月度通报制度，省厅建立省重点项目联络员制度，及时掌握各市重点项目用地进度情况并向省政府报告，分析存在问题，提出解决办法和措施，全力保障省重点项目用地。

【国有建设用地供应】 全省2009年供应国有建设用地共10608宗，供地总面积12072.2099公顷（不含代征地）。其中出让国有建设用地9914宗，供地面积9265.4098公顷，成交价款12866377.2388万元；招拍挂出让土地1947宗，供地面积7144.1101公顷，成交价款12508924.9880万元；划拨国有建设用地694宗，供地面积2806.8000公顷。从土地供应用途来看，2009年全省供应住宅用地4401.9616公顷（其中中低价位、中小套型普通商品住房455.9765公顷）；商服用地839.6338公顷；工业用地3783.7734公顷；其他用地3046.8410公顷。

【闲置土地处置】 按照国土资源部的统一部署，积极组织对各地批而未供、供而未用土地进行全面清查，及时处置闲置土地，挖潜盘活土地存量，竭力保障广东省重点项目，尤其是重点基础设施项目和产业项目的用地需要。截至9月30日，全省累计处置闲置土地6549宗，面积22.73万亩。通过闲置土地专项清理、征收土地闲置费和收回土地等实际行动，改变了土地使用者开发利用土地的观念，缓解了用地紧张的局面，优化了土地利用结构和布局，缓解了征地压力，有效遏制了囤积土地行为，促进了土地市场的健康发展。同时，切实开展建设用地全程跟踪管理工作，加强批后监管，促进土地高效利用，防止新的闲置土地的发生。

【土地出让合同专项清理】 根据《国土资源部办公厅关于印发〈国有建设用地使用权出让合同专项清理工作方案〉和〈探矿权采矿权出让审批制度执行情况专项清理工作方案〉的通知》（国土资厅发〔2009〕86号），结合全省实际，制定了《广东省国有建设用地使用权出让合同专项清理工作方案》，明确专项清理的工作目标、重点、范围、具体内容、方法、步骤以及有关要求。通过清理，基本查清了全省以出让或划拨方式供地但尚未竣工的建设项目情况。

【土地市场动态监测与监管系统】

一是全面运行土地市场动态监测与监管系统。土地市场监测与监管应用系统是在整合原有建设用地供应备案系统和土地市场动态监测系统的基础上建立和开发的，并于2009年1月1日起在全国正式运行。该系统的内容涵盖了土地供应、开发利用、市场交易、收购储备、集体建设用地等多项业务，实现了由土地来源到土地供应、开发利用和市场交易等过程的动态跟踪监管。土地市场监测与监管系统的核心是“批、供、用、补、查”全程监管，即批地、供地、土地利用、补充耕地和违法用地查处五大环节，为建设用地批后监管提供监管平台。

二是加强建设用地批后监管。制定下发《关于做好土地开发利用监管工作的通知》（粤国土资利用电

〔2009〕254号），要求各地认真做好土地市场动态监测与监管系统建设项目开发利用情况信息的补录、录入和上报工作，进一步加强土地开发利用监管。

三是严格实行网上合同填报制度。为保证土地出让信息数据的真实性、时效性，市、县国土资源管理部门必须严格按照土地市场动态监测监管系统要求填写和上报合同数据，一律签订由系统生成唯一电子监管号和条形码的《国有建设用地出让合同》、《国有建设用地划拨决定书》，对遇停电、电脑故障等特殊情况需先签纸质合同的，随后应立即补填报网上合同，并附上说明，以及便于出让后的监管。

【城市基准地价】 为进一步加强地价管理，做好城市基准地价更新上报工作，研究制定《关于进一步做好城镇基准地价更新、上报和公布工作的通知》（粤国土资利用电〔2009〕138号），进一步完善了基准地价管理制度，加强了基准地价成果定期确定公布制度，建立了基准地价成果资源共享机制，初步实现了基准地价更新成果的数据汇交。

（吴 鋆）

地籍管理

【土地登记发证】 全省国有土地使用权已发证5972127本，发证率为86.53%；集体土地所有权已发证83278本，发证率为85.84%；集体建设用地使用权已发证1998496本，发证率为82.50%；宅基地使用权已发证10517271本，发证率为76.94%。国有土地使用权变更登记累计发证2418930本，其中，转让1686214本、用途变更62259本、更名更址255191本。集体建设用地使用权变更登记累计发证111681本，其中，土地使用权转让12385本、用途变更4181本。宅基地使用权变更累计发证1476979本，其中土地使用权转让163745本。

【集体建设用地和宅基地使用权登记发证】 党的十七届三中全会通过的《中共中央关于推进农村改革发展若干重大问题的决定》，明确提出要搞好农村土地确权、登记、颁证工作。长期以来广东省重视农村土地登记发证工作，在省委、省政府的领导下，经过各级政府和国土资源部门的共同努力，已基本完成了全省农村集体土地所有权和国有农场国有土地使用权（含华侨农场土地和农垦农场土地）的登记发证工作。2009年，广东省正在建设节约集约用地试点示范省的实施工作，把农村集体建设用地和宅基地使用权登记发证作为重要的工作来部署，彻底查清农村土地家底和土地权属状况，加大土地确权和争议调处力度，并以此为基础建立土地利用数据库，采取有力措施，稳步推进了广东省农村集体建设用地和宅基地使用权发证工作的进度。一是认真调查研究，起草并向省政府报送了《关于我省农村集体建设用地和宅基地使用权登记发证工作情况的报告》，经省政府同意，印发了《关于加快农村集体建设用地和宅基地使用权登记发证工作的通知》（粤国土资地籍发〔2009〕176号），明确农村土地登记发证的工作经费纳入各级财政预算，加大力度推动全省的农村土地确权、登记、发证工作；二是加强宣传、增强群众保护合法权益的意识；三是要求各级政府增加财政投入，落实保障必要的工作经费，全省各级财政共投入经费1170.3万元；四是明确政策界限，依法依规办理集体建设用地和宅基地使用权登记发证；五是从严把关，以取得集体建设用地使用权证作为办理集体建设用地流转、抵押的必备条件。同时，在第二次全国土地调查工作的基础上，全省各地于2009年10月底前完成农村范围内国有土地使用权登记发证工作。

【土地登记人员培训】 按照国土资源部《关于进一步做好土地登记人员持证上岗工作的通知》以及省国土资源厅《关于印发全省土地登记人员持证上岗培训考试工作方案的通知》精神，2009年在广州举办了四期土地登记人员持证上岗培训班，全省有1084人参加了培训学习，考试合格人数有751人。

【土地登记代理】 根据人事部、国土资源部关于印发《土地登记代理人职业资格制度暂行规定》、《土地登记代理人职业资格考试实施办法》和《土地登记代理人职业资格认定工作有关问题的通知》精神，2009年，省国土资源厅配合省人事厅，组织全省各地有关人员参加土地登记代理人职业资格培训和考试工作，参加考试人数74人，考试合格人数6人。

【纠纷调处】 2009年，全省各级调处机关共受理土地权属纠纷案件1224件，涉及宗地1231宗，面积3041.5

公顷，其中调解 636 件、处理 391 件，结案率达 84%。发生行政诉讼 160 件，其中政府胜诉 135 件、败诉 25 件。具体情况见附表：

2009 年土地权属争议情况表（表一）

全年累计		1224 件（起）		
其中涉及		宗地（宗）	面积（亩）	集体之间土地所有权争议（件）
受理		1231	45622.811	428
调解		636	21607.225	227
处理		391	13424.856	125
行政诉讼	胜诉	135	1294.9	62
	败诉	25	820.687	12

2009 年土地权属争议情况表（表二）

其中涉及		国有土地使用权争议（件）				
		总数	其中			
			军地	宗教团体	铁路	其他
受理		175	1	2	1	171
调解		86	1	1	1	54
处理		54	0	0	0	82
行政诉讼	胜诉	24	0	0	0	24
	败诉	4	0	0	0	4

2009 年土地权属争议情况表（表三）

其中涉及		国有与集体之间土地所有权争议（件）	集体土地使用权争议（件）		
			总数	其中	
				宅基地	其他
受理		349	272	194	78
调解		175	148	109	39
处理		121	91	65	26
行政诉讼	胜诉	27	22	17	5
	败诉	5	4	4	0

土地权属纠纷调处工作主要是围绕农村集体土地所有权登记发证、国有农场土地确权登记发证重点开展工作。按照“尊重历史、承认现实、互利互让”的原则，重点解决了一批土地权属纠纷案件，对明确农村集体土地所有权，解决国有农场土地被周边农村侵占及土地权属争议，依法保护国有农场土地合法权益，尤其是对促进华侨农场改革发展起到了积极作用。重点调处了广州军区司令部农场与省劳改局下属三水农场土地权属历史遗留问题、珠海市横琴中心沟围垦用地问题、深圳市与东莞市交椅湾养蚝保护区争议问题等。

（许翠丽）

矿产资源管理

【矿产资源规划管理】　《广东省矿产资源总体规划（2008-2015年）》（送审稿），经广东省政府审定并于2009年11月9日上报国土资源部审批。全省21个地级以上市完成了市级矿产资源规划预审稿编制工作并陆续上报广东省国土资源厅预审。2009年，省国土资源厅根据国家统一部署，完成了《广东省废弃矿井治理规划（2009-2015年）》的编制和上报工作。

【矿产资源开发整合】　截至2009年底，全省共确定各类整合矿区100个，已编制整合实施方案的矿区99个，已批准整合实施方案的矿区90个（其中，经省国土资源厅审核并报经广东省政府同意批复的矿区13个），已完成整合任务的矿区89个，通过整合减少采矿权194个。

【矿产资源储量利用现状调查】　按照《广东省矿产资源利用现状调查实施方案》的要求，省国土资源厅委托广东省地质调查院组织开展了煤、铁等22个矿种的资源储量利用现状调查工作，共涉及矿区661个。截至2009年12月底，全省已完成野外核查的矿区383个，已完成报告编写的矿区400个，正在编写报告的矿区155个，总体工作任务完成70.5%。

【矿业权实地核查】　按照《广东省矿业权核查实施方案》要求，全省须完成核查的矿业权2141个，须完成控制点测量4430个，完成工程测量2303个。至2009年12月底，全省已累计完成野外实测工作的矿业权2024个，控制点测量3980个，工程测量3685个，完成成果编制1013件，按计划完成了全省矿业权野外实测工作任务。

【采矿权行政审批制度改革】　一是积极推进采矿权行政审批制度改革。经省国土资源厅调研论证和积极建议，广东省政府已于2009年11月17日发布了广东省政府令第142号，决定将非国家授权和不跨地级市的非金属矿产的采矿权审批登记发证权限下放给各地级以上市政府。二是认真开展矿业权市场配置专题调研活动，形成了《广东省矿业权市场建设研究课题报告》等8项研究成果。三是广东省国土资源厅牵头组织对《广东省探矿权采矿权招标拍卖挂牌出让管理办法》征求意见和修改，并完成了《广东省探矿权采矿权招标拍卖挂牌出让管理办法》（送审稿）的上报广东省政府审查工作。

【采矿权市场建设】　2009年，全省完成采矿权有偿出让211宗，价款2.38亿元，其中招拍挂出让140宗，价款1.16亿元。全省已有5个地级以上市和13个县（市）建立了矿业权交易机构，有3个地级以上市正在筹建矿业权交易机构，有13个地级以上市委托土地交易中心承担矿业权交易工作。2009年，根据国土资源部和监察部的统一部署，省国土资源厅会同广东省监察厅在全省开展了探矿权采矿权招标拍卖挂牌出让制度执行情况专项清理，促进了全省矿业权市场的规范化、制度化建设。

【采矿权统一配号】　根据国土资源部部署，自2009年1月1日起，全省实行采矿权统一配号制度。截至2009年底，全省完成采矿权统一配号1252个。

【矿山年度检查】　截至2009年5月底，省厅按期完成了2009年度全省矿山企业矿产资源开发利用监督检查工作。全省应检矿山2359个，实检矿山2292个，年检率为97.2%。在开展年检活动中，全省共组织查处非法采矿行为23起，注销采矿许可证8个，吊销采矿许可证6个，查处侵权越界开采矿山18个，追缴矿产资源补偿费133.8万元，依法收取罚没款121.7万元。

【采矿权登记管理】 2009年，省厅办理采矿权新立登记9宗，延续登记57宗，变更登记36宗，划定矿区范围16宗，采矿权委托出让7宗，批准采矿权出让方案3宗，办理采矿权出租3宗，采矿权抵押备案6宗。

【矿产资源储量管理】 2009年，省厅办理建设项目压覆矿产资源登记5件，办理矿产资源储量查明登记和占用登记51件，办理矿产资源储量评审备案68件，办理矿产资源开发利用方案备案55宗，采矿权价款评估报告备案19宗。

【地质资料服务】 为积极配合国家和省重点工程项目建设，省厅将重点工程项目压覆矿产资源登记的办理时限由40天压缩至20天。截至2009年12月底，省厅已完成对217个建设项目压覆矿产资源的查询和登记工作，并为全省529个扩大内需项目提供地质资料信息服务。其中，2009年上半年，广东省累计为435个扩大内需项目提供地质资料信息服务，名列全国第一，受到国土资源部通报表扬。

（许新立）

地质勘查

【探矿权登记管理】 2009年，全省探矿权出让18个（协议出让1个，价款金额2613万元；招拍挂出让1个，价款金额930万；申请在先16个），收取价款3543万元，转让42个探矿权项目，金额4447万元。

2009年，广东省依法批准勘查许可证283个（其中新立18个，变更53个，延续200个，其他12个），总批准面积2593.34平方千米（其中新立375.99，变更310.5，延续1849.03，其他57.82）探矿权使用费共计91.1504万元。

【制度建设】 2009年4月24日，省国土资源厅出台了《关于进一步规范矿产资源勘查登记管理工作的通知》（粤国土资地环发〔2009〕175号），率先建立了探矿权推出机制，并对探矿权新立、延续、转让、变更、保留、注销等作出了详细的规定，进一步明确和规范了省矿产资源勘查登记管理工作。

【地质勘查投入】 2009年，全省地勘投入资金余额35190万元，其中基础地质调查投入5866万元（政府财政），矿产资源勘查投入20543万元（按资金来源渠道：中央、省级财政投入6764万元，社会资金投入13779万元；按矿产类别：能源勘查投入940万元，固体矿产投入17715万元，其他投入1888万元），水工环地质调查投入8168万元（中央、省级财政投入5829万元，其他资金2339万元），地质科学研究与技术创新投入613万元。

【地质勘查资质申请审批】 2009年，广东省依法审批新立地质勘查资质单位17家(其中乙级8家,丙级9家)，变更地质勘查资质单位15家。截至2009年12月31日，取得地勘资质单位有60家，共250个资质，其中甲级资质95个，乙级资质94个，丙级资质61个。

【矿产资源潜力评价】 按照国家的统一部署，加大组织协调力度，统筹协调好各单位关系，全力组织2009年度矿产资源潜力评价工作。2009年12月底已完成省级铁、铝两个矿种资源潜力评价成果报告和相关的成矿地质背景、成矿规律、物化遥等专题成果报告；完成省级煤炭、铜、铅、锌、钨、金、稀土等矿产资源潜力预测区圈定和优选阶段性成果报告。为广东省地质勘查决策和研究制定矿产资源战略提供科学依据。

【危机矿山接替资源找矿工作】 截至2009年底，凡口铅锌矿累计完成坑探1335.4米、钻探22285.02米，累计新增333铅锌金属量85万吨以上，铅锌资源量达到大型矿床规模，延长矿山服务年限4～6年。稳定就业人员3300人，新增资源量的潜在经济价值110.49亿元。大宝山钼多金属矿累计完成坑探1524.3米、地表钻探12628.56米，新发现平均厚度154米的富钨钼矿体，钼矿平均品位0.108％、钨矿(wo3)品位0.069％，新增333资源量wo35.59万吨、钼金属量21.13万吨，钨钼资源量均达到大型矿床规模，延长矿山服务年限20年以上。同时，通过物化探工作，预测该矿床东矿带深部仍具有很好的找矿远景。

（陈　勇）

地质环境管理

【地质灾害】 2009年，全省共发生地质灾害238起，造成死亡19人，受伤2人，直接经济损失8655.26万元。与2008年相比，死亡人数和直接经济损失数分别下降了48.6%和20.4%。

全省2009年发生地质灾害情况

单　位	地质灾害数（起）	造成直接损失（万元）	造成人员死亡（人）
广州市	13	336.5	0
深圳市	0	0	0
珠海市	0	0	0
汕头市	0	0	0
佛山市	3	1029.81	0
韶关市	9	22.2	0
河源市	1	12	0
梅州市	81	4022.4	7
惠州市	3	4	0
汕尾市	2	22	0
东莞市	2	56	2
中山市	0	0	0
江门市	2	970	1
阳江市	50	489.25	1
湛江市	0	0	0
茂名市	19	213.2	4
肇庆市	18	226.4	3
清远市	14	32.5	0
潮州市	11	41	0
揭阳市	2	620	0
云浮市	8	558	1
合　计	238	8655.26	19

【地质灾害防治方案】 经省人民政府同意，省国土资源厅于2009年3月，向各地级以上市人民政府、各县（市、区）人民政府和省政府有关部门发布了《广东省2009年度地质灾害防治方案》（简称《防治方案》）。《防治方案》将全省划分为5个地质灾害防治区，预测了2009年省重点防范地质灾害隐患点（威胁人口200人以上）有305处；地质灾害重点防范的县（市、区）有29个；重点防范城镇（乡）居民集中区13处；重点防范公路沿线区段13条、水库3座、矿山6处、软土区地面沉降1处；珠江三角洲软土地区、正在建设的武广铁路客运专线（广州市白云区金沙洲至佛山市南海区黄岐段）沿线、广州市轨道交通线网；并提出了防治对策，明确了防灾责任。

【地质灾害预警预报】 省国土资源厅与省气象局联合在广东电视卫视台发布汛期地质灾害气象预警预报信息，为指导各地区地质灾害防治工作发挥了重要作用。通过监测预报，2009年全省成功预报各类地质灾害5起，避免人员伤亡2283人，减少直接经济损失34.38万元，最大限度地减少了地质灾害造成人员伤亡和财产损失，避免了群死群伤事件的发生。

【地质灾害防治】 省委、省人大和省政府高度重视地质灾害防治工作，把地质灾害防治工作列入重要议事日程。2009年2月，省人大常委会领导在云浮市专门召开地质灾害防治工作座谈会，考察了地质灾害现场和地质灾害治理工程，有力地推进了我省地质灾害防治工作。4-7月广东省先后5次召开全省汛期防范地质灾害防治工作视频会议和地质环境管理工作会议，贯彻落实党中央、国务院、国土资源部和广东省委、省政府对防灾减灾的重要指示精神，周密部署地质灾害防治工作；先后下发了20多份关于加强地质灾害防治工作和做好预防热带风暴强降雨可能引发地质灾害防范工作的文件；根据人员变动情况，及时调整了由省国土资源厅领导担任组长的地质灾害应急工作组，分片负责全省21个地级以上市地质灾害防治工作监督指导和应急处置工作；印发了《广东省国土资源厅地质灾害应急响应工作方案》。经省政府同意下发了《广东省地质灾害防灾减灾工程"十一五"实施方案》和《全省威胁100人以上地质灾害隐患点危险点搬迁避让与勘查治理工程方案》。

【地质灾害群测群防体系】 据统计，全省所有地质灾害隐患点都建立了监测预报小组，参与群测群防人员85378人（次），建立了4358处地质灾害隐患点的群测群防信息数据，落实了防灾责任人和监测责任人。积极推进全省地质灾害群测群防“十有县”建设，广东省首批达到“十有县”标准的有广州市南沙区、佛山市禅城区、佛山市高明区、惠州市惠城区、云浮市新兴县等5个县（区），5个县（区）的优秀群测群防员受到国土资源部的通报表彰。

【地质灾害防治知识培训】 按照《关于开展我省国土资源系统地质灾害突发公共事件应急管理全员培训工作的通知》（粤人发〔2008〕254号），2009年开展了全省国土资源系统全员培训和考试工作，全面提高了地质灾害应急管理工作水平。利用全国防灾减灾日开展地质灾害防治宣传活动，印制、发放地质灾害宣传画97.3万张、宣传册43.7万册。

【地质灾害危险性评估】 2009年，省国土资源厅共完成地质灾害危险性评估报告（一级）备案登记197份，完成矿山地质环境影响评价报告备案登记40份，为保障建设用地项目施工、运行的安全，从源头上控制和预防了人为诱发地质灾害的发生。

【矿山地质环境】 认真贯彻落实国土资源部《矿山地质环境保护规定》，研究制定《广东省矿山自然生态环境治理保证金管理办法》，开展矿山地质环境保护与恢复治理方案编制工作，对全省部分矿山地质环境治理项目进行监督检查，成功申报中央财政补助矿山地质环境治理项目6个。

【地质遗迹保护】 根据国土资源部办公厅《关于开展国家地质公园监督检查工作的通知》，对广东省7处国家地质公园进行了全面检查，加强和规范了广东省国家地质公园的开发、管理和建设。韶关芙蓉山矿山公园通过了国土资源部地质环境司与广东省国土资源厅联合验收，举行了揭碑开园仪式。协助落实丹霞山、南雄恐龙化石群等4处省级以上自然保护区的机构和人员编制，指导完成了怀集县燕岩市级自然保护区申报晋升省级自然保护区准备工作。成功组织申报中央财政补助国家级地质遗迹保护项目5个。

【矿泉水资源管理】 根据国土资源部办公厅《关于开展矿泉水水源保护检查等有关工作的通知》，开展了广东省矿泉水水源保护检查工作，保护了广东省矿泉水水源水质，促进了矿泉水资源的合理开发和永续利用。印发并组织实施《广东省饮用天然矿泉水资源勘查开发利用与保护规划》（2006-2015），对主要矿泉水生产地区的矿泉水水源地进行了实地抽查，对106处饮用天然矿泉水水源地进行了年检，年检率86.2%（其中合格的96处，基本合格的8处，合格率为98.1%）。完成矿泉水注册登记2个，变更1个。

【地质灾害防治单位资质管理】 组织开展地质灾害危险性评估和地质灾害防治工程勘查、设计、施工、监理单位乙、丙级资质审批和管理工作。2009年，广东省地质灾害危险性评估和地质灾害治理工程甲级资质单位换证延续工作全部获国土资源部批准，省批准地质灾害防治单位乙、丙级资质单位41个，批准换证延续71个。

（罗 娟）

基础测绘与测绘管理

【规划编制】 省国土资源厅组织开展“十一五”基础测绘规划执行情况中期评估工作，积极配合国家测绘局做好“十一五”基础测绘任务完成情况的调研，完成了“十一五”基础测绘规划执行情况中期评估，形成了评估报告。经广东省政府批准，省“十二五”基础地理信息系统更新与应用研究项目列入了全省“十二五”规划前期研究课题，并按要求如期完成了课题的调研、编写、评审和上报等工作。开展了省“十二五”基础测绘规划编制前期调研工作，组织完成了省内外调研，为下一步规划编制工作打下了良好的基础。

【计划管理】 根据国家发展改革委、国家测绘局联合印发的《基础测绘计划管理办法》的有关规定，省国土资源厅会同省发展改革委编制上报了2009年广东省基础测绘计划，完成了2009年广东省基础航空摄影计划的编制和上报工作。经国家测绘局批准，广东省珠江三角洲、连州等测区列入国家基础航空摄影计划。组织开展了省级基础测绘项目计划执行情况的检查，编制下达了2009年省级基础测绘项目年度计划。配合国家测绘局做好国家基础测绘项目计划的下达和跟踪落实工作。

【测绘法规宣传】 省国土资源厅积极部署开展测绘法规的宣传活动，深入贯彻《测绘法》，大力宣传《基础测绘条例》，突出展示基础测绘对国家经济建设、国防建设和社会发展的保障服务水平，重点宣传地理信息市场专项整治工作的重要意义，增强全社会测绘法律意识和国家安全保密法律意识。与惠州市国土资源局联合举办了“8·29”《测绘法》宣传日的宣传咨询活动，发放宣传资料2万多份，接待咨询群众1万多人次。同时，惠州市国土资源局在《惠州日报》刊登专版，介绍惠州市测绘工作的成效、发展状况和应用服务保障情况，发表署名文章宣传测绘工作，邀请市领导接受电视台记者采访。“8·29”《测绘法》宣传日当天，全省各市、县国土资源局按照广东省的统一部署和要求设立宣传咨询点，散发宣传材料，在主要街道悬挂横幅，张贴宣传画和宣传标语，向社会宣传测绘法规。

【制度建设】 2009年，省国土资源厅出台了《广东省省级基础测绘项目管理办法》；完成了《广东省测绘项目登记管理办法》起草、征求意见等工作，该办法已列入了省政府2009年规章预备项目，目前正会同省法制办开展调研、论证工作；加快研究制定基础测绘绩效评估、网络地图监管、测绘成果目录汇交等方面的政策。

【测绘资质管理】 2009年，省国土资源厅受理测绘资质新办证、升级、变更等业务56个，依法批准47家单位的测绘资质申请，其中36家单位首次申请测绘资质、11家单位进行测绘资质变更。截至2009年底，全省共有581家测绘资质单位，其中私营测绘单位207家，占总数的35.6%。办理外省来粤测绘登记30个。组织完成了2009年度测绘资质年度注册工作，经依法审查核准，475家测绘单位予以注册、4家测绘单位的资质被注销、6家测绘单位的资质被降级。全面实施国家测绘局新修订的《测绘资质管理规定》与《测绘资质分级标准》，依据新颁布的测绘资质管理新规定、新标准，认真做好测绘资质复审换证的前期准备工作，为 2010 年铺开复审换证工作做好准备。

【测绘市场整顿】 按照国务院办公厅《转发测绘局等部门关于整顿和规范地理信息市场秩序意见的通知》（国办发〔2009〕4 号）的要求，省国土资源厅会同省信息产业厅、省国家安全厅、省工商局、省新闻出版局、省国家保密局、省通信管理局、省军区司令部等八部门联合制定了省全面整顿和规范地理信息市场秩序的实施意见，报经广东省政府同意，省政府办公厅印发了《转发省国土资源厅关于全面整顿和规范地理信息市场秩序实施意见的通知》（粤府办〔2009〕53 号），同时，还制定了工作方案，成立了领导小组，召开了领导小组成员单位联席工作会议，全面部署开展了地理信息市场清理整顿工作。全省开展执法检查 121 次，共检查从事地理信息活动单位 763 个，检查使用涉密地理信息数据的单位 201 个，检查互联网地理信息服务网站网址 215 个；全省共查处违法违规行为 98 宗，查封、收缴违法违规产品 1233 件，共发出整改通知书 97 份。

【地图管理】 省国土资源厅部署开展互联网地图、地理信息服务网站的整治和查处工作，针对 2008 年互联网地图和地理信息服务专项治理检查中发现存在违规问题的 184 个网站网址做好整治工作，上述网站已按要求全部进行了整改。依法做好地图审核工作，共受理审核地图 79 批次 498 件，审查 11 个款式地球仪。

【成果管理】 省国土资源厅加快推进测绘成果目录分发系统建设，组织实施省级测绘成果目录服务系统项目建设，整合和完善省级现有测绘成果目录信息，向社会提供查询、索引等公共服务。2009 年，共受理使用基础测绘成果申请 277 宗，依法批准 210 宗。

【基础测绘】 省国土资源厅组织完成了肇庆、珠江三角洲等摄区面积约 3.5 万平方千米航空影像数据的获取；实施了湛江、肇庆、潮汕等地区的基础地理信息数据更新，测制更新 1:1 万数字地形图（DLG）1849 幅、数字高程模型（DEM）530 幅、数字正射影像图（DOM）4421 幅；完成 GPS 大地控制 1250 点、水准测量 15200 千米、境界测量 300 千米、浅海滩涂测量 300 平方千米、专题数字产品制作 63620 幅、数据库建库 9176 幅、卫星遥感影像获取 219400 平方千米。配合国家测绘局完成了 927 工程 2009 年度工作任务。

【公共服务平台建设】 加快推进数字城市建设，惠州、佛山市数字城市地理空间框架基本建成，广州、茂名两市正按计划要求加紧推进数字城市地理空间框架建设，并取得了阶段性成果。积极推进公共服务平台建设，完成了珠江三角洲基础地理信息公共平台建设项目方案和可行性研究报告的编制工作，开展了珠江三角洲 9 市和茂名市的 1:1 万地形图（约 4460 幅）保密技术处理工作，完成了惠州、佛山市 1:1 万基础地理信息数据保密处理 1926 幅。

【质量监督】 省国土资源厅组织开展了 2009 年测绘质量监督检查，对全省各等级测绘单位全部全面进行测绘质量监督检查；公开发布了 2008 年以来受检测绘单位的检查结果，对检查中发现的问题，已责成有关测绘单位进行整改和完善，共发出测绘质量整改通知书 46 份，大部分已按要求落实了整改；完成基础地理信息数据库 1:1 万、1:5 万 4D 产品 1541 幅、大比例尺数字化地形测量 534 平方千米、工程测量 805 平方千米等多项测绘成果的检查验收。

【重大工程测绘】 省国土资源厅积极为国家和广东省的重点建设工程做好测绘服务保障。组织实施了广清城际轨道（清远段）、清连高速公路、广乐高速公路、西气东输（广东段）工程的征地测量和勘测定界工作，为广东省土地利用信息动态监测、第二次土地调查、珠三角成品油管道二期工程、珠三角城际轨道交通、鹰潭至梅州铁路、蒲州至梅州铁路等重大工程提供测绘生产服务。

【测绘共建共享】 省国土资源厅积极推进共建共享机制建立，加强与省气象局、地震局、应急办、民政厅、公安厅、交通厅、安全厅、计生委、林业局等省直有关部门在合作共享工作中的协调，在建立共建共享机制上达成了共识，目前正在加快推进与有关省直部门共建共享协议的起草和签订工作。

【地图编制与出版】 2009年，省国土资源厅编制出版了行政区划地图、交通地图、地势图、旅游地图、地图册（集）等公开版地图、图书109种，其中新版图书28种、重版图书80种、测绘图书1种，总印数为251万幅/册，总印张数788万张。新编出版《韶关市地图册》、《丰顺县地图》、《梅州市地图》、《兴宁市地图》、《广州市地图》、《广州街道详图》、《宝安区地图》、《北江流域图》、《广东省公路图》（1:50万）、《桂林旅游交通图》、《惠来县行政区划图》、《清远市行政区划图》、《东莞市地图》等地图图书。在图书类型中，地图、地理、历史类出版物占绝大多数。全年完成地图图书出版服务总值2574万元，其中，经营总值1018万元，占39.5%。组织实施地图生产与服务数据库建设，目前已进入应用研究阶段。

【成果应用与服务】 省国土资源厅紧密围绕广东省经济社会建设发展大局，积极主动服务大局，服务社会，服务民生，为扩大内需促进经济增长提供优质、适用、及时的测绘保障。2009年，共提供使用省级基础测绘成果210批次，向社会和有关部门提供各等级水准点、GPS点共3833点，提供各种比例尺图件、数据共12243幅，有效地为交通能源、规划建设、水利地质等110多个项目提供测绘保障。

【测绘科技项目】 省委、省政府《关于贯彻落实〈珠江三角洲地区改革发展规划纲要（2008-2020年）〉的决定》（粤发[2009]10号）将“珠江三角洲基础地理信息公共平台”列为实施《规划纲要》的重大项目，按照要求，完成了公共平台建设项目方案和《珠江三角洲基础地理信息公共平台建设项目可行性研究报告》的编制工作，可行性研究报告已报广东省发展改革委。为了解决公共平台建设中涉密数据的使用问题，经国家测绘局批准，全面实施珠江三角洲9市和茂名市5.3万平方千米的1:1万地形图保密技术处理工作，完成佛山、惠州两市约1万平方千米的1:1万地形图保密技术处理工作。

【教育培训】 为了提升各级国土资源部门依法行政的能力，增强测绘单位依法测绘意识和水平，2009年省国土资源厅先后举办了全省测绘质量管理培训班、测绘资质管理培训班、地图管理培训班、涉密测绘成果管理培训班以及测绘知识更新培训班、GDCORS应用培训班和注册测绘师资格考前培训班等，并与广东省人力资源与社会保障厅联合举办测绘高新技术研修班等，参加培训人数达2210人。

【对外合作与交流】 应澳门特别行政区政府地图绘制暨地籍局的邀请，组团赴澳门参加澳门卫星定位系统参考站服务启用仪式；开展与澳门、香港测绘界的学术活动，进一步密切了粤、港、澳三地测绘界的业务关系；积极推进粤澳测绘领域的合作，组织完成了粤澳控制网联测工作，为粤澳两地合作发展提供了精确、统一的测绘基准，充分满足了跨境工程建设的需要。

（温善强）

立法与依法行政

【国土资源立法】 2009年，为了配合利用园地、山坡地开发补充耕地工作，我厅开展了《广东省非农业建设补充耕地管理办法》（省政府66号令，以下简称《办法》）的修订工作。在充分论证的基础上，《办法》（修订草案）取消了新开垦耕地由省土地行政主管部门会同省农业部门组织验收的规定，为下放耕地验收权扫清了法律障碍；大幅度提高了耕地开垦费标准，为做好耕地开垦工作提供了资金保障，草案（送审稿）已经报送省政府；着眼于解决我省矿业权出让中存在的问题，起草完成了《广东省探矿权采矿权招标拍卖挂牌出让管理办法》（送审稿），对我省的探矿权采矿权出让制度进行了重大创新，进一步扩大了探矿权采矿权招标拍卖挂牌出让的范围，建立了探矿权采矿权交易平台，完善了探矿权采矿权出让的部门协调机制，明晰了矿业用地取得途径，为建立“统一、完善、竞争、开放、有序”和国内领先的具有广东特色的矿业权市场体系奠定了基础，该稿已报送省政府，待省政府同意后下发实施；着眼于统一社会各界尤其是各银行业金融机构对集体建设用地使用权抵押的认识，规范和明晰集体建设用地使用权抵押登记的程序，制定出台了《关于加强集体建设用地使用权抵押融资管理的通知》和《集体建设用地使用权抵押融资工作规范》，妥善解决集体建设用地使用权流转中集体建设用地使用权抵押难的问题；配合省法制办继续做好《广东省测绘管理条例》（修订草案）的协调工作。

【依法行政工作】 一是积极开展行政审批项目清理工作，大办推进行政审批制度改革。根据省政府《关于开展省本级政府第四轮行政审批项目清理工作的通知》和省政府办公厅转发省发展改革委等四部门《关于进一步深化行政审批制度改革的意见》的部署，按照厅党组“管少、管好、廉洁、高效”的指导思想，认真开展了行政审批项目清理工作，并将之作为检验行政审批制度改革成效的重要标准，切实做到“勇于削手中的权、舍得去部门的利、敢于革思想的命”。在具体清理工作中，采用“以放为主，倒逼清理”的清理方法，大幅度下放了审批权力，对我厅45行政审批事项中，委托或下放（或者部分委托下放）15项，取消10项，改为日常管理5项，超额完成了省政府减少行政审批项目50%左右的要求。对于保留的行政审批事项，也进一步简化手续，优化程序，切实提高行政审批效率。二是围绕“建设节约集约用地试点示范省”、深化农村土地管理制度改革以及贯彻《珠江三角洲地区改革发展规划纲要（2008-2020年）》，抓好《国土资源管理系统全面推进依法行政规划（2006-2010年）》的落实，制定了《广东省国土资源厅2009年依法行政工作要点》并印发全省国土资源系统执行。要求全省国土资源系统加强法规和政策性文件的立改废，创新制度，简政放权，政务公开，规范管理，高效服务，全面推进国土资源依法行政，努力实现保护资源、保障发展和保持稳定的有机统一。

【规范性文件审查和协调工作】 开展了规范性文件合法性审查，印发了《关于进一步严格规范性文件制定程序的通知》，进一步明确了规范性文件制定程序，完成规范性文件合法性审查工作2件。办理各类法律、法规、规章及相关政策性文件征求意见答复48件。组织开展全省国土资源系统工程建设领域突出问题专项治理工作；组织开展地质和矿产勘查法规文件清理工作。

【行政复议和应诉】 全年共收到行政复议申请126件，

经审查，决定受理97件、不予受理3件、告知向其他机关申请26件。受理的案件中，维持87件、撤销7件，驳回3件。对行政复议案件认真调查、核实，仔细分析，及时作出决定，努力化解行政争议。通过行政复议案件的办理，维护了行政相对人的合法权益，促进了下级国土资源管理部门依法行政。在行政诉讼方面，出庭应诉行政案件18宗、审结18宗，其中驳回诉讼请求17宗、原告撤诉1宗。通过积极应诉，有效维护了我厅的正当权益和形象。

【普法及其他工作】 认真贯彻落实“五五”普法规划，积极创新普法形式，着力加强国土资源干部队伍培训，强化面向基层党政领导干部和社会群众的国土资源法律教育，切实提高普法效果。今年5月25日至5月26日，举办了全省国土资源系统法律法规培训班，就行政复议、行政诉讼、国土资源行政许可与行政处罚等内容举办专题讲座，全省各市、县局共约300多人参加了此次培训。组织编印《国土资源管理法规文件汇编》（2008年卷），收集整理2008年度国家和省颁布的有关土地、矿产、测绘以及其他相关方面的规范性文件等140余件，约85万字；组织编印《矿产资源管理法规文件汇编》，全面收集了国家和省颁布的矿产资源管理法律、法规、规章、规范性文件及司法解释共184件，约72万字；编印《国土资源干部普法手册》，以适应全省国土资源系统全面推进依法行政和实际工作的需要。经过扎扎实实的努力，我省的国土资源普法工作取得了显著的效果，2009年5月中宣部、司法部、全国普法办联合下发《关于表彰全国“五五”普法中期先进集体和先进个人的决定》，我厅被评为全国“五五”普法中期先进集体。

（吴兴菊）

执法监察

【严厉查处国土资源违法行为】 深入开展全省违法违规用地查处整治行动。按照省政府2008年集中开展违法违规用地查处整治行动的工作部署，2009年以来，省国土资源厅执法监察局结合省第四次卫片执法检查情况，继续根据“刚性执法、严肃查处”的原则，深入开展违法违规用地查处行动。2009年6月，省政府派出10个检查验收小组分别对各市开展工作情况进行了全面检查验收。从检查的情况来看，土地违法违规案件高发势头得到有效遏制，违法用地总量大幅度下降，2008年度全省违法用地宗数和违法用地面积分别比2007年度下降了71.4%和68.7%，查处整治行动成效显著、影响深远。

积极加强案件督查督办。派出工作组直接督查督办了部、省及省国土资源厅领导交办的广东外语外贸大学南国商学院违法用地案、惠州龙门违规发放土地证案、阳江科技园违法用地案、阳东县违规建设高尔夫球场案、深圳光明高尔夫球场违法用地案、韶关官员买农田建别墅问题、普宁服装城征地纠纷问题、揭西县非法开采地热水资源案、翁源县非法开采稀土矿案、连平县蕉园桂林铁矿纠纷案、广东瑞图万方公司和广州建通公司涉嫌无资测绘案等国土资源违法违规案件，促进了依法合理用地观念的转变、资源利用秩序的改观和中央调控政策的落实。

对17宗非法采矿、破坏性采矿造成矿产资源破坏进行价值鉴定，涉及矿产资源价值1440万元。同时，根据省国土资源厅领导批示和群众反映，对“民声热线”提供的12宗案件进行再核查，并及时向省政府纠风办反馈。

在全省各级执法监察人员的不懈努力下，广东省土地执法监管形势保持总体稳定、基本可控和逐渐好转的态势。广东省违法违规用地数量明显下降。2009年，全省共发现土地违法行为5194件，涉及土地面积2403.9公顷（其中耕地376.31公顷），同比分别下降42.15%、64.89%（69.70%）。扣除历年隐漏违法行为，发生在1-12月的土地违法行为共4703件，涉及土地面积2068.14公顷（其中耕地342.48公顷），同比分别下降41.04%、64.55%（65.26%）。立案查处矿产违法案件376件。

【认真抓好土地卫片执法检查】 2008年度是国土资源部卫片执法检查涉及广东省城市最多的年度，由之前的4个地级以上市增加到17个地级以上市和2个县级市。省国土资源厅高度重视，认真按照国土资源部的统一部署，迅速下发文件，制订工作方案，研究政策界限，并及时召开全省执法监察会议进行动员部署，确保工作扎实顺利开展。在2008年度全国卫片执法检查电视电话会上，广东省查处整治和卫片执法检查工作得到国土资源部的充分肯定，广州市政府在会上作了经验介绍，全省19个市均没有被通报约谈。2008年度全省违法占用耕地面积比2007年度下降了4.4万亩。扣除各地自报的国家和省重点工程项目未批先用6.16万亩（其中耕地1.89万亩）后，全省违法用地2.72万亩（其中耕地0.34万亩），违法用地占新增建设用地总面积8%，违法占用耕地面积占新增建设用地占用耕地总面积4.9%，低于《违反土地管理规定行为处分办法》（15号令）15%的问责比例。

【建立健全土地巡查零报告制度】 为进一步健全违法违规用地快速反应机制，始终保持对违法违规用地的高压态势，力争对新发生的违法违规问题做到早发现、早制止、早报告、早处置，2009年3月，制定下发了《关于严格执行土地动态巡查报告制度的通知》（粤国土资执法电〔2009〕36号），建立和落实了土地动态巡查日报告和零报告制度，并落实专人负责此项工作。

9月，又结合工作实际，对报告内容进行了改进，主要是补充了违法项目名称、项目级别、所属行业类别等，以从宏观上把握全省违法用地项目分布情况。据统计，该制度实行以来至2009年12月底，全省共巡查发现土地违法行为4124宗，涉及土地面积23787.97亩（其中耕地3584.20亩），已发出停工通知书4090份，已制止3986宗（制止率97.0%），涉及土地面积19350.64亩（其中耕地2735.29亩），对制止不了的违法行为也及时向同级政府及有关责任单位作了报告，并予以立案查处。

【构建执法监察共同责任机制】 根据省政府《关于建立土地管理共同责任制度的通知》要求，检查指导各地建立落实土地执法共同责任机制，将土地执法监察工作纳入政府工作目标和考核内容。全省21个地级以上市均出台了土地管理共同责任制规范性文件，增强了地方党委政府加强国土资源执法监管的主动性。同时，省国土资源厅执法监察局先后与省人民检察院、省公安厅、省高级人民法院建立了不断加强国土资源执法监察、提高执法监察工作的实效性和震慑性的联动机制。

【努力推进基层国土所规范化建设】 积极争取各级政府及有关部门的重视支持，积极主动协调同级编制、人事等有关部门，全力推进基层国土所规范化建设。2009年3月，经省政府同意印发了《关于加强基层国土资源所规范化建设的意见的通知》（粤国土资执法电〔2009〕46号），进一步明确了加强国土所规范化建设的有关要求。全省各地严格按照《通知》要求，从理顺体制、落实经费、配置设备、加强培训和制度建设等方面着力抓好国土所建设，各项工作取得了初步成效。据初步统计，全省1340个国土所已完成收编1313个（占98%），已建立独立国土所面积25.9万平方米，正在建设独立办公场所面积2.8万平方米，用于巡查的车辆共有1176辆（含摩托车）；手持GPS144台、办公电脑2456台、打印机1305台、复印机341台、摄像机83台、照相机628台、扫描仪188台、电话机2391部。9月，又制订出台了《广东省基层国土资源所工作职责（试行）》，全面强化基层国土资源所执法能力建设。此外，2009年9月12日全省还统一组织了国土资源行政执法监察机构和基层国土资源所工作人员过渡公务员资格考试，逐步理顺执法人员身份问题。

【开展“广东青年国土资源保护行动”】 积极加强与团省委协调配合，先后联合印发了《关于招募青年志愿者协助开展国土资源保护工作的通知》、《“珍爱国土、青年担当”广东青年国土资源保护行动试点实施方案》以及《广东青年国土资源保护行动工作管理试行办法》，同时省厅专门划拨了77.3万元用于广东青年国土资源保护行动前期工作经费，并联合团省委在惠州市举行了试点工作推进会。广东青年国土资源保护行动各项工作取得明显成效，汪洋书记作出重要批示予以充分肯定，国土资源部将这一做法在全国推广。

【开通运行12336国土资源违法举报电话】 根据国土资源部《关于开通12336全国国土资源违法举报电话的紧急通知》要求，结合广东省工作实际，2009年6月24日，省国土资源厅开通并运行了12336举报电话三部，并建立了专人值班、接听、登记、交办、处理、反馈等制度。在做好省级举报电话开通运行工作的同时，积极对全系统开通12336举报电话工作进行了部署，省、市、县三级12336举报电话已全部开通并正常运行。据统计，自12336举报电话开通以来，全省共受理违法举报电话501个，各级执法部门逐案进行核查有效处理，并及时将办理结果答复举报人。

【建立对土地违法行为的日常监控体系】 结合广东实际，对国土资源部规定的违法行为及案件查处统计月报内容进行了细化，在完成规定动作的同时各地增加上报了发现土地违法行为宗地明细和汇总情况，以深入了解、掌握违法用地信息。同时结合动态巡查发现违法用地情况，及时发现倾向性、苗头性问题，分析违法形势，对重点案件线索重点跟踪，重点督办。为了进一步提高动态巡查上报数据效率和质量，加强零报告与月报数据之间的衔接，开发了土地巡查网上报告系统，目前该系统已在全省正常运行。

（叶小芊）

信访调处

【概况】 2009年，省国土资源厅共受理群众信访2575件，实地复查复核信访事项118件，办理上级交办件224件。信访总量比2008年同期下降26.7%，其中来信1596件，同比下降30.7%，来访979批3364人次，同比分别下降19.0%和23.7%，集体访206批1545人次，同比分别下降20.5%和25.8%。

【基层大接访】 在"基层大接访"活动中，招玉芳厅长率先垂范，带领省国土资源厅领导班子全体成员接访、包案。市、县（区）国土资源管理部门主要领导纷纷以身作则、亲历亲为开展接访探访，全系统快速形成上下联动、齐抓共管的良好局面，共接访群众1747批2227人次，疏导和解决问题509个。当珠海白藤湖部分群众准备通过"维权大会"要回已被征用的原集体土地时，省国土资源厅立即派出工作组赴当地指导做好接访、处置工作。

【破解信访难题】 全省积极开展"信访积案化解年"活动，成效明显，共排查出积案124宗，化解结案124宗，息诉115宗，结案率和息诉率分别达到100%和92.7%。佛山市局为解决曾发生村民与施工队群殴致人死伤的大浩湖征地信访积案，多次召集市、区、镇、村四级有关人员开会协调，与被征地村民充分协商，听取诉求，终获村民的理解和支持，实现息诉罢访，使建设项目顺利开工。

【做好国庆维稳】 国庆60周年期间，全系统积极组织"大排查大化解"，设立159个接访点，1698名工作人员共接待群众482批次1542人次、探访群众444批次1117人次，排查出矛盾纠纷案件429宗，全部由各级领导包案化解。省国土资源厅还派员驻北京参加国庆及重要会议的信访维稳工作，受到上级机关表扬。

【问民生解难题】 "进家门、问民生、解难题"探访重复上访户活动开展以来，全系统共探访群众284批1178人次，排查处理125宗重复上访件，最大限度地化解疏导矛盾纠纷，收到了良好的社会效果。东莞市国土资源局悉心探访群众，纾解民困，为万江区某上访人解决了生活必需的耕地问题。上访人深受感动，给省国土资源厅领导送来了"感谢人民好干部"的锦旗。

【提高信访工作成效】 全省国土资源管理部门不断摸索、不断总结，进一步强化组织领导、创新工作方法、健全工作制度，取得了信访维稳工作的好成效。

一、强化组织领导，把信访工作摆在突出的位置

（一）领导高度重视，为切实做好工作创造了先决条件。清远、阳江市局一把手亲自指导信访复查复核事项及重要信访件的办理；惠州、江门市局主要领导亲自督办、包办进京到部上访案件；中山、东莞市局分管领导全程掌控突出越级信访件的办理情况。领导的重视，大大加强了信访工作力度，使矛盾纠纷得到及时处理。

（二）加强队伍建设，全面提升整体工作实力。惠州市配强高素质信访工作人员，并率先在全市88个国土资源所设立信访联络员；东莞市局明确规定各分局局长分管信访工作，努力把问题化解在基层和源头；清远、阳江、江门、梅州等市局适时举办信访培训班，邀请广东省信访局等部门的专家现场授课，取得了良好的效果。

二、改进工作方式，提高信访工作前瞻性

（一）积极出访，关口前移，变被动接访为主动服务。在项目征地过程中，国土资源信访部门提前介入，

协调矛盾纠纷，把问题解决在基层，化解在萌芽状态。韶关市国土资源管理部门在韶赣高速公路粤境段征地中，对出现的200多宗、3000多亩土地权属争议高度重视，到镇进村驻点大接访大走访，以土地证等有效文书为依据，逐户进行调解、确权，保障了韶赣高速公路建设顺利推进。

（二）深入群众，公开透明，变事后解释为事前疏导。保障经济发展，搞好和谐征地，减少矛盾纠纷，维护社会稳定，是国土资源部门的重要课题。佛山市高明区国土资源局在开展重点交通项目征地工作前，利用电视、广播、报刊、短信等宣传媒体，把征地政策讲透，把工作方案讲透，把各种利民保障措施讲透，得到群众的理解和支持，取得了广明高速公路最快交地、首先开工、全线建设“零上访”的好成效。

（三）部门联动，形成合力，变群众上访为干部下访。广州市国土资源部门为搞好番禺区亚运城征地工作，会同其他相关部门直接参与征地事项的具体实施，走村串户，拉家常谈发展，跑遍了七个村子，始终坚持心系群众，利为民谋，和谐征地，切实维护了农民利益，按时征收了4536.87亩集体土地。在项目用地拍卖出255亿元高价后，也未出现群众到省厅上访。

三、建立健全制度，为抓好信访工作提供保障

全省国土资源系统积极做好信访工作的建章立制。一是建立领导干部接访下访制度，实行包案处理；二是建立纠纷调处及信息报送制度，及时开展矛盾排查和分析研判，做到信息畅通；三是建立重要敏感时期24小时值班制度；四是建立信访与执法联动机制，及时对重要信访案件进行联合调处。2009年初，信访与执法部门快速妥善办理了国家信访部门交办的一宗信访件，得到吴邦国委员长的表扬：“群众来信反映问题，件件有落实得纠正，维护群众利益。”

（余青青）

党建工作

【概况】 2009年，厅党办在厅党组和省直机关工委的正确领导下，全力以赴开展主题教育活动，认真扎实执行厅直属机关党委的决定，集中力量推进机关党建、工会日常工作，认真完成了厅党组交办的专项工作，较好地完成了各项工作任务，并取得了一些成效：第一，在党建方面。深入学习实践科学发展观活动的后续工作受到省委学习实践活动领导小组表扬，在其编发的“回头看”专刊第7期中，专门表扬了省厅认真抓好整改落实后续工作推动节约集约用地试点示范省建设的工作。“转变作风抓落实”工作分别受到省委政策研究室和省直机关工委的肯定：省委政策研究室在第29期研究报告中，对省厅在开展“转变作风抓落实”主题实践活动中的工作给予了充分肯定；省直机关工委在编发的“转变作风抓落实”主题实践活动第27、43、61期简报中，三次报道表扬了省厅开展主题实践活动的情况。城乡基层党组织互帮互助活动成效显著，省厅被省委组织部授予2009年互帮互助活动先进单位，厅测绘院第三队党支部和省矿产资源储量评审中心党支部被授予2009年互帮互助先进党支部。第二，在工会方面。推荐1名同志（康晋斌）获省总工会授予“广东省优秀工会积极分子”称号，2名同志（郑敏辉、王秀云）获省直机关工委分别授予省直机关“优秀工会之友”和“优秀工会积极分子”称号。第三，在精神文明创建方面。厅测绘院被省委、省政府授予“广东省文明单位”荣誉称号；省厅组织代表队在全国测绘系统乒乓球比赛中获得团体和二个单项冠军；省厅选送的舞蹈节目在省直机关舞蹈比赛中获二等奖。

【开展主题教育活动】 厅党办积极履行职责，认真完成主题教育活动领导小组办公室的各项工作，与厅机关各处（室、局）和直属各单位共同努力，圆满地完成了深入学习实践科学发展观活动第三阶段及后续工作任务，认真开展了“转变作风抓落实”主题实践活动。

一、坚持不懈，深入开展学习实践科学发展观活动

在厅党组的高度重视和正确领导下，自2008年9月下旬开始，全厅认真组织开展了深入学习实践科学发展观活动，坚持用科学理论武装全体党员、干部，推动继续解放思想、坚持改革开放，着力构建促进和保障科学发展新机制。2009年主要抓了以下工作：

（一）一丝不苟完成第三阶段各项工作。学习活动转入第三阶段后，省厅按照省委和第三指导检查组要求，组织开展了春节回乡探亲工作人员座谈会、并派人参加了省委组织召开的专题座谈会；部署各党支部开展了专题组织生活会，认真查摆存在的问题；认真负责地提出对省委、省政府领导班子整改落实方案的意见，认真组织对厅党组整改落实方案的评议。

（二）认真做好学习实践活动总结测评。按照上级要求，省厅在集中力量组织开展第三阶段各项工作的同时，加紧进度，齐头并进，认真组织开展了学习实践活动总结测评各项工作。及时组织起草了学习实践活动总结，在报经厅党组、省委第三指导检查组审阅同意后，在规定范围内进行了公示，并按要求上报省委学习实践活动领导小组；认真组织各方代表，对省厅的学习实践活动进行了满意度测评，参加测评人员对省厅学习实践活动的总体评价满意度为100%。

（三）扎实开展学习实践活动后续工作特别是“回头看”工作。省厅学习实践活动顺利结束后，汇编了学习实践活动文件材料，下发全省国土资源系统参加第二批学习实践活动的单位，以指导其开展学习实践活动。为巩固拓展学习实践活动成果，厅党组出台了《关于改革创新改进作风提升国土资源保障和促进科学发

展能力的决定》，以切实提升行政效能和队伍执行力。同时，根据省委有关部门要求，先后于2009年4月和6月提供了广东省国土资源厅党组整改落实方案的落实情况和开展整改落实“回头看”活动的情况。

二、认真开展“转变作风抓落实”主题实践活动

根据省直机关工委安排，厅党组2009年部署开展了“转变作风抓落实”主题实践活动，以巩固和扩大学习实践科学发展观活动成果，切实推动作风转变，进一步增强各级党组织的战斗力，进一步提高党员干部服务中心工作的能力和水平，进一步促进各项工作的落实。厅党组提出，通过开展主题实践活动，要在四个方面“抓落实见成效”（即：在主动服务上抓落实见成效、在提高效率上抓落实见成效、在减少审批上抓落实见成效、在健全制度上抓落实见成效）。在开展主题实践活动过程中，主要做好以下工作：

（一）做好动员部署。及时以厅党组名义制定印发主题实践活动方案，对活动进行部署。认真组织召开动员大会，对主题实践活动进行广泛动员，要求各基层党组织高度重视、认真组织开展活动，动员广大党员建言献策，积极参与到主题实践活动中来。

（二）抓好工作推动。认真准备有关汇报材料，向省委政研室调研组汇报了厅转变作风推进各项工作落实的情况。派员参加省直单位“服务窗口”建设现场会，向省直机关工委汇报了厅服务窗口建设情况。承办6个省直单位开展主题实践活动的汇报会，向省直机关工委调研组汇报了厅开展“转变作风抓落实”活动的有关情况，得到了调研组的充分肯定。编发简报进行督促交流，及时报道厅活动开展动态，共编发简报18期。

（三）活动取得较好成效。通过开展主题实践活动，推动了厅党组整改措施的落实，推动了全省国土资源管理工作的改革发展，如在推动休制机制建设、节约集约用地试点示范省建设、保障重点项目用地、提升矿政和测绘管理水平、遏制违法违规用地、化解信访积案、加强队伍建设等方面取得了成效。省直机关工委在编发的“转变作风抓落实”主题实践活动第27、43、61期简报中，三次报道表扬了厅开展主题实践活动的情况。

【开展思想政治学习】 在厅党组和厅直属机关党委的正确领导下，党办认真做好组织协调工作，充分发挥厅各基层党组织和广大党员的主体作用，共同做好全厅的思想政治教育工作。

一、认真学习贯彻党的十七届四中全会精神和省委十届四次、五次全会精神

（一）及时组织学习。党的十七届四中全会研究了加强和改进党的建设的若干重大问题，省厅先后转发了省委办公厅和省直机关工委关于学习贯彻党的十七届四中全会精神的通知，要求各基层党组织结合实际，认真学习贯彻全会精神，充分发挥基层党组织的战斗堡垒作用和党员的先锋模范作用，提升机关党建服务和保障国土资源管理事业科学发展的能力和水平。

（二）按要求组织党员轮训。根据省委办公厅通知要求和厅领导指示，省厅组织处以下干部开展四中全会精神轮训，确保党员、干部掌握四中全会的精神实质。

（三）配合做好党建专题调研工作。根据省委安排，省直机关工委罗东凯书记于2009年11月5日带队前来厅开展机关党建专题调研，厅党办积极组织好厅内党建工作调研，掌握情况，收集素材，认真起草汇报材料，做好对省直机关工委调研组的服务和配合工作。

（四）及时购买发放学习辅导资料。购买了《加强和改进新形势下党的建设》和《党的十七届四中全会＜决定＞学习辅导百问》两本学习辅导资料，分别发放机关全体党员、干部，机关离退休党员和直属各单位党组织。

（五）认真学习贯彻省委十届四次、五次全会精神。省委十届四次全会研究了学习实践活动的总结等工作、提出要转变作风狠抓落实，五次全会对全省上半年的工作进行总结、分析经济社会发展形势、部署下半年工作，省厅结合实际，认真做好对广东省委十届四次、五次全会精神的学习贯彻。

二、认真开展厅党组理论中心组学习会

（一）按要求开展学习。2009年，省厅开展了四次厅党组理论学习中心组学习会，坚持结合深入学习实践科学发展观活动和“转变作风抓落实”主题实践活动的部署和要求，围绕国土资源管理中心工作进行理论学习，较好地完成了年度学习任务。

（二）做好学习辅导。先后聘请省纪委常委许泽红、省委党校韩锐教授作专题辅导，并组织观看了国家行政学院应松年教授所作的题为《推进行政问责，构建责任政府》的报告。每次专题辅导报告会扩大至机关全体干部、直属单位班子成员参加，以此加强对广大党员、干部职工的思想政治教育。

三、认真组织开展爱国主义教育活动

根据上级关于开展庆祝新中国成立60周年活动的部署，结合实际，要求基层党组织务实开展爱国主义教育和革命传统教育。大力开展社会主义核心价值体系建设，购买发放了《六个“为什么”——对几个重大问题的回答》等学习资料，积极组织广大党员干部以党支部为单位进行学习讨论。组织学习国家测绘局第一大地测量队先进集体和罗大观、罗广平同志先进事迹。组织收看《“祖国在我心中——省直机关迎接新中国成立60周年演唱会”实况录像》；组织参加广东省直机关第二届“读书·思考·进步”专题读书活动。

四、加强精神文明建设

（一）参加会议交流。由省厅领导带队，按要求参加国家测绘局举办的和谐测绘文化工作会议，交流汇报广东省测绘系统精神文明建设情况。

（二）认真开展精神文明创建活动。及时组织学习省精神文明建设委员会及其办公室下发的文件，认真开展群众性精神文明创建活动。按照省直机关工会的通知要求，积极组织开展了评选推荐全国五一劳动奖章候选人、省劳动模范、先进工作者以及优秀工会之友等活动。组织测绘院参加“广东省文明单位”评选，认真准备材料申报，积极配合考核小组考核，厅测绘院获评为“广东省文明单位”。

五、加强统战工作

2009年初，省厅党办应邀派人参加了九三学社广东委员会举办的新春茶话会，加强与民主党派的沟通。4月，省委统战部调研组前来省厅调研中央、省委有关统战工作精神的落实情况，省厅认真组织材料，较好地完成了调研任务；省厅从民主党派人士中聘任国土资源监察专员的做法得到了调研组的好评。同时，省厅还报送了1名民主党派人士作为党外后备干部人选，选送了1名党外人士参加党外中青年干部培训班的学习。

【规范开展日常党务工会工作】 2009年，省厅继续进行打基础工作，认真做好“三个服务好”（服务好厅直属机关党委、服务好基层党组织和党员、服务好基层工会组织和会员），着力规范开展机关党建和工会日常工作。

一、着眼加强党员教育管理，抓好党建日常工作

（一）加强基层党组织建设。根据工作需要，提请省直机关工委对省厅直属机关党委、纪委领导进行了任免。2009年9月，组织召开了厅直属机关党员代表大会，以差额选举方式，补选了厅直属机关党委、纪委出缺的委员。协助厅直属机关党委批准成立了省土地勘测规划院党总支，审批通过了省矿产资源储量评审中心党支部等基层党组织的选举结果。

（二）抓好党员组织关系管理。为16名调入、调出及挂职的党员、干部接转组织关系；对参加省委党校各班次学习的3名党员干部按规定出具党员证明信；为6名内部调动的机关党员干部做好组织关系的变动衔接工作。

（三）做好党员发展和培训等日常工作。1.厅直属机关党委直接审批发展新党员3人，审批预备党员转正2人；2.积极做好党员的培训工作，组织9名入党积极分子参加省直机关工委组织的培训班学习，选派1名党支部书记参加省直机关工委组织的党支部书记训练营的学习；3.及时收缴报送党费，抓好对党费收缴、使用和管理工作；4.准确按时完成党内统计工作。根据省直机关工委党内统计工作会议的要求，认真做好2009年度党内统计工作；5.做好党报党刊的订阅发放工作，为厅领导、直属各单位和机关处室订阅《人民日报》、《求是》、《南方》和《广东党建》等杂志。

二、着眼建设职工之家，抓好工会日常工作

（一）顺利完成工会组织机构调整。厅机关工会根据厅人员调整变化情况，及时报请厅直属机关党委、省直机关工会，对厅直属机关工会4名委员进行了改选，并根据委员改选结果，选举了新的工会主席。整个改选工作经过多次讨论酝酿，确保了程序合法、人选合适，受到了上级机关、领导、群众的充分赞同。

（二）认真组织慰问、帮扶活动。春节、十一期间，厅机关工会在认真摸底、统计的基础上，组织慰问了生活困难、患有严重疾病的工会会员，走访看望了国家级、省（部）级劳模和先进工作者。此外，及时看望生病住院干部职工，及时对有特殊困难的人员给予适当补助，以体现工会组织的温暖。

（三）灵活开展文体活动。继续保持以往健身项目。厅机关工会坚持长期开展羽毛球、网球、篮球、乒乓球等运动项目，为群众提供健身活动保障。2009年10月，厅机关工会按照往年惯例，组织干部职工开展了登白云山健身活动。逐步规范文体活动小组的活动开展。结合政风行风评议工作，厅直属机关工会参照省直机关工会各俱乐部组成情况，在保留开展的文体活动项目的同时，进一步明确（重申）成立羽毛球、乒乓球、网球、篮球、保龄球、台球、休闲垂钓、摄影、美术书法9个文体组，共有258人（次）报名参加；及时召开工会委员会会议，提出了对机关各文体小组开展活动的意见。积极参加上级工会承办的各类活动。2009年，省厅先后派出代表队参加省直机关舞蹈大赛、国家测绘系统首届乒乓球比赛；选送作品参加摄影比赛；组织干部职工报名参加省第四届职工运动会。组织观看爱国主义影片。根据省直机关工会要求，及时组织大家观看电影《铁人》。同时，厅机关工会还发放电影票，组织大家观看《建国大业》等爱国主义教育影片。

（四）圆满完成工会统计和财务工作。根据省直机关工会工委的布置，发文要求各基层工会组织认真填报《基层工会调查表》，对机关和直属单位报送的统计数据进行反复核对，仔细填报有关内容。在参加省直机关工会年度统计数据统一录入时，顺利地完成了工作任务。认真做好机关工会财务工作，厅直属机关工会荣获2008-2009年度广东省直机关工会财务工作三等奖。

（五）积极参加工会汇报交流。厅机关工会主席参加了省直机关工会组织的培训；厅机关工会按季度参加省直机关工会和工会联系片召开的工作会议，并对有关会议精神进行及时传达部署；及时组织厅机关工会财务人员参加会计制度学习培训。

【统筹兼顾，完成上级交办任务】 在做好日常工作的同时，党办还顾全大局，统筹兼顾，认真做好厅党组交办的专项工作。2009年，先后开展了挂钩帮扶“六好”社区建设、城乡基层党组织互帮互助等活动。

一、继续做好挂钩帮扶“六好”社区建设工作

根据党组安排，由厅党办和土地利用处共同承办社区建设的日常工作，2009年初，直街社区搬迁到新的办公楼时，厅党办会同利用处的同志前往表示祝贺。4月，厅领导带队前往社区进行调研，为帮助社区解决实际问题，从党费中挤出3万元帮助其购买图书，并赠送了一批国土资源政策法规汇编。经过多年努力，直街社区的创建达标工作已通过省达标验收。

二、继续抓好城乡基层党组织互帮互助活动

在投入帮扶资金70余万元、帮扶物质一批、较好完成2008年互帮互助活动任务的基础上，2009年8月，厅直属机关党委及时下发通知，要求各基层党组织认真组织开展2009年的“五个一活动”。9月，厅党办派员陪同厅领导前往梅州兴宁罗岗镇和丰顺汤西镇进行调研，了解前一年度互帮互助活动的开展情况和对于2009年互帮互助活动的要求与希望，并在调研的基础上，形成了关于进一步开展城乡基层党组织互帮互助活动的意见。截至2009年底，厅42个党支部全部到结对共建农村党支部开展了活动，共过组织生活42次、慰问党员群众175人、帮扶困难党员112人、资助贫困学生75人、办好事实事50件，共捐款109.843万元，捐赠物品一批，切实帮扶农村党支部解决生产、生活中的实际困难，取得了较好的效果。省厅被省委组织部授予“2009年城乡基层党组织互帮互助活动先进单位”。测绘院第三测量队党支部和省矿产资源储量评审中心党支部被授予“2009年广东省城乡基层党组织互帮互助活动先进党支部”。

三、协调指导青妇工作

（一）团委积极开展培训活动。厅团委以创建“全国五四红旗团委”为载体，组织开展了英语口语、网球等一系列文体培训项目。2009年底，与省地税直属分局共同组织了青年联谊活动，丰富了青年干部的业余文化生活，拓宽了沟通交流平台。

（二）妇委会务实开展活动。妇委会积极组织妇女职工开展有益于身心健康的活动和捐书助贫活动等。三八节前，组织了外出参观学习；2009年上半年，外请老师开展了瑜珈训练、礼仪讲座等适合女性会员的活动。

（谭小兵）

纪检监察

【服务保障科学发展大局】 全省各级国土资源管理部门把全面贯彻落实科学发展观作为党风廉政建设的一项重要任务，自觉用科学发展观统领国土资源工作，并将其贯穿到制定政策、深化改革、强化管理中，具体落实到土地、矿产资源和测绘管理工作中，确保中央和广东省的重大决策部署特别是扩内需促增长、《珠三角改革发展规划纲要》、“三促进一保持”、“双转移”战略目标和省部合作建设节约集约用地试点示范省等政策措施落实到位。加强对节约集约用地政策落实情况的监督检查，及时发现和纠正工作中存在的突出问题。全系统各级纪检监察部门认真履行职责，加强监督检查、效能监察，确保了政令畅通。广东省在2008年节约集约用地考核全国排名第一的基础上不断取得新进步，2009年新增亿元GDP消耗建设用地62亩，同比下降11%。省国土资源厅对45项行政审批事项进行了认真研究清理，清理比例达到69%，超额完成了省政府减少行政审批项目50%左右的要求。省国土资源厅档案馆共为全省529个扩大内需项目提供地质资料信息服务，位居全国前列。大力推进测绘管理各项工作，完成了粤澳控制网联测工作，为110多个重大工程项目提供测绘保障服务，得到国家测绘局的充分肯定。

【推进党风廉政建设责任制】 省国土资源厅党组认真组织开展党风廉政建设责任制检查考核，修改完善考核办法，细化项目，通过自评、群众测评、上级考评等方式进行量化打分，确定检查考核档次和排名。省国土资源厅党廉办牵头组成11个检查组，由厅领导带队，对部分市国土资源局、厅机关处室、厅属单位领导班子和主要负责人进行检查考核；被检查考核的佛山、中山、湛江市国土资源局和土地利用处、规划与耕保处、矿产资源管理处、地勘与环境处、测绘管理处、执法监察局、土地整理中心及国土资源档案馆领导班子和主要领导干部均被评定为“好”。全省国土资源系统认真落实省党廉领导小组下达的“三项牵头、五项配合”任务，对任务进行分解，落实责任，明确时限，并及时加强监督检查，确保工作任务落实。各级纪检组（纪委）加强协调和监督检查，组织协调落实牵头和协办任务共153次，组织有关部门开展专项工作检查90次；健全牵头与协办工作协调机制，召开协办单位联席会议82次，研究事项114项。

【纪律教育学习月活动】 全省国土资源系统积极开展以“加强作风建设，保障科学发展”为主题的纪律教育学习月活动，廉政教育活动组织严密，内容生动实际，党员干部反响热烈。一是组织编印教育读本。省国土资源厅编印了《广东省国土资源系统反腐倡廉教育读本（2009）》2万余册。二是加强信息宣传，全省各级国土资源纪检监察机构共报送信息90篇，省国土资源厅采用了其中的20篇，中纪委采用1篇，省纪委采用4篇。省纪委派驻省国土资源厅纪检组《关于我省矿业权市场化配置改革情况的调研报告》、《省国土资源厅认真“四个结合”，积极剖析整改“4·21”案件》分别被省纪委评为“优秀调研报告”和“优秀调研信息”。自2006年起，驻厅纪检组连续四年被省纪委办公厅评为“全省纪检监察信息工作先进单位”。三是举办了“全省国土资源系统先进事迹宣讲会”，广州、珠海、惠州、揭阳、深圳、东莞、湛江、梅州、汕尾市国土资源局和测绘院、信息中心共11个单位选送的先进人物（单位）事迹列入宣讲范围，大力宣传郭水财、骆驰等一批个人和集体的先进事迹，全系统干部职工4500多人通过视频会议系统同步收看了宣讲会。四是邀请省纪委许泽红常委、省纪委案件检查一室王双喜主任和省检察院预防职务犯罪处张熙副处长作辅导报告。全系统开展党性党风党纪教育活动145次，参加人数达35440人。

【加强监督检查】 2009年，省国土资源厅党组进一步加大干部选拔配备和交流调整力度，厅机关、直属单位及地级以上市国土资源局领导班子实行交流轮岗29人。省国土资源厅进一步加强审计监督，对厅12个直属单位的财务收支情况进行内部审计，及时发现和纠正存在的问题，进一步规范管理。全省国土资源系统认真抓好“一查四减”、清理评比达标表彰活动、清理楼堂馆所建设、“小金库”等专项治理等工作。厅机关公务接待费支出压缩31%。各级纪检监察机构认真履行职责，切实加强对所在部门重大决策和重要干部任命、安排及大额度资金使用情况的监督，认真落实领导干部廉洁自律各项规定，不断规范领导干部廉洁从政行为。驻厅纪检组对2名同志进行了诫勉谈话，对新提拔的20名处级干部进行了廉政谈话。全省市（县）局纪检组（纪委）负责人同223名下级党政主要负责人进行了谈话；领导干部任前廉政谈话计374人；诫勉谈话93人。各级党组（党委）修改或颁布的廉政纪律制度146项；党组（党委）民主生活会提出问题187个，解决155个。

【源头治腐工作】 各级党组（党委）认真贯彻落实中央《建立健全惩治和预防腐败体系2008－2012年工作规划》和省委《实施办法》，纪检监察部门积极协助做好牵头和配合工作的细化分解，不断改革完善相关制度，规范行政审批，健全政务公开，拓展了从源头上防治腐败的工作领域。

省国土资源厅积极推进矿业权市场化配置改革创新，组织开展课题研究。完成了《广东省矿业权市场建设改革研究课题报告》，对原《广东省探矿权采矿权招标拍卖挂牌出让管理办法》作了进一步的修改和完善，得到省政府、省纪委领导的肯定。2009年，全省完成采矿权有偿出让211宗，价款2.4亿元，其中招拍挂出让140宗，价款1.2亿元。全省已有6个地级以上市和13个县（市）建立了矿业权交易机构。在未建立矿业权交易机构的市，矿业权交易工作也全部委托土地交易机构实施。全系统积极推进土地有偿使用制度改革，落实工业用地出让制度，深化国有建设用地有偿使用制度改革。2009年，全省以招拍挂方式出让国有建设用地7144公顷，成交1251亿元，与2008年度相比，分别增长2%和72%。

【规范权力运行工作】 从2008年9月起，为进一步规范权力运行，驻厅纪检组启动规范权力运行试点工作，草拟《廉政风险预警和防范机制管理暂行办法》。省国土资源厅机关6个处室和2个厅属单位列为试点。试点单位全面梳理廉政风险点和易发腐败的重点环节，编制职责目录，明确权力事项及廉政风险点，绘制《工作流程图》，制定《处室工作规则》和《处室岗位职责设置及其职责》。驻厅纪检组根据省国土资源系统案件发生的情况，及时组织有关业务处室赴韶关市进行典型案件剖析和调研，在此基础上，省国土资源厅出台了《关于进一步规范国土资源管理预防腐败行为的通知》，针对韶关市“4·21”系列腐败案件在国土资源管理方面（建设用地报批、供地和选聘评估机构等）暴露出的问题，从六个方面提出改进工作意见。

【案件检查工作】 全省国土资源各级纪检监察部门加强对重要信访举报的调查核实，实事求是进行处理，澄清问题，严肃查处违纪行为。2009年，全系统纪检监察部门共受理了群众来信来访258件，初核156件，了结125件；立案24件，结案17件，党纪处分6人，政纪处分17人，组织处理10人，移送司法机关17人，其中包括3名市县局“一把手”。驻厅纪检组在指导各级纪检监察部门查办案件的同时，加大了自身办案及信访件核查工作力度，牵头组织对河源市原国土资源局局长张洪春严重违纪问题的调查处理，认真履行联合调查组主办方的职责，积极与联合调查组成员单位的河源市纪委和省纪委一室沟通协调，指导调查组正确执行党的政策和运用办案策略，既依法依规查处问题，又维护发展稳定大局，得到了上级领导的充分肯定。各级纪检组（纪委）进一步加大办案力度，驻厅监察室、厅直属机关纪委对违反财经纪律、外事纪律、偷换土地规划图纸等问题进行了调查处理。

【工程建设领域专项治理工作】 各级国土资源管理部门紧紧围绕《国土资源部关于开展工程建设领域突出问题专项治理工作方案》、《广东省工程建设领域突出问题专项治理工作实施方案》要求，加强组织领导，制定工作方案，周密部署专项治理各项工作。抓住国土资源管理系统专项治理工作重点，通过建立《关于在“三旧”改造过程中加强预防职务犯罪工作的通知》（粤检会〔2010〕2号）、《广东省工业用地招标拍卖挂牌出让实施意见》（送审稿）等一系列制度，扎实开展专项治理自查自纠和排查工作，认真组织土地使用权出让合同，矿业权审批制度执行情况专项清理，严肃查处国土资源管理违法违纪案件，落实责任，专项治理各项工作进展顺利，取得了阶段性成效。

【纪检监察队伍建设工作】 省国土资源厅党组和驻厅纪检组确定2009年为“纪检监察机构建设年”，全省市、县国土资源局党组高度重视纪检监察队伍建设，队伍建设取得明显成效。肇庆、汕尾、河源、佛山、清远等市国土资源局党组积极着手设立监察室，充实纪检监察干部队伍。2009年，全系统新增监察室37个，其中地级市局新增4个；新增专职或兼职纪检监察干部69人。全省地级以上市国土资源局已全部设立了监察室并配备专门纪检人员。各单位在加强机构建设的同时，积极选派纪检监察干部参加中纪委、省纪委举办的纪检监察业务培训，纪检监察干部素质得到提高。

（柯小兵）

科教宣传

【信息化建设】 “金土工程”可行性研究报告获得广东省发改委批准，协调代建单位进行项目初步设计和概算。

印发了《广东省国土资源业务网及视频会商系统建设指南》，完成了广东省国土资源业务网建设。

开展全省国土资源信息网上公开情况检查评比工作，完善广东省国土资源厅网站建设。在国土资源部组织的评比中获得第三名，在广东省组织的测评中获得二类网站第一名。

加强信息安全保密管理。印发了一系列计算机及移动存储介质保密管理的通知，组织开展了 2 次信息安全保密检查，通过了广东省保密检查组的检查。

【科技管理】 推荐《高新分辨率合成孔径雷达卫星影像在广东省土地利用动态监测的应用研究》等 3 个项目申报广东省科技项目计划，推荐广东省地质局《瞬变电磁法在矿产勘查中的应用研究》等 3 个项目申报 2009 年度国土资源科学技术奖，推荐《广东省农用地分等定级》参加 2009 年度广东省科学技术奖评选。推荐国家测绘局青年学术和技术带头人二名。

开展科普工作。推荐广东丹霞山世界地质公园和广东湖光岩世界地质公园为国土资源部国土资源科普基地，获得国土资源部批准命名。组织出版国土资源科普图书——《南粤地学解读》。

推广新技术应用。推广武汉大学张祖勋院士的最新科研成果 DPGRID（数字摄影测量网格），提高生产效率 5–8 倍。

【教育培训】 协助广东省委组织部举办全省领导干部国土资源管理专题研讨班，受到国土资源部、广东省领导的充分肯定和表扬。

开展全面培训县（市）、乡（镇）国土资源管理干部工作，组织四批次有关市县国土资源所所长、业务骨干参加部举办的示范培训班。

协助广东省委组织部举办广东省第十一期书记（市长）城建专题研究班。

开展全省国土资源系统地质灾害突发公共事件应急管理全员培训工作，提高全省国土资源系统处理地质灾害突发公共事件应急管理能力。

与广东省人事厅联合举办一期“测绘高新技术研修班”，邀请我国 7 名测绘界著名科学家来粤授课，300 多人参加研修。

协助各业务处室开展各类业务培训共 25 期，人数达 6355 人。

【职称管理】 开展了 2009 年度的专业技术资格评审工作，11 月份完成评审并上报审批。

【业务宣传】 4 月 22 日，广东省国土资源厅、清远市人民政府在清远市清城区举办了第 40 个“世界地球日”科普宣传活动。

6 月 25 日期间，组织开展第 19 个全国“土地日”宣传活动。在《南方日报》刊登“百名书记谈国土”专版，在南方网直播室进行主题为《广东建设节约集约用地试点示范省》在线访谈，在《羊城晚报》、广东卫视 730 新闻中专版登载和播放广东节约集约用地“先行先试”系列宣传报道，大力宣传土地开发整理、围海造地、闲置土地处置、三旧改造、开发区节约集约用地开展先行先试工作取得的初步成效，在广东电视台新闻栏目播放主题为“坚守耕地红线，保障科学发展”公益广告。

开展学习实践科学发展观、保增长保红线行动和地质找矿改革发展大讨论等专项宣传。

【对外合作与交流】

一、为因公出访办理报批手续 12 批次。

二、接待外宾 2 批次。

三、修改完善了《广东省国土资源厅组团出国（境）考察管理规定》。

四、编制了《国土资源国际合作十年巡礼——广东省分册》。

（李 臻）

机构与人事

【机构设置】 广东省人民政府办公厅下发《印发广东省国土资源厅主要职责内设机构和人员编制规定的通知》（粤府办〔2009〕99号）、广东省编制委员会办公室下发《关于印发省国土资源厅所属事业单位机构编制方案的通知》（粤机编办〔2009〕432号），省国土资源厅机关及厅属事业单位机构改革获得突破性成果。

省国土资源厅机关新“三定”方案中共增加处室3个，增加领导职数6个（副厅级领导职数1个、正处级领导职数各3个、副处级领导职数2个），增加人员编制19名，厅机关在职能、机构和人员编制三个方面都得到了充实和加强。

省国土资源厅原有12个事业单位（其中3个自收自支单位），整合为10个事业单位，其中公益一类单位8个，公益二类单位2个，原3个自收自支的单位均整合为财政补助单位。通过事业单位分类改革，整合了资源、理顺了关系、调整强化了职能，为事业单位更好地服务保障厅机关国土资源中心工作提供了体制机制保证。

【行政执法监察机构和国土所队伍建设】 积极与省人事厅沟通协商，联合下发了《关于规范广东省国土资源行政执法监察机构和乡镇国土资源所人员管理的意见》（粤人发〔2009〕201号），对国土资源行政执法监察机构和乡镇国土资源所现有工作人员进行身份甄别，分三类情况办理人员身份过渡和择优考试录用公务员工作。据统计，全省国土资源执法监察机构和基层国土资源所中共有第一类符合公务员条件的3571名人员和第二类经培训考试合格的515名人员已上报当地人事部门审核登记。

【扶贫工作】 一、关于“十百千万”干部下基层驻农村工作的驻村点工作。2009年，省国土资源厅第二批工作组进驻丰顺县汤西镇和安村，继续按照“五个帮”的目标要求，围绕“三提高两促进”（提高农村领导班子战斗力、提高农村党员队伍素质、提高农村科学发展水平，促进农村改革发展、促进农村社会和谐）的工作主题，全面开展抓好党建、计划生育、组织征兵、推进和谐新农村建设等工作，扎实办好各项利民惠民的实事，如复耕农田、重修水圳、修建垃圾中转站等。

二、“规划到户、责任到人”扶贫工作扎实推进。2009年6月25日，省委、省政府“规划到户责任到人”电视电话会议召开，省国土资源厅党组对此高度重视，成立了以招玉芳厅长为组长的“双到”工作领导小组，制定了工作方案。9月中旬，邢建江副厅长和游启胜副巡视员一行17人抵达梅州市丰顺县，重点对挂点扶贫对象丰良镇仙龙村开展实地调研工作，摸清了该村及103户贫困户的基本情况，在此基础上制定了“一村一策、一户一法”的帮扶规划。此外，还发出了《倡议书》，组织开展建立“扶贫爱心基金”活动。

【人事任免】

一、干部任免

据统计，2009年19个地级市国土资源局领导干部任免37名，其中任职21名（外系统调进8名，本系统提任13名），免职16名。

省国土资源厅机关共提拔干部25名，其中厅级干部3名，处级干部15名，科级干部7名；干部转正有23名；调入厅机关3名；接收军队转业干部3名。厅属单位提拔处级干部1名；调入干部3名；事业单位间干部交流5名；批复科级干部26名。8月，在省政府机构改革中，省国土资源厅被列为公开遴选副厅级干部的试点单位，规范有序保障遴选工作顺利进行，受到省委常委、组织部部长胡泽君同志的赞扬。同时还协助配合中组部、省委组织部在省厅进行推荐省级后备干部工作。

广东省委组织部粤组干〔2009〕235号文通知：邢建江同志任省国土资源厅副厅长，游启胜任省国土资源厅副巡视员。

广东省委组织部粤组干〔2009〕545号文通知：免去张新民同志的省国土资源厅巡视员、党组成员职务，退休。

广东省委组织部粤组干〔2009〕775、776号文通知：李俊祥同志任省国土资源厅副厅长、党组成员。

二、人事制度建设

严格执行国家和省的有关干部人事管理政策，结合省国土资源厅实际，制定出台了《广东省国土资源厅破格提拔干部实施办法》、《厅机关借用人员管理规定》、《关于在干部选拔任用工作中加强监督认真治理拉票行为的通知》（粤国土资党字〔2009〕126号）等文件；完善各项谈话制度，包括任职谈话、任期谈话、诫勉谈话、试用期满正式任职谈话等；建立人事信息上网制度，在省国土资源厅电子政务系统上，建立人事工作窗口，公开人事工作信息。

三、干部交流培训

加强了干部在系统内外交流、上下交流工作。2009年，省国土资源厅派出挂职干部2名；系统内干部交流任职1名；安排市国土资源局的人员到厅跟班学习6名；安排青海省国土资源系统干部挂任广东省县级国土资源局副局长3名。

按照省人事厅《2009年广东省公务员和专业技术人员培训计划》积极开展干部培训工作：安排省国土资源厅机关副处级以上领导干部共46名参加省委组织部举办的在全省县处级以上领导干部中深入开展《珠江三角洲地区改革发展规划纲要》的学习培训活动；安排79名市国土资源局领导班子成员及县级市的科级干部参加国土资源部举办的全国市（地）、县国土资源局长第二十至三十四期培训班学习；省国土资源厅派出3名年轻干部参加了国外硕士学位课程班、专题研究班学习，安排7名新提拔处级干部参加广东行政学院举办的公务员任职培训学习。

【年度考核】 省国土资源厅机关2008年底在职公务员129人，参加年度考核的人数118人，其中优秀等次19人（其中1人参加广东省委组织部安排的挂职，按规定不占省国土资源厅优秀等次名额），称职等次94人，不定等次5人；未参加考核的11人（均为厅级干部）。

事业单位参加考核人数为614人，其中优秀等次93人（占总人数的15%），合格等次485人，不定等次1人。事业单位中尚有35人未参加考核，主要为病休人员。

根据《关于印发〈广东省公务员考核办法（试行）〉的通知》（粤组通〔2009〕6号）精神，对2005年以来，连续三年年度考核被确定为优秀等次的杨俊波、王功慧2名同志记三等功，对2008年度考核定为优秀等次的谢自力等19名同志给予嘉奖。

【离退休人员服务】 广东省国土资源厅机关老干部队伍不断壮大，至2009年12月，离退休人员共164人，其中离休干部26人、退休干部111人、退休工人27人。离退休干部中正厅级6人、副厅级16人、正处级32人、副处级49人、科级34人、科以下1人。

春节慰问。2009年春节前夕，招玉芳厅长以及其他厅领导分别带领有关处室负责人对21位厅机关离退休厅级干部上门慰问，送上慰问金，带去节日的祝福。1月13日招玉芳厅长和其他厅领导以及各处室负责人在厅机关五楼会议室举行团拜会，招玉芳厅长向140多位老同志致以节日问候并通报了2008年广东省国土资源管理工作情况，会后与老同志欢聚一堂，共进晚餐。春节前老干处对13位80岁以上及10位长期身体欠佳的老干部、老同志上门慰问。春节前给厅机关164位老同志送上节日礼品，老同志深感组织对他们的关怀和温暖。节前慰问和团拜工作圆满，老干部深表感激。

组织活动。按照上级老干部工作部门的安排和广东省国土资源厅的实际情况，从丰富老同志文化生活考虑，老干处2009年组织老干部开展较大活动如下：

3月份组织离退休女同志到清远活动；5月份组织离休老干部到花都参观学习；10月份组织离退休老干部参加"广东省第四届万名老人登山"活动；12月份组织全体老同志到深圳华侨城等处参观学习。每个月12日组织全体老干部、老同志座谈会等等。此外，还组织和鼓励老同志积极参加有关部门举办的文体比赛，例如：薛龄燊同志参加了国土资源部和广东省举办的庆祝中华人民共和国成立60周年的摄影展，他参加“南岳杯”摄影展获一幅银奖、三幅优秀奖，他还参加了首届“与祖国同行”的老年摄影展获一幅银奖、多幅入选参展；李棠同志于2009年1月获得“中国老年人体育协会”全民健身与奥运同行全国亿万老年人健步走向北京奥运会活动先进个人，6月获第五届广东省老干部台球精英赛第一名、并且连续三年蝉联第一，12月份在第十三届广东省老干部“中华文化杯”台球邀请赛中代表广州队获团体第一名、个人第三名。

在沈彭同志的领导主持下，梁荫榕、刘克宽、谢朝恩、李棠、刘祖定、郑仕祥、黎天宏等七名退休老同志参加撰写的广东志《环境·资源卷》得到中国地方志指导小组的好评。2009年8月份，中国地方志指导小组召开全国第二轮地方志编写经验交流会，广东省方志办负责人在会上专门介绍了《环境·资源卷》的编写经验。同时，中国地方志指导小组组织十二个省市的方志办和三位国家级方志专家，对广东的《环境·资源卷》进行了评议，专家们一致认为，《环境·资源卷》指导思想明确，体例完备，结构严谨，特色突出，资料翔实，文字流畅，是一部难得的好志稿。2010年1月，广东省国土资源厅杨俊波副厅长代表厅在全省召开的地方志会议上介绍了组织编写的经验。

党建工作。广东省国土资源厅离退休人员有116名党员，成立一个党支部，分10个党小组，老干处积极协助离退休人员党支部认真贯彻中组部《关于加强离退休人员党支部建设的意见》，落实厅党办的党务工作、传达广东省委老干部局、广东省老龄委的有关党的文件精神、开展政治学习等。2009年，协助老干支部召集三次支委扩大会，研究新时期党建工作。3月传达《学习实践科学发展观总结大会》上招玉芳厅长的讲话和广东省国土资源厅贯彻科学发展观学习中的整改意见；总结2008年党支部的工作，研究部署2009年的工作要点。5月根据厅党办的安排，对老干支部参加广东省委组织的先进党支部和先进党员的有关评选材料组织讨论修改后，上报厅党办和广东省委有关部门。10月学习党的十七届四中全会精神，传达了广东省老干局召开的老干部先进党支部和先进党员表彰大会的精神，学习广东省委20号文件，研究如何做好关心青少年成长的工作。

为庆祝中华人民共和国成立60周年，组织广东省国土资源厅机关离退休干部党支部全体党员到广州科学中心开展“热爱祖国、走进科学”的主题教育，了解祖国60年来发生的巨大变化和中国科学技术发展的历程及先进水平。

协助做好关心下一代工作。根据省委办公厅、省政府办公厅“两办”20号文的精神，认真抓好关心下一代工作，一是4月21日转发省委“两办”20号文；二是制定机关工委工作计划；三是调整了机关工委班子成员；四是6月4日召开了机关工委班子全体成员会议，布置了下一步工作计划；五是开展了对广东省国土资源厅机关和厅属单位干部职工子女中小学生摸底造册工作，通过调查统计，全厅青少年总数为316人。其中大学生70人；高中生65人；初中生47人；小学生5-6年级30人、1-4年级87人；待业青年17人。6月24日广东省直机关工委秦福鹏、许绍波副主任带领工作组到广东省国土资源厅听取贯彻省委20号文件的汇报，工作组认为：广东省国土资源厅领导对省委、省政府两办20号文件很重视，工作抓得很紧，行动迅速，做法有亮点。

（范晶、秦新辉）

2010

各市国土资源管理

105/186

责任编辑：卢小娅

广州市

【概况】 2009年，广州市国土房管局在市委、市政府的正确领导下，坚持以科学发展观为统领，紧密围绕建设国家中心城市和全省“首善之区”的大局，以“健全一个机制”（健全保障和促进科学发展的国土房管新机制）、“搞好两方面服务”（服务全省“首善之区”建设、服务“扩内需、保增长”目标）、“加快实现三大转变”（加快实现从注重微观管理的单一职能部门向注重参与宏观调控、加强市场监管的综合管理部门的转变；加快实现从注重国有土地管理向国有土地和农村土地管理并重的转变；加快实现从管理粗放化、服务低端化向管理精细化、服务高效化的政务环境的转变）为目标，解放思想、改革创新、狠抓落实，致力于制度创新利长远，致力于主动服务保增长，严格管理保红线，以人为本保民生，攻坚克难保稳定，固本强基正风气，圆满完成了各项工作任务。

【土地利用总体规划修编】 2009年，广州市新一轮土地利用总体规划修编工作顺利推进。市国土资源管理部门紧密衔接主体功能区规划和城乡规划，在科学确定广州未来建设用地、生态保护用地的规模和布局等基础上，完成了《广州市土地利用总体规划大纲（2006—2020年）》的编制和审批工作。依据《规划大纲》编制完成《广州市土地利用总体规划（2006—2020年）》，已经市政府批准同意上报省政府，并按计划推进各区、县级市土地利用总体规划修编工作，其中已有10个区（县级市）土地利用总体规划大纲通过属地政府审议和市国土房管局初审，上报省国土资源厅审查。

【全国第二次土地调查】 2009是第二次全国土地调查最关键也是任务最艰巨的一年，国家土地调查办公室将2009年定为“决战年”。广州市第二次全国土地调查工作取得了较大进展和阶段性成果，基本顺利完成了国家、省部署的任务。在原来编写的《广州市土地基础数据库技术规范》、《广州市第二次土地调查作业技术指引》等技术规范的基础上，针对近一年来土地调查作业的开展情况和现实问题，市土调办及时组织编写了《广州市城镇（村庄）地籍调查第一阶段地类定性作业技术指引》、《广州市第二次全国土地调查农村土地第二阶段作业技术指引补充规定》、《城镇（村庄）土地调查第一阶段地类调查提交的成果资料》、《基础地理要素采集说明》等技术文件13份，规范了作业行为，统一了成果标准，为理顺和开展土地调查工作提供了强有力的技术保障。

广州市国土房管局顺利完成农村土地调（核）查、城镇地类调查汇总、基本农田上图、“批而未用”核查等工作，共约采汇33.29万个图斑数据，并同步推进土地调查数据库及管理系统建设，全面实现数据共享共用。2009年，共为政府部门、企事业单位、土地调查监理队伍和作业队伍等78个部门负责提供数据利用140多次。

【基本农田保护】 2009年，广州市国土资源管理部门加快完善土地管理政策。一是建立农田保护补偿制度取得阶段性成果。在2009年基本农田保护补贴调研工作的基础上，征求市各相关部门意见，提出了建立基本农田保护补偿制度的方案。二是推进农用土地整治规范化管理，按时完成耕地储备项目报备工作，高度重视耕地储备项目信息报备工作，依据省国土资源厅《关于限期做好我省耕地储备项目信息报备工作的通知》（粤国土资规保电〔2009〕67号）的要求，主动向省国土资源厅汇报，与省内其他城市沟通协调，按照省国土资源厅的统一部署，较好地完成了市补充耕地储备项目信息备案工作，落实了建设项目的先补后占要求，为用地报批耕地占补平衡打下基础。三是规范农业配套设施用地管理，扶持促进现代农业发展。为解决市农业产业化发展中遇到的配套设施用地难问题，2 月，市国土房管局与市农业局联合制定出台《关于规范广州市农业产业化生产配套设施用地管理的意见》（穗国房字〔2009〕156 号），简化了农业配套设施用地审批手续，明确了农业配套设施用地的报批程序。在土地政策方面，大力支持广州市农业产业化发展。

是年，广州市继续规范和加强本地农用地开发整理，共投入资金 1.67 亿元，实施本地农用地整理项目 42 个，涉及总面积 15.9 平方千米（23918 亩），可新增耕地 10 平方千米（15067 亩）。在从化市通过社会自筹资金落实 11 个补充耕地项目，总建设规模 3526.99 亩，新增耕地 3424.25 亩，圆满完成省国土资源厅下达的土地开发整理补充耕地任务。2009 年，继续加强与省内相关城市协作，多种形式开展易地补充开发耕地，确保了耕地先补后占和占补平衡。

【土地利用】 2009 年，广州市国土资源管理部门针对新增用地报批工作效率制约重点项目工程进度的问题，开展“百日奋战”工程，着力提高其用地报批质量和效率。2009 年，分解下达新增建设用地年度计划指标 14.67 平方千米。累计上报农转用和征收用地 139 宗，用地面积 50.29 平方千米，其中农用地转用面积 40.97 平方千米。共获得国家和省批准农转用和征收用地 85 宗，用地面积 24.55 平方千米，其中农用地转用面积 18.52 平方千米。

广州市坚持土地出让服务大局的导向，加大商服用地供应规模（供应了白云新城万达广场、琶洲金融商贸中心、珠江新城广发证券总部、大学城科技孵化中心、东沙国际医药港等项目用地），达到 2.23 平方千米，同比增长近 6 倍，有力支持了广州市产业升级转型，促进现代服务业发展，住宅用地与商服用地的供应结构比例由以往 4:1 左右变为 2:1 左右。在亚运城项目中积极探索“政府主导，成片开发，完善配套，整体出让”的新模式，通过亚运城物业和土地整体出让，促进了拉开城市发展空间布局的战略意图和赛时服务与赛后利用的完美结合，为广州市大型社区的土地出让和开发建设树立了典范。2009 年，全市十区共供应建设用地 274 宗、用地面积 18.81 平方千米，市财政实际收取土地出让金 230.78 亿元（同比分别增长 6.61%、45.25% 和 100.77%）。

【土地储备开发】 2009 年，广州市深化土地储备投融资体制改革，提高土地储备效率和储备规模，为广州发展“蓄好水、蓄足水”，土地储备实现翻番。共完成土地开发建设投资 74.3 亿元，新增红线储备 32.26 平方千米，新增实物储备 7.5 平方千米（同比分别增长 10%、180% 和 97%）。一批大型土地储备项目的实施，为广州市实施“扩内需、保增长、保民生”的经济政策增添了力量。根据广州市亚运城市建设总体安排，新客站、白云新城的工程建设工作也抓紧推进。白云新城和新客站周边的道路、园林绿化、公园、广场、电力、给排水等基础设施建设正在以同步协调、齐头并进的方式快速有序地开展，市国土资源管理部门承担的亚运城市重点建设项目有望如期完成。金沙洲、琶洲安置型新社区、广氮地块、大学城地块、赤岗领事馆区地块、医药港、高尔夫地块、珠江新城、广船地块的公建配套项目均按计划有序推进。

【土地市场】 广州市国土资源管理部门认真贯彻市委、市政府发展总部经济和现代服务业的战略部署，在房地产市场形势变化较大的情况下，审时度势，积极稳妥地推进了土地出让工作。是年，公开出让经营性用地 13 次，包括珠江新城 D8 ~ C3、M1 － 5 等 35 宗地块，总用地面积为 473.6208 万平方米，总建筑面积为 866.3514 万平方米，出让价款总额为 389.44 亿元，还办理了划拨用地出让 5 宗。土地出让金收取、追收历年拖欠地价及滞纳金工作进展顺利，已收取土地出让金 201 亿元，其中纳入广州市财政收入为 182 亿元；追收历年拖欠地价 12.8 亿元；追收滞纳金 1.6 亿元。琶洲、白云新城等重点区域商业地块的出让工作取得进展。与新华社、碧桂园、南方电网、宝钢集团、万达集团等有意向在白云新城和琶洲建立总部经济或拿地的单位多次协商，现已成功出让白云新城 4 宗商业地块，广州市发展总部经济和现代服务业的战略部署得到了落实。

【闲置地处理】 为进一步规范广州市的闲置土地处置工作，市国土房管局拟订并下发了《关于进一步做好闲置土地处置工作的通知》(穗国房字〔2009〕505号)，进一步明确了市、区两级的工作分工和安排，加强了对各区工作的指导，有利于全市十区按照统一做法、统一标准、统一进度的要求处置闲置土地。

根据闲置土地处置工作的需要，市国土房管局起草《关于已作延期处置的批准书阶段闲置土地逾期未开发问题的意见》，并经市国土资源管理联席会议审议通过执行，对经延期仍未开发的闲置土地，在用地单位与市国土房管局签订补充合同并缴纳保证金后，再次以延期方式作出处置。据此，全市十区已对22宗此类闲置土地作出处置，有效解决了此类因受报建手续繁琐、规划调整影响等逾期未开发闲置土地的延期问题。另对460宗土地(面积10.49平方千米)开展闲置土地调查，对其中91宗闲置土地(面积2.02平方千米)依法作出处置，收取土地闲置费3060.59万元。收回闲置土地16宗，面积0.43平方千米。

结合市收地会确定的、已经实践检验的可行做法，从落实国家土地宏观调控政策、确保与上位法相协调的角度，基于简化手续、加快盘活、加大土地保有成本、行政和经济监管手段并举的立法思路，按照加快促进土地利用开发为主的指导思想，市国土房管局修改了《广州市闲置土地处理办法》，2009年12月15日，经市政府常务会议审议通过，于2010年3月1日开始实施。

【“三旧”改造】 2009年，广州市为促进盘活和科学统筹利用存量土地资源，有效推动产业结构调整和转型升级，进一步改善城乡功能和环境，不断提高市民生活质量，按照“政府主导、规划引导、试点先行、市场运作、稳步推进、多方共赢”的思路，全面深化和推进“三旧”改造试点工作，积极探索盘活存量土地的政策和机制。广州市国土资源管理部门根据前期调研和摸查工作，拟订了《关于加强推进“三旧”改造工作的意见》及《关于广州市推进旧城更新改造的实施意见》、《关于广州市推进“城中村”(旧村)整治改造的实施意见》、《关于广州市旧厂房改造土地处置实施意见》，经市政府常务会议审议通过，2009年12月31日，广州市政府以穗府〔2009〕56号印发施行。

是年，羊城铁路南站、员村热电厂、昊天化工厂、广州造纸厂等一大批国有“退二”企业用地处置工作在新政策激励下取得突破性进展。海珠区南华西(一期)、越秀区东濠涌等旧城成片改造项目已(基本)完成拆迁整理工作，海珠区琶洲村、天河区林和村、黄埔区文冲村、荔湾区花地村等旧村改造通过采取多种方式开展改造。迄今已基本完成24条“城中村”土地房屋统计工作，为编制“城中村”改造专项规划奠定了基础。

【房地产登记】 2009年，广州市全面规范历史国有土地使用权登记的业务流程，制定《关于规范广州市历史国有土地使用权登记工作的通知》(穗国房字〔2009〕974号)并公布实施，重新理顺广州市历史国有土地使用权登记的业务受理、审核程序及标准。完成历年来历史国有土地使用权登记所核发的土地权属证明书的整理归档。制定地籍调查的业务规程，全面保证历史国有土地使用权登记的准确与规范。广州市国土资源管理部门对市各区现有的集体土地所有权登记系统进行了全面升级改造，建立了全市统一、国有土地和集体土地统一的登记管理系统。系统扩充多种土地登记类型的操作功能，与登记规范相衔接，确保登记环节各项流程的规范化。升级后将结合第二次土地调查的成果，实现土地权属的信息化动态管理。

是年，共办理出让及划拨国有土地使用证案件233宗，用地面积约380.6183万平方米。办理历史用地国有土地使用证案件89宗，用地面积220.1764万平方米。办理集体土地所有权设定登记约1.3万宗，面积4886.96平方千米。调处4宗重大土地权属纠纷案件，涉及面积约1600亩。完成用地报批权属地类审核85宗。

2009年，根据“惠民66条”的决策部署，全面完成历史遗留“办证难”问题清查工作，全市共查明涉及该问题的房地产项目1360个，其中商品房预售项目713个、房改建设项目647个，涉及业主约6.1万户、20万市民，涉及时间最长逾30年。采取小业主办证权益与违法违规处罚相分离、多部门联合执法约束相关单位履行办证责任、多举措便民服务等措施，加快解决历史遗留“办证难”问题，通过完善各类审批手续，已有1009个项目办理各项前期手续，核发产权证

40286宗，解决了约6万户市民的“办证难”问题。

【测绘管理】 2009年，广州市测绘管理部门为城市建设项目尤其是市政重点项目提供及时准确的测绘成果达3.1万次。强化技术自主创新，土地基础数据信息化建设取得突破性进展，完成广州市政府地图网站平台项目一期建设，初步搭建起全市地理信息资源统一发布平台。继续推进广州卫星定位服务系统（GZCORS）建设，并逐步向社会开放使用，极大地促进“数字广州”建设。2009年，“广州市国土GPS控制网联测改造及现代测绘基准体系建设”项目以及“广州市高精度三维控制网建立及似大地水准面精化”项目，分别获得国家测绘学会测绘科技进步奖三等奖和优秀测绘工程银奖。

2009年8月26日，广州市国土房管局举办了2009年测绘法宣传日活动暨广州市基础地理信息成果展，同时开展了测绘法网上在线交流活动。省国土资源厅、市发改委、市建委、市财政局等单位，局相关处（室）、局属单位、区分局、县级市国土房管局，在穗测绘企事业单位、外省在广州市备案的测绘企事业单位共200多人参与了此次活动。张新民巡视员、黄金锋副局长分别作了重要讲话。武汉大学测绘学院李建成教授作了专题技术报告。广东省基础地理信息中心、广州市房地产测绘所等10家测绘企事业单位展览了地理信息成果。广州电视台、羊城晚报、南方都市报、信息时报等新闻媒体对宣传活动进行了报道，收到了良好的社会效果。

是年，办理房产测绘19971件。其中，商品房测绘案2635件，公私房测绘2081件，土地类测绘案2581件，附图转绘案11523件，商品房预售案254件，其他测绘案897件。共完成房产测绘面积7421.34万平方米，土地测绘面积12381.04万平方米。

【征地制度改革】 为理清农村土地管理各层次政策文件的逻辑关系，科学规划和计划，广州市国土资源管理部门2009年着手制定了广州市农村土地管理政策文件总体框架。在总体框架的指引下，按照既定的分工部署，有步骤有计划地完成农村土地管理法规体系的建立。经深入调研，现已在广州市征地区片综合地价（试行）、广州市农村宅基地用地审批操作细则及广州市青苗补偿费标准制定等课题上取得较大突破，均已拟订初稿，并经多次修订。下一步，将以“统筹城乡、产权明晰、用途管制、节约集约、严格管理”为导向，以鼓励“先行先试、填补空白”为方针，专题开展调研，继续跟进各项政策的拟订，加快制度改革创新，以完善农村土地管理法规体系，推动广州市土地管理模式由注重国有土地管理向国有土地和农村土地管理并重的转变。

广州市国土资源管理部门积极参加市政府及其有关部门的协调工作会议，亲赴现场协调，指导区分局和用地单位开展征地拆迁、组织征收地听证等用地报批前期工作，审核征地补偿安置方案及用地报批征地报件。对一些重点工程，如新机场第三跑道、新科宇航飞机维修公司、医药港等重点项目涉及的征地补偿、用地手续进行重点跟踪和协办，并及时将进展情况向市委、市政府报告。

【土地执法监察】 2009年，广州市委办公厅市政府办公厅印发了《关于建立土地执法共同责任制的意见》，建立起以“刚性执法、共同责任”为基石的土地执法长效机制，推动土地执法向“大家管、大家用”转变。还与市公安局、法院、检察院联合颁发了《关于加强协作有力打击国土资源违法犯罪若干意见的通知》、牵头制定了《广州市国土资源执法监察巡查工作实施方案》、《广州市土地执法监察工作规则（试行）》、《办理土地违法案件工作指引》等有关文件，推动全市土地执法监察工作向标准化、规范化、精细化转变，确保做到“早发现、早报告、早制止、早查处”。

2009年，全市共发现并查处土地违法案件330宗，比去年同比下降85.6%，违法用地709.7公顷，同比下降77.2%，其中占用耕地面积240.2公顷，同比下降78.4%。在国土资源部召开的2008年度卫片执法检查工作电视电话会议上，广州市“共同责任、严管土地”的经验做法被国土资源部向全国推介为2009年先进典型。

【地矿管理和地灾防治】 2009年，广州市按照“合理开发、保护优先”的原则，探索完善既定保留采石场的有偿使用制度，根据经济社会发展的实际需求，依法延长了九家到期采石场的采矿许可年限，并探索对增城新塘镇田心石场采矿权进行了公开挂牌出让，实现我市矿业权招拍挂公开出让“零”的突破。开展区域内地质调查和矿产资源储量调查工作，为未来广州市矿产资源可持续利用“摸清家底”。全市非煤矿山安全生产继续保持良好势头，自2007年以来连续3年实现非煤矿山安全生产“零死亡”。

2009年，广州市严格执行矿山自然生态恢复保证金制度和矿山地质环境影响评价制度，对花都区东升村第一石场、西边石场、炭步石矿场、广州市五和矿业有限公司石场、广州市祥盈石灰石有限公司共5个石场的自然生态环境治理情况进行了验收，共退回自然生态恢复保证金共240万元，并对从化市32个旧采石场的复绿补种和养护情况进行了验收，

2009年，广州市降雨较去年偏少，但市内重大地下工程建设对地质环境影响使得地面塌陷地质灾害宗数较去年同期相比明显增多。广州市国土房管局全年共出动了181人次对全市发生的29宗地质灾害进行了调查，其中崩塌地质灾害7宗，达到统计标准的有1宗；发生地面塌陷19宗，达到统计标准的有8宗；发生地面沉降地质灾害3宗，达到统计标准的有2宗。共排查出新增地质灾害隐患点27处，巡查路线长约16250千米，原隐患点中已完成综合治理或应急排险的有18处。

【城市地质调查】 广州市与中国地质调查局合作开展，由广东省地质调查院牵头会同省、市高等院校、科研机构及地勘队伍承担的广州城市地质调查项目，自2006年7月完成总体设计以来，已完成各专项、专题设计和野外调查，目前正处于资料综合整理研究、成果集成阶段。该项目是广州市有史以来规模最大的一次综合性城市地质调查，汇集、整合了广州地质工作50多年的资料，利用了10余万个各类钻孔资料及钻孔测试数据，在三维地质结构、地下空间可利用性、城市环境地球化学背景、地质灾害、地质资源保障能力、环境容量评价及信息系统建设等领域取得了突破性进展，取得了一系列创新成果。

其中，联合国家地质调查局基本完成了“广州城市地质调查项目”野外调查和成果整理工作，共汇整广州地质工作50多年的资料，初步完成区域内地质遗迹调查工作。野外实地调查面积7434平方千米，发现11类、30亚类、55个地质遗迹区、140处地质遗迹点。初步完成全市14个固体矿区的储量动态调查工作。

【房地产市场运行】 2009年，广州市房地产管理部门根据市场变化，暂停限价房用地供应，合理消化存量限价房，依法稳妥解决2007年高地价遗留问题，科学把握商品住宅用地投放规模、节奏和布局。全年商住地供应量达到创记录的4.1平方千米，合同总地价为377.6亿元（含亚运城2.63平方千米用地和255亿元的成交地价），平均楼面地价4135元/平方米，分别同比增137%、362.4%和74.5%。地价水平比2008年有较大幅度增长，但与2007年相比投资更为理性、稳健，“拉投资、扩内需”的调控成效显著。

是年，广州市商品住宅市场迅速摆脱去年的低迷状态，全面回暖复苏。全市十区商品住宅（含一手和二手）成交面积和成交金额分别为1937.06平方米和1374.55亿元，分别同比增92.5%和92.3%，全市十区商品住宅用地投资规模达到377.5亿元，同比增加420.0%。其中，一手住宅成交量和成交金额分别达到978.3万平方米和914.4亿元，分别同比增76.9%和77%；二手住宅成交量和成交金额分别为958.7万平方米和460.2亿元，分别同比增111.6%和132.1%，楼市成交量和成交金额均创历史最高纪录。

【房地产评估】 基准地价、基准房价等能够客观反映土地房地产市场的整体趋势，是广州市土地和房地产市场形势分析的重要基础数据，是政府宏观调控土地和房地产市场的重要参考。根据《城市房地产管理法》有关基准地价应当定期确定并公布的规定，市国土房管局经过市场调查分析、价格评估、系统开发等工作，完成了基准日为2009年7月1日的基准地价更新工作，并征求了相关部门意见，召开了专家论证会和听证会，专题请示市政府后将于2010年3月1日正式公布实施。

2009年，广州市城市地价动态监测工作不断完善，市估价所牵头改进组织模式，完善技术规范，制定工作指引，更新监测点和调整监测范围，建立不定期抽查制度。

2009年，广州市建立起快速准确的房地产自动评估体系，在GIS空间数据库上实现房地产属性数据的完全一体化，实现预先评估，建立不同区域、不同小

区等的修正体系，及时反映房地产价格的动态变化，基准房价信息系统二期项目于2009年12月顺利通过广州市科技和信息化局组织的验收，项目目前已顺利试运行。

【保障性住房建设】 2009年，广州市出台了《广州市保障性住房土地储备办法》，在全国首创保障性用地单独储备机制。采取多种形式筹集房源，从市场采购住房转作廉租住房，着力解决廉租住房房源不足问题。全年通过廉租住房和经济适用住房保障制度，共解决了18814户低收入家庭住房困难问题。2008年至今已累计解决了39915户低收入家庭的住房困难，完成总目标任务（77177户）的51.72%。2009年，全市新开工保障性住房14个项目，总建筑面积186.17万平方米、可提供保障性住房27987套，其中廉租住房总建筑面积99.88万平方米、17495套，经济适用住房总建筑面积86.29万平方米、10492套，开工规模创下历年之最。

深圳市

【概况】 2009年底，深圳市全市总面积为199164公顷（包含内伶仃岛），其中农用地92988公顷（其中耕地3207公顷），建设用地89385公顷，未利用地16791公顷。深圳市域面积较小，全市总面积不足2000平方千米，建设用地比例较高，约占全市总面积的45%，建设用地潜力较为有限。以深圳市2009年底常住人口891.23万人计算，深圳市全市人均土地资源223.47平方米；人均建设用地约为100.29平方米，人均城镇工矿用地84.20平方米，人均耕地0.0054亩。截至2007年底，深圳市已发现矿产28种，查明有资源储量或已开采的矿产16种；已查明资源储量的矿产地中固体矿产17处，水气矿产14处。

【土地规划利用】 2009年是全国第二次土地调查的关键一年，深圳市按照国土资源部、广东省的工作要求，高度重视第二次土地调查工作，按计划有序推进各项工作，保证全市的第二次土地调查工作顺利完成。2009年5月，深圳市完成二次土地调查初始成果数据上报工作；2009年7月至10月，完成地类一致性核查1454个疑问图斑的地方复核工作；2009年8月至12月，完成标准时点、统一更新调查工作，以及第二次土地调查城镇地籍调查、四项专项调查工作；2009年11月至12月，完成三次“批而未用”建设用地图斑进一步核查工作；2009年12月至2010年1月，完成全市第二次土地调查初始成果数据和最终成果数据的上报工作。

按照国土资源部开展第三轮土地利用总体规划修编工作的部署，深圳市土地利用总体规划修编从2004年正式启动至今，先后经历了前期研究、大纲编制、成果编制三个阶段。前期研究阶段，从2004年7月到2006年7月，完成了一系列研究报告，并通过深圳市政府和广东省国土资源厅审查通过；大纲编制阶段，从2006年7月至2009年3月，主要明确该市土地利用总体规划的基本思路、战略、定位以及各项指标，2009年4月1日，深圳市规划大纲通过国土资源部审批，成为全国第一个大纲获国土部批复的非试点城市；成果编制阶段，从2009年4月开始，主要是按照国土资源部、省国土资源厅的有关部署，进一步深化规划大纲，编制正式规划成果，该阶段已完成了规划公示、听证、环评编制等工作，并征求了深圳市各职能部门、各区政府（管委会）意见，向深圳市人大、政协进行了专题汇报，在充分汲取各方面反馈的意见后，已形成了《深圳市土地利用总体规划（2006-2020）》（草案），上报深圳市市政府常务会待审议通过。

【耕地保护】 根据2009年度土地利用变更调查成果，深圳市现耕地总面积为4.62万亩。从耕地利用情况上看，以种植蔬菜为主。2007至2008年度深圳市共与河源市、梅州市签订了3万亩易地补充耕地协议。经省国土资源厅确认，正式转让给该市使用。深圳市2009年向省国土资源厅上报实施方案的城市分批次建设用地项目1批次107地块，占用耕地1883.81亩，另外单独选址建设用地项目3个，占用耕地283.53亩；上述项目共占用耕地2167.34亩，通过易地储备指标实现了耕地占补平衡和耕地总量动态平衡。

按照建设占用耕地“占一补一”和“先补后占”的要求，2009年度深圳市不断加强补充耕地管理，积极采取三项措施，确保实现耕地占补平衡。首先，严格执行占补平衡制度，在耕地占补平衡日常管理工作中，建立了建设项目用地预审环节的建设占用耕地的审查制度和用地报批环节的耕地占补平衡方案编制报批制度并严格执行。其次，加强易地开发补充耕地的管理。近两年来，深圳市共委托河源、梅州易地补充耕地3万亩，为深圳市当前及今后建设占用耕地实现占补平衡和落实耕地保有量责任目标提供了保障。为做好易地开发补充耕地的管理，深圳市加强与河源、梅州的沟通，协调做好委托易地开发的耕地的验收报备工作，并建立了耕地占补平衡台账系统，通过年度建设占用耕地与补充耕地储备库、土地开发整理项目库建立关联，实现耕地的先补后占，落实耕地占补平衡工作。再次，积极推进本辖区内的土地开发整理补充耕地工作。深圳市规划国土管理部门编制了《深圳市土地开发整理补充耕地专项规划（2009-2020）》，确定了该市开发整理补充耕地的目标，统筹安排了规划期内土地开发整理补充耕地项目的实施时序和空间布局，建立了补充耕地项目库。2009年度，深圳市第一期位于坪山新区719亩新增耕地顺利通过验收。

【土地市场】 2009年，深圳市共出让土地194宗，面积584.58公顷。其中：商服用地6宗，面积6.69公顷；工矿仓储用地49宗，面积198.25公顷；住宅用地10宗，面积48.56公顷；公用设施用地45宗，面积35.43公顷；公共建筑用地51宗，面积204.06公顷；交通运输用地27宗，面积83.30公顷；特殊用地6宗，面积8.29公顷。2009年6月1日，深圳贸工、规划、国土资源等部门联合发布《深圳市工业项目建设用地控制标准（2009—2010）》，加强工业项目前置评估、出让后期监管、用地效益评价，促进深圳市土地资源节约集约利用。6月2日，深圳市人民代表大会常务委员会公布施行《深圳市人民代表大会常务委员会关于农村城市化历史遗留违法建筑的处理决定》，对农村城市化历史遗留违法建筑采用确认产权、依法拆除或者没收、临时使用等方式予以分期分批处理；为充分挖掘存量土地潜力，加快推进深圳市城市更新工作，提高土地节约集约利用水平，深圳市政府于2009年10月22日发布《深圳市城市更新办法》，规定纳入城市更新改造单元内的城市建成区可以采取综合整治、功能改变或者拆除重建进行更新改造。同时，进一步规范闲置土地处置和土地批后监管工作，加快深圳市政府已批闲置土地处置力度，促进存量建设用地的盘活利用。

【矿产管理】 深圳市可供开发利用的矿产资源主要有建筑石料和矿泉水。截至2009年12月，深圳市全市持采矿许可证的矿山企业共有10家，均为省国土资源厅发证企业。其中露天采石场1家，矿泉水厂9家。矿泉水方面，深圳市9家矿泉水年产量约40万吨。在采石场管理方面，深圳市自2005年以来，按照国家和广东省的统一部署，开展了全面整顿和规范矿产资源开发秩序工作（以下简称整规工作）。一方面，加大了采石场关闭复绿进度，对2005年全市72处采石场进行了关闭和整治复绿。通过多年来努力，关闭复绿了大部分采石场，截至2009年深圳市在采的露天采石场有1家，正在整治复绿的采石场还有4处。该露天采石场由广东省国土资源厅颁发采矿许可证，采矿年限自2008年至2011年6月，年产建筑用石料约80万吨。4处整治复绿的采石场计划在2011年底前完成任务。另一方面，深圳市还积极开展采石场采矿权招拍挂出让工作，深圳市政府曾确定7个保留的采石场作为采矿权公开出让试点范围。2008年5月，深圳市石坡采石场的采矿权完成了挂牌出让，但后来由于原矿主的阻挠等因素导致中标人无法进场。鉴于全市当时石料供给通过异地供应和本地供应相结合的方式、基本满足了市场需求，以及规划调整、征地拆迁难等的实际，深圳市已决定暂缓出让保留采石场的采矿权。

【地灾防治】 深圳市地质灾害类型分为突变性地质灾害和缓变性地质灾害，其中突变性地质灾害主要有：斜坡类地质灾害和岩溶塌陷地质灾害；缓变性地质灾害主要有：海水入侵地质灾害和断裂活动性地质灾害。斜坡类地质灾害是深圳市当前地质灾害防治的重点。此灾种全市数量多、分布广，受工程建设活动影响大，发灾集中在汛期，突发性强不易避险。虽单点规模小，但由于深圳市经济发达，人口密集，因此极易造成人员伤亡及财产损失。岩溶塌陷地质灾害主要分布在深圳龙岗区，隐蔽性强，一旦发灾，危害性大。海水入侵地质灾害主要分布在宝安区、南山区及福田区沿海平原地带，其中以宝安区最为严重。此灾种发灾缓慢，隐蔽性极强，对城市长远发展具有一定影响。断裂活动性地质灾害主要横跨福田、罗湖及龙岗的企岭吓至九尾岭断裂，横跨罗湖和龙岗的横岗至罗湖断裂，石井岭至田螺坑断裂三条大致平行的北东向断裂组成。经深圳市规划国土委十一年监测数据显示，此断裂带一直处于相对稳定状态。深圳市危险边坡主要分布在城镇建设区、交通运输沿线，主要为山体坡脚开挖、切坡、回填，修筑交通运输工程及采石取土形成的建筑边坡。

2009 年汛期为 4 月至 9 月，是深圳市斜坡类地质灾害和危险边坡的重点防范期。非汛期以岩溶塌陷类地质灾害为主。2009 年深圳市发生地质灾害 18 起，造成财产损失约 380 万，无人员伤亡。2009 年深圳市地质灾害和危险边坡投资估算 8.31 亿人民币，其中预防资金约 0.4 亿，应急抢险资金 0.16 亿，维护资金 0.01 亿，治理资金 7.74 亿（安排治理项目 455 个）。

【测绘管理】 2009 年，深圳市测绘管理工作主要包括深圳市全国第二次土地调查、地籍动态更新机制的研究、测绘成果网络分发服务系统建设、基础测绘成果公众版测绘成果产品的开发等项目。2009 年 5 月，深圳市完成第二次土地调查初始成果数据上报工作；这一年 7 月至 10 月，完成地类一致性核查 1454 个疑问图斑的地方复核工作；8 月至 12 月，完成标准时点、统一更新调查工作，以及第二次土地调查城镇地籍调查、四项专项调查工作；2009 年 11 月至 2010 年 2 月，完成三次"批而未用"建设用地图斑进一步核查工作；2009 年 12 月至 2010 年 1 月，完成全市第二次土地调查初始成果数据和最终成果数据的上报工作。

2009 年，深圳市重点开展面向社会公众的应用服务建设，补充空间基础数据库内容，完善平台规范标准，大力推广平台应用：完成 2009 版全市电子地图和公共设施数据更新；建立全市统一的地址编码数据库；全市城市建筑三维建模工作有序推进，并实现建筑三维模型与建筑普查信息的关联；开发完成公众服务地理信息系统；开发完成在线动态地图集系统，实现基础地理信息与社会经济专题信息的整合，建立集数据、软件和模型于一体的网络专题地图集系统；实现与全市政务资源交换平台的对接；实现空间平台与深圳市电子政务系统的有效集成；编制了空间平台技术白皮书，实现了城市仿真三维资源与环境监测数据资源的快速融合；实现了气象实时监测数据基于空间平台的动态在线发布。 2009 年，深圳市组织开展整顿和规范地理信息市场秩序工作，完成针对深圳市测绘资质单位、GIS 和 GPS 协会成员单位、从事地理信息服务单位及涉密测绘成果领取单位四类单位的地理信息市场秩序整顿检查工作。发出《地理信息安全自查表》132 份，收集整理汇总相关单位提交的自查报告 68 份、《地理信息安全自查表》96 份，对 11 家相关单位进行了现场检查，重点查处了深圳百纳九洲科技有限公司（即"查查吧"）违法生产三维地图产品的行为。

是年，深圳与香港特别行政区地政总署合作计划开展深港地图编制，被列为国家测绘局 2009 年度重点项目；在国内率先开展三维地籍研究，并作为国土资源部的试点研究项目，拟纳入 2010 年度公益性行业科技专项经费计划；深圳市连续运行卫星定位服务 SZCORS 系统 2009 年实现了与广东省 CORS 网的联网。2009 年，积极推进公众版基础测绘成果产品开发和测绘成果网络分发服务系统建设，运用先进的信息技术，提高测绘成果应用和服务水平：利用加密技术处理，将涉密的测绘成果转化为可公开使用的产品，从而满足社会公众对基础测绘成果的应用需求；建设测绘成果网络分发服务系统，利用互联网平台，将已有的测绘成果信息发布出去，便于社会公众了解测绘产品信息，从而有针对性地申请测绘成果应用。以上两个项目已完成立项和前期方案设计，并按计划具体实施当中 。2009 年共向行政机关、企事业单位、个人等提供了 230 批次的测绘成果：地形图共 62267 幅，管线资料 34216 千米，影像数据 1751 幅，地籍数据 8271 宗，各类专题图 182 幅。

【国土资源执法监察】

土地法律法规监督检查。以督查协调为手段坚决制止违法抢建。2009 年，深圳市继续保持了查处违法用地和违法建筑的高压态势，加强巡查监控，加大督查督办力度，狠抓典型案例查处，积极开展专项清拆行动。2009 年，深圳市共实施清拆行动 3624 次，拆除各类违法建筑 6113 栋，面积约 233 万平方米，其中永久类、临时类分别为 57 万平方米、176 万平方米。6 月 2 日《深圳市人民代表大会常务委员会关于农村城市化历史遗留违法建筑的处理决定》颁布实施，深圳市规划国土部门以此为契机进一步推进处理历史遗留违法建筑。2009 年 9 月 1 日，深圳市违法建筑信息普查工作全面铺开，截至 2009 年 12 月 2 日规定的申报期限，深圳市全市共受理申报 31.9 万宗，申报率 97%，深圳市的经验做法受到了国土资源部的充分肯定。以卫片执法检查为手段查处违法用地。2009 年，深圳市精心组织完成了国土资源部、广东省卫片执法检查工作，对于确认的违法用地严格按照执法检查要求逐件立案、查处，认真落实整改，将查事与查人相结合，不达标不结案：两次检查立案率和查处率 100%，结案率达到 95%；部片检查拆除违法建筑 2.8 万平方米，没收违法建筑 8.36 万平方米，罚款 202 万元。广东省片检查拆除违法建筑 4.1 万平方米，没收违法建筑 0.6 万平方米，罚款 89 万元，复绿 23.5 亩。给予党纪、政纪处理 12 人，刑事处罚 3 人。与上年度卫片检查情况相比，违法用地特别是违法占用耕地比例大幅下降，说明深圳市更加重视土地执法监察工作，违法用地查处力度不断加大，国家土地督察广州局和广东省国土资源厅检查组对深圳市卫片执法检查工作给予了充分肯定。同时初步建立土地动态巡查零报告制度。2009 年，深圳市建立了以区、街道土地执法机构为巡查责任主体，土地管理部门提供专业协助的土地动态巡查零报告工作机制，2009 年，深圳市土地动态巡查发现违法用地 267 宗，占地面积 109.92 公顷，全部予以立案查处，较好地落实了预防为主的治理土地违法工作方针。

重大土地违法案件查处。深圳市在 2008 年度土地卫片执法检查中发现位于坂田街道坂田社区吉华路南部一宗违法用地，占地面积 102 亩，规划用途为农用地，实际用途为城镇住宅用地。违法用地当事人为深圳市佳信投资咨询有限公司，在未取得建设工程规划许可的情况下擅自占用该地块作为临时施工工棚，共 11 栋临时施工板房，总占地面积约 13000 平方米，为国土资源部挂牌督办案件。2010 年 1 月，坂田街道查违办工作人员约谈了违法用地公司负责人，并经法定程序后作出以下决定：1. 要求违法用地当事人立即对该图斑地块上临时建筑进行自行拆除；2. 对违法用地当事人依法处以罚款人民币 80000 元的行政处罚；3. 要求违法用地当事人对该地块复绿。该公司于 2010 年 2 月 8 日前全部拆除完毕，并完成复绿工作。

【机关作风与党风建设】 2009 年，深圳市规划国土部门通过多方面举措，积极开展了党风建设工作。严格落实党风廉政责任制，加强监督检查。2009 年初深圳市规划和国土资源委员会专门召开党风廉政建设大会，研究部署全委党风廉政建设工作，并签订《2009 年党风廉政建设责任书》；组织召开反腐倡廉工作会议，认真学习贯彻有关文件精神；积极落实该委在全市惩防体系 2008–2012 年工作规划中的 7 项工作任务；聘请党风廉政监督员进行重点监督，定期组织监督员明察暗访，召开监督员咨询会议。注重宣传教育，筑牢思想防线。深圳市规划国土部门通过组织开展纪律教育学习月活动，将正面教育与反面教育有机结合，开展系列主题实践活动；组织《违反土地管理规定行为处分办法》专题培训、预防行政过错专题教育等活动，编发《预防行政过错工作手册》、开设党风廉政宣传栏。全年共举办大型廉政教育讲座 10 余次，受教育 5000 多人次。改进工作作风，提升服务水平。进一步精简了审批环节、优化了行政程序，提高了审批效率，许可与非许可事项由机构合并前的 50 项压缩为 12 项；通过问卷调查、明察暗访、公开评议和组织考核等形式，大力推进民主评议政风行风工作；开展窗口服务水平摸底走访活动、窗口建设座谈会等，对行政审批和窗口等重点办公场所实行暗访和民意调查，努力提供优质服务。还有，完善规章制度，从源头预防腐败。为落实《关于加强党政正职监督的暂行规定》和《深圳市党政领导干部问责暂行规定》，深圳市规划和国土资源委员会起草了《关于加强容积率管理的通知》等文件，进一步完善有关制度；严格执行并不断建立健全业务管理制度，进一步健全和规范土地资源招拍挂出让制度，严格执行采矿权出让有关规定。注重违法违纪案件的查办，严厉惩治腐败。按照中央、省、市的部署，加大查处违法违纪案件的力度，严厉惩处违法违纪分子。同时，注重对典型案例的剖析，充分发挥查处案件在预防腐败方面的作用。

（蔡淑敏）

珠海市

【概况】 珠海市国土资源局内设办公室、人事科、财务科、政策法规科、土地规划与耕地保护科、土地利用管理科、地籍管理科、地质环境与矿产资源管理科和测绘管理科9个科室；1个派驻市行政服务中心窗口；珠海市纪委监察局在国土资源局设立派驻机构。下设横琴、香洲、金湾、斗门、高新区、高栏港、万山7个分局，香洲国土所等12个国土所，珠海市国土资源执法监察大队以及珠海市市政基础设施土地开发管理中心、珠海市土地储备发展中心、珠海市征地和城市房屋拆迁管理办公室、珠海市国土资源信息中心、珠海市测绘院等5个事业单位。

【土地资源】 根据2006年土地利用更新调查数据显示，珠海市土地总面积1701平方千米，其中，农用地986平方千米（耕地保有量为315平方千米）；建设用地425平方千米；未利用地290平方千米。根据省国土资源厅2009年2月1日给珠海市下达的最终土地利用总体规划指标：到2020年珠海耕地保有量为276平方千米，其中基本农田244平方千米；建设用地总规模562平方千米。

【土地规划】 按照国土资源部、省国土资源厅要求，加快新一轮土地利用总体规划修编工作。《珠海市土地利用总体规划大纲（2006-2020年）》已于2009年12月19日原则通过国土资源部审查；香洲区、金湾区、斗门区土地利用总体规划大纲于2009年7月21日获得省国土资源厅批复；镇级土地利用总体规划成果编制工作全面完成，其中横琴镇、南水镇、乾务镇和斗门镇规划成果已经珠海市政府批复，现已报省国土资源厅备案。

【基本农田保护】 加强耕地特别是基本农田保护，落实基本农田保护各项措施，确保基本农田数量不减少、质量不下降、用途不改变。珠海市政府与各区（功能区）签订耕地保护目标责任书，层层落实耕地保护责任，实现经济建设和耕地保护工作双赢。建立耕地保护动态巡查机制，及时掌握耕地和基本农田的变化情况，杜绝违法占用耕地和基本农田现象的发生。积极推进利用园地、山坡地补充开发耕地，2009年开发补充耕地3760.28亩并通过省级验收，实现补充开发耕地零的突破。鉴于珠海市自然条件差、开发补充耕地成本高等原因，探索耕地补充新途径，2009年珠海市政府向异地购买了5000亩补充耕地指标，为珠海市用地报批和重大建设项目占用耕地占补平衡提供了保障。加强基本农田保护宣传工作，珠海市安排了100万元专项资金，进行基本农田保护区新标志牌设立和旧标志牌更新工作。目前，共设立86块全国统一标识的基本农田保护区标志牌，主体工程已完工；还有32块待镇级土地利用总体规划修编及全国第二次土地调查完成后，根据成果确定位置再进行施工，基本农田保护区标志牌的设立，有利于提高全社会积极参与保护基本农田的意识，规范耕地保护行为。

【地籍管理】 地籍管理紧紧围绕国土资源管理中心工作，以加强日常业务制度建设，建立完善地籍长效机制为重点，着力推进土地调查、土地登记发证和土地统计工作，进一步加快地籍信息系统建设，全面提高地籍管理规范化水平，使全市地籍管理逐步纳入规范化、制度化的健康发展轨道。在国家和省的统一部署下，开展并基本完成第二次全国土地调查各项任务，完成2009年土地变更调查和标准时点统一更新工作及“一张图”工程，摸清全市土地利用状况，掌握真实的土地基础数据，建立土地调查数据库及管理信息系统。推动地籍管理日常业务工作流程化，制定了标准的工作程序；实现国有农场国有农用地土地使用权登记发证率100%，继续完善农村集体土地所有权登记发证工作，配合推进落实宅基地登记发证工作。

【土地利用】 结合海岸线长、沿海滩涂多的特点，进一步拓展用地空间，抢抓围（填）海造地试点机遇，大力开展围（填）海造地工作，配合珠海市海洋部门开展海洋功能规划修编和项目用海报批工作，组织各区、经济功能区实事求是制定围海造地计划，报请珠海市政府出台围海造地实施意见，大力开展围海造地工作，2009年全市实施围（填）海429.8公顷。

为提高土地利用效率，发挥土地最大效用，对全市工业园区（片区）实行并、转、撤，逐步形成“4+4+1”园区发展新格局的要求，加大园区土地清理整合特别是闲置土地处置力度，2009年，全市清理出闲置土地共410宗，土地面积23.27平方千米，完成处置累计275宗，土地面积18.79平方千米。积极研究制定闲置土地和空置厂房盘活政策，发挥闲置土地的最大效用。

积极加快“三旧”改造工作。按照珠海市委、市政府关于主城区“退二补公进三”、实现从生产型经济向服务型经济战略性转变的部署，结合产业结构调整和优化升级，认真开展“三旧”改造各项前期准备工作。根据广东省政府出台的《关于推进“三旧”改造促进节约集约用地的若干意见》及其实施意见，珠海市政府常务会议研究通过珠海市“三旧”改造方案，制定了《关于香洲区主城区旧工业厂房用地改造的意见》上报市政府，为珠海市“三旧”改造的全面铺开奠定了基础。

【土地市场】

全力以赴推进重大项目的用地预审、用地报批工作。完成各类项目部、省、市三级用地预审22项；广珠铁路、江珠高速公路、竹银水源工程、广珠城际轻轨、高栏港高速公路、机场高速公路控制性工程、凤凰山隧道项目、红旗危房改造等22宗已建、在建、续建的重点项目用地报批材料已上报，总用地面积1173公顷，占用农用地706.2公顷，珠海市因各种原因长期积压的重点项目用地未批先用问题（合计面积740公顷）将得到解决。

积极做好重大项目征地拆迁工作。据统计，2009年涉及征地拆迁的项目共45项，其中国家和广东省重点工程17项。其中，高栏港高速公路、澳门大学横琴新校区用地、竹银水源、横琴长隆项目一期、唐家后环围清场、广珠城际轻轨埔仔村、中航通飞等重大项目用地征地拆迁和横琴新区的土地清理工作已顺利完成。机场高速公路全线、广珠城际轻轨珠海站、省道S366珠海大道南屏段、航空产业园核心区二期、十字门中央商务区等重大项目征（收）地拆迁也正在全力推进。

加强土地经营和土地融资工作。全市国有土地使用权出让金收入缴入市国库18亿元（其中提高容积率和历史地价4.4亿元）；出让经营性用地9宗，面积156.77万平方米；出让工业用地6宗，面积56.47万平方米。配合珠海市发改委等部门利用储备土地融资贷款42亿元，其中已提款29亿元，为珠海市经济社会发展提供了强有力的资金保障；另外，为格力集团公司、华发集团公司及航空产业园等3个单位的融资贷款工作提供土地抵押物143.8万平方米，融资16.4亿元；为政府储备平台提供储备土地8.96平方千米。

【矿产管理】 加强矿产资源管理。组织珠海市第二轮矿产资源规划（2007—2020年）修编和取土点调整及旧石场、取土点整治复绿规划并通过专家评审；按珠海市委、市政府“四个百分百”和“环保模范城”复查迎检工作要求，指导督促各区（经济功能区）大力推进对全市所有已关闭石场、取土点整治复绿工作，26个整治复绿点中13个点已完成整治，另13个点正在施工整治中。

【地质灾害防治】 加强地质灾害防治工作。建立健全地质灾害防治群测群防体系和预警预报系统，组织对全市314名地质灾害巡查员培训；建立汛期值班制度，对192处地质灾害危险点、隐患点进行全面检查，发放明白卡 392 份，竖立警示牌 240 个；加强地质灾害防治改造宣传教育，提高全民防治地质灾害意识，确保人民群众生命财产安全。

【测绘管理】 抓好基础测绘和测绘基础设施建设，大力推进数字城市地理空间框架试点工作。建立统一权威的基础地理信息公共服务平台，促进地理信息资源的共建共享，向珠海市政府各职能部门和社会各界提供 1200 幅基础地形图库的数据服务以及制图输出的服务，确保了项目建设的顺利进行；为解决测绘行业重复测绘和收费不合理问题，根据珠海市委、市政府的安排，组建珠海市测绘院，积极推进测绘业务和收费项目的整合；结合当前形势发展的需要，针对日常工作中遇到的困难和问题，充分利用好地方立法权，起草了《珠海市测绘成果管理规定》、《珠海市测绘项目登记备案管理规定》（初稿）等切合实际的地方性法规、规章和配套政策制度报珠海市政府及有关部门，做到有法可依、有章可循。

【执法监察】 积极推动土地执法共同责任制的建立，市政府颁布实施了《珠海市建立土地执法共同责任制度的规定》，市国土资源局、市监察局联合出台《关于国土资源和监察部门在查处土地违法案件中加强协作配合的若干意见》，政府领导下的土地违法违规案件查处协调机制和部门协作配合机制逐步建立完善。印发了《关于严格执行土地动态巡查报告制度的通知》，动态巡查实行每日一报零报告制度，开通 12336 国土资源违法案件举报电话，切实加大了国土资源动态巡查力度，发现违法行为 443 宗，涉及面积 31.72 公顷，有效制止 334 宗，涉及面积 17.7 公顷。立案调查土地违法案件 112 宗，涉及面积 14.07 公顷；已拆除 93935 平方米，已结案 35 宗，涉及面积 7.72 公顷，全市发现的非法开采矿产资源案件 48 宗。完成了省第三次、第四次和部第九次卫片的图斑核查和违法用地整治工作，四项刚性指标均通过了省的检查验收。

【农村土地管理】 贯彻中央十七届三中全会精神，按照珠海市委、市政府《关于统筹城乡发展加快推进城乡一体化的实施意见》的要求，积极推进农村土地管理制度改革。启动《珠海市土地管理条例》的修订工作，修改有关禁止农村集体建设用地流转的内容，为农村集体建设用地合理流转提供法律和政策保障，逐步实现“同地同权同价”，促进农村经济发展和农民增收。

按照珠海市政府《关于规范农民（被征地农民）建房管理的若干意见》，认真解决多年来农民住宅报建历史遗留问题，遏制当前部分地区农民违法抢建住宅的严峻局面。制定了已建成但未报建确权的农民住宅登记表和登记造册通告范本，并派发至各区、镇。配合珠海市城管委指导各区成立领导小组，积极开展农民住宅登记造册工作。同时，按照《意见》要求，进一步规范农村宅基地报建管理，引导和推进社会主义新农村建设。

【基层建设】 针对国土历史遗留问题逐渐显现这一情况，2009 年，市国土资源局开展“国土资源信访积案化解年”、“进家门、问民生、解难题”探访重复上访户和大接访等一系列活动，建立局领导挂帅各分局科室共同负责的接访制度。共接待群众来访 97 批 375 人，受理群众来信 214 件，一批历史遗留问题得到妥善解决，有效化解信访隐患和苗头，全年没有因国土资源工作失误导致的大规模到省进京上访事件，切实维护了社会和谐稳定。特别是对横琴中心沟顺德垦区土地权属问题和涉及珠海市很多区域的预统征地折地问题，想方设法，多次主动向省国土资源厅等上级部门汇报，努力争取尽快解决。

由于国土部门机构、人员几经变动，以及土地审批机制的调整，国土档案分散在国土所、分局、市局和园区，严重影响工作质量和效率。市国土资源局在市纪委、市档案局的帮助下，部署开展了国土资源系统档案大清理工作，初步统计有 28 万件业务档案需要整理归档，其中局机关约有 4.8 万宗 180 万页档案需整理。2009 年已完成 20 万件档案整理归档工作，争取国土资源管理档案早日实现规范化管理。

为进一步提高行政效能，市国土资源局积极探索行政审批制度改革、征地拆迁体制改革，完善征地程序和补偿标准，充分保障被征地农民的合法权益，逐步探索建立以辖区政府领导、部门参与、企业为主的征地拆迁体制。为解决测绘行业重复测绘和收费不合理问题，根据珠海市委、市政府的安排，组建珠海市测绘院，积极推进测绘业务和收费项目的整合。委托下放职权，实现工作的全面提速，特别是为支持和推进横琴新区发展，探索横琴国土分局在国土资源管理方面真正行使市一级审批权限。

加强基层国土所建设。充分利用政府机构体制改革的契机，抓住机遇，解决长期以来困扰国土所发展的人手不足问题，发挥国土所的前沿岗哨作用，及时发现问题、化解矛盾，为企业、为群众排忧解难。

【机关作风】 加强干部队伍建设。以“五讲三落实”为抓手，抓班子、带队伍、促工作。“五讲”即讲团结、讲大局、讲党性、讲学习、讲奉献，狠抓“三落实”即狠抓市委、市政府重大战略决策的落实、狠抓各项保障措施的落实、狠抓各项责任制的落实，全面提升国土资源系统整体工作效能和执行力。相继出台了局党组议事规则、局会议制度、财务管理办法、出差管理办法、接待管理办法、公文处理制度、十项便民利民措施、八项保增长促内需措施等一批规章制度政策文件，进一步规范了机关运作，精简了办事流程，提高了工作效率，机关作风和干部职工精神面貌有所改善，取得了较好效果。

【党风建设】 加强党风廉政建设。按照党风廉政建设责任制和“一岗双责”的要求，加强对重点部门、重要岗位、重大事项和关键环节的监督，依法行政、公正办事、干净干事的良好风气逐步形成。树立正确的用人导向，把想干事、能干事、干成事的同志提拔到重要岗位，充分调动全市国土资源系统广大干部职工的积极性。严肃查处违法违纪案件，落实过错责任追究制度，把行政不作为、乱作为和严重损害群众利益等行为作为问责重点，认真纠正损害群众利益的行业不正之风，重塑了国土资源系统为民、务实、清廉的良好形象。根据省国土资源厅和珠海市委、市政府统一部署，深入开展民主评议政风行风活动，扎实打好解决思想认识问题，解决服务意识问题和解决体制机制问题“三个攻坚战”，认真解决思想认识、服务意识和体制机制等方面存在的突出问题，市国土资源局机关和各分局均被评为“满意”档次。

（袁旭峰）

汕头市

【概况】 2009年，汕头市国土资源管理工作紧紧围绕全市加快发展的战略部署和中心工作，以构建国土资源管理保障和促进科学发展新机制为主线，以实施节约集约用地试点工作为契机，正确处理好保障发展与保护资源的关系、长远发展与当前任务的关系、局部利益与全局利益的关系，坚持积极主动服务，严格规范管理，推动国土资源管理服务各项工作的扎实开展。

【土地规划】 《汕头市土地利用总体规划（2006年-2020年）》规划大纲及编制说明通过国土资源部审批，完成市级规划成果初稿；区县级土地利用总体规划大纲通过省国土资源厅审批并完成规划修编网上公开听证。严格执行土地利用总体规划和土地用途管制制度，加强建设项目用地预审管理，办理建设项目用地预审17宗，面积116.76公顷。

【耕地保护】 编制利用园地山坡地补充耕地专项规划，570.7公顷自筹资金土地开发整理补充耕地项目通过了省级联合验收和省国土资源厅发文确认，16个利用园地山坡地补充218.9公顷耕地项目通过了省级抽查，全年累计完成开发整理补充耕地789公顷，超额完成2009年度耕地占补平衡任务。积极争取到补助资金900万元开展灾毁基本农田修复。

【土地利用计划】 实行年度土地利用计划指标年初预下达、年中正式下达、年终适当调整的管理模式，优化计划指标使用。实行农村建设用地专项指标单列管理，预留定额指标解决农村宅基地历史遗留问题。全年共使用新增建设用地指标286.81公顷，其中农用地转用指标269.57公顷，耕地指标211.95公顷，较2008年大幅增加。汕头市2008年度土地利用计划执行情况获得省政府综合一等奖和节约集约用地奖，奖励新增建设用地指标166公顷；扩大内需及双保工作评比获得奖励新增建设用地指标70公顷，全年累计获得奖励新增建设用地指标236公顷。

【节约集约用地】 制订实施《汕头市节约集约用地试点示范工作实施方案》。配合推进以东部城市经济带为重点的“填海造地”试点工作，工程规划围填造地2487公顷，首期计划围填309.31公顷。部署开展“三旧”改造工作，全面开展改造用地资源清理，各区县初步制订了“三旧”改造四年规划。开展闲置土地清理处置，完成50宗、面积49.3公顷闲置土地处置工作，收取土地闲置费703.97万元。着手解决新溪镇等地的历史遗留用地问题。积极探索开发利用地上地下空间资源，开展利用城市地下空间开发建设停车场试点。开展1个国家级、3个省级开发区节约集约用地评价工作并通过省的审核验收。

【土地征收】 编制土地征收方案，实施年度农用地转用和土地征收工作。完成或正在实施的征地共568.2公顷，其中服务东部城市经济带的用地138.8公顷，服务工业经济带的用地266.7公顷，服务厦深铁路等基础设施建设的用地162.7公顷。严格执行征地补偿听证、公告、登记和征地预存款制度，新的征地补偿款全部兑付到位。增大留地安置比例，将划留被征地村自用地的比例调整为征收林地和未利用地的10%以及征收其他用地的15%。

【建设用地供应】 开辟扩大内需项目用地报批绿色通道，加快建设用地报批，完成南澳大桥、华能海门电厂一期、深圳龙岗（潮南）产业转移园区、北轴污水厂等一批重大工程项目用地审批手续。办理国有建设用地使用权出让42宗、面积94.41公顷；国有建设用地使用权划拨14宗，面积41.18公顷。上交市、区两级财政地价款4.64亿元，以国有储备土地抵押为市财政贷款4亿元。

【土地储备】 推进土地储备经营，着力研究解决资金投入不足、融资难、征地收购难、制度建设滞后等问题，增强政府主导土地一级开发的力度。开展可供整合储备的汕大、莲塘、新津河片区土地面积、范围、权属、规划等调查。拓宽融资渠道，与企业联合实施汕大和新津河片区土地储备。创新市、区两级联合储备开发模式，实施龙湖区文体中心（海逸酒店）土地储备出让，公开出让金额2.828亿元。继续推进北山湾片区土地收购整合。

【执法监察】 建立土地管理共同责任制度和查处国土资源违法违规案件联席会议工作制度，完善执法监察动态巡查和涉嫌国土资源犯罪案件移送机制，明确违法违规用地查处工作程序和分工。推进土地卫片执法检查及违法违规用地查处整治，国土资源部第九次、广东省第四次卫片执法检查和违法违规用地集中整治行动通过了国土资源部、广东省政府的检查验收。

汕头市委市政府联合召开2009年土地卫片执法检查工作会议。

国土资源违法案件数量、用地面积同比2008年大幅下降，新发现土地违法274宗，面积18.64公顷，其中耕地5.69公顷；立案56宗，结案54宗。严格执行土地动态巡查零报告和日报告制度，通过动态巡查发现土地违法行为270宗，面积18.5公顷，巡查发现率达到98%；及时制止263宗，制止率达到97%，挽回经济损失136.5万元。发现非法采矿行为9宗，全部制止并处理到位。开通12336土地违法举报电话，加快推进全市国土资源协管员队伍建设，其中澄海区47人的协管员队伍已建立并投入运作。积极参与创卫、创模、创园工作，加强已征未用土地环境卫生综合整治。

【土地市场】 实施地价动态监测，修订中心城区基准地价。规范土地交易办事程序，实行土地出让信息公示。巩固经营性用地招拍挂成果，经营性用地公开交易29宗，面积76.35公顷，成交金额9.19亿元。全面推行工业用地招拍挂公开出让，工业用地公开交易24宗，面积45.85公顷，成交金额2.97亿元。推进集体建设用地使用权依法、有序、规范流转，流转交易34宗，面积18.85公顷，成交金额0.86亿元。各类土地交易共190宗、面积296.43公顷，成交金额16.93亿元。协助地税、财政部门开展土地使用税征管，追收土地使用费历史欠费615宗、150多万元。

【矿产管理】 完成34个采石场的外业核查，加强采矿企业储量动态管理，完成市级发证采石场储量核实并通过省级评审。开展“安全生产年”、“安全生产技术下基层服务”等专项活动，配合相关部门抓好采矿企业安全生产，全年未发生安全生产事故。推进矿业权市场建设，规范采矿权公开交易程序，完善公开交易操作办法和监督机制，新设立的采矿权全部实行公开出让，收取采矿权出让价款295万元。

【地质灾害防治】 制定实施年度地质灾害防治方案，建立市、区、县三级汛期地质灾害指挥系统，开展全市地质灾害隐患点、危险点摸查，设立警示牌366块。积极筹集资金88万元对金平、龙湖、濠江、澄海和潮南区8个地质灾害隐患点进行治理。开展“5·12防灾减灾日”等宣传咨询活动和国土资源系统地质灾害突发公共事件应急管理全员培训考核。

【地籍管理】 克服时间紧、任务重、经费不足等困难，完成了农村和城镇土地调查、基本农田上图、数据库管理系统软件配置和数据建库，成果资料上报广东省国土资源厅，第二次土地调查任务基本完成。完善土地登记制度和程序，进一步规范土地登记发证行为，中心城区共办理商品房总确权登记 97 宗，土地确权发证 333 宗，房地产权发证 28595 宗，土地抵押登记 78 宗，土地注销抵押登记 95 宗，土地查封及续封登记 168 宗，解封登记 50 宗。基本完成集体土地所有权登记发证任务。加快推进农村宅基地确权发证工作，累计发证 58 万多宗，约占应发证数的 85% 以上。

【基础工作】 加强测绘市场监管，开展测绘项目质量监督检查和测绘单位资质复审换证，完成测绘单位年度注册。启用广东省连续卫星定位系统，优化测绘工作的质量和效率。完成市交通地图册和中英文地图编制。基本完成全市 1:1 万全要素地形测量、中心城区 450 平方千米 1:1 千航摄测量。优化测绘服务，完成东部城市经济带、工业经济带、疏港大道、汕揭梅高速公路等重大测量任务，测量新竣工商品房 65 万平方米，商品房预算测量 80 万平方米，工业厂房测量 10 多万平方米。推进国土资源信息建设，完成“金土工程”可研报告等项目建设前期工作，推进项目立项。完成国土资源业务网暨视频会商系统第一阶段建设任务，构建了市、区（县）两级国土资源业务专网。加强电子政务管理信息系统开发建设，完成信访管理信息系统的设计开发并投入试运行。完善房地产档案管理服务，房地产档案收集整理入库 2.5 万件，修复建国以前珍贵历史档案 2 万件。实施档案信息化管理，提高查询利用效率，为社会各界提供查询服务 4.35 万宗次。组织南滨片统征土地、莲塘工业区填土平整，实施小区道路路灯配套和排水管道改造，完成丹霞小学金涛分校教学综合楼建设。

【信访维稳】 制定实施了信访督查、通报、约谈和退回重办制度，规范信访工作流程，加强督察督导和信访队伍建设。组织开展“信访积案化解年”和“进家门、问民生、解难题”等信访专项工作，加强信访积案清理，逐案落实包案领导、责任单位和责任人，深入排查矛盾纠纷，及时调解疏导，着力降低信访总量，提高初信初访办结率。认真落实领导接访制度，积极参加“民声热线”上线直播和户外大型咨询活动。市国土资源局受理信访案件 170 件，其中来信 130 件，来访 40 批 134 人次，解决了一批群众关心的热点难点问题。

【依法行政】 制订政府信息公开目录和公开指南，设立政务公开大厅，做好国土资源信息主动公开和依申请公开。修订编印《工作制度汇编》和《执法监察手册》，制定实施办事窗口管理服务制度。完善特邀监督员制度等外部监督机制，对外公布了联系电话和投诉电话，畅通收集意见建议、接受社会和群众监督的渠道。落实专人加强人大建议、政协提案的办理工作，共承办 3 件，协办 1 件，全部按时办结。做好行政诉讼应诉和行政复议工作，办理行政诉讼案件 14 宗，结案 11 宗。抓好日常国土资源政策法规咨询。实施行政审批提速。推进行政审批制度改革，汕头市国土资源局及中心城区各分局所有审批事项全部进驻市行政服务中心窗口集中办理，简化办事程序，下放审批权限，在全市率先建立行政审批预警机制，年中先后两次实施行政审批提速，现行审批时限比法定时限都缩短 50% 以上，其中即办和 5 日以下办结的项目共 22 项，占全部审批事项的 56%。2009 年 6 月份以来，汕头市国土资源局的行政审批效能绩效一直在全市名列前茅。

【普法宣传】 以“土地日”、“地球日”等大型宣传活动以及查处整治违法违规用地行动为载体，充分发挥电视、电台和报纸等新闻媒体的舆论导向作用，广泛深入宣传土地国情、市情和国土资源政策法规，曝光重大典型案件公开查处情况，震慑违法违规用地者，营造严厉查处整治违法违规用地行为的浓厚氛围。

【党廉建设】 开展学习实践科学发展观和民主评议政风行风活动，市国土资源局学习实践科学发展观活动问卷调查满意率为 95%，民主评议政风行风获得市满意单位第一名。开展创建“团结和谐、开拓创新、廉洁务实、执政为民”好班子活动，践行“讲党性、重品行、作表率”。进一步健全党内生活制度，推进民主科学决策，加强党员发展和教育管理，强化基层党组织建设，增强各级党组织的战斗堡垒作用，市国土资源局领导班子被汕头市委评为 2008 年度“好班子”。扎实开展“双联共建”工作，筹集资金 15.9 万元，帮

汕头市国土资源局开展民主评议政风行风活动。

助驻点村建设医疗站等项目，解决突出的民生问题。

落实党风廉政建设责任制，细分责任范围，抓好年度考核。以贯彻落实《实施纲要》、《工作规划》为核心，推进构建具有国土资源管理部门特色的惩防腐败体系，开展经常性的党风廉政教育，抓好纪律教育学习月活动，从源头上预防腐败行为的发生。推进商业贿赂专项治理，组织开展工程建设领域突出问题专项治理。加强电子监察系统的运用，推行阳光政务。

（陈 峰）

佛山市

【概况】 2009年，佛山市认真贯彻落实十七届三中全会精神和《珠江三角洲地区发展规划实施纲要》，努力构建保障和促进科学发展的国土资源管理新机制，落实最严格的耕地保护制度和节约集约用地制度，较好完成“保增长、保红线、保民生、保稳定”的工作任务。

【重点项目用地报批】 随着扩内需保增长政策的全面落实，佛山市重点项目用地保障面临前所未有的艰巨任务。佛山市认真落实省政府紧急通知要求，对重点项目采取纳入新一轮规划、创新用地预审方式、优先安排用地指标、争取省立项、挂牌督办和定期通报、提前介入专人专班专责服务、加快报批等有力措施，全力保障了经济发展用地。全省第一批扩大内需项目中属于佛山市共计225个项目（其中高速公路14个，铁路6个），用地7539.16公顷（其中农用地5652.33公顷）。2009年1~3季度，已批或使用存量土地125个2972.44公顷；已报未批13个1282.7公顷；未报87个3284.02公顷。佛山市上报省审批的正式用地1843.78公顷，审批农转用269.3公顷，上报先行用地83.8公顷，划拨用地186.92公顷。

【节约集约用地】 一是“三旧”改造全面加快。2009年，佛山市根据省政府78号文件，在全省率先出台实施细则，编制了专项规划，明确改造计划，启动“双百计划”，将改造地块标注上图并实地核查，出台新的财政扶持政策，召开政策宣讲会进行再动员，召开理论研讨会，确保学好用好政策，严格把关，加快推进。11月26日，广东省三旧改造现场会在佛山市召开。据统计，从2007年到2009底，全市共启动“三旧”改造项目730个（土地共约32000亩），建筑面积比改造前增加1300多万平方米，平均增加2.2倍，其中已完成项目140个，完成面积1800多万平方米。二是加强农村宅基地管理。佛山市认真落实农村宅基地管理政策，结合旧村居改造，积极推进宅基地换住房工作。全市7个村（居）试行宅基地换房，计划投入资金54亿元，拆旧宅占地1300多亩、旧宅建筑50多万平方米，规划新建住宅占地500亩、建筑250万平方米，用于置换的建筑有43万平方米。三是大力盘活闲置土地。认真落实佛山市政府出台的闲置土地处置意见，实施了闲置土地处置月报、季报制度。2009年，佛山市清理闲置土地共528宗1346.9公顷，其中已处置共226宗546.55公顷。四是完成开发区节约集约用地评价工作。全市6个省级开发区集约用地评价成果经省国土资源厅验收通过，这将作为今后佛山市提高工业园区集约用地考核指标的重要依据。

【土地市场】 一是规范市场建设。严格执行经营性用地和工业用地招拍挂出让制度，出台《佛山市国有土地使用权用地预申请办法》，规范协议出让行为，科学统筹安排出让计划和交易进度，2009年全市经营性用地计划为650公顷，工业用地出让计划1351.3公顷，安排2009–2010年保障性住房用地供应计划48.62公顷。二是土地市场出让交易明显回暖。土地出让8793.45公顷，出让金额129.2亿元；全市土地使用权公开交易约9553亩，成交167.3亿元，高出交易底价约70%。上述交易中，属商住用地约6169.7亩，成交160.43亿元；属政府一级市场出让的商住用地约5512亩，成交约143.5亿元，高出交易底价约78.5%。总的来看，土地市场交投转趋活跃，开始摆脱冷清步入复苏。三是农村集体建设用地流转进一步规范，已纳入土地公开交易市场统一管理，初步建立城乡一体化土地市场交易平台。

【土地储备】 加强沟通协调，认真落实佛山市领导有关土地储备工作的要求，成立机构，制定方案，对市直单位使用土地进行能储尽储，已储备约1563亩。探索开展市、区联动储备土地工作，将与高明、三水区联动储备土地约7813亩。将拟储备土地纳入“三旧”改造规划。

【土地利用总体规划修编】 2009年，佛山市市级土地利用总体规划已上报省政府，正按照有关意见进行修改完善；禅城、南海、高明三区规划数据库通过了省验收，顺德和三水两区的数据已上报省验收；2009年，佛山市已批复15个镇（街）级规划，为保增长、保红线提供有力的调控引导作用。

【耕地保护】 一是设立不开发区，探索耕地保护补偿机制。佛山市全面将486.63平方千米基本农田保护区划入不开发区，同时制定佛山市基本农田保护补偿办法。目前，南海区已在全省率先实施，每年每亩基本农田给予500元补贴。通过探索建立耕地保护补偿机制来提高农民收入，促进耕地保护。二是严格执行年度计划，开展责任制考核。佛山市三级政府签订耕地保护责任书，落实了省下达的耕地保护任务，没有超指标用地，通过省的考核。三是充分挖掘土地整理潜力。三水大塘、芦苞两个国家级土地整理项目共投入4100多万元，2009年底验收后可新增3500亩耕地。认真开展低效园地山坡地整理为耕地的工作，计划全市通过利用低效园地山坡地开发新增耕地1.7万亩，2009年底，已有高明区更合镇3个项目约2300亩通过了市级验收。在江肇高速公路开展被征地耕地耕作层剥离试点，提高补充耕地质量。

【执法监察】 一是完善土地执法机制。市、区政府出台实施土地管理共同责任制有关文件，强化了区、镇为主的综合执法机制。市国土资源局制定了《实施土地执法共同责任制工作制度》，明确了共同责任制实施细则、工作流程和相关表格，加强土地动态巡查和报告工作，开通12336违法违规用地举报热线，逐级签订执法责任书，加强土地执法队伍和基层国土所建设，保障执法必备条件，既处理事又处理人。2009年，全市巡查发现违法用地22宗35亩，责停通知书发送率100%，土地违法行为制止率100%。1名破坏耕地的人员被法院判决有期徒刑8个月，5名土地违法人员被拘留，其中4名被逮捕，顺德区还对工作不力的镇街由监察部门发出监察建议书，南海区政府专门向镇街发出文件，通报7起违法用地情况，同时利用被逮捕的2个村干部进行现身说法，加强反面典型教育，有力遏制违法用地反弹。二是做好两次卫片执法检查工作。2009年，佛山市承担国家第九次、省第四次卫片执法检查的繁重任务，要求更高、压力更大。佛山市全国第九次卫片查出违法用地7208亩，其中违法占用耕地1121亩；扣除国家、省重点项目后，违法用地3409亩（以镇村为主），违法占用耕地面积占新增建设用地占用耕地总面积的比例为5.2%，立案率为100%、查处率为100%、结案率为98.8%。落实罚款1931.7万元，拆除建筑物4.3万平方米，复耕土地442.9亩。另外，全省第四次卫片查出佛山市违法用地7705亩，其中违法占用耕地1638亩；扣除国家、省重点项目后，违法用地2998亩（以镇村为主），违法占用耕地面积占新增建设用地占用耕地总面积的比例为5.5%，立案率为100%、查处率为99.6%、结案率为93.3%，落实罚款1458.4万元，拆除建筑物4.4万平方米，复耕土地222.2亩，顺利通过省检查验收。

【依法行政】 一是加强普法宣传。利用土地日、测绘日、地球日、法制宣传日，通过报纸、网站、电台等加强违法违规用地整治、“三旧”改造、“双保”行动的宣传，开展了“珍爱国土·青年担当”广东青年国土资源保护行动。二是做好依法行政各项基础工作。清理规范性文件29份，其中废止10份，修改4份，保留15份。与法院共同研究有关行政审判诉讼工作。2009年，以市国土资源局和佛山市政府为被告的土地行政诉讼13宗，3宗胜诉，其余未审结；复议10宗，6宗胜诉，其余未结案。三是进一步简政放权和行政审批制度改革。2009年，佛山市向各区新增下放3项审批事项，分别为测绘资质审查、采矿权许可审批、授权经营和作价入股企业土地处置方案初审。所有审批事项至少再缩减了 20% 的办事时限，新制定的全市系统统一的行政审批流程和办事指南已通过批准。

【矿产资源管理】 佛山市第二轮矿产资源规划已上报省。开展 18 个矿山的年检工作，年检率达 100%。开展矿山储量动态监督管理工作，督促矿山编制矿山储量年报 15 份。开展矿业权实地核查工作。开展了打击无证采矿违法违规行为专项行动，发现并立案查处无证采矿 13 宗，罚没金额共计 81850 元，重点查处高明松柏坑石矿场盗采矿石和富湾南蓬山非法盗采锰矿两宗典型案件。

【土地信访】 佛山市积极开展“信访积案化解年”行动，完善排查分析、台账管理、检查督办等制度，历史遗留问题化解力度加大，顺德三洲征地和南海三山征地等信访遗留问题得到了基本解决，顺德区出台完全被征土地村（社区）农村居民基本养老保障政策，土地信访取得一定成效。2009 年，共处理信访件 744 件，其中处理来信 463 件，接待来访 281 批 998 人次（5 人以上集体访 89 批 578 人次），办理信访复查案件 20 宗。

【地质环境】 一是提升地质灾害防治基础和技术水平。佛山市率先在全省开展地质灾害防治动态监测，为地质灾害监测系统和气象预报预警系统的建设运行和有效衔接发挥了巨大作用，提高地质灾害气象预报预警工作精度和准确度。制定实施《2009 年度地质灾害防治方案》，开展重要地质灾害隐患点核实、调查，确定重要隐患点12处，开展年度工作考核，签订责任书，积极推进群测群防“十有县”建设。二是突出以南海大沥黄岐海北片区地质灾害防治为重点，以南海桂城夏北村地面沉降地质灾害成因调查为难点，协助指导地质灾害治理责任认定、治理、赔偿等工作。2009 年全市发生 15 宗地质灾害（其中 7 宗地面塌陷为武广铁路施工诱发）。三是认真抓紧做好市级自然保护区西樵山火山地貌自然保护区的批准建设工作，编制规划加强保护顺德西淋岗地质遗迹保护区。

【地籍管理】 农村土地调查成果的核查、基本农田上图、城镇土地调查等第二次土地调查主要工作基本完成。土地登记工作进一步加强，开展全市政府储备土地抵押登记情况检查，协助有关部门明确民间借贷中所涉及的房地产抵押登记业务办理事项，大力提升土地登记覆盖面，加快农村集体土地发证和华侨农场发证工作，2009 年，佛山市颁发土地证 119742 本，其中国有土地使用证 102745 本，集体土地使用证 14475 本，集体土地所有证 248 本，他项权利证 2024 本，集体所有权发证累计数为 1480 宗，发证比例提高到 65.6%。完成基准地价数据收集更新工作并实现常态化，适应地价最新变化。着手开展建立城市地价动态监测系统，与基准地价动态更新体系形成互补。依法调处了南海区丹灶仙岗村与三水区白坭余竹村、南海平洲平胜村与顺德陈村庄头村等有关土地权属争议。

【测绘管理】 一是测绘管理继续加强。重点基础测绘项目佛山市大地水准面精化项目和佛山市连续运行卫星定位系统项目基本完成，正开展三水、高明区余下近 1000 平方千米大比例尺地形图测绘工作。数字佛山地理空间框架建设国家级试点项目已正式启动，国家、省、市签订共建共享协议书，设计书已通过评审，完成了调研、分析等前期工作，近期投入试运行地理信息公共平台，为佛山“数字城管”、扩大内需项目建设等提供保障服务。加强测绘市场监管，做好资质年度注册、质量监督检查、资质标准培训与复审换证、加强地图监管等日常工作，开展佛山市统一坐标体系应用检查，完成了新版《佛山市地图》（挂图）的编制。

【国土资源信息化】 全市统一“国土资源电子政务系统”的业务、功能进一步完善，已在一市四区（除顺德外）进行推广使用。加快建设“空间地理数据管理平台”并将推广试用。为第二次土地调查、用地报批、“三旧改造”等重点工作提供有力的技术支持。

【队伍建设】 一是推动基层国土所规范化建设。认真落实市政府出台的《佛山市加强基层国土资源管理所规范化建设工作方案》，加快实现“六个一”的规范化标准，落实内部招录政策，基本解决了人员编制、人员招录、办公场所和设备、执法车辆等问题。二是加强干部学习培训。举办了市国土资源管理系统 400

多名干部职工参加的地质灾害突发事件应急处理全员培训班。通过视频会议系统，开展经常性学习教育工作。三是深入开展学习实践科学发展观活动和民主评议政风行风活动，完成规定动作，创新自选动作，抓好学习调研、自查自纠、整改落实、完善制度等具体任务，达到了活动预期目标，得到活动指导检查组和政风行风评议团的好评，群众满意率达 92% 以上。

【党风廉政建设】 一是认真开展纪律教育月活动，坚持每月组织观看党风廉政教育宣传片，加强正反面典型教育，深入调研和剖析近年来全系统人员违纪案件，提高队伍拒腐防变能力。二是加强制度建设。完善党风廉政建设制度建设，制定了《贯彻落实市委、省厅党组<建立健全惩防腐败体系工作规划实施办法分工方案>的工作方案》、《绩效作风考核督查办法》、《加强工作人员出国（境）管理办法》、《机关作风明查暗访制度》，逐级签订了党风廉政建设责任书。着手开展新一轮机构改革工作，进一步完善了干部管理制度，严格执行干部任免规定，特别是公开选拔了南海分局一名副局长。三是严格做到厉行节约。认真落实了上级“五个零增长”要求，市国土资源局公费出国（境）经费为零支出，公务接待、会议等费用支出减少。四是加强监督检查。认真落实党风廉政建设和反腐败责任分工任务，加强对节约集约用地、耕地保护等政策落实和行政效能建设、基层国土所政务公开、矿产资源招拍挂制度落实等方面的监督检查。

（吴福明）

韶关市

【概况】 2009年，韶关市国土资源局，在市委、市政府的正确领导和广东省国土资源厅的关心指导下，紧紧围绕市委、市政府的中心工作，认真落实“保增长、保红线”目标，积极服务经济社会发展，较好地完成了各项工作任务。先后被评为“全国整顿和规范矿产资源开发秩序工作先进集体”、“广东省五五普法中期先进集体”、“韶关市重点建设项目先进协办单位”、“丹霞山申报世界自然遗产环境整治建设先进单位”、“人民调解工作先进单位”、“政协提案办理先进单位”等荣誉称号。

【土地资源管理】

土地规划与耕地保护。一是继续组织《韶关市土地利用总体规划（2010—2020年）》修编工作。市级和各县（市、区）土地利用总体规划大纲全部上报省国土资源厅并获批复，市级土地利用规划成果已上报省国土资源厅，韶关市99个镇级规划已完成96个。二是认真开展土地利用总体规划的实施工作。按照土地利用总体规划进行审查，符合条件的尽快给予办理。共办理建设项目用地预审11件，其中广乐高速项目、西气东输二线管道项目、天然气管网一期管道工程、韶关市第二污水处理厂二期工程等均为省市级重点建设项目。三是积极推进耕地开垦工作。代韶关市政府起草了《关于韶关市利用园地山坡地补充耕地有关问题的通知》和《关于进一步加快推进韶关市耕地开垦工作有关意见的通知》，进一步理顺耕地开垦的工作机制，调动了各方面的积极性，省下达韶关市8万亩耕地开垦任务已全面完成。其中，翁源、乐昌等地耕地开垦进度较快，为全市耕地占补动态平衡作出了较大贡献。四是加强基本农田保护宣传工作。结合第18个“6·25”全国土地日进行普法宣传，开展“送法下乡”活动，发出宣传资料一千多份、宣传笔近千支。

用地服务保障。一是抓好用地报批工作。按照“突出重点、有保有压、区别对待”的原则，对全市纳入省扩大内需项目进行排序，为重点项目报批开辟“特事特办”绿色通道，优先保障重点建设项目和重要民生工程用地。全市上报单独选址项目8宗，涉及新增建设用地22546亩、农用地21633.3亩、耕地7309.8亩。武广铁路、湾头水利等重点工程和韶赣高速项目整体用地材料已上报国土资源部，韶赣铁路、乐昌峡先行用地材料已上报国土资源部，广乐高速先行用地材料已获国土资源部批准，确保了重点项目用地的合法性。认真贯彻落实省政府《关于加快建设用地报批依法保障扩大内需建设项目用地的通知》精神，加强协调配合，积极组织批次用地报批。全年完成上报批次用地报批44个批次，总面积15255.7亩，涉及新增建设用地14423.2亩、农用地13709.7亩、耕地4435.3亩，分别占年度指标的195.84%、257.46%和120.69%。共取回用地批文23宗，涉及新增建设用地面积7730亩，农用地6778亩，耕地3277亩。二是加强征地拆迁工作。配合武江区、浈江区顺利完成了沐溪工业园阳山片、规划成果展览馆、湾头水利枢纽右岸、帽峰大桥、银山高尔夫二期、第二污水处理厂和省委旧址等项目的征地拆迁；全面开展了广乐高速公路、韶赣铁路、莞韶产业转移工业园二期阳山沐溪片、比亚迪等重点项目用地的征地拆迁工作。市区完成征用（收购）土地1.1万亩，并将被征土地交付使用；沿线各县（市、区）局也积极做好重点项目的征地拆迁，有力地保证了项目的开工建设。

有形土地市场。一是制订了2009年和2010年土地储备和土地出让年度计划，完成了盈和实业有限公司地块、军休所及核工业地质地块的收购工作，锑冶炼厂地块、林科所地块、中心血站地块、向阳小区办事处地块、欧浦公司地块、兽医厂地块等项目正在积极实施中。进一步规范储备地管理，通过出租等形式合理利用储备地，租金收益达到150万元。二是严格执行土地交易的有关法律法规及有关规定，为土地交易市场提供一个公开、公平、公正的平台。积极完善网上交易系统，开发了公开选聘评估机构模块。不断完善规范土地交易制度，制定了《公开选聘土地评估机构实施方案》等文件。市区（不含曲江）全年完成国有建设用地使用权公开出让16宗，总面积47.6公顷，成交金额41857万元。三是加大闲置土地处置力度，市区共清理闲置土地6宗，有偿收回了韶关电信局地块等，韶关市信源贸易有限公司地块已收取闲置费17余万元。深化土地节约集约利用，完成了沐溪工业园和曲江工业园的土地利用评估工作，并通过了市专家组的审查。

地籍管理。一是完成利用“园地山坡地”补充耕地项目库建设工作，并通过省厅验收。二是完成韶关市全国第二次土地调查工作，农村部分已上交国土资源部检查，并通过部、省级的联合外业核查；组织完成基本农田上图、地类调整、“批而未用”土地核查工作；组织开展补充耕地项目与“二调”数据库衔接工作，为韶关市争取保留充足的补充耕地指标。三是完成混合地类补充耕地工作。充分利用政策，在始兴县、乐昌市、南雄市开展混合地类补充耕地工作，全市合计补充耕地33037.92亩，有效解决韶关市耕地后备资源匮乏的局面。四是开展地籍数据库更新和整合工作。五是做好日常土地登记发证工作。2009年，韶关市区完成国有土地使用权登记发证1134宗，集体土地使用权登记发证392宗，抵押登记发证148宗，抵押注销登记108宗，注销登记235宗，协助法院查封43宗，解封15宗。

【矿产资源管理】

矿产资源管理。一是抓好矿管日常业务，完成办理采矿权会审55宗，储量核实报告评审备案25宗、矿山开发利用方案审查备案38宗、采矿权评估结果确认16宗、采矿权挂牌出让方案审查4宗、采矿权登记55宗，矿产压覆查询10宗。二是开展矿产资源管理调研，制发《韶关市矿产资源开发管理规定》；三是推进矿产资源整合，完成了武江区龙归镇石背山熔剂用石灰岩矿区4个采矿权的资源整合，推进了曲江大宝山钼多金属矿区和仁化周田镇灵溪铅锌矿区的整合；四是开展矿山年检工作。实际年检矿山198个，年检率达92%。组织46个矿山编制了《矿山储量年度报告》，全市开展储量动态监测的矿山同比增加4倍。《韶关市矿产资源规划（2008—2020）》顺利通过省厅的预审。全市矿业权核查工作市、县两级发证的201个采矿权核查的外业测量工作基本完成，进度排广东省前列。五是继续打击非法开采行为，重点抓好翁源县非法开采稀土矿区和新丰县非法开采瓷土矿的综合整治；六是加快全市矿业权招拍挂制度执行情况的专项清理，建立健全矿业权审批出让管理长效机制。仁化局严打非法开采，矿产资源开发秩序良好，全年未发生重大安全事故。

地质环境管理。一是抓好地质灾害防治工作。编制了年度地质灾害防治方案，开展了地质灾害气象预报预警，全年发布预报预警23次；加强对85处危险点的监控和巡查，设立地质灾害危险区警示牌463个，完成46个地质灾害点的应急调查，编写地质灾害专题应急调查报告19份；完成乐昌、仁化、曲江、南雄、始兴及丹霞山管理区地质灾害规划编制；有效应对了“莲花”、“浪卡”热带风暴的影响、袭击，保障人民群众生命财产安全。完成了丹霞山地质灾害点监测方案的设计、监测点的布置、监测仪器购置、监测设施安装，监测系统验收，已正式开展长期动态监测工作。二是加强矿山地质环境治理和地质遗迹保护，对乐昌市八字岭矿山、凡口矿、大宝山矿进行地质环境治理。指导开展丹霞山地质遗迹保护工作，委托中山大学编制丹霞山景区开发和保护规划，完成了地质遗迹调查和科普线路设计，新增公园核心区界桩500个，设立标志碑，宣传碑和警示碑共20多座。建立了广东省南

雄恐龙化石群自然保护区管理处。圆满完成芙蓉山国家矿山公园建设并通过国土资源部的验收，隆重举行了揭碑开园。

2009年6月18日，广东省首个国家矿山公园揭碑开园。图为国土资源部、省国土资源厅和韶关市领导等有关人员为芙蓉山矿山公园揭碑开园。

【国土资源执法监察】

土地执法监察。认真落实土地执法共同责任机制和动态巡查责任制，建立和完善了联席会议、信息通报等制度，加强联合执法，土地执法监察工作成效明显，顺利通过了省政府和国家土地督察广州局的检查验收。第四次卫片与第三次相比，本级项目违法用地面积和违法占用耕地面积分别下降了71.6%和71.4%，第四次卫片执法检查违法占用耕地占新增建设用地占用耕地总面积的比例为8.5%。根据2009年度卫片数据和摸底排查情况分析，如上报项目用地及时批复，全市违法占用耕地比例将控制在5%以下。

解决历史遗留问题。通过与用地企业和有关区、村协调交地，已妥善处理了矿冶局、军休所改造用地入市挂牌问题，推动欧浦公司御龙湾项目交地、朝阳村常青公司征地、浈江区雷霆药业置换用地，协助武江区妥善处理了粤北工业区9宗历史遗留的工业用地补办手续，协调碧水花城扩建项目征地问题。

认真开展信访排查。开展了“基层大接访”活动、“信访积案化解年”活动和“进家门、问民生、解难题”探访重复上访户活动，开通12336举报电话；实行了领导包案处理，信访每月分析、每月通报制度，及时掌握信访动向，逐一落实到位，基本实现了“案结、事了、人稳定”。积极开展“送法下乡”和举办法制讲座，聘请特邀监督员和常年法律顾问；进一步加强国土资源管理法律法规宣传，市局及南雄、翁源等局均利用“6·25”土地日举行青年国土资源保护行动启动仪式及大型文艺演出活动，乐昌局举办了元旦“国土资源杯”千人书画大赛。

韶关市国土资源局高度重视法律法规工作，经常利用多种形式宣传国土资源的法律法规知识。图为2009年6月25日是第19个全国“土地日”在中山公园文化广场举办“国土之声”文艺演出活动。

【国土管理基础业务】

信息化建设。一是完成了市、县级国土资源系统网络的链接，为实现省、市、县三级国土资源系统主要业务的网上报批、视频会议系统和资源共享打下了良好基础；二是完成了韶关市区“金土工程”一期建设项目实施方案，为启动“金土工程”建设做好了前期准备；三是利用系统完成市区基准地价核算341宗，涉及评估金额2.7亿元，防止国有资产流失831.7万元，增加税收133万元；四是更新了市区GPS动态巡查系统平台，使系统运行更加稳定，巡查轨迹更加清晰，定位更加准确，为确保巡查工作落实到位提供了更好的技术服务；五是加强门户网站的日常管理，及时、准确发布国土资源政务信息，被国土资源部评为市级国土资源政务信息网上公开示范单位。

项目性工作。完成了全市第二次土地调查、全市补充耕地专项规划、年度土地更新调查、市区城镇二调地籍数据整理和建库、基本农田上图和成果上报、土地利用现状初始数据库和更新数据库建设等工作。完成了全市六个省级开发区土地集约利用评价、市区标志建筑补拍建模和《韶关市地图册》的编制等工作。

测绘行业管理。加强测绘管理，开展了 1:2000 数字化地形测量和地理信息市场专项整治，建立了测量标志维护机制；完善和规范了外来测绘单位来韶作业登记备案审核程序；配合省质检中心的有关专家完成市区基础控制网坐标体系改造、市区 1:500 数字化地形修补测量和三维系统建设项目的检查验收工作；完成全市共 25 家单位测绘质量监督检查，为 2010 年复审换证做好前期准备。与省地图出版社合作，编制出版了《韶关市地图册》2 万本，《韶关市地图》（挂图等）4000 幅，丝绸地图 1600 幅。

【机关作风和党风廉政建设】 扎实做好学习实践科学发展观、政风行风评议、“抓作风，塑形象”整改活动和纪律教育学习月活动，开展了内部自查座谈会、问卷调查征求各界意见，取得了预期效果。加强了机关效能监察，重点督促检查征地报批、窗口办文、土地整理等方面的工作落实，促进了工作效率的提高。积极组织学习培训，提高队伍素质。通过市人才服务中心公开招聘 18 名国土资源监察协管员，配合市人事局落实全市国土资源所符合公务员登记人员的资格核查、培训、资格考试和登记工作。举办了土地市场动态监测与监管系统培训、全市国土资源执法监察机构和乡镇国土资源所人员培训班、国土资源局地质灾害突发公共事件应急管理全员培训等。加强了窗口的内部管理和建设，韶关市国土资源局办文窗口收到办文单位、群众对市局窗口的服务质量反馈表扬 362 次，满意度 100%。乐昌市乐城镇国土资源所被评为市基层站（所）“窗口之星”先进集体。

配合“4·21”案查处整改，加强党风廉政建设。积极配合省（市）纪委、市检察院“4·21”专案组进行案件调查取证等工作；同时，主动开展内部整改，深入开展了查摆整改活动。修订完善了市局党组工作会议和局办公会议等制度，进一步从源头上构筑反腐防线。

（莫新生）

河源市

【概况】 2009年，河源市各级国土资源部门坚持以邓小平理论和“三个代表”重要思想为指导，深入贯彻科学发展观，紧紧围绕“保红线、保增长”目标，认真贯彻落实市委、市政府的重大决策部署，立足保增长、促需求、优结构、增后劲，进一步加强和改进国土资源管理工作，认真履行职责，积极主动服务，严格规范管理，开拓创新，真抓实干，为推动河源实现率先崛起、争当全省山区科学发展排头兵作出了应有贡献。

【耕地保护】深入开展了“保红线、保增长”行动，市、县、镇三级政府签订耕地保护责任书，落实了省下达的耕地保护任务，确保了河源市189.15万亩耕地保有量、165万亩基本农田不减少，被省政府评为2008年度土地利用计划执行综合二等奖和土地开发整理奖。市政府出台了《河源市利用低效园地山坡地补充耕地工作方案》和《河源市鼓励社会资金利用低效园地山坡地开发补充耕地实施方案》，落实《方案》要求，将任务分解到各县区，抓好项目监管，严把质量关，对耕地开发实行督查通报制度，督促县区落实领导责任，加快了开发进度，取得了良好的成效。2009年共完成土地开发整理项目并通过省级抽查有84个，验收确认新增耕地面积3.0451万亩，超额完成了415亩，受到省国土资源厅的通报表扬。

【地籍管理】 抓好日常土地登记发证工作。完成市区国有土地使用权登记发证2741宗，面积561.78万平方米，集体土地使用权登记发证4宗，国有土地使用权抵押登记227宗，面积503.35万平方米；协助法院查封81宗，解封10宗。扎实开展土地纠纷调处，共受理历史遗留问题等土地纠纷案件13宗，已成功调解处理10宗。国土资源部年初提出2009年是全国第二次土地调查“决战年”。围绕具体工作要求，市国土资源局以决战的信心和决心按时保质完成了市第二次土地调查各项工作。4月底前完成了全市农村土地外业调查及建库工作，8月底完成了城镇土地调查工作，9月底完成了基本农田上图工作，12月5日全面完成了第二次土地调查初始成果并上报国家，各项工作都走在全省前列，受到了省国土资源厅的多次通报表扬。

【土地利用】 为切实落实国家、省关于扩大内需促进经济平稳较快发展的有关措施，有效推进重大项目建设和“保增长、保红线”行动深入开展，市国土资源局齐心协力克服困难，加大力度推进重点建设项目的用地预审、报批工作，组织人员参加全省用地报批培训学习，成立了用地报批领导小组，加强与发改、劳保、林业等部门的协调联动，解决用地报批存在问题。2009年，全市取回用地批文12宗，面积378.3公顷，组织上报建设用地材料19宗，面积约584公顷，重点保障了第一、二批扩大内需项目、“一区六园”、政府储备、民生工程等建设用地，“一区六园”开发面积比上年扩大7.7平方千米。市国土资源局突破常规完成了建设项目用地预审和规划调整，为市高新区三期用地、市工业技术学校、龙川县工业园区、广大高速河源段等重点建设项目用地规划调整13宗920公顷，受理预审12宗55公顷。抓好建设用地报批，取得批复用地25宗880公顷，至2009年12月底已上报省国土资源厅待批准用地9宗293公顷。扎实开展征地服务，基本完成了河源工业技术学校用地及村民留用地征地，河源市高新区三期2.6平方千米已进场实施征地，有效处理了建市以来征地历史遗留用地纠纷调处工作。出台了《市区土地使用权管理若干规定》、制订了工业用地优惠价格抵押贷款问题处理办法，土地管理工作进一步规范和强化。继续开展市区非农建设闲置土地清理，受理闲置土地222宗98万平方米，共收取闲置费299万元。

【土地市场建设】 严格执行公开交易程序，操作行为规范化，维护了河源市土地市场交易的良好秩序，促进土地有形市场健康、规范发展。发布经营性用地挂牌出让、转让公告48宗，成交35宗，成交面积122.1万平方米，总成交金额为10.4亿元。严格按照基准地价及市场价格做好土地评估工作，完成课税评估1050宗。利用土地日、测绘日、地球日、法制宣传日，通过报纸、网站、电视台、电台等宣传工具进行普法宣传，重点对违法违规用地、“三旧”改造、“双保”行动的宣传。依法行政工作深入开展，进一步简化行政审批制度改革，缩短办事程序。“金土工程”建设加快推进。“金土工程”一期工程各分项目招标和实施工作全面完成，积极协调市政府和财政局、信息产业局，进一步对总体设计方案进行论证，争取总体设计方案和总预算经过市级审定， 为推进“金土工程”建设提供保障。

2009年9月28日，河源市国土资源局召开全市“三旧”改造工作会议。

【矿产管理】 矿管日常业务工作扎实有效。“整规”工作成果得到巩固和扩大，被评为全国矿产资源“整规”先进单位，获国家10部委表彰。全面开展市、县发证矿业权的核查工作，完成了野外实测工作和169家市、县发证矿业权全国统一配号工作。深入开展“安全生产年”活动，全市持证矿山实现了安全生产，没有出现伤亡事故。抓好矿产资源整合，紫金县宝山铁矿矿区的整合工作取得积极进展，天欧公司与有关村委会初步达成一致意见。编制完成了《河源市稀土勘查规划》，扎实开展稀土勘查，初步查清了河源市稀土资源分布情况，选定了一批可供进一步勘查的基地。稳步推进矿业权市场建设，组织采矿权会审11宗，办理储量核实报告评审备案15宗、矿山开发利用方案审查备案9宗、采矿权评估结果备案10宗、采矿权登记31宗，收取采矿权价款362.55万元，通过市场出让采矿权3宗。

【地质灾害防治】 制定印发了《河源市2009年度地质灾害防治方案》，抓好了重大地质灾害点排查和汛前核查等工作，全市地灾获得零伤亡的好成绩。建立县、镇、村三级地质灾害隐患点和危险点台账，地质灾害群测群防体系得到完善，兑现奖励了成功预报地灾有功人员。全市“五县一区”开展了地灾应急演练，有效地提高县区一级地质灾害应急处置能力和防灾减灾水平。全面开展温泉资源普查工作，全市共查明温泉资源32处，已开发利用8处，推荐可优先开发的温泉7处。扎实开展《温泉资源规划》编制工作。 落实地质灾害防治资金取得新成果，全市申报的16个省级地质灾害防治项目中，其中5个获得批准专项资金280万元。紫金县紫金中学后山滑坡，申报国家地质灾害治理项目获得资金300万元。省级恐龙化石自然保护区建设工作积极推进。

【测绘管理】 数字化地形地籍测量进展顺利。按省国土资源厅要求今年全市需完成1:500城镇数字化地形地籍测量168.5平方千米。其中，市区补测25平方千米，东源县37.5平方千米，紫金县27平方千米，龙川县20平方千米，连平县29平方千米，和平县30平方千米。全市1:500数字化地形地籍测量有望在明年初上报广东省国土资源厅验收。抓好测绘管理工作，完成地籍测绘2747宗；开展了地理信息市场专项整治，建立测量标志维护机制；抓好测绘资质管理，建立测绘监管新机制和测绘质量信用体系。

【执法监察】 市政府出台了《河源市建立土地执法共同责任制规定》，对土地违法管理实行问责，初步建立了土地执法共同责任制，政府领导下的土地违法违规案件查处协调机制和部门协作配合机制逐步完善。动态巡查全面加强，多次开展对全市五县一区土地违法行为的巡查、督查，对发现的问题及时向河源市政府、县区政府反馈，引起政府主要领导重视，刘小华市长专门召开全市违法用地整改会议，部署整改工作。各县区落实整改取得成效，源城、东源、龙川、紫金、市直等单位或组织材料报批、或对违法行为进行拆除、处罚、复耕复绿、完善用地手续等。全市动态巡查发现和制止违法用地 274 件。违法用地和非法采矿查处力度加大。全面查处广东省第四次卫片发现的违法用地行为，广东省第四次卫片发现的河源违法用地 496 宗全部立案查处，立案率、查处率 100%，结案率 97.1%，违法占用耕地面积占新增建设用地占用耕地面积的比例为 7.3%，2008 年度违法用地面积比 2007 年度下降 95.7%，在全省违法用地下降率和查处率最高。非法采矿行为得到有效遏制，整治影响城市景观矿山石场 27 个，查处无证勘查开采矿点 12 个，遣散非法采矿人员 50 多人。维稳综治形势保持稳定。信访维稳和社会治安综合治理得到加强，土地、矿产资源的信访调处工作扎实开展，领导落实包案责任有效落实。信访积案化解年、领导干部大接访活动收效明显，解决了长达 7 年的石场纠纷、京九铁路回迁安置点安置问题。2009 年，市国土资源局共接访群众 296 宗 523 人次，同比下降 8.8%，调处了信访案件 283 宗，办结率 95.6%。

【队伍建设】 做好全市机构编制人员情况摸底调查、身份甄别、培训考核、资格考试等工作。全市直接办理过渡公务员 183 人，参加资格考试 28 人。举办了全市地灾防治应急培训班、国土资源所长全员培训班，培训干部 1000 多人次。加强机关干部业务培训，共派出市县局科股级干部 200 多人次参加上级组织的培训教育。坚持教育、制度、监督并重，积极开展“纪教月”等各类廉政教育活动，结合全省国土资源系统和市国土资源局主要领导违纪问题，针对国土资源管理的重点领域和关键环节，加强了制度建设和监督管理，切实抓好了工程招投标、土地出让、矿权管理、规划审批等重点领域的反腐保廉工作。加强了制度建设和监督管理，逐级签订了党风廉政建设责任书，并抓好落实。抓好了县区局班子反腐保廉考核，实行了科级以上干部廉政知识考试和测评。

（黄浩、陈丹）

梅州市

【概况】 2009年是梅州市国土资源管理工作经受考验、克难奋进的一年。面对国际金融危机带来的严峻挑战，全市各级国土资源部门在市、县（市、区）党委政府和省国土资源厅的正确领导下，全面落实党中央、国务院和省、市重大决策部署，紧扣“推动绿色崛起、实现科学发展”这一主题，积极主动服务，严格规范管理，有力地促进了全市经济社会平稳较快发展。2009年度，梅州市国土资源局被国土资源部授予“保增长保红线行动成效显著单位”，被市委、市政府评为“市直机关作风先进单位”。

【土地规划】 全面完成了市、县级土地利用总体规划大纲修编工作，先后通过省审查，为同步开展市、县、镇三级土地利用总体规划成果编制打下坚实基础，并完成了市、县级土地利用总体规划成果初稿编制工作，11个急需用地镇土地利用总体规划通过省审查和市政府审批实施。市国土资源局直属分局按照省、市部署，至2009年底梅江区区级土地利用总体规划大纲和金山、城北、三角镇镇级土地利用总体规划通过广东省审查，工作进度走在全市前列。梅县国土资源局完成21个镇级规划工作底图和6个镇级规划公示和听证，4个镇级规划已上报省审批。

【耕地保护】 一是严格落实耕地保护考核责任制。确保全市239.09万亩耕地红线不失。梅州市政府与各县（市、区）政府、各县（市、区）政府与各镇政府签订了2009年度耕地保护目标责任书。二是土地开发整理工作成效明显。全市完成开发补充耕地项目127个，面积4.32万亩，全部通过省、市验收确认，超额完成省国土资源厅下达的任务。

五华县强化耕地保护责任的落实和考核，县政府与各镇签订耕地保护责任书，印发了《五华县镇级人民政府耕地保护责任目标履行情况考核方案的通知》，实行耕地保护“关口前移”。健全县、镇、村三级耕地保护巡查监测网络，建立和实行土地巡查监察“零”报告制度，强化日常巡查监控，严厉打击乱占滥用耕地行为，严守耕地保护红线。

【基本农田保护】 全市选定基本农田示范区8个、面积6.5万亩，其中蕉岭县省级5万亩，兴宁市级0.4万亩，五华县、梅县、丰顺县、大埔县、平远县、梅江区等6个县（区）共1.1万亩，可增耕地面积0.2万亩。

蕉岭县编制了省级基本农田保护示范区第一、二期共2.37万亩项目建设方案，并经省国土资源厅、农业厅、财政厅审批通过；初步设计、工程预算已经省国土资源厅、财政厅审查通过。同时，认真抓好第三、四、五期省级基本农田保护示范区项目的规划编制、申请立项等工作。

【地籍管理】 一是全面完成第二次土地调查工作。认真贯彻落实国务院、广东省开展第二次全国土地调查的通知精神，市、县（市、区）政府均成立了领导小组及办公室，制定了《梅州市第二次土地调查工作实施方案》，召开各种不同层次的会议，进行广泛学习动员，并通过招标方式建立了作业队伍。全市8个县（市、区）基本完成农村土地外业调查和数据库建设工作。二是加强土地权属登记发证和土地权属争议调处。办理梅州城区国有土地使用权登记发证3937本，办理抵押登记170宗；调解10宗土地纠纷，作出行政处理决定1宗，行政应诉3宗，行政复议3宗。

丰顺县国土资源局坚持以加大土地登记覆盖面为核心，加强工作力度，提升业务水平，有效做好土地登记工作，全年颁发集体土地使用证 518 宗，面积 40421 平方米；国有土地使用证 1502 宗，面积 490093 平方米；他项权利证 136 宗，面积 949572 平方米。

【土地利用】 一是及时做好建设项目用地预审和规划调整。办理市级以上建设项目用地预审 10 宗、办理土地利用总体规划调整 5 宗。二是依法办理农地转用和土地征收审批手续。全市上报城市批次、单独选址项目用地 31 宗，共使用新增建设用地指标 1406 公顷，农用地计划指标 1310 公顷，耕地计划指标 417 公顷。206 国道扩建、西环高速公路三期、韩江水利枢纽工程、西环高速一、二期、兴畲高速公路等 5 个项目已报国土资源部。

五华县国土资源局对白石嶂钼矿建设、水华线公路改造、蒲丽顶森林公园、长乐烧酒厂新上生产线、县城污水处理厂、益塘水库和桂田水库除险加固等拉动内需建设项目，均安排局领导专人负责，组织一套人马专门落实，做到提前介入用地预审，及早做好现场勘测，快速上报用地资料，公开透明供应土地。全年经省政府批准农用地转用及征地两批次，面积 56.6 公顷，主要用于县城工业园、新农村建设等。全年实施征地 37.6 公顷，新供应土地 28.5 公顷。完成汕湛高速、济广高速五华段以及转水热矿泥山庄专用车道、省道 S238 线改造等用地预审。

兴宁市国土资源局建立土地市场动态监测与监管体系和建设用地审批（审核）制度，全面提升土地供应、开发利用、市场交易、收购储备、集体建设用地的监测监管能力，全力保障技工学校二期建设、合水水库主副坝加固扩建工程、污水处理厂、广州（梅州）产业转移园二期和城市建设等重点项目用地。盘活“三旧”用地 0.7 公顷、储备土地 73.33 公顷，办理建设用地预审项目 38 宗、调整规划 2 宗，上报项目用地审批 15 批次，面积 504.73 公顷。

【节约集约用地试点示范工作】 大力推进节约集约用地试点示范工作，制定了节约集约利用土地工作方案，市、县政府层层签订了责任书。成功实施梅州城区江南东片人居环境改善改造工程，探索出了符合梅州实际的“三旧”改造新路子。认真开展开发区土地集约利用评价工作，全市五个开发区（包括梅州经济开发区、梅州高新技术产业园区、梅州蕉华工业园区、丰顺经济开发区、五华经济开发区）、二个产业转移园区（广州 [梅州] 产业转移工业园、东莞石碣 [兴宁] 产业转移工业园）均按省要求按时完成了园区节约集约利用评估工作，并通过了省国土资源厅验收。

市委、市政府以实施梅州城区江南东片人居环境改善工程为突破口，不断加大旧城改造力度，着力打造宜居城乡、推动绿色崛起。东片工程改造范围沿梅江西岸，北起东山大桥，南至马鞍山，全长 4 千米。土地面积 1589 亩，其中集体土地 290 亩，国有土地 1299 亩。拆迁总户数 1034 户，拆除房屋 834 座，建筑面积约 31 万平方米。 工程总投资 13.36 亿元，其中梅州市政配套设施建设 2.28 亿元，拆迁安置补偿费用 8.37 亿元，征收土地补偿费 2.36 亿元，其他费用 0.35 亿元。项目主体工程为归读公园、堤下梅水路、安置小区、城区截污工程等四个项目。归读公园、堤下梅水路、城区截污工程已建成交付使用，两个安置小区正在建设中。

为加快东片工程建设，坚持依法上报审批，保证合法用地；成立专门机构，落实工作职责；多种方式结合，统筹解决资金；坚持就高补偿，体现以民为本；坚持宣传在先，争取群众参与；采取科学方法，妥善处理难题。并通过采取以集约促进节约盘活城建用地，依法依规因地制宜收回国有土地，以人为本创新补偿机制，产权置换安置拆迁户，政府主导建设安置小区等做法，取得了显著成效，走出了一条以宜居带动宜业、以宜业提升宜居的节约集约用地之路。

【市场建设】 全面落实和严格执行经营性用地、工业用地和采矿权探矿权招标拍卖挂牌制度，进一步规范国土资源市场交易行为。据统计，全市采取招标拍卖挂牌等方式公开出让土地 43 宗，面积 119.279 公顷，成交金额 38319 万元。全市有偿出让 48 宗采矿权，收取采矿权价款 623 万元。其中：市级出让 37 宗，收取采矿权价款 521 万元；县级出让 9 宗，收取采矿权价款 102 万元。

梅县国土资源局采取招标、拍卖、挂牌方式出让 8 宗商品住宅用地和 5 宗土地用途改变为经营性用地。完成土地交易 6163 宗，面积 105.38 公顷，交易金额 66376.47 万元；评估土地 1878 宗，评估面积 453.02 公顷，显化土地资产191800万元。

【矿产管理】 一是重点矿业开发项目全面推进。积极协调与省属大型企业的矿业开发合作，强力推进重点矿业开发。五华县白石嶂钼矿工程建设投资1.6亿元，项目进展顺利；兴宁市霞岚钒钛磁铁矿开发进入综合利用试验攻关阶段；平远县完成了平远富远稀土分离项目转让给省广晟集团公司的交接、顺利复产及增加稀土分离元素等项目工程，正在筹建年产2000吨烧结钕铁硼永磁材料项目。二是重点矿区勘查工作取得突破。平远县仁差盆地(差干与仁居)的钼、铀等金属勘查、丰顺县尖笔岽铅锌铜多金属详查工作进展顺利；丰顺县黄沙坑至潘田约1000平方千米的重要成矿区的矿产地质调查已开展工作，计划三年完成，总投资1000万元。梅县巴庄铅锌矿普查区、梅县郑耕山铜铅锌普查区、大埔县石燕坑铅锌铜矿普查区、五华县梅里坑铅锌多金属矿普查区（发现钼矿）等一批勘查项目都发现了具有开发前景的矿体。全市水泥用灰岩和大埔县瓷土资源专项调查与规划的野外工作基本完成。

平远县国土资源局以巩固整顿和规范矿产资源开发秩序行动成果为重点，积极稳妥地推进矿产资源整合工作，促进资源开发的规模化、集约化、科学化。是精心编制稀土开发利用方案，对仁居镇、黄畲镇两个稀土矿区的7个开采点进行资源整合。同时，为保护矿区生态环境，采取试点带动、整体推进的方式，对仁居稀土矿区进行了环境整治和生态复绿，取得了阶段性成效。此外，还做好瓷土、石灰石等资源整合和差干多金属矿勘查及开发项目的推进工作。

【地灾防治】 加大汛期巡查监测力度，全市组织地质灾害巡查1600人次，加强汛期地质灾害巡查监测，对辖区内的重大地质灾害危险点、隐患点以及大型建筑工程场所的地灾情况进行全面巡查，对巡查发现的危险点、隐患点和群众提供的险情线索迅速作出危险性判断，及时制定紧急避让措施，认真落实群测措施。加大经费投入，建立了全省地级市第一家利用数据库发布的地质灾害预警信息短信语音系统。该系统自2009年4月投入运行以来，结合汛期地质灾害预报预警分析，共发布手机短信16917条、录音电话40820个，准确预报地质灾害1宗，成功避让15人。

大埔县国土资源局精心编制《2009年度地质灾害防治方案》，举办地质灾害突发公共事件应急管理培训班和“5·12防灾减灾日”防灾减灾知识咨询活动，印发宣传资料1万份；充分发挥地质灾害预警信息系统作用，全年发布地质灾害三级预报预警13次；深入开展矿山地质环境恢复治理，完成矿山地质环境影响评价报告22份。

丰顺县国土资源局按年度地质灾害防治预案和突发性应急预案，确定99处重点防范危险点，对674个隐患点建立健全了三级地灾群防群治网络，对重点地质灾害点编制了应急预案，做到目标明确，措施到位，责任落实。全年发出气象短信4280条，地质灾害危险点（隐患点）发放明白卡600份，巡查800人次，

【测绘管理】 组织编制《梅州市基础测绘“十一五”规划》，“十一五”以来投入950万元，开展了125平方千米数字化测量及38平方千米的梅州城区修补测任务。积极配合做好广东省国土资源厅连续运行卫星服务系统二期工程建设，完成了大埔站、兴宁（罗浮站）两个GPS基准站土建工程、仪器安装和网络连接工作，两个站已建成并运行。

兴宁市国土资源局加强测绘行业管理，深入开展地图市场、测绘成果保密等测绘行业清理清查专项活动，全面实施测绘质量监督管理，完成项目用地测绘13宗、垦复测绘12宗，地籍发证测绘4379宗，提供成果图件163份，并做好全市范围内4个三角点、36个水准点的检查保护工作。

五华县国土资源局推进城镇数字化测绘，新增城镇数字化测绘6.92平方千米，全县城镇数字化测绘面积达46.66平方千米，全年提供测绘图12500幅。

【执法监察】 一是建立土地管理共同责任机制。梅州市委、市政府出台了《关于强化土地管理严格责任追究的意见》，市政府出台了《关于建立土地管理共同责任制度的实施意见》，对供地、用地、审批、土地违法行为查处和监管工作作出明确具体的规定，量化标准，严格实行问责，形成政府主导，纪委、监察、国土资源等相关部门密切配合的新机制。二是健全土地执法联动机制。与公安、检察、法院建立了联席会议制度、办案信息通报制度、移送制度，共同研讨重

大土地违法案件，对土地违法行为做到快立、快侦、快审、快办，有效打击各类土地违法行为。三是建立和落实土地动态巡查制度。国土资源部门出台了《关于进一步加强土地巡查监控严肃查处土地违法违规行为的意见》，建立了《土地执法督查制度》、《约谈制度》、《移送问责制度》、《责令停止土地违法行为通知书》抄送制度和土地动态巡查零报告制度，严格落实，按时报告。全市共发现土地违法行为231件，及时制止211件，立案查处20件，已结案12件。四是扎实开展违法违规用地查处整治行动和第四次卫片执法检查。依法查处违法用地256宗，面积822.2亩、耕地393亩。立案率、查处率100%，已落实查处整改256宗，结案率100%，四项刚性指标达到广东省政府规定要求，顺利通过省政府检查验收。五是完善土地执法保障机制。由梅州市财政拨款169万元，为每个基层国土资源所配备2辆统一标准的执法巡查摩托车，为及时有效制止和查处土地违法行为提供了有效保障。六是做好民生信访保稳定。认真开展重大信访专项治理及国土资源局长接访周和下访月、局长接访日活动，积极做好土地信访矛盾纠纷的化解工作。市国土资源局共受理群众来信来访338件；局长接访日共接待群众来访9批54人次；受理承办上级批转信访案件88件；网上受理群众来信278件；局领导包案化解重信重访案件13件。

兴宁市国土资源局建立与纪检监察、公、检、法、司和城管联合执法监察新机制，坚持实行违法用地每天“零”报告制度，积极开展卫片执法检查，集中开展违法违规用地查处整治和违章建筑物清拆行动，99宗违法用地制止在萌芽状态、依法立案查处违法用地16宗、拆除违章建筑物5宗。继续整治矿产资源违法行为，扣押钩机2台、方拖1辆，没收矿车13部、手推车14辆，炸封矿井39条，封堵井口45个。

梅县国土资源局认真贯彻落实《关于严格执行土地动态巡查报告制度的通知》，全面落实国土资源巡查责任制，实行土地动态巡查零报告制度和月报制度。2009年通过动态巡查发现违法违规用地67宗，面积2.57公顷（其中耕地1.62公顷）；立案查处22宗，面积0.822公顷。

丰顺县国土资源局专门拨出经费170万元，为每个基层国土资源所购置了一辆皮卡车和一部相机，切实解决基层国土资源所巡查难问题，并制订了《土地动态巡查考核制度》，每季度组织人员进行检查考核，对考核结果进行全县通报。继续落实抄送制度，对已发出《停工通知书》的违法用地，及时将违法违规行为函发送给各有关单位，起到部门联动作用，有效地制止违法用地行为。

【维护民众权益】 严格按照法律程序征收土地，坚持征地预审、补偿安置听证等六项制度，协调相关部门积极开展征收农民集体土地和土地征收款专项执法检查。加快征地制度改革，制订出台《梅州市梅江区征收集体土地暂行办法》、《梅州城区（含梅县）基准地价标准》等规范性文件，有效地维护了被征地农民合法权益不受损害。

【宣传培训】 以“4·22”世界地球日、“6·25”全国土地日、“8·29”全国测绘法宣传日、“12·4”全国法制宣传日为契机，开展以国土资源法律法规为核心内容的形式多样的宣传活动。充分利用《广东国土资源》、《梅州日报》和梅州电视台《国土资源专栏节目》，积极开展国土资源宣传报道。分别举办了全市镇长、国土资源所长、国土资源执法系统干部国土资源法律知识培训班，与梅州市职业技术学校联合建立了矿政管理人才培训基地，首期培训班已开班。干部队伍素质不断提高。市国土资源局被省国土资源厅评为“2009年度全省国土资源系统宣传报道工作先进单位”。

梅县国土资源局邀请省国土资源厅张建国总工程师对全县国土资源系统干部职工进行国土资源法律法规知识培训，对基层国土资源所全体干部分两批在梅州市委党校进行轮训，并联合梅县法制局在华侨城文化广场举办国土资源法律法规知识宣传咨询活动。

五华县国土资源局运用广播电视、报刊杂志、标语横额、宣传栏、宣传车等多种形式和手段，广泛宣传现行国土资源管理政策法规，在“4·22”世界地球日、“6·25”全国土地日、“8·29”全国测绘法宣传日、全县第二次土地调查以及卫片执法检查等专项行动期间，发放宣传特刊、知识手册、法律法规等23100份，张贴标语、悬挂横额2500条，出动宣传车70辆次，在五华县电视台《五华国土资源》栏目播放专题节目

24 期。

【机关作风】 一是紧扣学习实践科学发展观活动主题，坚持规定动作不走样，自选动作有创新。加强学习调研，开展课题调研 7 个，形成调研报告 10 篇，收集“两代表一委员”、服务对象等阶层人士的建议意见 136 条，形成了局领导班子贯彻落实科学发展观分析检查报告。坚持边学边改，梳理各类问题 30 条，整改 25 条，有效地推动了各项工作的落实。二是深入开展以“切实转变作风、推动科学发展”为主题的机关作风建设活动，机关执行力和服务效能得到有效提升，发展环境进一步优化，干事创业氛围更加浓厚，部门形象更加得到社会的广泛认可。2009 年 11 月，梅州市委政风行风评议团对市国土资源局等 4 个市直单位进行政风行风评议，市国土资源局评议总分名列第一；2009 年，市国土资源局被梅州市委、市政府评为 A 类单位机关作风先进单位。梅县、丰顺县、大埔县、平远县、五华县等 5 个县国土资源局被当地党委、政府评为机关作风先进单位。

【党风建设】 坚持教育、制度、监督并重，积极开展纪律教育学习月活动等各类廉政教育活动，突出国土资源管理的重点领域和关键环节，加强了制度建设和监督管理，各级国土资源部门层层签订了党风廉政建设责任书，组织党员开展自查，不断提高党员干部严格自律的自觉性。

（李盛春）

惠州市

【概况】 2009年，惠州市国土资源管理工作按照保障发展、保护资源、保证民生、保持稳定的工作思路，以构建保障和促进科学发展新机制为主线，以推进节约集约利用资源为抓手，坚持改革创新，努力拼搏进取，全面推进国土、矿产管理工作，为实施《珠江三角洲地区改革发展规划纲要》、建设科学发展“惠民之州”和促进惠州市经济社会平稳较快发展提供国土资源保障。2009年2月，市国土资源局被惠州市委、市政府授予“创建全国文明城市三等奖”、评为“2008年度全市信访维稳工作先进单位”；6月，被省政府授予“2008年度土地利用计划执行综合奖励三等奖”和“保护耕地奖”；10月，被国土资源部等九部委评为“全国整顿和规范矿产资源开发秩序工作先进集体”。

【土地规划】 年内，开展市、县、镇三级土地利用总体规划修编工作。市级土地利用总体规划修编大纲获国土资源部审查通过，县级土地利用总体规划修编大纲获省国土资源厅审查通过；市级土地利用总体规划修编成果通过省国土资源厅评审，大亚湾经济技术开发区土地利用总体规划成果上报市政府审查，惠城区及其辖区各镇（街道）土地利用总体规划成果初稿基本编制完毕。

【耕地保护】 年内，强化土地管理和耕地保护责任制落实，推进基本农田保护示范区建设。根据第二次全国土地调查数据，惠州市耕地加上可调整地类合计217.42万亩，按照省下达惠州市2010年215.47万亩耕地保有量指标，全市耕地总量实现动态平衡、占补平衡，其中博罗县国土资源局被国土资源部、农业部评为“全国基本农田保护工作先进单位”。推进土地开发整理，博罗县九潭镇国家投资土地整理项目，建设规模5260.5亩，新增耕地562亩，已完成100%；博罗县观音阁镇国家投资土地开发整理项目，建设规模11884.5亩，新增耕地760.5亩，已完成100%；龙门县王坪镇省级投资土地整理项目，建设规模11452.8亩，新增耕地面积557.4亩，已完成86%；惠城区横沥镇省级投资土地整理项目，建设规模26400亩，新增耕地面积1020亩，已完成50%；博罗县杨侨镇省级投资易地开发补充耕地项目，建设规模5400亩，新增耕地3500亩，已完成100%。开展利用园地山坡地补充耕地工作，全市完成开发补充耕地项目59个，新增耕地面积约22000亩，其中通过县、市验收并经省抽查确认项目42个，新增耕地面积17636亩。

【地籍管理】 年内，开展第二次全国土地调查工作，全面完成11343平方千米的土地利用现状调查、375平方千米的城镇地类调查、149平方千米的专项用地调查、44平方千米的开发园区调查、上一轮基本农田保护区调查建库工作。全市开展472平方千米城镇地籍调查，基本完成地形测绘及修补测，权属调查工作完成70%。扩大土地登记覆盖面，全年完成土地登记发证13404本，其中日常登记发证1733本，住房用地分割登记发证11671本。全面启动全市农村宅基地和房屋登记发证工作，制订《惠州市村民住宅核发〈集体土地使用证〉〈房地产权证〉实施办法》和《惠州市村民住宅核发〈集体土地使用证〉〈房地产权证〉工作方案》。

【用地保障】 年内，惠州市国土资源局审批用地431宗，2907亩，成立建设用地报批办公室，集中人力做好市重大项目和民生项目用地报批和供应工作，全市上报国家、省重点项目7个，面积31079亩；上报城镇分批次新增建设用地66批次，面积9168亩；完成省重点项目TCL液晶模组项目用地报批工作，面积720亩；省批准市城镇分批次用地项目71个，面积11655亩。

年内，该局采取从经营性用地出让面积中拿出10%的土地实行代建制和提供单独地块建廉租住房等方式，推出2999套经济适用房和廉租房，将位于惠城区江北45号小区和马安镇国有储备用地划拨作为政府经济适用房、廉租房用地。博罗县收回位于罗阳镇浪头村的30亩闲置土地，通过市场选择投资商用于经济适用房和廉租房建设；龙门县将盘整收回的部分国有土地用于教师经济适用房建设。

年内，开展节约集约用地评价，推进园区扩园升级，完成仲恺高新技术产业开发区、大亚湾经济技术开发区、惠州出口加工区等3个国家级开发区和惠州工业园、惠阳三和开发区、大亚湾石化产业园等3个省级开发区的土地节约集约利用评价工作，有关成果通过广东省国土资源厅验收。

【“三旧”改造】 年内，开展全市“三旧”用地调研工作，了解各县（区）、镇（街）基本建设情况，收集和听取各镇（街）对“三旧”改造的意见和建议，调查摸底“三旧”改造范围内企业或个人的产权情况，惠城区登记上报“三旧”项目1868宗，改造面积约2.34万亩。惠州市政府两次召开全市“三旧”改造工作会议，动员和推进全市“三旧”改造工作，制订《惠州市推进“三旧”改造工作实施意见》，成立“三旧”改造领导机构并抽调相关单位工作人员组成“三旧”改造工作机构，并在惠城区筛选30－40个试范点进行“三旧”改造。

【土地储备】 年内，省下达惠州市新增建设用地指标9810亩，其中农地转用指标7185亩，未利用地转用指标2625亩。全市盘整收回土地约1.8万亩。其中惠州市国土资源局经报市建设用地领导小组会议讨论同意，盘整土地35宗，土地面积1593亩。惠城区完成潼侨工业基地扩园首期300亩土地盘整工作；惠阳区盘整收回土地58宗，面积4254亩；大亚湾区盘整收回用地92宗，面积4935亩；惠东县为重点项目落户盘整土地60宗，面积6000多亩；博罗县收回闲置土地27宗，面积672亩；龙门县盘整收回260亩国有土地用于建设项目用地需求。

【土地市场】 年内，惠州市土地与矿业交易中心以招标、拍卖、挂牌方式出让商住用地46宗，面积193.3公顷，交易起始价28.9亿元，成交价31.6亿元，超出起始价2.7亿元；以招标、拍卖、挂牌方式出让工业用地16宗，面积29.3公顷，成交价1.15亿元，超出起始价0.8万元；以挂牌方式出让采矿权9宗，矿区面积109.3公顷，成交价5765万元。

年内，惠州市国土资源局通过经营性用地招标、拍卖、挂牌出让，上缴市财政土地出让纯收益18.76亿元。惠城分局收取地价款2.03亿元，比2008年增长270%；惠阳分局上缴财政土地纯收益8亿元；大亚湾分局实现土地收入11.4亿元；惠东局上缴政府土地纯收益6.74亿元；博罗局全年上缴财政土地收入6.56亿元。

【土地征收】 年内，修改完善《惠州市加强建设项目征地拆迁管理规定》，明确征收未利用地和集体非农建设（含宅基地）用地标准、留用地折算货币补偿的原则和标准，降低现阶段抢建比较猖獗的简易棚、越冬池棚架、水管的补偿标准。全面检查各县（区）支付农民征地补偿款情况，实现新征地“零上访”。市国土资源局征地清场任务共98项，其中市财政支付88项，征地面积50125亩，重点项目高速公路、铁路、城际轨道10项，征地面积21423亩。已完成征地任务14项，征地面积8616亩；正在组织实施征地74项，征地面积41509亩；完成过半征地20项，征地面积21445亩。市财政支付征地补偿款88761万元，高速公路、业主支付征地补偿款22530万元。

【矿产管理】 年内，开展整顿和规范矿产资源开发秩序“回头看”行动，市国土资源局被国土资源部等十部委评为“全国整顿和规范矿产资源开发秩序先进集体”。完成惠州市政府矿产资源整合方案规定的水泥用灰岩、建筑用石、瓷土、地下热水等4种主要矿种的整合工作。加大采石场整治和复绿工作力度，全市累计筹集7738万元对178个关闭和废弃的采石场进行复绿，完成整治复绿采石场137个，占总数的77%，面积 241 万平方米，占总面积的 83%。完成矿业权核查的野外实测任务，开展矿山储量动态监督管理和储量利用调查工作，在采矿山年检合格率达到 100%。完成惠州市第二轮矿产资源规划编制工作。

【地灾防治】 年内，市、县（区）、镇政府签订《地质灾害防治工作责任书》，市、县（区）政府成立地质灾害防治领导小组和汛期应急抢险指挥机构，县(区)国土资源部门设置地质灾害防治监测机构，基层国土资源所配备地灾联络员。完成 10 处地质灾害隐患点治理及黄塘虎头山等 16 处地质灾害隐患点的评估、勘察、设计和治理方案的可行性研究报告，完工验收 4 个地质灾害点工程项目，对 5 个地质灾害危险性评估报告进行登记备案，落实 2010 年度 2000 多万元财政资金支持。对 98 处地质灾害隐患点竖立警示牌，全市地质灾害防治实现"零事故"。

【测绘管理】 年内，完成惠州 CORS 系统全部工作；完成全市基础测绘中长期规划编制；开展治理整顿和规范地理信息市场秩序工作，完成 28 家测绘资质单位和 9 家领取涉密测绘成果用户单位自查和检查整顿阶段各项工作。全市完成 1:500 数字化地形图测量面积 110 平方千米。市国土资源部门完成惠城区范围内 1:500 数字化地形补测 669 宗，面积约 2.33 平方千米；界址放样 2346 个；惠城区石场测绘 15 个，面积约 1.49 平方千米；广惠高速公路东延线土地勘测测量约 4 平方千米，界桩放样 3117 个；博深高速公路土地勘测测量 1:500 测图 6.57 平方千米，界桩放样 3013 个；完成惠大高速公路先行标土地勘测测量 1:500 测图 0.33 平方千米，界桩放样 131 个。惠东局完成布设覆盖 2500 平方千米的 GPS – E 级网的控制测量工作，龙门局完成布设覆盖 2260 平方千米的 GPS – E 级网的控制测量工作。

【信息化建设】 年内，推进"金土工程"建设，完成电子政务平台建设及核心业务系统迁移改造工作；完成"金土工程"基础地理信息数据库和相关业务数据库建设工作；全部拉通惠州市国土资源局到惠城区 23 个国土资源所的物理光纤，大亚湾分局建成并试运行三级联网，惠东局安装建设用地台账管理系统并投入使用。做好数字城市地理空间框架建设试点项目实施工作，完成基础地理信息数据库建设，初步完成交通路网、地名和地标信息、单位信息、门牌信息等 60 多万条公共兴趣点信息的收集整理工作，形成公共管理基础地理信息数据库和公共服务地理信息数据库；获取市区 500 平方千米 1:2000 航空正射影像数据；完成管理服务平台和应用示范系统建设。

【执法监察】 年内，惠州市政府印发《惠州市建立国土资源管理共同责任制度的规定》，明确各级政府是辖区土地管理责任主体，建立和完善政府领导下的国土资源违法违规案件查处协调机制。市国土资源局联合团市委启动"珍爱国土·青年担当"国土资源保护行动试点工作，选择 30 个工作基础较扎实的行政村，依托村团支部建立国土资源保护信息服务站，招募青年志愿者向群众宣传法律、解答问题、制止和举报违法行为。在广东省第四次暨国家第九次卫片执法检查中，惠州市共有图斑 6642 个，总面积 70554.4 亩，其中合法用地 1250 宗，27928.2 亩；实地伪变化 3149 宗，26910.9 亩；农业结构调整 1588 宗，面积 10055 亩；违法用地 655 宗，5659 亩（其中含国家、广东省重点工程违法 160 宗，4302 亩；其他违法 495 宗，1357.5 亩），全市违法用地总量同比下降 83%，违法占用耕地面积占新增建设用地占用耕地总面积的比例由 17.7% 下降为 6.4%，同比下降 11.3%，省政府检查组对惠州市卫片执法检查情况和查处整治违法违规用地情况进行检查，各项指标均通过验收，综合评分 92 分。

年内，市国土资源局开展"定期巡回大接访"活动，全市国土资源系统领导 252 人次、带领机关干部 790 人次大接访、大下访，共接访群众 306 批 721 人次，探访群众 51 批 112 人次，现场解决涉及土地、矿产问题 109 个。同时实行领导分片包干责任制、挂牌和现场督查督办制度，建立信访联络员制度，全市 88 个国土资源所都设立一名信访联络员。该局全年累计处理群众来信 218 件，接待群众访 65 批 293 人次；群众上市访 95 批次、上省访 1 批次、上京访 0 批次，对比 2009 年考核指标，分别下降 42%、75%、100%，没有发生信访群体性事件。

【队伍建设】 年内，深入开展"完善体制，提高素质"

活动，进一步加强干部队伍建设，完善干部管理体制。抓好对县（区）国土资源局（分局）领导班子成员的配备和管理工作，做好大亚湾区分局机构级别升格工作，选好配强大亚湾区分局领导干部；以机构改革为契机，进一步明确科室（单位）职责，理顺原惠阳区、博罗县划入惠城区的12个国土资源所的编制等问题；抓好《公务员责任意识》的贯彻落实，完成了市国土资源局机关、惠城区分局机关和国土资源所的公务员登记工作，并指导、督促各县（区）局和国土资源所公务员登记工作；积极开展各类创建活动，不断加强自身建设，惠州市土地与矿业交易中心2009年先后被省总工会评为南粤女职工文明岗、被团省委评为广东省青年文明号；落实基层国土资源所规范化建设工作，制订了《惠州市加强基层国土资源所规范化建设实施方案》。

【党风建设】 年内，大力开展纪检监察“机构建设年”活动，完善国土资源系统纪检监察领导体制和工作机制，各县（区）国土资源局（分局）设置纪检监察室，基层国土资源所配备一名纪检监察联络员，形成市局－县（区）局（分局）－基层所纪检监察三级网络。积极开展“民主评议政风行风”活动，完善行政效能监察与政风行风监督制度，惠州市国土资源局全年电子监察受理业务提前办结率为100%，没有红灯警示，每月在该市电子监察绩效测评中均名列前三名，受到该市纪委监察部门的高度肯定。各县（区）国土资源局（分局）深入开展民主评议政风行风暨“万众评公务”活动，惠城区分局分别获得全区第2名和第6名，大亚湾区分局分别获得全区第2名和第3名，惠阳区分局政风行风测评满意度达100%，并荣获“全国三八红旗集体”称号。认真开展工程领域突出问题治理，加强对建设项目用地审批行为、土地使用权出让行为、矿业权审批和出让行为、土地利用总体规划和矿产资源规划管理存在问题的排查治理，进一步规范了土地使用权和矿业权出让市场体系。建立中介机构选聘管理机制，首次以公开招标、择优入库的方式选择11家广东省内中介机构进入土地评估中介机构备选库，并率先在全省利用中介机构随机抽取系统公开选择土地评估中介机构，从而避免了人为因素影响，得到了广东省纪委的高度赞扬，并将该项工作向全省推广示范。

（杨 扬）

汕尾市

【概况】 2009年，汕尾市国土资源局在市委、市政府和省国土资源厅的正确领导下，采取积极应对措施，确保国家土地调控政策全面、准确规范执行，切实履行“保护资源，保障发展，维护权益，服务社会”的职责，为汕尾市经济社会发展、构建和谐社会作出了应有的贡献。

【学习实践科学发展观】 汕尾市国土资源局以学习实践活动作为推动国土资源管理工作的重要契机，构建保障和促进科学发展的新机制。2009年3月，召开了动员大会，成立了学习实践活动的领导机构和工作机构，制定印发了《汕尾市国土资源局开展深入学习实践科学发展观活动的实施方案》和《关于做好学习调研阶段各项工作的通知》，大力开展学习调研，撰写学习心得体会，并确定了“落实共同责任，构建管地征地新机制”、“保护资源与保障发展，拓展用地空间，促进科学发展”等七个调研专题。学习实践活动各个阶段、环节有条不紊地扎实推进，较好地完成了各个阶段工作。同时，市国土资源局还结合学习实践科学发展观，认真开展民主评议政风行风和民主评议公务活动，进一步加强队伍建设，促进工作作风的转变，树立国土资源人员的良好形象。在2009年度民主评议政风行风活动中，市国土资源局取得了92.3的高分，被汕尾市评为“满意单位”；在“民主评议公务”活动中位居全市100多个机关单位的第五名。

【土地资源】 根据汕尾市第二次土地调查结果，全市2009年末各地类总面积为486179.21公顷，农用地面积395869.03公顷，占全市土地总面积81.42%，其中耕地92758.95公顷、园地40658.95公顷、林地248062.67公顷、草地14388.46公顷；建设用地面积35138.8公顷，占全市土地总面积7.23%，其中城镇村及工矿用地29401.04公顷、交通运输用地5737.76公顷；水域及水利设施用地49109.55公顷，占全市土地总面积10.10%；其他用地6061.83公顷，占全市土地总面积1.25%。

土壤有水稻土、南方山地草甸土、黄壤、红壤、赤红壤、菜园土、潮沙泥土、滨海盐渍沼渍土、海滨沙土、石质土等10多种土类，40多个土属，70多个土种。

【土地利用】 推进“双保行动”，确保国家、省重点项目和新增投资项目能及时上马，汕尾市国土资源局积极采取各项措施：一方面严格执行年度土地利用计划，确保重点项目特别是基础设施项目的用地需求，一是统筹安排好年度计划用地指标，有保有压，节约集约用地，将基础设施项目、产业转移园区等重点项目优先列入年度计划用地指标中，保障用地需求。2009年度，全市共报批新增建设用地15个批次，面积174.1公顷，其中农用地134.5公顷，分别完成省下达给汕尾市的年度计划用地指标265公顷的65.70%和农用地指标192公顷的70.07%，同比分别增长23.6%和26.37%，使全市交通、环保、教育、能源、住房、农贸、水利、工业、市政等一大批国家、省、市、县重点项目建设在汕尾市顺利落户。二是进一步提高主动服务意识和工作效率，加强对各级国土资源管理部门和用地报批单位的业务指导，组织专门团队对重点项目用地报批实行专人专责跟踪服务，加强新增建设用地组件报批的指导和协调，认真落实职责，及时协调解决征地和报批过程中碰到的相关问题，加快用地报批进度，保证用地指标得到合理、及时、高效使用。三是挖掘潜力，在汕尾市区征收了国有废弃盐田为建设用地88公顷，主要利用靠海地理优势，扩大城市建设规模，用于汕尾碧桂园房地产项目开发。同时，大力开展“三旧”改造用地工作，陆丰市利用废弃旧厂房开发建设用地47公顷。

【征地工作】 严格执行征地的有关政策，采取强有力措施，综合运用行政、法律、经济各种手段，突破征地拆迁难的问题，确保征地工作的顺利进行，努力促进产业结构优化升级和区域协调发展。同时，通过开通办理业务绿色通道，提前介入，主动服务，特事特办，保证了厦深铁路、碧桂园开发项目一期30.67公顷、华师附中范围、金湖路、香洲东路、腾飞路、成业路、工业大道等国家、省、市重点项目的顺利推进。

【耕地保护】 2009年，全市耕保面积达10.495万公顷，高于省下达的10.10万公顷的任务。

2009年度，汕尾市经省批准的建设用地项目涉及占用耕地的有10宗，面积91.13公顷，不但确保先补后占，实现了耕地占补平衡，而且加大了利用园地山坡地开发补充耕地的力度，全市利用园地山坡地补充耕地项目37个，累计投资近1亿元，得到省奖励资金4800万元，新增耕地面积1593公顷，全部通过省的抽查和验收，超额完成了省下达补充耕地1333公顷的任务。

汕尾市各地承担的国家和广东省投资的在建土地开发整理项目21个，总规模为11033公顷，新增耕地面积1627公顷，已上报省申请验收项目11个。

【地籍管理】 第二次土地调查工作已完成了农村外业调查工作，城镇土地调查工作有序推进。一是明确工作任务和目标。优化用地布局，科学合理地确定经济社会发展对各类土地的需求，结合实际提出土地利用的战略目标，明确土地利用的重点和方向。二是增强规划修编的预见性。在城镇建设、重点项目以及能源、交通、通讯、水利等基础设施项目的规划上，通盘考虑，科学规划，努力编制好最优化的土地规划方案。三是加快推进第二次土地调查工作。摸清了家底，为合理规划、利用土地提供全面准确的数据。根据汕尾市第二次土地调查结果，全市2009年末各地类总面积为486179.21公顷，其中耕地92758.95公顷、园地40658.95公顷、林地248062.67公顷、草地14388.46公顷、城镇村及工矿用地29401.04公顷、交通运输用地5737.76公顷、水域及水利设施用地49109.55公顷、其他用地6061.83公顷。

加强土地确权登记发证工作，全面完成了农垦农场国有土地使用权登记发证工作，全市农村集体土地所有权登记发证率81.6%。

【土地规划】 2009年，完成了土地利用总体规划修编。2月19日经汕尾市政府五届四十次常务会议审议同意后上报省，3月5日顺利通过省的审查。各县（市、区）都已经完成镇级规划的调研工作，其中市级和红海湾的规划成果初稿初步确定，其他县（市、区）也基本收回镇级规划征求意见图。11月，召开市级规划专家评审会和规划成果的听证会，12月初上报省政府。新一轮规划修编，汕尾市建设用地总规模至2020年为554平方千米，比上一轮规划增加106平方千米，耕地保有量比上一轮规划核减61.76平方千米，基本农田保护任务比上一轮规划核减80.61平方千米（12.09万亩），这将进一步优化全市土地利用空间布局，为汕尾市经济社会快速发展拓展了较大的用地空间。

【卫片执法检查】 各级人民政府、国土资源、公安、监察、城市管理执法、建设、规划、农业、林业等有关部门密切配合、各司其职，由于真抓实干，措施得力，开展卫片执法检查工作取得较好的效果，经省政府检查验收的总体评价是："汕尾市委、市政府重视违法违规用地查处整治和卫片检查工作，加强领导，及时部署，全面清理，认真查处，注重整改，措施得力，取得成效。四项刚性指标全面完成，抽查验收综合评分为85分。"顺利通过省政府的检查验收。全面完成四项刚性指标：第三次卫片发现的违法违规用地立案率、查处率达到100%，结案率达92.46%；第四次卫片执法检查发现违法用地591宗，与第三次卫片的违法用地1406宗同比下降了58%；违法面积3963.5亩，与第三次卫片的违法面积4124.7亩同比下降了3.9%；占用耕地34.8亩，同比下降91.9%；全市的"15%"问责比例为5.87%。同比下降38.5%。扣除国家和省级重点项目后，全市"15%"问责比例为5.1%。

2009年，汕尾市在开展第四次卫片中立案591宗，立案率、查处率均为100%；结案541宗，结案率91.5%。拆除违法建（构）筑物占地面积275亩，复耕面积14亩，复绿面积565亩，罚没款金额14.5万元。违法占用耕地面积占新增建设用地占用耕地总面积的比例为5.87%。由国土资源部门提出党纪政纪处分建议6宗8人，各地纪委直接立案6宗，落实处理3宗，给予6人党纪政纪处分；移送司法机关追究刑事责任11宗，已落实处理1宗，对案件2位当事人分别给予三年、一年有期徒刑的刑事处罚，各地公安机关立案侦查并采取刑事拘留措施16人。

【执法监察】 认真组织实施落实动态巡查制度及案件查处报告备案制度，制订了《汕尾市国土资源执法监察动态巡查责任制度（试行）》，并于2008年10月贯彻执行。同时，进一步加强队伍建设，完善执法监察工作所需车辆、办公室设施及设备，实行分区包片、责任到人，进一步严格执行动态巡查零报告制度，切实建立完善动态巡查工作机制，积极开展动态巡查工作。据统计，2009年，全市发现土地违法行为68宗，制止土地违法行为为68宗，涉及土地面积8.05万平方米，发出《责令停止土地违法行为通知书》68份。违法案件主体涉及企业违法1宗、乡镇违法1宗，违法面积4.7万平方米，其他违法案件均以个人非法建房屋、平整取土为主。

通过实行土地共同责任制，建立土地执法联动机制，及时、有效地制止违法违规用地行为，坚决将违法违规用地行为查处到位取得了显著成效。陆丰市于4月16日，市政府分管国土领导、公安局长亲临现场指挥，国土、建设、公安局、工商、水墘村等部门，组成250人的执法队伍，出动车辆18部，采取强硬的措施，拆除城东镇水墘村部分村民未经批准在厦深铁路站场用地边违规抢建。抢建房屋6座，混凝土柱基63个，涉及土地面积1500平方米。海丰县也于今年4月12日由县领导带队，组织国土、建设、公安等部门的相关人员，对附城镇联河上楼村的违法占地建设的400平方米厂房进行了强制拆除，同时责成当事人在3天内对违法用地进行复耕。市、县级新闻媒体还对拆除情况进行了报道、宣传，有效地打击了违法用地者的嚣张气焰。

【信访工作】 汕尾市国土资源系统按上级统一部署和要求，健全信访工作制度，完善领导接访制度及落实领导包案制度，进一步提高了办信工作整体水平，做到依法行政，切实保护农民群众的合法权益。据统计，2009年全市国土资源系统共处理群众来信来访总量120宗，与上一年同期相比下降了6.3%。

【测绘管理】 测绘工作坚持以国土管理为中心，积极配合各项业务工作，认真做好基础测绘工作。2009年提供确权办证测绘资料97宗；做好土地征用测量、图纸绘制、面积量算、审批文件的编写工作；在陆丰东海土地案件查处中测图面积260000平方米。

【矿产管理】

一、根据省《关于开展矿业权市场化配置调研工作的通知》的精神，2009年1月14日由市国土资源局纪检组长刘斗荣带队，对汕尾市各县（市、区）的矿业权市场化配置进行详细深入的调研，对矿产资源现状，矿业授权管理单位情况，矿产资源管理违法违纪情况，矿业权出让目前存在的主要问题，矿业权招拍挂出让规范管理的意见和建议等问题进行了全面系统的调查研究。

二、全市在2009年开展了矿业权实地核查工作，对全市辖区内市级发证的矿业权现状进行实地核查，以摸清矿业权的实际空间范围，摸清全市矿业权的分布现状及规律，及时纠正核查中发现的问题，更新完善采矿权登记数据库，进一步规范矿产资源开发秩序。

【地灾防治】 各级国土资源部门认真贯彻落实《广东省地质灾害群测群防建设指导意见》的精神，对全市所有地质灾害点进行了核查，并重新登记造册，落实地质灾害危险区警示牌标志，全面检查和逐一发放地质灾害防治明白卡。积极向省争取571万元投入地质灾害整治。对全市辖区内市级发证的矿业权现状进行实地核查，进一步摸清了全市矿业权的实际空间范围和矿业权的分布现状及规律，着手更新完善采矿权登记数据库。大力开展矿山安全生产检查工作，强化监管，积极防范和减少各类生产安全事故，共出动人员130多人次，检查采矿点20家，发出整改通知书8份，依法取缔采矿点6家。通过大家的努力，纠正了在核查中发现的问题，进一步规范了矿产资源开发秩序，实现了全年地质灾害零伤亡和矿业生产零事故。

【基层建设】 加强基层国土资源所硬软件建设。陆丰市完成了15个基层国土资源所办公楼的建设任务，海丰县为全县8个基层国土资源管理所配备了专用执法巡查车。同时，还组织全市43个国土资源所和土地动态巡查负责人60多名干部进行脱产集中培训，提高了基层依法管理和利用国土资源的意识。

（谢向东）

东莞市

【概况】 2009年，东莞市国土资源局在省国土资源厅和市委、市政府的正确领导下，围绕全市“保增长、扩内需、调结构、惠民生”的发展任务，以“作风建设年”活动和“保增长、保红线”行动为工作主线，“积极主动服务，严格规范管理”，在构建国土资源管理新机制、服务和保障经济社会发展上取得了明显成效。2009年，市国土资源局被东莞市政府评为“市直机关先进单位”和“重点项目建设先进服务单位”，被广东省政府评为“重点项目建设工作先进集体”。

【规划修编】 全力推进土地利用总体规划修编工作。按照整合城镇用地、工业用地、住宅用地和耕地，促使城镇建设向中心镇集聚、工业建设向园区集聚、民宅建设向中心区集聚、耕地保护向规模经营集聚“四整四聚”的修编理念，把好节约集约、服务经济社会双转型、重点工程“落地”及指令性指标体系落实“四道关口”，采取市、镇两级规划修编同步推进的方式，加快全市规划修编工作。2009年1月12日，东莞市市级土地利用总体规划获得省批复，8月18日镇级土地利用总体规划数据库通过了广东省的验收，2009年12月底，34个镇级规划数据全部报广东省备案。

【耕地保护】 市政府继续对基本农田保护任务超全市平均水平的村组按超计划基本农田面积实行财政补助，每亩每年补助500元。认真组织对各镇街耕地保护责任制履行情况的自查自纠，督促各镇街采取易地开发和自筹资金开发耕地形式补充建设项目占用耕地，实现年度耕地占补平衡，并通过广东省的验收确认。

【土地利用】 坚持有保有压，保障重点工程项目用地。贯彻落实广东省政府《关于加快建设用地报批依法保障扩大内需建设项目用地的紧急通知》要求，简化用地报批材料，报广东省政府批准的单独选址建设项目由23项减至12项，报广东省政府批准的批次用地材料由17项减至7项，并将林地、社保及留用地材料由前置变为后置。会同有关部门争取广东省将东莞市28个重点项目纳入广东省扩大内需项目范围，享受用地报批优惠政策。开通财政投资项目和优质产业项目“绿色通道”，实行并联审批，保障重点项目建设。全年向广东省申报63批次用地，广东省政府批复同意54批。

【“三旧”改造】 以“三旧”改造促进土地节约集约利用。2009年7月， 东莞市政府成立“三旧”改造领导小组，12月组建了“三旧”改造办公室，12月18日召开了“三旧”改造动员大会，出台了《东莞市“三旧”改造暂行办法》等1＋18的配套政策，建立了东莞市委、市政府统筹推进、部门齐抓共管、镇街全力实施的工作格局，确定了东城、南城、大朗、清溪、万江等五个试点镇街，取得初步成效。

【有形土地市场】 改进和完善有形土地市场出让方案和出让底价拟定程序，全面落实“净地入市”和“按时交地”制度。加强土地市场动态监测和信息披露，做好土地出让预公告和出让后期监管工作。一级土地市场推出地块109宗，成交103宗，其中商业商住用地成交49宗，面积2829亩，工业用地成交54宗，面积3143亩，成交金额86亿元；二级市场办理地块转让180宗，面积3507亩，成交金额19亿元。2009年，东莞市土地储备中心共收购储备土地761.35亩，拍卖及向市政设施建设提供土地210亩，供应土地回笼资金约4亿元。

【执法监察】 突出重点，强化国土资源执法监察，加大土地执法力度。东莞市政府与各镇街政府主要负责人签订《土地管理责任书》，出台了《东莞市土地执法共同责任制若干规定》和《加强重点建设项目先行用地管理的意见》等文件。启用土地动态巡查实时监察系统，实行土地违法行为日报告和零报告制度，并组织开展国家、省、市三级卫片执法检查。5 月 20 日，梁国英副市长对违法用地较严重的 10 个镇街和东莞市重点项目用地报批任务较重的 6 个用地大户主要负责人进行约谈。7 月 15 日召开全市土地管理工作会议，总结通报了各镇街 2008 年度土地利用计划执行情况，对土地综合管理较好的东坑、黄江、石碣、万江、虎门、清溪、东城、大岭山、高埗、谢岗等 10 个镇街、耕地保护任务完成较好的桥头、企石、常平、麻涌、道滘等 5 个镇街和节约集约用地成效明显的莞城、石龙、万江道、东坑、石碣 5 个镇街由东莞市政府给予奖励；对违法用地总量较大和违法占用耕地比例较高的 10 个镇街，给予内部通报。全年共立案查处土地违法案件 359 宗，罚没款 6423 万元，拆除违法建筑物 1.29 万平方米，移送司法机关 5 人。2009 年，违法用地同比大幅度下降，卫片执法检查顺利通过国土资源部和广东省国土资源厅的验收。

【征地信访】 加强征地环节职务犯罪的预防监督，严格执行征地公告、补偿款、留用地等规定，积极主动参与重点工程的征地协调工作，化解征地矛盾。推动市政府出台《东莞市公共基础设施建设项目征地拆迁补偿标准规定》，进一步规范征地行为，提高补偿标准。认真落实土地信访领导包案和定期排查制度，切实维护被征地农民的合法权益，全年共受理信访事项 332 件次，同比下降 12.2%。

【测绘管理】 完成 1:500 地形图修补测和 10 个镇街地图更新，审核外单位申请使用测量成果 13 宗，市连续运行卫星定位服务系统开户 40 个单位制定《关于全面整顿和规范东莞市地理信息市场秩序工作方案》，联合相关部门全面整顿和规范全市地理信息市场。

【第二次土地调查】 全面完成农村土地调查、城镇土地调查、基本农田上图、“批而未用”土地核查、工业用地调查、开发园区调查、基础设施用地调查、金融服务业用地调查等专项调查工作，核实权属界限 50 条，将 70 多万宗已发证的土地按国家标准进行地类转换，调查成果通过报国土资源部、广东省验收。

【地质灾害防治】 进一步加大地质灾害防治力度，不断健全群测群防网络。2009 年，全市重新排查出地质灾害隐患点 303 处，制订 59 个重点隐患点防治规划，组织治理 9 处重大灾害点。基本完成 123 家关闭采石场的复绿设计和预算工作，验收通过 7 家“以采补治”和 1 家政府投资复绿的采石场。按期完成全市 89 间红砖厂清拆工作。

【简政强镇】 按照东莞市“简政强镇”工作的要求和部署，以石龙、塘厦两镇为试点下放土地审批事权。2009 年，已将地籍调查换证、新增建设用地预审、建设用地补办预审、拆除永久性测量标志审批、暂扣施工设备建筑材料、土地权属纠纷调处、土地利用现状调查、临时用地审批等 8 项业务下放试点镇。

【队伍建设】 进一步规范基层国土资源分局建设，对下属 32 个分局进行升格，由原副科级单位升级为正科级单位。落实干部轮岗交流制度，选派市局科室工作人员下基层分局锻炼，并选拔基层分局工作人员上市局锻炼。按照“公平、公正、公开”的原则，在系统内进行工勤人员招录工作，全体副科以上干部参与组织和监督工作。

【党廉建设】 开展“作风建设年”活动，进一步加强机关作风建设。通过组织明查暗访主动自查自纠，切实改善机关作风。开展政风行风民主评议活动，社会各界对东莞市国土资源局的满意率达到 98.33%。局党组与局属各单位负责人签订了《党风廉政建设责任书》，落实了层级负责的党风廉政建设责任制。制定了《容易滋生渎职及腐败环节廉政监管责任分解表》、《党风廉政建设责任制实施办法》、《党风廉政建设责任制考核实施办法》，进一步健全了用制度管人、管权、管事的机制。开展纪律教育活动，树立了市测绘队“艰苦测绘、援建灾区”的先进典型，并邀请东莞市纪委和检察院领导作了廉政和预防职务犯罪报告。与东莞市纪检监察和检察院等联合开展了监管有形市场、预防职务犯罪、监管“扩内需、保增长”投资项目落地、查处商业贿赂、开展工程建设领域突出问题的专项清理等联防共建活动。

（陈 涛）

中山市

【概况】 中山市2009年度变更调查土地利用现状为：行政区域总面积为178366.50公顷。其中，耕地面积为12653.42公顷，园地面积为19721.15公顷，林地面积为30242.57公顷，草地面积为2753.95公顷，城镇村及工矿用地面积为57022.36公顷，交通运输用地面积为3439.49公顷，水域及水利设施用地面积为50786.52公顷，其他土地面积（含设施农用地、田坎、盐碱地、沼泽地、沙地、裸地）为1747.04公顷。2009年，在省厅和市委、市政府的正确领导下，中山市国土资源局深入贯彻落实科学发展观，紧紧围绕实施《珠江三角洲地区改革发展规划纲要》，推进“三促进一保持”（指促进提高自主创新能力、促进传统产业转型升级、促进建立现代产业体系，保持经济社会平稳较快发展），保增长、保民生、保稳定的中心，认真开展建设集约节约用地试点示范省及“双保”行动等工作，大力推进民主评议政风行风建设，简化办事流程，实行网上交易，开展便民优质服务，积极应对国际金融危机，严格土地管理，坚守耕地红线，保障科学发展，2009年共为国家、省、地方财政收缴及代征各种税费和收益共35.82亿元，为中山市经济社会发展作出了积极的贡献。

【土地资源管理】 积极推进国土资源管理基础性工作的开展。在土地利用总体规划修编方面，重新修编的《中山市土地利用总体规划（2006-2020年）》大纲已获国土资源部批准实施；全市各镇区土地利用总体规划经过市内听证、专家评审及相关部门论证程序，报省厅审查批准后实施。在耕地保护方面，市、镇两级政府签订了《耕地保护责任书》，严格执行国家耕地保护制度，坚守耕地红线，做好全市基本农田保护区和耕地的保护工作，完成省下达耕地保有量74.59万亩和基本农田保护区65.8万亩的任务指标。在土地开发整理方面，制订了《开发整理专项规划》并获市政府批准，2009年完成约3700亩开发补充耕地任务并获省厅抽查验收。在“三旧”改造方面，代市政府拟定了《关于“三旧”改造工作的实施意见》，推进“三旧”改造工作（指旧城镇、旧厂房、旧村庄改造工作），盘活闲置土地，集约节约用地。在用地报批方面，贯彻《珠江三角洲地区改革发展规划纲要》精神，提高办事效率，建立“绿色通道”，做好用地报批工作，着力保护扩大内需项目用地，7个新增中央投资项目中，6个已经办理用地手续；办理省市扩大内需项目用地预审15个，向省争取配置用地指标3300亩；2009年共上报省厅用地100批次，面积1.71万亩，已获批准（含上年上报批次）68批次，面积1.37万亩；办理国有土地使用权协议出让和国有划拨用地257宗，面积1.07万亩；批准集体建设用地流转133宗，面积2640亩。

【土地储备】 进一步扩大土地储备量，2009年储备土地总量29240亩。其中，完成港口镇胜隆村征地7046亩，南朗镇关塘片区征地2546.75亩，东区槎桥村征地85亩。回收市园林管理处位于东区紫马岭公园用地54.43亩、兴中集团玻璃厂地块287.15亩、市金兴制衣厂、郊区供销贸易公司、起湾公司82亩工业用地，合计面积423.58亩。为支持政府各项公益事业的开展，土地储备中心合计划拨土地七宗，包括林场、南下经联社、档案馆（方志馆）、供电局变电站、国际关系调研室、东升镇政府、长虹加油站等，合计面积273.1586亩。同时，划拨位于东区紫马岭公园土地面积54.43亩给城投公司建设中山市福利院。另外，已办长洲、电子科技大学（香山花园拆迁）用地64.85亩、华侨中学高中部扩建76亩、石岐中学82亩等划拨事宜。完成土地置换1宗，置换土地约12亩。

【土地交易市场】 全面实行建设用地出让会审制度，统一使用新版《国有建设用地使用权出让合同》，积极推进工业用地招拍挂出让工作，合理配置土地资源，与公安、监察部门联动，加大对有形市场管理、监督、检查力度，打击恶意围标、串标违法行为，保障了有形土地市场“公开、公正、公平”。2009年，通过招标、拍卖、挂牌方式办理土地使用权公开交易成交335宗，成交面积1.15万亩，成交额59.24亿元，超出底价5.26亿元，平均单价每亩51.66万元，与上年相比，各项指标分别上升95.9%、150.4%、171.2%、1431.7%、8.3%。其中工业用地出让134宗，成交面积5051.81亩，成交额139013.77万元，超出底价2815.92万元，平均单价27.52万元/亩，与2008年相比分别增长644.44%、191.01%、202.33%、46832%、3.85%。

【土地调查】 根据《土地调查条例》和省政府《转发国务院关于开展第二次全国土地调查的通知》及《中山市第二次土地调查工作实施方案》，按照国土资源部第二次全国土地调查“决战年”的工作部署和总体要求，如期、全面完成了市第二次土地调查工作任务。主要事项包括：（一）通过外业与内业相结合方式开展农村土地调查，查清每块土地的地类、位置、范围、面积分布和权属等情况；（二）城镇土地调查，掌握每宗土地的界址、范围、界线、数量、用途；（三）基本农田调查，把基本农田保护地块（区块）落实到土地利用现状图上，并登记造册；（四）建立中山市土地利用数据库和地籍管理信息系统，实现调查信息互联共享，最终成果已在年底汇总上报省第二次土地调查办公室审核验收。

【土地执法】 按照国家《土地管理法》和《违反土地管理规定行为处分办法》（第15号令）精神，加强卫片土地执法检查工作，建立健全土地执法长效机制。协助市政府制定了《中山市土地管理共同责任制实施意见》，建立市关于国土资源违法犯罪案件查处联席会议制度，进一步加强综合协调执法。落实《中山市国土资源局国土资源动态巡查责任制》、《中山市国土资源局动态巡查责任制考核暂行办法》，严格执行日常动态巡查制度，提高对全市土地违法行为的发现率，有效地减少因土地违法带来的损失，年内动态巡查发现违法案件42宗，涉及违法用地面积151.77亩，均已立案处理。由于制度健全，工作落实到位，全市土地违法案件比往年大幅度减少。据统计，2009年，省第四次卫片中山市新增违法建设用地图斑179宗、面积2835.8亩，比第三次分别下降58.2%和62.5%；开通国土资源举报电话12336，建立举报信息登记、举报处理等制度，收到较好的土地执法监管效果和良好社会监督效果。在国土资源部第九次、省第四次土地卫片执法检查中，全市共有违法用地图斑269宗，立案查处269宗，结案266宗，顺利通过了国土资源部第九次、省第四次土地执法检查验收。

【矿产管理】 整顿和规范矿产资源开发秩序，加强安全生产现场管理，推进矿业权市场建设、矿产资源保护及其合理开发利用。2009年，对2个采石场进行复绿检查验收，对10个采矿许可证进行年检，做好2个石矿区、1个地热田调查、测量等采矿权公开招标拍卖准备工作。抓好全市地质灾害检查与防治工作，配合市政府组织相关部门举办首个全国“5·12”防灾减灾日宣传咨询活动，增强了广大市民群众防灾抗灾意识。编制《中山市2009年度地质灾害防治方案》，制定防灾预案，建立值班巡查和速报应急制度，建立地质灾害防治长效机制。对全市123个地质灾害隐患点进行了排查，以及汛前排查、汛中巡查、汛后核查的“三查工作”。市、镇两级政府签订了《地质灾害防治工作责任书》，把地质灾害防治工作责任落到实处。

【测绘管理】 加强测绘市场行业管理，完善基础地形图数据资源，为城乡经济建设提供测绘保障。为尽快完善地形测绘工作，满足市行政管理、应急指挥、电子政务、重大工程、信息化建设的发展需要，市政府批复了市国土资源局《关于开展我市基础地形测绘所需费用的请示》，同意从2010年开始用3年时间开展市中心城区和镇建城区1:500数字化地形图测绘工作；全市1:2000地形图航测项目已进入实施阶段，测绘航空摄影部分已组织实施并于2009年12月底完成，计划从2010年初开始，开展全市1:2000正射影象图、线划图、基础数据的建库工作和市大地水准面精化工作预计于2010年底前完成，完成覆盖全市GPS（指全球卫星定位系统）控制网和水准网的建设工作，实现测绘基准和坐标系统的统一，并结合广东省连续卫星定位服务系统，为城市规划、国土资源、交通管理、气象服务等多行业、多领域提供定位服务。中山市测绘单位参与全市第二次土地调查测量工作，包括城镇土地地类外业调查、外业调查图件数字化以及根据市地理信息系统中心红线库数据，结合实地调查获取的图斑，查阅档案，进行实地、影像、数据的一致性核查，外业调查面积240平方千米，核查宗地3万宗，保证了市第二次土地调查工作按时完成任务。2009年，全市共完成2.4万亩的补充耕地测量任务，完成房产测量92588宗、宗地测量107315宗。完成全市29个测绘单位年度注册工作，修订《中山市商品房确权测量技术标准》。开展了测绘质量监督检查，检查单位36个。通过对全市36个丙、丁级测绘单位检查，其中有7个测绘单位由于质量管理相关工作不完善，已责令限期整改；其余29个测绘单位的相关项目均达到基本符合以上。

【地理信息】 加强基础地理信息工作的管理，为国土资源管理各项工作提供服务保障。2009年办理房产、宗地红线入库199502宗，制作1:10000图、土地利用规划图和现状（集体）用地图共107601幅，各种用地加工制图和出图19281幅。升级改造中山市基准房价、地价系统，中心业务管理系统，图形查询系统，宗地房产图入库和制图系统，产权红线归案系统，红线查询系统。开发土地市场动态检测与监管系统上报数据批量录入工具软件和中山市第二次土地调查（农村部分）有关工具软件。完成2009年基准房价成果数据更新入库。定期对二手房地产明细数据和房地产产权档案数据进行查询、统计、导出工作。部分镇区新一轮土地利用总体规划（2007-2020年）成果数据加工、建库、应用；加强房地产电子登记簿系统建设、城镇地籍管理信息系统、公文轮转系统、非税系统等项目进行协助和跟踪管理；完成2008年市土地利用更新调查、第九次国家卫片土地执法检查图斑制作及资料整理，1999年土地利用详查图的数字化和基准农田上图工作。组织编写《中山市基础地理信息系统建设方案》并通过专家评审及按照方案开展工作。完成市第二次土地调查（农村部分）、城镇地籍调查，并开展城镇地籍建库及成果应用。

【维稳维权】 积极参与中华人民共和国成立60周年维护社会稳定工作，认真调处信访案件和房地产纠纷，妥善解决土地信访突出问题。2009年共受理市民群众来信来访329宗。其中，群众来信257宗；来访69批（次）156人（次）、集体来访3批（次）16人（次），集体访减少70%。市国土资源网站"群众之声"受理网民咨询5090宗；受理中山市行政服务在线投诉、咨询550宗，网民咨询100%回复，及时与群众沟通、疏导，化解矛盾，维护稳定。2009年处理行政诉讼案件46宗，行政复议案件4宗；协助人民法院、检察院、公安机关等部门执行查封3789宗，解封案件1848宗，续封案件154宗。

【房地产交易】 进一步加强商品房销售登记备案管理，严格执行房地产税收政策，采取措施应对国际金融危机，完善房地产管理信息系统建设，更新和维护市基准房价系统，促进房地产市场健康发展， 2009年共完成商品房合同登记备案68613宗，面积712.6万平方米，金额316.2亿，同比分别增长57.3%、68.5%、69.8%；完成商品房抵押登记备案46581宗，面积527.3万平方米，抵押金额167.5亿元，同比分别增长91.4%、102.5%、126.7%；完成商品房登记发证41003宗，面积395.8万平方米，金额139.6亿元，同比分别增长22.1%、23.3%、37.7%。

加快完善商品房网上销售各项措施，积极推进商品房销售信息化建设。2009年，中山市房地产管理信息系统顺利通过了住房和城乡建设部的第一阶段建设情况检查验收。在此基础上，通过进一步完善该系统，清理历史数据，增加商品房查封系统，升级改造房地产市场信息发布网和加强商品房管理功能等，全面提升了市房地产市场信息化管理水平。截至2009年底，全市共有213家房地产开发企业进入该系统销售商品房，通过网上登记备案系统审批预售项目928个，可销售房屋16.2万套，可销售房屋面积1600万平方米，市房地产管理信息系统为市民群众构筑了一个良好置业与安居的网上交易商品房的平台。2009年，经该系统共出售商品房5.9万套，销售面积631万平方米，销售金额291亿元。其中，已备案商品房5.6万套，面积603万平方米，金额276亿元。

认真落实国家宏观调控政策，切实加强房地产市场税收和二手房地产市场管理，大力促进二手土地交易和房产交易市场健康稳步发展。2009年，二手土地使用权成交宗数 2330 宗，成交面积 492.2 万平方米，成交金额 36.4 亿元，分别同比下降 30.8%、42.2%、40.7%；二手房屋交易成交宗数 17058 宗，成交面积 330 万平方米，成交金额 56.1 亿元，分别同比增长 23.8%、15.1%、18.2%。

加快问题楼盘处理步伐。为了妥善解决市改革开放以来部分楼盘确权办证难的历史遗留问题，缓解这一历史遗留问题引发社会矛盾，维护广大购房者的合法权益，构建和谐社会，2004 年，市政府专门成立了中山市处置问题楼盘领导小组及办公室，具体负责处置全市问题楼盘确权办证事务性日常工作。市国土资源局认真执行《关于处理问题楼盘确权发证工作的通知》精神和《关于问题楼盘确权办证工作进展情况的通报》及《关于加快问题楼盘确权办证工作的通告》，按照“一楼一策、先易后难”的原则，开通“绿色通道”，积极、稳妥地开展中山市问题楼盘的调查、审核、报批、确权、测量、办证等处置工作。至 2009 年底，累计完成问题楼盘确权办证业务 5857 宗，涉及房屋面积 60 万平方米，金额 11.08 亿元。其中，2009 年，完成问题楼盘办证业务 1997 宗，涉及房屋面积 18.2 万平方米，金额 3.4 亿元。

【房地产权属登记发证】 加强房地产抵押与权属登记管理，规范房地产确权、变更、抵押、登记等业务；设立“中小企业抵押登记专用窗口”，落实扶持中小企业等扩大内需、拉动经济发展政策。全市共办理土地房产登记 28017 宗，抵押登记 17637 宗，抵押注销登记 22885 宗，商品房确权 1432 宗，缮房地产证 42218 份。2009 年办理土地使用权登记共收件 6356 宗，已完成 6149 宗，面积 5846.3 亩；集体土地所有权初始登记发证 22 本，面积 5.36 万亩。

【房屋管理】 根据《城市房地产管理法》和《城市公有房屋管理规定》及《中山市城镇公有房屋管理实施办法》，加强公房行政管理，严格把好公房租赁审核关，维护公房租赁秩序。2009 年查处违规租赁公房 133 宗，并交由中山市公建物业投资管理有限公司依法收回公房使用权；依法审核批准符合公房住宅租赁条件的申请 262 宗，住户入住资格初审 633 户；对符合公房租金减免条件 200 户的鳏寡孤独、五保户、残疾军人、特困户家庭等分别给予免收或减收租金 21.1 万元。积极开展了房屋租赁欠税清查工作，进一步减少审批程序，缩短办理租赁时间，提供优质服务，2009 年共办理房屋租赁登记备案 7194 户（宗）、面积 122 万平方米。加强房地产中介市场管理，2009 年办理审批的新成立房地产经纪机构 6 家（宗），参加年检合格房地产经纪机构 172 家（宗），变更房地产经纪机构备案证书 46 家（宗），注销房地产经纪机构备案证书 7 家（宗），房地产经纪执业人数 935 人（已办理执业登记），申请执业登记 23 宗，变更执业登记 38 宗，注销执业登记 8 宗。

【住房保障】 深入贯彻落实国家和省住房保障相关政策措施，认真执行中山市政府《关于解决城镇低收入家庭住房困难的实施意见》、《中山市廉租住房保障暂行办法》、《中山市经济适用住房管理暂行办法》，促进住房保障建设各项工作的开展。对市住房保障对象家庭收入划定标准进行合理调整，调整全市住房保障对象的家庭收入和住房困难划定标准，调整后标准为申请人及共同申请人具有市城镇非农业户口 8 年以上（含 8 年），且在中山工作并居住；廉租住房保障对象收入标准为城镇居民人均可支配收入低于 495 元 / 月（含 495 元 / 月）的家庭，家庭资产总额符合中山的有关规定，住房困难标准为人均住房建筑面积 10 平方米以下；经济适用房供应对象收入标准为城镇居民人均可支配收入 990 元 / 月（含 990 元 / 月），进一步扩大住房保障范围，使符合条件的城镇低保家庭做到应保尽保，严格执行市、区“三审两公示”制度（即社区居委会、办事处初审，市房委办、民政局审批；社区公示，市房委办网上公示），取消 6 个存在瞒报情况家庭并不符合安排条件的住房保障资格，不断完善住房保障审核工作，落实《中山市党政机关事业单位住房津贴实施细则》，2009 年完成新增解决符合廉租房条件家庭 612 户和符合经济适用住房条件家庭 138 户实施住房保障。

【征地拆迁】 进一步加强征地拆迁工作的领导，不断规范管理，积极应对征地拆迁工作中可能出现的涉稳问题。中山市政府成立了中山市推进征地拆迁工作领导小组，由分管副市长任组长，国土资源、监察、公安、检察、法院、民政、司法、劳动保障、法制、规划、城管执法、建设、林业、财政等 14 个部门为成员单位，领导小组下设办公室在中山市征地拆迁办公室，具体处置全市征地拆迁工作日常事务。在征地方面，完成了南部垃圾组团（一期）、中山纪念中学扩建、广珠城际快速轨道、白石涌泵站、发疯涌泵站项目；基本完成大澳高速公路项目、北部垃圾组团项目；完成五桂山市职业教育园区项目3000亩征地及厂房补偿工作，广珠城轨中心站、石岐站周边市政道路项目各项工作正在展开；广珠西线三期工程有部分用地已达成协议。在拆迁方面，已完成中山市人民医院二期扩建及公交枢纽站增加工程；白衣古寺配套建设拆迁工程、马山公园建设拆迁工程、狮滘口桥增加拆迁工程、博爱路悦来南路下穿隧道房屋拆迁征收等工程已大部分完成。

图为中山市国土资源局召开土地执法暨征地拆迁工作会议。

【国土房产档案管理】 强化国土房产档案管理，提高档案信息管理水平，2009年新接收入馆档案278760宗（份），同比增长30%。其中房地产档案83173宗，同比增长5.8%；抵押36237宗，同比增长29.2%；注销抵押20663宗，同比增长24.8%；查封7098宗，同比增长50%；终止合同4656宗，同比增长62.54%；预售抵押45684宗，同比增长96%；终止预售抵押4640宗，同比下降12.7%；文书档案4557份，同比增长76.1%。按扫描要求整理房地产档案257785卷，检核档案81409份，扫描档案179003份，完成馆藏房地产档案扫描工作的94.1%，实现了除石岐区以外房地产档案的文字资料的数字化，为中山市民群众及公、检、法等相关部门查阅房地产档案提供优质服务和技术保障。2009年接待查阅利用档案122616人次，查阅利用档案329872宗（份），分别同比增长40%、43%。

【队伍建设与行风建设】 加强党风、政风、行风廉政建设，不断开创队伍建设新局面。根据省厅和市纠风办的部署要求，认真落实党风廉政责任制，积极组织开展纪律教育月活动，以党风、行风以及廉政建设促进队伍建设。制定《中山市国土资源局开展深入学习实践科学发展观活动的实施方案》和《中山市国土资源局2009年民主评议行风活动实施方案》，深入开展学习实践科学发展观活动和民主评议政风行风活动，认真查找存在问题，制定落实改进措施，树立国土人为民勤政的良好形象，在全市民主评议政风行风活动中被评为“满意单位”。认真做好干部选拔、公务员、雇员录用工作，建立干部轮岗交流制度，组织中层干部到人民大学参加培训教育，安排国土分局工作人员到中山市国土资源局机关业务科室跟班学习，组织干部职工参加中山市公务员学法用法考前培训教育及参加公务员学法用法考试，不断提高员工队伍业务素质和依法行政与管理水平。积极开展党建、团建、妇女、工会工作，成功举办首届职工趣味运动会，增强单位凝聚力。组织业务窗口工作人员下农村基层开展便民收件办证的阳光服务。启用新办证大厅，将53个业务窗口集中办公，为市民群众提供优质、高效、快捷的一站式服务。继续做好“十百千万”干部下基层驻农村挂钩点——南朗镇华照村，帮助农村发展经济。增设监察室（正科级），落实党风廉政建设责任制，扎实开展纪律教育月学习活动，组织党员干部到中山市预防职务犯罪教育基地（中山市看守所）开展警示教育活动，加强党风廉政建设，树立机关新形象，为构建“三个适宜”（适宜居住、适宜创业、适宜创新）城市作出了贡献。

（陈万鑫）

江门市

【概况】 2009年，江门市国土资源管理工作在国际金融危机影响下，围绕贯彻落实《珠江三角洲地区改革发展规划纲要》、推进“三促进一保持”、保增长扩大内需的中心开展的。江门市国土资源局努力克服大事多、急事多、难事多等困难，积极创造条件，取得了可喜的成绩，呈现不少亮点：一是大力推进节约集约用地，克服重重困难保障了重点项目和经济发展用地需求；二是大力开展土地运营，在金融海啸影响下完成市本级土地收入18亿元，比5亿元的目标任务超额完成260%；三是全面落实耕地保护责任制，耕地保护工作扎实有效，连续10年实现耕地占补平衡；四是加强土地利用计划管理，获得了省土地利用计划执行情况综合考核一等奖，受到了广东省政府的通报表扬；五是基本完成第二次土地调查，按时保质完成工作任务；六是加强土地执法监察，违法违规用地查处整治工作顺利通过了广东省的检查验收，并取得了93的高分；七是坚持依法行政，保障了干部队伍的政治安全。

2009年，办理全市新增建设用地征地26批次，面积5826亩；办理全市建设用地供地199宗，面积3978亩；公开出让市区（蓬江、江海区，下同）土地17宗，面积492亩，成交金额11.58亿元，比底价超出6.32亿元；办理百日执法行动补办用地手续16批次，面积3191亩；办理市区土地转让220宗，同比增长70%；完成土地储备715亩；市区核发国有土地使用证24045本；处理群众来信117宗，来访38宗，办结率96%。

【节约集约用地】 在国家加大土地宏观调控，土地政策从严从紧的形势下，全市想方设法挖掘潜力，保障了社会经济发展的用地需求。一是主动做好保增长、扩内需项目用地保障。积极加强与用地单位沟通协调，加快工作进度。中央新增1000亿元投资，江门市45个新增投资项目中已完成41个项目的供地手续，有效保障扩大内需新增投资项目用地的需求。二是稳步推进“三旧”改造。按照上级部署和要求，在全市认真开展清查“三旧”改造用地情况工作，全市清查出“三旧”改造用地2831宗，面积66336亩。为了加强政策研究，专程赴佛山学习参考相关经验，根据广东省“三旧”改造政策和结合本地实际，草拟了“三旧”改造具体操作方法。为了创造有利条件，加强政策宣传，吸引企业参与合作，充分调动政府、集体、土地原使用权人等各方面的积极性，为“三旧”用地改造工作启动打下良好基础。对符合土地管理相关法律法规和条件成熟可以实施改造的“三旧”用地，加大力度逐步实施改造。已完成里村泮南里旧村、水南六里、甘化招待所、江门市制锁厂等一批“三旧”项目改造。三是大力开展土地储备。2009年，市政府下达江门市国土资源局1000亩储备土地任务，已完成储备土地面积1131亩。四是保障重点项目用地。在时间短、工作量大的条件下，积极克服困难，提前完成了江肇高速江门段、佛开高速扩建征地报批上报工作；按时完成了广珠城际轻轨江门段、广珠铁路江门段、台山上川岛风电项目征地报批资料上报；保障了滨江新区启动区、江门产业转移工业园、新会业太纸业项目、江门中医药学校等一大批项目的用地。

【土地规划和基本农田保护】 一是抓好土地利用总体规划修编工作。《江门市土地利用总体规划大纲（2006-2020年）》已通过国土资源部审批，江门市本级规划初步成果已编制完成。各市、区规划大纲已经广东省国土资源厅审批通过；各市、区镇级规划修编工作稳步开展，其中开平市国营石榴塘农场规划是全省首批通过广东省国土资源厅审批的提前报批镇级规划成果。二是抓好土地开发整理工作。重点抓好国家及省级土地开发整理项目的实施，台山市冲蒌镇易地开发项目、新会区崖南围垦区土地开发项目已完成施工建设。三是抓好耕地保护目标责任制落实。顺利通过广东省对全市2008年耕地保护责任目标履行情况的检查，全市连续10年实现了耕地占补平衡和耕地总量动态平衡。

【园地山坡地开发】 一是制定鼓励性政策吸引社会资金开发园地山坡地。9月，在台山召开了利用园地山坡地补充耕地工作现场会，制定了鼓励性政策。各市（区）社会资金投资开发经验收的耕地指标，江门市本级承诺按不低于12000元/亩的价格收购。各市、区也可以回购原转让的耕地指标，回购价在原收购价基础上再支付每年8%的资金利息和管理费用。二是实行半月督办制度和每月通报制度。组成工作组，到各市、区检查督促开发园地山坡地补充耕地工作，并在全市通报工作进展情况，加快工作进度。三是加强督促检查。吴紫骊常务副市长在全市利用园地山坡地补充耕地工作现场会上，强调各市区要加强领导，加快工作进度。2009年，全市补充耕地计划任务为8000亩，争取完成12000亩。已通过江门市级验收新增耕地26003亩，其中已通过广东省抽验新增耕地13448亩。抓好围海造地工作。制定了《江门市围（填）海造地试点工作方案》，重点开展台山和新会围（填）海造地试点工作。全市规划填海面积25000亩，已经批准填海面积10116亩。

【地籍管理】 一是按时保质保量完成第二次土地调查任务。把第二次土地调查作为全年工作重点之一，多方协调沟通并狠抓落实。全市第二次土地调查已基本完成。二是完成了全市的集体土地登记发证工作。解决了一批历史遗留问题，提高了土地登记发证工作质量；保质保量完成全市的集体土地登记发证工作，工作进度走在全省前列。三是加强档案管理和信息化建设。建立健全了各类档案管理制度，完成了土地登记系统搭建并推广应用，实行档案管理电子化。完成了全市国土资源业务网建设，初步完成国土资源综合统计系统搭建，推动了国土资源信息化建设。

【矿产资源管理】 一是开展全市采矿权实地核查工作。完成野外实地核查的采矿权数为27个，面积5.3659平方千米，标桩185个，共投入资金80.2万元。二是开展采矿权出让工作。2009年，共批准出让采矿权7宗，总出让价款为1338.34万元。三是开展全市地质灾害防治工作。全市共发放地灾明白卡2028份，设立地灾警示标志牌156个。汛期对全市145个地灾隐患点进行排查，共发现43处安全隐患，落实19项整治措施，落实地质灾害治理资金531万元，对12个危险点进行治理。四是开展矿产资源开发利用专项整治工作。开展陶瓷土开采专项整治工作，组织国土资源、公安、工商、农业、林业、水利、环保、经贸和监察部门联合行动，重点打击非法偷挖、运输和销售陶瓷土违法行为。积极参与市整治市区泥头车运输专项整治行动，加强对砂石土开采、“三通一平”和地质灾害治理点的监督管理，及时查处各种违法违规开采行为。五是配合安全生产监督管理部门做好非煤矿山安全生产专项整治。加强安全生产检查工作，全年全市非煤矿山无发生安全生产伤亡事故，安全生产形势好转。

【测绘管理】 一是完成基础测绘任务。在人员少、任务重的条件下，努力完成宗地测量任务。全年完成测绘任务2100宗，比2008年增加62%；提供商品楼测绘图纸12000份。二是确定了江门市统一坐标。组织召开了市统一坐标系统方案评审会，确定了市统一坐标，为经济建设和构建数据江门等提供了强有力的测绘基础保障。三是开展地理信息市场和保密专项检查。对全市地理信息产业从业单位和有涉密测绘资料单位进行了检查，开展互联网地图和地理信息服务网络监管检查。四是免费为江门市应急办、规划、信息等部门提供电子地图，在数据使用和建库方面提供技术支持。

【土地执法监察】

一是建立健全土地联合执法机制。 2009年狠抓土地执法共同责任制度的落实，各级政府和有关部门均出台了本地（部门）的实施细则，将执法效能提高到一个新台阶。加强与公、检、法和纪检部门的协作配合，联合下发了《关于在查处国土资源违法犯罪工作中加强协作配合的通知》，建立了部门间的联席会议制度、线索移送制度、通报和信息通报制度。

二是严格落实土地动态巡查零报告制度。 出台了《江门市国土资源动态巡查制度实施办法》，明确划分巡查职责，建立考核制度，实现执法重心下移。开通了12336国土资源违法行为举报热线，进一步拓宽了违法行为的发现渠道。共巡查发现并上报违法行为91宗，面积7460亩（含国家和广东省重点工程项目用地），全部发出责令停工通知书，制止违法用地行为。

三是抓好全国第九次卫片和广东省第四次卫片执法检查。按国家和广东省的统一部署，全力开展卫片执法检查工作。国家第九次卫片执法检查，共立案查处违法违规用地行为31宗，立案率100%，查处率100%，结案率97%；罚款94.34万元，已缴纳罚款53.34万元；决定拆除建筑物面积0.3万平方米，已拆除建筑物面积0.1万平方米。广东省第四次卫片执法检查，共立案查处违法违规用地行为158宗，立案率100%，查处率100%，结案率98.7%；罚款664.1万元，已缴纳罚款621.4万元；决定拆除建筑物面积1.3万平方米，已拆除建筑物面积0.9万平方米。全市提出党纪政纪处分建议共3人，全部落实处分。全市违法用地面积同比广东省第三次卫片大幅下降97.6%，违法占用耕地面积占比仅为0.2%。

【学习实践科学发展观活动】 从2009年3月上旬至8月上旬，市国土资源局参加全市第一批深入学习实践科学发展观活动。成立了专门领导机构，制定了具体工作方案，分学习调研、分析检查、整改落实三个阶段进行，通过开展民主生活会、“三个一天”活动、“四个一次”活动、“下基层、解难题、送温暖”等实践活动，取得了实效。据统计，共举办领导专题辅导会6场，作报告领导干部8人次；召开座谈会5场；举办专题讲座1场；建立领导联系点6个，领导到点15人次；组织开展实地调研30次；印发征求意见表230份，收集意见26条，经整理归纳问题18个，已落实解决18个；在“下基层、解难题、送温暖”活动中，共需解决问题17个，已落实解决17个；针对查摆出来的突出问题制定的整改措施23条，已落实解决15条，2009年年底前可落实整改5条；为群众办实事好事24件。通过开展学习实践科学发展观活动，使江门市国土资源局广大党员干部进一步深化了对科学发展观的科学内涵、精神实质和根本要求的认识，有力地促进了各项工作。

【行政管理】 一是做好进驻江门市行政服务中心工作。根据市政府统一部署，市国土资源局各类办事服务事项于2009年8月全部进驻江门市行政服务中心，局服务大厅作为市行政服务中心分中心。为了规范窗口服务，市国土资源局对所有办事窗口实行了“三统一”：统一运行规范、统一日常管理制度、统一监督考核，有效提高了工作效率和服务质量。二是认真开展行政执法机构和国土所人员身份理顺工作。根据广东省人事厅、广东省国土资源厅的部署，开展国土资源行政执法监察机构和乡镇国土资源所体制改革中没能入编人员的登记考试工作。认真抓好政策研究和组织协调，积极开展人员甄别和教育培训。据统计，全市国土资源系统需理顺人员共175人，其中属第二类“经资格考试和公务员法、业务知识培训合格后，择优进行公务员登记”的人员共21人。举办了第二类人员的培训班，组织参加了全省统一考试。为了提高基层工作人员业务水平，举办了全市国土资源管理所干部第一期土地信访培训班和第二期综合素质和业务培训班，取得了良好效果。三是认真开展民主评议政风行风活动。成立了工作领导小组，制定了具体工作方案，对江门市直行评团各分团提出的22条意见和建议进行了认真研究，归纳为11个需整改的事项，并落实整改。各科室和事业单位结合工作实际提出了35条整改措施，并认真抓好落实，取得了实效。在“江门市2009年政风行风评议大会”上，江门市国土资源局以98.2%的满意、基本满意率，被评为政风行风建设满意单位。四是落实好党风廉政建设各项工作。制定了《2009年江门市国土资源系统党风廉政建设和反腐败工作意见》、《江门市国土资源局落实2009年党风廉政建设和反腐败“三牵头两配合”工作任务具体措施》、《2009年江门市国土资源系统反腐倡廉建设工作要点》等，加强了廉政教育和监督检查，层层落实党风廉政建设责任制，确保了干部队伍的政治安全。

（殷华清、黄海文）

阳江市

【概况】 阳江市地处广东省西南沿海，紧邻珠三角，距广州210千米，距湛江230千米，距深圳360千米，距香港143海里，距澳门129海里，是珠三角的直接腹地和粤西地区面向珠三角的前沿，是粤西地区重要的交通要塞和出海口。开阳高速公路、阳茂高速公路、广东西部沿海高速公路和325国道一级公路、三茂铁路贯通全市，阳阳铁路直达阳江港码头。正在动工建设的阳江港至云浮高速公路(接正在建设的广州至广西的高速公路)，将成为广东沟通西南六省区的重要陆路交通要道。阳江处于珠三角经济圈和北部湾经济圈两大板块正中间，对于联结两大经济圈将发挥很好的桥梁和纽带作用。

阳江全市总面积7955.27平方千米(含海滩面积127平方千米)，人口270多万，现辖江城区、阳东县、阳西县，代管阳春市，设海陵岛经济开发试验区、阳江高新技术产业开发区。阳江依山傍海，山海兼优，自然条件优越，是“中国刀剪之都”、“中国优秀旅游城市”、“中国最佳生态旅游城市”、“最佳休闲城市”、“中国诗词之市”、“中国楹联文化城市”、“中国风筝之乡”、“中国温泉之乡”、“国家双拥模范城”、“全国无偿献血先进城市”、“中国公益明星城市”和“广东省文明城市”、“广东省卫生城市”、“广东省音乐之乡”，入选“2006中国城市生活质量50佳”城市，被评为最具发展潜力的地级市之一。闸坡大角湾景区是国家AAAA级旅游景区，阳春春湾——凌霄岩是国家地质公园，宋代古沉船“南海Ⅰ号”成功整体打捞出水并进驻广东海上丝绸之路博物馆，阳江旅游业正迎来一个提速发展的黄金时期。

阳江市国土资源局是主管土地资源、矿产资源和测绘事业的市人民政府工作部门，内设12个职能科室，下设10个下属单位，以及直属江城分局、海陵岛分局、高新区分局等3个直属行政单位和8个直属国土资源所。

【土地规划】 做好与珠江三角发展规划纲要的衔接，切实抓好新一轮土地利用总体规划的修编工作。规划好可开发为耕地的后备资源，用好用活现有耕地储备指标，为阳江市成功申报全省示范性产业转移工业园提供用地保障，使产业转移园有更广阔的发展空间。阳江市级土地利用总体规划修编大纲(2006 - 2020)于2009年3月经省审批通过，规划文本于2009年12月经省级专家首批论证通过，待上报广东省政府审批；县(市、区)级规划修编大纲于2009年9月前全部经省审核通过，10个镇已完成规划编制，其中8个镇已经审批通过。

【耕地保护】 落实耕地保护责任制，做好耕地保护责任制考核工作，严格按照国家及广东省的要求做好2008年耕地保护责任制考核各项工作，保证了阳江市2008年耕地保护责任制考核工作的顺利通过。

全面推进节约集约用地试点示范省建设，充分利用园地、山坡地补充耕地，科学规划，统筹推进，大力破解土地制约瓶颈难题，取得显著成效。2009年阳江市经广东省抽查验收确认补充耕地项目452个，共10.06万亩，居于全省榜首。另已上报广东省国土资源厅待抽查验收的补充耕地项目91个，共2.27万亩；正在开工项目69个，面积约2.62万亩。同时，积极支持国家、省级重点项目和兄弟市耕地占补平衡及补划基本农田工作，为全省耕地占补平衡作贡献。2009年共有偿转让补充耕地指标24803亩。

【土地利用】 积极主动做好用地服务，科学、合理地利用土地资源，全力以赴推进城南新区、开阳高速公路西平路出入口、云阳高速等重点项目的用地报批和征地工作，认真贯彻广东省政府关于加快建设用地报批依法保障扩大内需建设项目用地的紧急通知精神，积极研究制订保障扩大内需建设项目用地政策和措施，简化手续，优化程序，将办理使用林地、征地社保、征地留用地等手续由原来的串联式审批改为并联式审批。并成立建设用地报批工作领导小组，积极向上级争取用地政策和指导县(市、区)建设用地报批。2009年，积极主动向省争取用地政策，省下达全市和向省争取追加用地指标共1035公顷(农用地757公顷，耕地504公顷)。全市共呈报国家、省审批的建设用地48宗，面积1325.16公顷，落实建设用地指标连续三年超千公顷。

加强土地储备工作，依法清理闲置土地。编制了2009年阳江市土地储备计划，通过收购、收回、征收等方式认真做好土地储备工作，2009年已办理土地储备手续6宗，面积96856平方米；已拍卖出让3宗，面积67242平方米，成交价1.24亿元，为政府增创了土地收益。同时，做好闲置土地清理，市区共征收了102宗土地的闲置费，面积153.31万平方米，金额2867万元；政府协议收回5宗，面积81408平方米。

【“三旧”改造工作】 根据广东省委、省政府和广东省国土资源厅的部署和要求，阳江市迅速抓好贯彻落实，成立了“三旧”改造工作领导小组。领导小组由阳江市政府分管副市长任组长，阳江市政府副秘书长任副组长，市发改、监察、财政、人力资源和社保、国土资源、环保、住建、农林、文广新、城管、公安、法制、地税局等相关部门主要领导以及各县(市、区)政府分管领导为成员。领导小组下设办公室，专职负责推进“三旧”改造工作。在新一轮市级政府机构改革机构和编制减少的情况下，阳江市委、市政府把“三旧”改造办公室定为正处级常设工作机构，核定编制20人。同时，积极开展“三旧”改造专项规划编制和标图建库工作，将“三旧”改造规划与新一轮土地利用总体规划、城镇建设规划以及产业发展规划相衔接。并出台了《关于贯彻省政府推进“三旧”改造促进节约集约用地若干意见的实施意见》，明确“三旧”改造的主要对象、目标任务和基本原则，因地制宜，科学规划，统筹推进“三旧”改造，实行“谁投资谁受益”，运用市场机制调动社会各界广泛参与“三旧”改造的积极性，实现多方共赢。据初步统计，2010年阳江市“三旧”改造的地块433宗，拟改造总面积15769.55亩，预计投入资金1637203万元。

【土地市场】 加大对土地一级市场的调控力度，进一步规范土地二级市场管理，继续开展国有土地使用权出让情况专项清理和检查工作，积极推进国有土地使用权招标、拍卖、挂牌制度。2009年，全市土地交易机构共办理土地使用权拍卖出让8宗，面积16.7616公顷，成交额17538.8万元；拍卖转让11宗，面积20.4543公顷，成交额8553万元；挂牌出让78宗，面积428.0002公顷，成交额14455.85万元；挂牌转让13宗，面积7.0465公顷，成交额3504.45万元。

同时，认真做好阳江市区基准地价更新与地价动态监测工作，建立健全地价体系，加强地价管理，规范土地交易行为，经市政府批准，由广东省地价评估中心对阳江市区120平方千米范围的土地进行评估。土地定级估价报告，已通过广东省国土资源厅验收。

【地籍管理】 以完善土地产权管理为目标，进一步强化土地登记管理。2009年，全市共颁发国有土地使用证9397本，面积36705962.53平方米；集体土地使用证539本，面积48178.63平方米；他项权利证806本，抵押面积9769284.059平方米，抵押金额976657486.6万元。农村土地登记发证工作有效开展，克服了土地权属资料缺乏基础差、土地界线情况复杂纠纷较多、农民群众法律意识淡薄组织涣散、基层政府重视不够支持不力等种种困难，全市已基本完成农村集体土地和国有农场土地的签界任务，其中岗美华侨农场已登记发证92宗，面积5.6664万亩，发证率96%；阳江市垦区六个国有农场土地登记发证876宗，面积33.08万亩，占应发证面积70.38%，扣除争议土地部分，发证率达93%。

积极推进二次土地调查工作，成立了第二次土地调查工作领导小组和工作机构，制订工作实施方案，明确相关工作要求，深入开展宣传培训，积极筹措工作经费。全市四个县区的二调工作已全面完成并上报广东省国土资源厅和国家二调办。

【矿产管理】 加强矿政管理，提高矿产资源综合利用水平。规范采矿权审批程序，依法办理采矿权登记，对新设采矿权严格把关，加强现场踏勘和资料审核。根据阳江市矿产资源规划，实行总量控制。2009年，设置采矿权3宗，对拟新设置的采矿权，一律实行有偿取得制度，通过挂牌方式公开出让，已办理采矿权延续登记15宗，以挂牌出让和协议方式出让采矿权18宗，采矿权价款1500多万元，采矿权价款全部上缴国库。

做好2009年矿山企业年检工作，配合安监部门，抓好非煤矿山安全生产。通过检查，全市发现非法开采矿点3处，已全部取缔，并罚款12.5万元。有效地制止各种无证开采、越界开采、乱采滥挖、拖欠“两费一款”、无开采利用方案、浪费资源、破坏环境和不符合安全生产规定等违法采矿行为，强化了对采矿权的管理。

【地质灾害防治】 认真开展地质灾害防治工作。充实和完善领导机构，切实加强对地质灾害防治工作的领导，实行地质灾害防治工作责任制度，认真落实汛期24小时值班制度、险情巡查制度和灾情速报制度，由阳江市国土资源局局长分别与各县（市、区）国土资源局局长签订《阳江市2009年度地质灾害防治工作责任书》。根据《阳江市地质灾害防治规划》，结合全市近来年突发性地质灾害灾情，制订了《阳江市2009年地质灾害防治方案》，全面开展汛前地质灾害隐患排查，建立群测群防体系，对受威胁的居民发放230份防灾明白卡，设立地质灾害警示标志牌220个，印发地质灾害防治知识宣传资料4000多份(册)。开展了地质灾害气象预报预警工作，与阳江市气象局联合制订了开展地质灾害气象预报预警工作制度，在台风、暴雨、连续强降雨天气，经过阳江市国土资源局负责人确认，向全市有关领导、单位和地质灾害防治责任人发布地质灾害预报预警信息。

及时处置突发地质灾害。受热带扰动云团的影响，2009年5月22日至5月25日阳江市出现持续性强降雨，全市普降暴雨至大暴雨，局部地区下了特大暴雨。受强降雨影响，全市共发生地质灾害12宗，其中阳春市6宗、阳西县6宗。阳江市国土资源局迅速组织有关人员到现场进行调查，指导安置受灾群众，保证人员安全，开展救灾工作，安全转移受灾害威胁的群众96人，并及时向阳江市政府和广东省国土资源厅报告有关情况。阳春市春湾大岗坪村山体滑坡，受威胁12户，户籍人口65人，在家38人，转移人数为38人；阳西县沙扒镇海滨路四巷和阳东县东平镇环山路发生山体崩塌地质灾害，由于及时转移受灾居民，没有人员伤亡。9月16日，阳春市永宁镇发生山洪灾害，阳江市国土资源部门邀请广东省地质环境监测站和广东省有色金属地质勘查局933地质队的专家和技术人员赶到现场，对山体滑坡等地质灾害情况进行调查和应急处理，调派业务骨干人员组成抢险救灾工作组，立即赶赴永宁镇抢险救灾现场。工程技术人员对永宁镇山体滑坡进行全面排查，确保救灾复产工作顺利进行，并积极筹措资金支持10万元帮助永宁镇开展救灾复产工作。

【测绘管理】 扎实推进基础测绘工作，组织开展阳江市城南新区沙格村和坪郊沙屋各3平方千米1:500基础测绘，开展平冈和闸坡两中心镇大比例尺基础测绘；切实加强测绘统一监管，以测绘产品质量监督为抓手，组织相关专业人员对阳江市11家丙、丁级测绘单位的测绘产品进行质量监督检查，完成了全市测绘单位的测绘资质年度注册工作，组织开展互联网地图检查、涉密测绘成果检查、地理信息市场检查，开展基础测绘和基础地理信息公共平台建设调研，编制出版阳江市地图（商贸图），规范了测绘市场行为；积极提高测绘服务保障水平，测绘成果应用面和应用量不断扩大，为全市的重大工程项目建设、国土资源管理、城市建设管理、房产管理、社会主义新农村规划等提供基础测绘成果。为交通部门的公路建设、水利部门的农村饮水工程、民政部门的勘界、基准地价评估、公安的“金盾工程”等提供省级和市级的地理信息数据。

【执法监察】 按照国土资源部第九次、广东省第四次卫片执法检查和“保增长保红线”行动的要求，阳江市成立专门工作机构，做到工作人员、工作任务、工作责任和工作经费及设备保障“五落实”，努力建立土地管理共同责任机制，认真落实“四项刚性指标”和责任追究制度、用地报告、违法用地查处备案制度等“三项制度”。广东省四次卫片执法检查涉及违法用地的宗数、面积比第三次执法检查下降90.1%和93.7%，较好地完成广东省政府和广东省国土资源厅的四项刚性指标，没有因违法违规用地被国家确定为重点整治地区，没有因违法违规用地或对违法违规用地的查处导致社会不稳定或其他严重后果的事件。

同时，创新工作方式，提高信访维稳工作水平。变被动为主动，变接访为下访，开展重信重访问题专项治理，以及局长接访周和下访月活动，及时有效解决信访问题，保护群众的合法权益。2009 年共接待群众来访 14 批 44 人次，处理群众来信 102 件（其中重复件 32 件）。举行听证会 4 次，使群众加深了对国土资源法律法规及政策的认识和对国土资源工作的理解支持。并通过“民声热线”上线直播节目，倾听群众心声，对投诉的问题专人督办跟踪，迅速加以解决，做到件件有着落，事事有回音，受到群众好评。

【法制宣传】 积极开展国土资源法律法规及政策宣传，营造良好社会氛围。一是根据阳江市普法办阳普办〔2009〕6 号文的通知精神，为进一步推进法制宣传工作，加快依法行政工作的步伐，结合国土资源系统的工作实际，提出“五五”普法 2009 年工作意见，有效的完成 2009 年普法工作的各项任务，全面推进法制宣传教育工作；二是结合普法教育，利用世界地球日、全国土地日、测绘日等广泛开展国土资源法律法规宣传活动，2009 年“6·25”第十九个全国土地日期间，与团委在阳江职业技术学院举行阳江市青年国土资源保护行动启动仪式，开通“阳江市青少年国土资源保护信息网站”，同时开展送法下乡活动；三是根据阳江市委组织部关于《阳江市“实用技术、医疗卫生、先进文化、国土知识、计生服务、就业培训”六进村活动》要求，全局积极开展国土资源知识进村活动，重点是做好“六个一”：一堂课，领导带队到村委会给村党员群众上一堂国土资源管理法律法规专题课；一板国土资源法律法规知识宣传专栏墙报，在全市乡（镇）、村委会、渔委会、社区制作了 1000 个国土资源法律法规知识宣传专栏墙报；一套挂图，制作一套国土资源宣传挂图，在全市乡（镇）、村委会、渔委会、社区张贴；一本小册子，编印一本宣传小册子，发送给基层广大干部群众；一个文艺节目，结合送戏下乡活动，编一个文艺节目在全市巡回演出宣传国土资源知识；一次咨询活动，在全市镇村开展一次国土资源管理咨询活动。

【机关作风】 认真开展民主评议政风行风活动，着力加强班子建设和队伍建设，提高队伍素质。2009 年，全市国土资源系统被列为政风行风评议部门之一，根据阳江市委、市政府的要求和市政府纠风办的统一部署，局党组高度统一思想认识，以高度的政治敏感和强烈的责任感，以科学发展的理念，精心组织，周密部署，成立机构，制定实施方案，在全系统全方位扎实推进民主评议政风行风工作，把政风行风建设作为国土资源管理的“生命工程”来抓，通过开展“三个营造”、坚持“六个结合”、健全“五个机制”，把活动贯穿于国土资源管理业务中的各个环节，使政风行风建设成为做好国土资源管理工作的重要保障。在阳江市行评办 2009 年 10 月组织对全市被评单位的考核评议中，阳江市国土资源局评议总分列全市被评议单位第一名。

同时，不断健全科学管理长效机制，建立了局党组成员与各县（市、区）联系制度，加强上下沟通互动，培养选拔使用了一批优秀年轻中层干部，探索全系统干部交流轮岗制度，激发干部职工的工作热情和活力，协调有关部门规范基层国土资源所建设。坚持教育、制度、监督并重，加强党风廉政建设，认真组织开展民主评议政风行风活动、机关作风建设年和纪律教育月活动，全面推进依法行政工作，完善窗口办文、公开听证等制度。

【党建工作】 根据阳江市委的部署，2009 年阳江局党组精心谋划，周密安排深入学习实践科学发展观活动，坚持重实际、讲效果、抓落实，着力围绕“党员干部受教育、科学发展上水平、人民群众得实惠”以及切实转变工作作风等四个方面开展工作。

一是创新学习机制。建立局领导挂点学习制度，局党组成员分工挂点联系县（市）国土资源局、直属分局、下属党支部，负责对挂点单位学习实践活动进行督促、检查和指导。用表格形式编制活动计划，增强活动的操作性和预见性，提升学习实践活动的效果。

二是创新学习载体。4 月 8 日至 11 日，在阳江市委礼堂举办全市国土资源系统清华大学研修班，邀请清华大学著名教授到阳江市为全系统 300 多名干部作专题学习培训，培训班档次高、信息量大，学习形式活泼生动，干部职工主动参与学习的热情高涨。阳江市委组织部以阳江市国土资源局培训班为载体，组织了全市组工干部班、市委党校主体班学员和江城区副科以上干部参加学习培训，学员反响强烈，学习效果非常好。

三是创新学习形式。深化认识促学习，在开展“三学三落实”活动过程中，以支部为单位，要求参学党员谈学习理论的心得、谈学习纲要的认识、谈学习典型的体会，并要求撰写学习心得体会文章深化促学习，每个党支部出版宣传学习版报。同时，按阳江市学习实践办的要求，开展“科学发展知识竞赛”，组织全局党员干部参加学习科学发展观知识问答，提高党员干部对科学发展观和阳江市经济社会发展的认识。

在开展学习实践活动中，注重突出实践特色，围绕党员干部受教育、科学发展上水平、人民群众得实惠的总体要求，边学习边调研实践，使学习调研阶段各项工作开展得有声有色。

一是结合贯彻《珠江三角洲地区改革发展规划纲要》，组织局领导班子成员、有关科室负责人和县（市、区）局主要领导到肇庆市大旺高新区、广东金融示范区进行深入调研学习，借鉴先进经验，推进全市节约集约用地工作，起到了较好效果。

二是破解内部管理难题，促进政风行风建设，召开服务对象、直属国土资源所座谈会，认真倾听企业和基层的意见和建议，在此基础上研究制定工作措施，认真开展工业活动年活动，支持企业发展，加强基层国土所人员登记、考试工作和硬件建设，促进国土资源工作上新台阶。

三是坚持科学发展，争当建设节约集约用地试点示范省的排头兵，为全省利用低效园地山坡地补充耕地工作探索先行先试经验。4月13日，广东省政府在阳江市召开全省利用园地山坡地补充耕地工作现场会，对阳江市补充耕地项目率先全省通过省级抽查验收作了通报表彰，介绍和推广阳江的经验。

四是建立科学发展保障机制，为经济社会发展提供强有力的用地保障。以强化科学合理和节约集约用地为原则，全面落实土地利用年度计划工作，为推动全市重大项目建设，实现经济平稳较快发展发挥了重要作用。

（冯德斌）

湛江市

【概况】 湛江市位于中国大陆最南端、广东省西南部的雷州半岛上，处于粤桂琼三省（区）的结合部。地貌以平原为主，平原占66%，山区和丘陵占34%。下辖5县（市）4区，拥有1个国家级经济技术开发区和6个省级经济开发试验区，87个乡镇，2009年末全市常住人口700万人。土地总面积1.32万平方千米，耕地占33.32%，园地占13.37%，林地占22.92%，草地占0.89%，城镇村及工矿用地占10.75%，交通运输用地占2.07%，水域及水利设施用地占15.91%，其他土地占0.77%。该市三面环海，海岸线长达1556千米，占广东省海岸线的46%。矿产资源较丰富，矿产种类较多。已发现的各类矿产42种，有一定资源储量的矿产地320处。滨海稀有稀土砂矿、玻璃石英砂矿、银矿、水晶、高岭土、硅藻土、泥炭土、玄武岩、矿泉水、地下热水、南海石油及天然气等资源储量较丰富，是该市优势矿产，在省内名列前矛。

【土地规划】 2009年5月初，《湛江市土地利用总体规划大纲（2006–2020年）》获得国土资源部批准实施。6月份组织开展市、县、镇三级土地利用总体规划修编工作。

【基本农田保护】2009年7月份，湛江市长和各县（市、区）政府主要领导签订了2009年度耕地保护责任书。全市完成园地山坡地开发补充耕地7.44万亩，为历史之最，名位全省前列，使全市连续10年实现了耕地占补平衡。如期完成国家和省级的土地开发整理项目19个，新增耕地2.25万亩，受到广东省国土资源厅通报表扬。湛江市2008年度土地利用计划执行工作获广东省政府二等奖。雷州局被评为全国基本农田保护工作先进单位。

【地籍管理】 8月湛江市政府颁布实施了《湛江市农村宅基地管理实施办法》。完成全市第二次土地大调查工作。全市土地登记发证12504宗，湛江市国土资源局土地登记发证地籍信息，通过电子系统转至档案信息中心归档，实现发证与归档同步。

【土地利用】 全年完成雷州青年运河灌区续建配套与节水改造工程等预审项目12个，用地面积3960亩。完成湛江钢铁项目、湛徐高速、茂湛铁路、疏港公路二期、325国道改造、海湾大桥西连接线项目及拉动内需项目、湛江市政建设项目等征地共3.6万多亩，创了湛江历年征地量之最。完成39个（批次）项目用地20060亩报批工作。湛徐高速公路用地1万多亩，只用2个月就完成征地拆迁；茂湛铁路项目吴川段征地面积3670亩，仅用20天完成征地拆迁，使吴川境内6个标段全面开工。两个项目的征地拆迁效率被省誉为“湛江速度”。

【土地市场】 全市收储土地1. 36万亩。湛江市土地储备中心拓宽收储思路，加强与各区政府和法院、国土资源等部门合作，积极完善征用土地入库，回收关闭破产企业土地，全年收储土地9171亩，其中回收闲置土地5宗753亩，累计收储入库约26482亩，现库存约20735亩，创历年最好成绩，实现累计收储及库存土地同时突破二万亩。完成6个省级开发区土地集约利用评价并通过省验收。完成年度地价动态监测数据采集和地价监测点维护。1月份开始实施土地市场动态监测监管系统，确保土地合同及时上网公布。全年全市供应土地3377.67亩，办理土地使用权鉴证交易2231宗5344.68亩。3月份公布实施《湛江市辖区镇级国有土地出让金计算办法》，首次实现市区土地出让金全覆盖，为财政增加收入。全市收取土地出让金12.32亿元，其中市区9.52亿元。该局投入83万元，在全省地级市率先建成土地网上公开交易系统，正在调试阶段。全市挂牌拍卖出让土地 5990.47 亩，成交金额 18.99 亿元。其中湛江市土地交易中心挂牌拍卖土地 14 宗 2813.8 亩，成交金额 11.7 亿元。旧啤酒厂约 60 亩土地以 4.56 亿元成交，地价约 775 万元 / 亩，创单价历史之最。

【矿产管理】 完成《湛江市矿产资源规划（2005-2015 年）》编制工作。启动采矿许可证全国统一配号工作，完成采矿权统一配号 18 个。全市共有偿出让采矿权 32 宗，价款 901.4 万元。全市市级发证矿山 61 个，开展矿山储量动态监测工作的 54 个，提交矿山储量动态监测报告 36 份。全市矿业权实地核查项目外业成果通过验收，成果编制完成 80%。全市征收矿产资源补偿费 386.4 万元，追缴矿山恢复环境治理保证金 681.2 万元，是年全市没有发生矿山事故。

【地灾防治】 查明各类地质灾害及隐患点 526 处，采取有力措施整改，成功避险 7 次。争取省财政拨给廉江、遂溪、雷州、湖光岩地质灾害防治经费各 80 万元，中央财政拨给湖光岩地质遗迹维护经费 650 万元。

【测绘管理】 完成湛江市中心城区第三期 52 平方千米 1:500 数字化地形测量项目工程，第四期 52 平方千米正在施测。完成市辖区坡头、龙头、湖光、硇州 4 个中心镇的测量项目工程。对全市 24 家持证测绘单位开展了测绘质量监督检查。

【执法监察】 湛江市各级人民政府基本上建立土地管理共同责任制度，国土资源、公安、检察、监察等部门建立土地违法案件查处配合联动机制。各级国土资源部门建立土地动态巡查零报告制度，设立了 12336 国土资源违法违规行为举报专线，开展青年志愿者保护国土资源活动，进一步建立健全预防查处土地违法行为的长效机制，国土资源管理秩序进一步好转。全市 2008 年度违法用地面积比 2007 年度下降率为 62%。2009 年度卫片图斑点比 2008 年度下降 38%。各地开展“基层大接访”、“信访积案化解年”、“进家门、问民生、解难题”以及“大排查大化解”等多项活动。全系统全年受理群众信访 888 件，其中重复信访 172 件，接访群众 485 批 1880 人次，其中集体上访 54 批 692 人次，探访群众 31 批次 92 人次，解决问题 37 个。

【法制宣传】 6 月 25 日，湛江市国土资源局在《湛江日报》上开辟宣传专版和特刊，在局门户网站制作宣传专页，刊登了最新最常用的土地政策法规。各地上街宣传、设立咨询点，当天接受咨询近 1532 人次，发放宣传资料 2.55 万份，张贴标语 1200 多条，组织宣传车 8 辆次到镇（街）巡回宣传。

【信息化建设】 获得湛江市政府批准投资近 5000 万元的“金土工程”立项并正式启动，有力地推进了信息化建设。

【国土资源所建设】 4 月，理顺全市国土资源所管理体制，完成机构编制上收工作。湛江市政府给各县（市）83 个国土资源所均配备一辆摩托车、一台电脑和打印机，给市辖区 15 个国土资源所均配备一辆的士头汽车、一台电脑和打印机。全市国土资源所需建设办公用房的 91 个，已落实建设资金 1160 万元，54 个所已落实建设用地。其中徐闻县 15 个国土资源所已全部落实建设用地和资金，在建 8 个，走在全市前列。

【精神文明】 各级国土资源管理部门层层签订责任书，认真落实党风廉政建设责任制，抓好“三牵头五配合”工作。湛江市国土资源局实行“一次性”看地制度和“党风廉政建设信息反馈卡”制度，加强重点环节管理。采取观看警示教育片、举办廉政专题报告会等形式，加强廉政教育，筑牢拒腐防变思想防线。开展民主评议政风行风工作，促进审批效率大提速。湛江市国土资源局 33 项审批事项累计比法定审批时限缩短 433 天，压缩率达 59.5%。是年湛江市国土资源局驻行政服务中心窗口受理业务 2122 件，办结率 100%，提前办结率 100%，一至四季度均被评为第一，年终湛江市国土资源局被评为标兵窗口单位。全市各级国土资源管理部门均被评为政风行风满意单位。湛江市国土资源局建立健全和修改完善各项规章制度 93 项，进一步促进廉洁从政。建立了具有湛江特色的开放、动态、创新的惩治和预防腐败体系。经广东省国土资源厅党风廉政考核组考核评定，湛江市国土资源局党风廉政建设工作考核分数为 94.6 分，等次为“好”。是年湛江市国土资源局被评为市计生工作先进单位、综合治理工作先进单位、国家安全防线工作先进单位、殡葬改革工作先进单位。

（周志怡）

茂名市

【概况】 茂名市位于广东省西部，东毗阳江市，北东连云浮市，北西邻广西壮族自治区，南部与湛江市南海接壤。全市陆地面积11459平方千米，海域面积75平方千米。2007年末，全市户籍人口716.44万人，其中市辖区121.35万人。茂名的矿产资源丰富，目前止共发现矿种53种，矿产地334处。优势矿产有：一是油页岩矿。探明储量54亿吨，远景储量23.61亿吨，其储量位居全国探明储量的第二位。二是高岭土。经勘查及评价的矿产地8处，探明储量B+C+D+E级矿石量5.75亿吨，排全国第一位。三是钛矿。矿区总面积约29平方千米，累计查明资源量：钛铁矿1466.57万吨，锆英石33.39万吨，磁铁矿320.48万吨，储量规模排全省第一位。四是锡矿。累计探明储量(矿石量)4147.21万吨，储量规模排全国第一位。

【学习实践科学发展观】 按照茂名市委的要求，参加全市第二批学习实践活动。活动中，牢牢把握学习实践活动的指导思想、基本原则和目标要求，加强对学习实践活动的组织领导，使学习实践活动带来了实实在在的变化。特别是在整改落实阶段，针对当前全市国土资源管理存在的吃饭与建设矛盾突出、现行土地利用总体规划滞后、违法违规用地现象仍存在等突出问题，找出了忧患意识和危机感不够强、解放思想和改革创新还不够有力、国土资源管理宏观政策研究不够深入、工作作风还不够扎实等主要原因，采取了相应的整改措施，取得了实实在在的成效。一是进一步建立农田保护区、示范区保护好耕地；二是通过整理开发复垦增加耕地；三是大力推进节约集约用地；四是加强土地利用总体规划统筹力度，认真做好第二次土地调查工作；五是继续抓好违法违规用地执法整治工作。

【节约集约用地】 一是成立了建设节约集约用地试点示范省工作领导小组，加强组织领导，做好协调沟通，确保工作顺利推进。二是茂名市政府下发了《建设节约集约用地试点示范省工作实施方案》和《关于节约集约用地试点示范省工作分工方案》。三是制定和实施了《茂名市国土资源局节约集约用地试点示范省工作局内分工方案》，明确工作目标，突出重点，落实责任。四是突出重点，全面推进节约集约用地工作的开展。严格执行土地利用总体规划和年度用地计划，严把用地预审关；盘活存量建设用地，保障土地供应；积极开展“三旧”改造工作；实行工业园区与民房作坊相结合发展民营企业，节约用地；利用园地、山坡地补充耕地及围海造地。

【双保行动】 根据广东省国土资源厅“双保行动”方案制订了保增长保红线行动实施方案，开展了声势浩大的宣传教育，并围绕保障发展用地、严守耕地红线、完善政策措施、强化执法监察等四个任务开展工作，取得阶段性成效。

【“三旧”改造】 根据广东省委、广东省政府和省国土资源厅的部署，出台了实施方案和分工方案，全力推进“三旧”改造工作。首先，搞好调查摸底。全市初步确定进行“三旧”改造的用地共有4748.8公顷，其中旧城镇1528.8公顷，旧厂房1402公顷，旧村庄1817.6公顷。其次是按“三旧”改造规划，投入资金，分期实施。全市已完成“三旧”改造用地27宗73.3公顷。茂名市区的华侨新城、粤西明珠、亿盛地产等都是改旧建设高档住宅楼。化州市充分利用市区旧厂房用地13万多平方米、旧粮仓（所）用地3万多平方米及旧招待所用地6000多平方米作为商品房开发建设用地，缓解了征地压力。信宜市引进了亘德和鸿叶两家房地产商对该市市区的旧村庄陈锦垌村和武装部旧址进行改造，第一期共投资了 1.1 亿多元，建设 3000 多万平方米的商住房。

【耕地保护】 一是加强了规划计划的统筹和管控。首先是加强建设项目用地预审工作，把好用地“闸门”；其次是加强土地利用年度计划管理工作；再就是抓好土地利用总体规划修编工作。茂名市市级规划文本已上报广东省国土资源厅组织专家论证。二是强化耕地保护责任，坚守耕地红线。加强宣传，增强广大群众耕地保护意识；级级签订责任书，确保基本农田保护责任到户。全市共签订责任书 19056 份，落实责任人和情报员 9777 人，形成了市、县（市、区）、镇、村委会四级比较完善的管理保护网络。三是努力筹措资金，开发、垦复、整理补充耕地，耕地占补平衡。全市现有可利用的耕地后备资源，包括园地山坡地共 14000 公顷。2009 年已落实开发单位并签订开发协议 1467 公顷，大部分单位已动工开发。完成开垦耕地 1053.3366 公顷，全部通过广东省验收。超额完成了广东省下达 2009 年开发补充耕地 361 公顷任务。规划在电白县的电城、树仔、旦场、水东等地沿海选点围海，造地 2022.5 公顷，并已启动第一期围海造地 942 公顷的可行性研究设计方案。

【土地利用】 一是保障项目用地需要。茂名市政府成立征地拆迁工作指挥部，并按中央和广东省的要求对重点项目建设给予政策倾斜和扶持，确保重点项目用地得以保障。2009 年，广东省下达茂名市土地利用计划指标为新增建设用地 232 公顷，其中农用地转用 168 公顷，占用耕地 116 公顷，全部完成报批任务。全市扩大内需中央投资项目需供应新增建设用地的有 5 个，用地面积 44.1473 公顷，已经落实用地的项目 4 个、面积 12.82 公顷，未落实用地的项目正在实施用地前期工作。全年上报广东省国土资源厅审批征地材料 28 宗，面积 338.1994 公顷；洛湛铁路茂名段建设项目用地 480.9 公顷，已报国家审批。茂名大道扩改征地、油城十路征地已完成，新一中及职业技术学院征地已签订协议，茂名石化、茂名热电厂、华南销售分公司、市民大道项目用地征地已完成，博贺港进港公路（全路段）征地已签订协议 920 亩，高地片区（除新一中及职业技术学院）征地已全面推进。富盈酒店用地、西粤路用地及锡塘岭垃圾填埋场用地、武警茂名市边防支队军事综合项目用地、茂湛铁路用地、市民活动用地等都在积极开展。二是加大闲置土地处置和土地储备工作力度，盘活存量建设用地，保障土地供应。2009 年，全市共核查市区各类存量建设用地 238 宗、面积 99.8 公顷，确认并处置闲置土地 206 宗、面积 54.2 公顷，其中有偿回收 29 宗、面积 24.7 公顷。茂港区将由于资金不足等原因造成土地闲置 2 年以上的 8 宗 7.1 公顷土地收回重新出让；高州市对破产企业用地采取土地置换、有偿收回等方式加以盘活，对新办的工业企业，则引导和鼓励其使用闲置地。原茂名矿务局转制破产后，有 130 多公顷原厂房土地，高州市接收后，引导一些新办企业到这里落户，连片发展。土地储备工作有新突破，2 万多亩盐场土地有偿回收后正在抓紧完善最后的交接手续，开发利用工作也在积极进行之中；回收了市区高水路两侧闲置地 201 亩；委托茂南、茂港两区政府组织的官渡路两侧近 2000 亩土地征收工作进入攻坚阶段；先后与市社科联、市城市综合开发公司等五个单位（个人）正式签订闲置土地有偿回收协议 5 份，涉及土地 24 宗 268.07 亩，另有 3 宗 29.5 亩（茂南区公路局）亦已达成回收意向。

【土地市场】 全年供地 279 宗 114.3 公顷（主要是二级市场，即补办出让手续），其中新增建设用地 3.23 公顷。全市转让土地 1742 宗，转让面积 127.9 公顷，转让土地金额 6.3 亿元。其中市交易中心办理土地使用权转让业务 384 宗，60.43 万平方米，金额 5.05 亿元；挂牌转让交易 5 宗，面积 272.2 万平方米，成交金额 6.9 亿元。挂牌出让矿业权 4 宗，成交价款 469.01 万元。

【矿产管理】 一是基本完成市级矿产资源规划的修编工作。二是做好矿产资源整合工作。石矿资源整合任务已经完成，全市采石场数量由 2003 年的 314 家整合成 86 家，高岭土和油页岩资源整合方案已经茂名市政府同意广东省审批。三是做好矿产资源储量动态管理和矿产资源开发利用年检工作。全市应进行储量动态管理和年检矿山 314 个，实际已开展动态监测和年检 285 个，年检率达 91%。四是抓好矿业权实地核查工作。全市在册采矿权 376 家，省以上发证 22 家，除省以上发证和部份停止运作的矿山外实际核查 254 家。

【地质勘查与环境】 一是加强了地质灾害预报预警，发出9次地质灾害预警，有效防治地质灾害，全市无地质灾害引发的人员伤亡事故发生。二是积极开展抢险救灾工作。2009年9月份，为了做好15号台风“巨爵”的防御工作，领导班子成员分片负责，组成8个工作组共120人赶赴信宜市各镇做好防御工作，及时转移群众1260人，其中思贺镇在册地质灾害危险点的人员全部转移。三是开展地质灾害群测群防“十有县”建设工作，推荐信宜、高州两市为第一批地质灾害群测群防“十有县”。四是对全市地质灾害隐患点实行数据管理。建立了全市地质灾害隐患点数据库，包括灾害点编号、位置、坐标、威胁对象、发放明白卡、警示牌个数、监测责任人、治理措施实施时间、经费估算等，全市地质灾害隐患点管理工作逐步走向规范化。

【地籍管理】 一是出色完成二次土地调查任务。农村土地调查已全面完成，城镇土地调查外业测图工作已基本完成，地类调查工作已全面完成。完成了基本农田调查上图工作。二是土地登记发证工作成绩喜人。全市国有土地使用权已发证166822本，占应发证数的92.43%；集体土地所有权已发证3589本，占应发证数的93.7%；集体土地使用权已发证965326本，占应发证数的93.46%，其中宅基地已发证965260本，占应发证数的92.57%。三是信息化建设及档案管理取得新进展。建立了门户网络，着手数字城市地理空间框架建设，对办公系统建设进行了升级和发展，加强了计算机保密工作的管理。档案管理逐步趋向完善。

【执法监察】 一是认真开展卫片执法检查工作。部卫片检查，全市共发现违法用地57宗、面积299.53亩，其中耕地面积4.1亩，已立案57宗，立案率100%；广东省卫片检查，全市共发现违法用地227宗、用地面积807.54亩，其中耕地面积19.37亩，已立案227宗，立案率100%。2009年度部卫片茂名市违法占用耕地面积占新增建设用地占用耕地总面积的比例是1.18%；广东省卫片的比例是2.75%，没有触及15%的红线。二是开展矿山专项整治行动。在市辖区环境专项整治工作组的组织指挥下，开展市辖区矿山专项整治。成立了专项行动工作组，制定和实施了专项行动方案，开展了声势浩大的宣传活动，组织突击清理、现场打击行动。共依法立案查处非法采矿案件5宗，其中责令停止开采并处罚款的5宗，与公安机关等部门联合执法、打击盗采资源行为3次，取缔非法采矿点4个。2009年6月15日，专项行动工作组组织市局、茂南区政府和公安等部门执法人员100多人，开展现场打击行动，捣毁了茂南区辖区内4个无证采矿点的设施，扣押了部分设备。在这个基础上，组织了全市矿山专项整治行动。全市发现矿产资源违法案件19宗，立案查处19宗，结案19宗。移交法院强制执行2宗。三是认真做好来信来访工作。2009年受理群众来访102宗246次，来信（含上级交办）184件。市区受理土地、矿产纠纷案12宗，办结5宗。

茂名市国土资源局、茂港区政法委派员联合执法，制止茂港区羊角镇爱群村委会山尾村非法开采油页岩。

【基层建设】 根据国土资源部、广东省国土资源厅关于“关口前移、重心下移”的方针，成立了基层工作小组，分工专门领导负责抓。一是组织基层调研，针对存在问题采取一系列改进措施，其中包括制定和实施《关于进一步规范国土资源所建设管理的意见》和《茂名市基层国土资源所建设管理年度考核内容和评分标准》以及《茂名市国土资源所所长问责制度》，对基层所的软硬件建设和达标创建活动进行了规范。二是为了推动基层所建设管理工作的深入开展，各级重视抓好试点，实行以点带面。各县（市、区）分别抓1-2个试点所。茂名局在高州市宝光所抓试点，并召开了试点工作现场会，推动面上工作的开展。三是组织开展了全市基层所考评工作。下发了《关于做好2009年度国土资源所考评工作的通知》，对基层所年度工作总结、考评表彰工作进行了全面部署。通过考评，确认茂南分局的镇盛所，茂港分局的沙院所，信宜局的水口、思贺所，高州局的宝光、谢鸡、石鼓所，化州局的播扬、杨梅所，电白局的博贺、霞洞所为优秀国土资源所。四是茂名市政府拿出100万元耕地保护奖励金购买电脑和摩托车发至每个基层所。

【队伍建设】 一是抓好领导班子建设，努力提高班子的领导能力、执政能力；二是抓好工作人员业务培训，提高工作人员业务水平和能力；三是狠抓党风廉政建设责任制的落实，扎实推进预防和惩治腐败体系建设，不断改进队伍的思想作风、工作作风、生活作风，确保队伍安全；四是认真开展民主评议政风行风活动，取得了显著成效，得到市行评团的充分肯定。总评得分87.5，在市直11个评议单位中名列第三。五是按《广东省基层国土资源所工作职责（试行）》、《茂名市国土资源所建设管理暂行规定》、《关于进一步规范国土资源所建设管理的意见》、《茂名市基层国土资源所建设管理年度考核内容和评分标准》以及《茂名市国土资源所所长问责制度》的要求，抓好基层国土资源所建设。

（周志文）

肇庆市

【概况】 肇庆市国土资源局设有10个职能科室：办公室、人事科、财务科、土地规划与耕地保护科、土地利用管理科、地籍管理科、矿产资源管理科、地质勘查与环境科、测绘管理科和执法监察科（加挂肇庆市国土资源执法监察大队牌子）；下属事业单位5个：地产交易中心、土地开发中心、测量队、矿产资源管理站和信息中心（加挂档案馆牌子）；4个正科级派出机构：鼎湖、大旺国土资源分局，黄岗、睦岗国土资源所。

【矿产资源】 肇庆市矿产资源比较丰富，有矿产61种，探明储量的36种。金属矿产主要有铌、钽、金、铁、铋、钼、锡、铜、钨和稀土等。金矿资源丰富，有矿产地35处，主要分布在高要市、怀集县、封开县等地，保有储量91吨，被誉为广东的“黄金之乡”。非金属矿产主要有水泥用灰岩、熔剂用灰岩、石膏、饰面用花岗岩、建筑用花岗岩、陶瓷土及砚石、矿泉水、地热水等。砚石是肇庆市特有的工艺观赏石矿产，主要产于羚羊峡东侧的烂柯山端溪畔和七星岩至鼎湖山一带的北岭山，老坑、坑仔岩、麻子坑等处砚石质量较好，全市砚石资源远景储量约100万吨。“端砚”为中国四大名砚之首，2004年肇庆市获“中国砚都”殊荣。

【肇庆市位置及面积】 肇庆市位于广东省中部偏西，东部和东南部与佛山、江门接壤，西南与云浮市相连，西临广西壮族自治区，北部和东北部与清远市相邻。地理位置东经111°21'~112°52'，北纬22°47'~24°24'，辖高要、四会2市；广宁、德庆、封开、怀集4县，端州、鼎湖和高新区3区，土地面积1.482万平方千米，占全省土地总面积8.31%。

【肇庆地貌】 肇庆市地貌西北高，南部东部较低，以中低山丘陵为主，平原较少，中低山丘陵占全市土地面积的81%，1000米以上的山峰有40多座，最高山为怀集县大稠顶，海拔1626米。西江和北江为该市两大水系，西江自西向东在三水区与北江汇合流入珠江。

【土地规划】 一是市、县、镇三级土地利用总体规划修编工作全面开展，并取得初步成果，肇庆市和7个县级土地利用总体规划修编大纲全部通过广东省国土资源厅批复，市级土地利用总体规划成果通过广东省国土资源厅组织专家论证。大旺华侨农场的镇级土地利用总体规划通过肇庆市政府批复实施。二是土地利用计划指标执行情况良好，2009年被广东省政府授予“2008年度土地利用年度计划执行考核”综合考评二等奖及土地开发单项奖，2009年根据广东省国土资源厅追加计划指标，累计安排使用新增建设用地858.9444公顷，农用地转用790.9467公顷，其中占用耕地238.1797公顷，未利用土地转用67.9977公顷。

耕地保护和农地开发：

一是全市自筹资金开发新增耕地面积4039.566公顷，全部通过省级抽查，并通过市级验收确认，数量在全省排名第三；二是制定了《肇庆市土地开发整理若干意见》并由肇庆市政府下发；三是开展市级补充耕地储备指标收储工作，2009年收储全市各地补充耕地储备指标438.6167公顷；四是争取省级土地整理项目立项并下达资金计划2个（怀集桥头、下帅），督促各地加快国家级、省级土地整理项目工程进度，部分项目已按质按量完成。

【土地利用】 供应建设用地285宗，面积671.707公顷，其中出让272宗，面积616.8418公顷，征收土地价款24.1887亿元；划拨土地13宗，面积54.9561公顷。经广东省批准城市分批次用地1.05万亩，其中新增建设用地1.62万亩。经国务院和广东省批准江肇高速公路（肇庆段）、二广高速公路（肇庆段）、高要河秋110千伏输变电站、高要蛟塘110千伏输变电站、广宁翠竹220千伏输变电站单项选址用地18516.34万亩，其中新增建设用地1.747万亩。

【地产市场】 全市招拍挂出让用地113宗，面积599.6284公顷，成交价款23.2519亿元，其中出让工业用地37宗，面积425.538公顷，成交价款6.7184亿元；商服用地74宗，面积170.849公顷，成交价款16.4863亿元；其他用地2宗，面积3.2414公顷，成交价款0.0472亿元。

【地籍管理】 全市土地登记发证24388宗（国有土地8312宗，集体土地13563宗，他项权利2513宗），其中端州城区登记发证1127宗（国有土地831宗，集体土地296宗，他项权利290宗），协助各级法院查封土地64宗，完成地籍档案资料查询3811宗，受理会签668宗。

【测绘管理】 研究制定了《肇庆市2009—2010年基础测绘规划》，积极参与构建珠三角地区基础地理信息公共平台，取得积极进展，大力配合省国土资源厅做好肇庆市1:1万基础地理信息数据更新，提高基础测绘成果的服务保障效用。

【执法监察】

开展广东省第四次卫片执法检查和国家第九次卫片执法检查工作。

肇庆市省第四次卫片监测，监测宗地4632宗，宗地总面积36630.7亩。国家第九次卫片监测，监测宗地158宗，宗地面积2213.7亩，经统计情况如下：

1. 新增建设用地。检测时段内全市新增建设用地1510宗，面积20049亩（含耕地3113.2亩）。其中，合法用地1161宗，面积18244.4亩（含耕地2942.5亩）；违法用地349宗，面积1804.8亩（含耕地170.7亩）。

违法用地中，城市建设违法用地133宗、面积793.6亩，其宗数和面积分别占新增建设用地的8.8%、4%，占违法用地的38.1%、44%；农村建设违法用地215宗、面积1010.1亩，其宗数和面积分别占新增建设用地的14.2%、5%，占违法用地的61.6%、56%；国家和省级重点工程违法用地1宗、1.1亩，其宗数和面积分别占新增建设用地的0.1%、0%，占违法用地的0.3%、0.1%；违反规划用地227宗，面积977.8亩（含耕地146.1亩）。根据工作安排，这些违法用地亦将按预定进度，抓紧立案查处。

2. 农业结构调整用地。本次监测图斑中经村委会一级确认，属农业结构调整的有1162宗，计面积6278.9亩。对该类宗地，肇庆市各县（市、区）国土资源执法监察人员进行了逐宗实地核查并照相记录。

3. 未发生变化图斑点。本次监测图斑中有1960个图斑、总计面积10302.6亩的图斑点实地未发生变化。

4. 国家第九次卫片检查，肇庆市城区（端州、鼎湖）为监测城市，监测图斑158个，监测面积2213.7亩，经实地核查：其中127个图斑、1912.1亩为合法用地，14个图斑点、222.8亩为实地未变化，13个图斑点、64.6亩为农业结构调整用地，4个图斑点、14.2亩为违法用地。

举办执法监察人员培训班。

9月份举办了三期全市执法监察人员培训班，完成对全市所有基层所所长及业务骨干（共270人）的业务培训。

打击大旺恒运石场越界开采行为。

对大旺恒运石场处以没收违法所得1283400元，罚款76600元。

【矿产管理】

继续保持高压态势，维护良好的矿产资源开发秩序。

2009年，肇庆市国土资源局把瓷土矿作为整治重点，重点打击偷采、乱采滥挖，超层越界开采，破坏矿产资源等违法行为。全市共取缔非法开采点43个，立案13宗，移送司法机关追究刑事责任12人，追缴违法所得308万元。查处超量开采14宗，查处不按开发利用方案生产、超层越界开采28宗，追缴违法所得和罚没款1726万元，确保了矿产资源开发秩序的稳定。

抓好矿产资源的市场配置。

进一步建立和完善“统一、竞争、开放、有序”

的矿业权市场。认真开展矿产资源优化整合工作，合理配置矿产资源。全市依法公平、公正、公开出让采矿权 37 宗，成交价款 12334.79 万元，其中，中洲藤铁Ⅷ铁矿区以 1.035 亿元（出让底价 3000 万元）成功挂牌出让，创历史最高记录。

【地质勘查与环境】

强化地质勘查工作的监督管理。

新设立探矿权 6 个，全市有探矿权 67 个。对 65 个应检勘查项目进行年检，合格 63 个，不合格 2 个。

做好地质灾害防治工作。

（一）地质灾害情况

2009 年，全市共发生崩塌、滑坡、地面塌陷等地质灾害 21 宗，受威胁房屋 112 间，91 户 453 人，学校两所教学楼两幢，学生 500 人，损毁房屋 8 间，死亡 3 人，直接经济损失 608.5 万元。

（二）地质灾害防治管理情况

1. 加强宣传培训教育。全市国土资源系统 700 多人参加了地质灾害突发公共事件培训；在星湖牌坊广场和怀集燕岩广场开展多种形式的宣传活动。现场派发宣传小册子 2000 多册，宣传挂图 200 多套；6 月 23 日四会中学高中部开展地质灾害临灾撤离演练。

2. 拟订《肇庆市 2009 年度地质灾害防治方案》，由市人民政府于 3 月 4 日颁布实施。

3. 加强群防群测体系建设。全年发布三级以上地质灾害预警信息 7 次，安全撤离 814 人，对 79 个重大地质灾害隐患（危险）点进行排查复核，重新制订警示标志牌 321 块。全市国土资源系统共出动 1000 多人次，巡查隐患点 253 个，15 处重大地质灾害点开展应急调查，发放“防灾避险明白卡”和“防灾避险工作卡”1498 份，建立完善监测预报小组 206 个，参与群防群测人数 1471 人。

4. 积极申报地质灾害防治专项资金。获广东省财政补助项目 5 个，资金 400 万元，国家财政补助项目 1 个，资金 320 万元。

5. 加大地质灾害隐患点治理工作力度。全市共投入地质灾害隐患（危险）点治理资金 1489 万元，勘查治理地质灾害点 33 处，搬迁避让 4 个，惠及 200 多户，800 多人。南岸山口村整体搬迁工程取得重大进度，已建成可入住 167 户，680 人。

加强矿山地质环境管理和地质遗迹保护工作。

（一）完成 5 家矿泉水厂水源地的年度检查工作；对 20 个矿山地质环境影响评价报告进行合规性审查和备案，从源头上做好地质环境管理工作。

（二）加强对闭坑废弃矿山地质环境治理工作。全市投入矿山地质环境治理资金 863 万元，怀集多罗山钨矿已完成阶段性地质环境治理。四会讴坑煤矿、广宁横山铌钽矿、德庆京村金矿等 3 个闭坑停采矿山地质环境治理，获得国家财政资金补助 5500 万元。

（三）完成怀集桥头燕岩省级地质地貌自然保护区综合考察报告和总体规划报告，申报材料由肇庆市政府报省政府。

（曾 铭）

清远市

【概况】 清远市位于广东省中北部，北江中下游流域，南岭山脉南侧与珠江三角洲的结合带上。南连广州和佛山市，北接湖南省和广西壮族自治区，东及东北部和韶关市交界，西及西南部与肇庆市为邻；南北相距约190千米，东西相隔约230千米，边界线长1200余千米；土地总面积19035.54平方千米，是广东省陆地面积最大的地级市。从1996年至2001年清远市民政局主办了清远市行政界线的勘定工作，此后清远的行政界线所确定的境域和面积以勘界的结果为准。清远市第二次全国土地调查从2007年7月1日启动，2009年12月31日将二调成果进行了标准时点统一更新。通过清远市第二次全国土地调查，查清全市的土地家底，全市总面积19035.54平方千米，农用地24994657.5亩（其中耕地3914913.45亩、园地756233.85亩、林地19404280.65亩、草地1407亩、其他农用地917822.55亩），建设用地1403731.8亩，未利用地2154920.1亩。（备注：清远市二调成果已经省审核上报国土资源部，国家尚未确认公布使用。）

截至2009年底止，已发现和找到矿产63种，规模达到中型以上的有矿产地57处，其中通过地质勘查探明储量的共有35种，主要矿产有铁、铅、锌、稀土、熔剂用灰岩、瓷土、硅灰石、耐火粘土、饰面用大理石等，其中水泥用灰岩资源极为丰富。已探明各类固体矿产资源总量约23亿吨，矿产资源总体呈现种类多、分布广、非金属矿产规模大的特点。地质类资源以地热水和地下矿泉为主。

【耕地保护】 认真抓好耕地保护责任的落实，耕地保护和补充耕地成绩突出。积极推进基本农田保护示范区建设，根据实际情况制定土地利用调控指标分解方案，抓好年度计划执行考核和耕地保护目标考核，强化年度计划的管理，顺利通过了广东省2009年度耕地保护责任目标履行情况和2009年耕地占补平衡考核。大力开展利用园地山坡地补充耕地工作，全年累计完成补充耕地11.3万亩，其中通过广东省抽查验收项目164个，新增耕地面积7.2万亩；已向广东省申请验收项目69个，新增耕地面积4.1万亩，补充耕地数量位居全省第二。

【土地调控】 全年组织办理用地报批件84宗，新增建设用地面积2868.39公顷，其中农用地2665.74公顷，耕地1089.935公顷，目前广东省国土资源厅已受理37宗，新增建设用地面积1555.69公顷，农用地1462.28公顷，耕地570.99公顷。其中扩大内需项目14宗，新增建设用地974.21公顷，农用地895.73公顷，耕地311.63公顷。新增建设用地使用效益明显提高，每亩建设用地的GDP产出由2007年的4.4万元提高到6.3万元。按此计算，去年清远市的新增建设用地预计可拉动GDP的产出超过27.11亿元。

【节约集约用地】 市、县两级规划大纲已通过广东省国土资源厅审查，规划成果已通过专家评审。按照广东省下达的建设用地总规模，清远市国土资源局拟定并下发了土地利用调控指标分解方案，抓好了年度计划执行考核和耕地保护目标考核，强化了年度计划的管理，开展了“三旧”改造用地摸查和闲置土地的清理工作，并通过规划分区、管制调控、土地复垦等技术转换手段努力扩大建设用地空间，较好地缓解了建设用地总规模严重不足问题。全年共调配耕地指标16910亩；摸清全市“三旧”用地有5000多宗、面积达15万亩；清查闲置土地335宗、面积6527.9亩，处置闲置土地327宗，面积6138.82亩，征收土地闲置费

124 宗，面积 1400 亩。利用园地山坡地补充耕地工作取得突破性进展。2009 年，全市已通过省级抽查验收项目 164 个，新增耕地面积 7.19 万亩，补充耕地数量排在全省第二。耕地补充除了解决占补平衡、获得广东省每亩 2000 元的补助资金之外，如果按每亩耕地提高地效 100 元以及指标售价 1.3 万元计，预计可提高农民收益约 1644 万元，并为各级财政增收超过 7 亿元。

【土地市场】 土地一级市场交易活跃。认真贯彻广东省政府第 79 号令和国土资源部第 39 号令精神，继续强化和规范有形土地市场的管理。去年市区共受理国有土地使用权转让交易业务 227 宗，成交面积 59.27 公顷，成交金额 3.1 亿元；承办国有土地使用权拍卖业务 17 宗，成交面积 7.21 公顷，成交金额 8633.06 万元；承办国有土地使用权挂牌业务 24 宗，挂牌面积 113.67 公顷，成交金额 6.8 亿元。

【矿产管理】 矿政管理工作继续得到提高。去年清远市国土资源局组织实施了矿业权核查工作，完成了矿业权实地核查的外业工作和数据整理，矿业权实地核查工作走在全省前列，得到了广东省国土资源厅和国土资源部检查组的充分肯定。矿业权审批会审制度进一步完善，成立了清远市采矿权挂牌出让协调决策领导小组，建立实施了公开摇号选择矿业权价款评估机构制度，联合纪检监察部门对 2006 年以来全市探矿权采矿权招拍挂出让制度执行情况进行了全面清查。矿山年检有序开展，矿山安全问题被提到一个新的高度，及时注销了一批存在安全隐患的采矿许可证，并与广东省有色金属地质勘查局地质勘查研究院建立了清远地区地质及矿业发展战略合作关系。

【地灾防治】 地质灾害的防治工作得到加强。重新发布了全市地质灾害应急预警。开展了城区、清新、连州等地县级地质灾害防治规划的编制工作。“十有县”建设有序推进。开展了村镇地质灾害隐患点、中小学校与矿山地质环境的检查排查工作，排查出清新县禾云镇张福村等 12 个险情较为严重的隐患点。全市治理完成地质灾害隐患点 37 个，投入资金 1341 万元，使 614 户 3322 人免除了地质的威胁。全市发生地质灾害 15 宗，同比下降 79.5%；直接经济损失 50.55 万，同比下降 97.4%，无一造成人员伤亡。积极推进国家地质公园的建设，阳山县国家地质公园获国土资源部授予资格。

【执法监察】 第三次卫片执法检查顺利通过广东省的检查验收之后，全市各级在“保增长”的前提下，全力做好“保红线”的工作。2009 年，全市共发现土地违法案件 154 件，均及时发出责令停止通知书，及时制止了土地违法行为的发生。卫片清查出来的 61 宗违法案件已全部立案，立案率、查处率均达到 100%，结案率为 92%，收缴罚款 433.74 万元，给予 2 名相关责任人政纪处分（科级），拆除建（构）筑物 1.81 万平方米，复耕 186 亩，复绿 793.3 亩。组织开展了大规模的打击查处非法采矿专项整治行动，悬挂宣传横幅 285 条、张贴标语 950 多张、在主要路口安装警示牌 125 个、印发公开信 5000 多份。发出责令停止通知书 143 份。会同公安部门联合行动，共立案 179 件，依法登记保存挖掘机 93 台、装运车辆 23 辆，捣毁非法稀土采矿点 35 个，摧毁稀土浸矿池 83 个，拆除烧毁工棚 273 间，罚没收入 160.3 万元。信访维稳工作继续得到改善，去年全市信访量排位由年初的全省第 2 位下降到第 7 位，因国土资源问题的越级上访案件明显减少。

【综合管理】 第二次全国土地调查工作已基本完成，各项调查成果已全部汇总上报广东省第二次全国土地调查办公室。加强了用地单位的测绘保障服务，完成了全市 20 家丙、丁级测绘资质队伍的测绘质量监督检查工作。做好了登记发证工作，窗口服务继续得到改善。信息化建设得到较大推进，完成了国土资源业务网和视频会议系统的建设，电子政务系统已准备上线试运行，国土资源门户网站的管理、维护和更新工作也有了明显提高。国土资源所规范化建设取得进展，去年清远局为全市 86 个国土资源所配备了执法车，并加大了国土资源所办公楼的建设力度，国土资源所的建设正逐步走向规范。办公室、人事、工青妇等工作逐步完善，建章立制工作取得明显实效。

（李晓明）

潮州市

【概况】 潮州市地处祖国南疆，位于韩江中下游，是广东省东部沿海的港口城市。东与福建省的诏安县、平和县交界，西与广东省揭阳市的揭东县接壤，北连梅州市的丰顺县、大埔县，南临南海并通汕头市和汕头市属的澄海区。全市总面积3613.9平方千米，其中陆域3100平方千米，海域533平方千米，海岸线长136千米。属于亚热带海洋性季风气候，气候温和，雨量充沛，终年常绿，四季宜耕。全市地势北高南低，山地、丘陵占全市总面积的65%，主要分布在饶平县和潮安县北部。全市总人口256万人，聚居的少数民族有畲族2100多人。2009年，潮州市国土资源局在市委、市政府和省国土资源厅的正确领导和大力支持下，高举中国特色社会主义伟大旗帜，深入贯彻落实科学发展观，紧紧围绕“保增长、保红线”这一中心和上级的工作部署，认真履行职责，依法行政，开拓进取，扎实工作，切实加强国土资源管理和利用，有力地促进了全市经济社会又好又快发展。

【土地规划】 2009年，全市各地切实加快推进新一轮土地利用总体规划修编工作，委托专业队伍编制规划大纲及规划成果。市级规划大纲和潮安县、饶平县规划大纲均已报广东省国土资源厅审查同意，市、县级规划和镇级规划正在加紧编制。对潮州大桥和潮州市韩江东、西溪大桥等市重点项目建设用地预审涉及土地利用总体规划修改与基本农田补划事项，认真组织调查、听证及论证。上述项目共修改规划面积327亩、基本农田占补修改面积109亩，已上报省厅通过了建设用地预审。

【基本农田保护】 2009年，市、县（区）、镇政府逐级签订《2009年度耕地保护目标责任书》，将耕地保有量、基本农田保护区面积、开发整理补充耕地面积等指标逐级分解下达。根据广东省政府和广东省国土资源厅的部署，潮州市以2008年土地利用变更调查数据为主要依据，以卫星遥感监测数据为参考依据，认真组织对2008年度土地利用年度计划执行情况和耕地保护工作情况进行检查。对照考核标准，该市2008年度新增建设用地、新增建设用地占用农用地、新增建设用地占用耕地、城镇村建设占用耕地各项指标均未突破省下达潮州市土地利用年度计划，建设占用耕地实现占补平衡，耕地保有量增加1300亩，全市列入耕地储备指标共23个项目，总面积3740亩。2009年6月，该市被广东省政府评为2008年度土地利用计划执行情况综合二等奖和保护耕地单项奖。根据广东省国土资源厅统一部署，在全市范围内全面推进利用园地山坡地开发整理补充耕地工作。至2009年12月底，全市已通过前期审核的补充耕地项目45个，开发整理总面积33626亩，其中已通过设计及预算审批的项目30个，开发整理总面积27371亩，计划新增耕地面积23587亩；已有12个项目竣工，17个项目已动工未竣工，1个项目尚未动工，11个项目通过县级初验。

【地籍管理】 认真抓好第二次土地调查工作，市、区及二县已分别完成农村土地调查、城镇地籍调查和基本农田上图工作，并报广东省、国家验收。加强地籍管理，认真做好土地登记、转让、抵押和协助法院查封土地工作。根据土地登记确权的新要求，进一步把好报批质量关，规范发证行为。按照服务承诺的时限要求做好土地证、抵押证等证件的办理。至2009年底，市、区共登记发证483宗；协助法院查封执行20宗；完成“城中村”原已批准打印发证721宗。认真抓好土地权属纠纷和土地确权纠纷工作，完成枫洋农校与古巷镇枫二村等等 3 宗土地权属纠纷的调处。

【土地利用和管理】 2009 年，全市国土资源部门积极服务潮州市重点建设项目用地需要，认真做好建设用地特别是扩大内需建设项目用地的预审、报批和土地征收工作。潮州大桥和潮州市韩江东、西溪大桥等重点项目建设用地通过了广东省国土资源厅的预审。厦深铁路潮州段和汕揭高速潮安段用地已报国务院审批；进港公路全线用地征收工作基本完成；径南工业园区一期征地已与相关村签订征地补偿合同。2009 年全市土地供应总量 47 宗，总面积 34.3236 公顷，其中出让用地 43 宗，面积 30.2622 公顷；上报广东省政府征收土地 6 个批次，计划征收土地面积 4050.17 亩，已完成征收土地面积 4030.17 亩，潮州市政府批准农用地转为建设用地 277.02 亩。按照广东省政府有关节约集约用地的工作部署，结合该市实际制订了《潮州市推进节约集约用地工作实施方案》和《潮州市节约集约用地工作分工方案》，大力推进节约集约用地工作。切实做好土地使用效益评估，完成潮州市经济开发试验区土地使用效益的评估工作。组织对闲置土地的清理，对市区的闲置土地逐宗清理、登记，发出限期建设通知，盘活存量土地。全力以赴配合国家土地督察广州局对该市的例行督察，全市土地管理工作得到广州督察局的充分肯定。潮州市土地储备中心积极开展土地收购储备和整理工作，提供土地交易和土地评估服务，进一步提高节约集约用地水平，服务地方经济建设发展。完善花园开发区 D1-1 拍卖地块附着物清理工作，并将该地块移交给土地使用者；做好饶平小红山码头 2000 亩土地、虎头水泥厂土地的收购储备前期工作。至 2009 年年底，共办理各类土地交易 152 宗，总面积 82.79 万平方米（其中土地转让 21 宗，面积 8.91 万平方米；土地出让 1 宗；土地抵押 130 宗，面积 73.88 万平方米）。

【矿产资源管理】 潮州市各级国土资源部门积极做好矿产资源管理工作，针对矿产管理工作中存在的薄弱环节和突出问题，大力加强矿政管理力度，落实矿产资源管理责任长效机制，促使矿业秩序明显好转。与潮州市公安局组成联合执法队伍，重点开展对市区“美人城”区域内乱采滥挖瓷土矿行为的查处和打击。在行动中共查扣挖掘机 3 部、东风运输车 1 辆，抓获盗采者 11 人。2009 年 7 月份，矿产资源管理工作整改落实情况顺利通过潮州市人大常委会组织的视察，并被评为满意等次。进一步加强矿业权审批管理，完善矿业权审批程序，严格矿业权准入管理。去年完成广东省国土资源厅委托的“广东省饶平县溪西钼金属矿详查探矿权”挂牌出让工作，办理采矿许可证延续登记 5 宗，逐步建立起规范的矿业权招标、拍卖、挂牌出让程序。深入全市各地进行实地调查研究，认真听取各级的意见，抓紧加快二轮矿产资源规划的修编工作进展。进一步落实安全生产责任制，加强对矿山安全生产动态巡查，及时发现并消除安全隐患。坚持以“安全第一，预防为主、综合治理”的方针，深入开展国土资源系统“安全生产年”活动，不断完善制度，强化监管，认真抓好安全生产“三项行动”，全面排查治理事故隐患和薄弱环节，确保安全生产持续稳定。

【地质灾害防治】 全市各级国土资源部门继续抓好地质灾害防治工作，全面落实各项地质灾害防治措施。编制了《潮州市 2009 年度地质灾害防治方案》，对《潮州市突发性地质灾害应急预案》进行修编完善，建立了《地质灾害隐患点监测台账》和《地质灾害灾情险情等级台账》。加强地质灾害隐患点的检查和巡查，重点做好中小学校舍地质灾害情况调查及潜在的地质灾害隐患点的排查工作，并落实当地政府相应的应急措施。2009 年，共排查学校 82 所，组织开展地质灾害防治巡查 10 场次，排查地质灾害隐患点 25 个，在地质灾害防治规划划定的 38 处危险区设置防灾警示牌 130 块，发放防灾工作明白卡 252 份，防灾避险明白卡 3735 份。开展汛期地质灾害气象预警预报工作，与气象局联合发布《地质灾害气象预报预警》。编制了《潮州市国土资源局突发地质灾害应急响应工作方案》，建立地质灾害应急专家库，提高了地质灾害气象应急管理水平。加强基层防灾减灾培训工作，举办了“全市国土资源系统地质灾害突发公共事件应急管理全员培训班”，提高了基层地质灾害应急处置和地质灾害群防群测能力。

潮州市国土资源局召开国土系统地质灾害突发公共事件应急管理全员培训班。

【执法监察】 潮州市各级政府和国土资源部门采取强有力的措施，集中力量对违法违规用地进行全面清查整治，力求使违法用地制止在萌芽状态。发现并责令改正的土地违法行为有27宗，涉及土地面积300多亩。立案查处违法案件13件，涉及土地面积152.8亩。开展2008年度卫片执法检查工作。全市2008年度卫片执法检查共核实图斑2184个，总用地2352宗，面积12854.6亩（其中：耕地3866.9亩）。与2007年度卫片执法检查发现的违法违规用地面积相比，2008年度卫片发现的违法违规用地面积均有大幅下降。2008年度卫片执法检查中，全市发现2008年度违法用地524宗，面积1684.2亩（其中耕地338.9亩），2008年度违法用地宗数比2007年度下降了1338宗，降幅71.85%；违法用地面积下降了8219.3亩，降幅82.99%；扣除国家和广东省重点项目后，违法用地面积下降89.82%。扣除国家和广东省重点项目未批先用后，全市违法用地占用耕地面积占新增建设用地占用耕地总面积的比例6.8%，均低于15%。

全市各级国土资源部门认真学习贯彻《信访条例》和《国土资源信访规定》，切实加强对信访工作的领导，认真落实信访工作责任制，开展了“基层大接访”、“信访积案化解年”以及“进家门、问民生、解难题”探访重复上访户活动等几个活动，全面排查积案，集中力量解决一些长期积累的疑难复杂信访问题。做好上访老户和重信重访人员的思想工作，对信访积案积极协调化解，从根源上做到“事要解决”、“人要息访”，通过化解信访突出问题，努力探索预防和处理重信重访问题的长效机制，围绕“保增长、保民生、保稳定”的总体要求，解决好重信重访的信访难题，做到群众来电、来信、来访宗宗有登记、有领导批示、有专人负责调查、有处理、有结案归档，使信访问题大部分落实处理。一年来，全市国土资源部门共受理群众来信、来访、来电378件（次），已办结303件（次），办结率达80%。其中潮州市局共受理208件，已办结174件，办结率达84%。办理政风行风热线投诉13件。

着力加强国土资源法制度建设，强化执法监管，维护国土资源管理正常秩序。一是建立健全政府领导、国土资源部门牵头、有关部门配合的土地管理共同责任制度，制订了《关于建立土地管理共同责任制度的通知》；二是建立健全政府领导下各相关部门齐抓共管的土地违法行为联动遏制机制，制订了《潮州市国土资源局土地执法动态巡查责任制》；三是建立健全政府领导下的各职能部门协调配合的土地违法案件查处协调机制；四是建立健全土地资源违法政府问责机制。

【加强基础建设】 大力推进基层国土资源管理所规范化建设。理顺两县39个乡镇国土资源所管理体制，完成乡镇国土资源所挂牌开办工作，通过人员划转及公开招考等方式为各乡镇国土资源所配备73名公务员。

推进国土资源信息化建设，积极抓好市、县两级国土资源局门户网站和业务网的建设，开展国土资源信息中心筹建工作，抓好“国土资源系统管理系统”的应用，对电子政务系统进行调试运行。

切实加强国土资源宣传工作，以“6·25”全国土地日为契机，利用标语横幅、广播电视、手机短信、印发耕地保护宣传卡片等形式，开展了形式多样的耕地保护宣传活动，大力营造共同保护耕地的良好氛围。积极开展首个“防灾减灾日”活动，以地质灾害防治为主题加强防灾减灾宣传工作，通过开展现场咨询活动、制作和播放地质灾害防治专题片，不断提高群众识灾、报灾、避灾等防灾知识水平。

【党风廉政建设】 开展深入学习实践科学发展观活

动。制订《潮州市国土资源局参加第二批深入学习实践科学发展观活动的实施方案》，从3月至8月份分步骤推进活动开展。结合国土资源工作实际，把“三读两听一问计”有机地融入到活动中，突出实践特色，开展“五个一天”和“四个一次”活动。组织全体干部职工开展学习调研和分析检查活动，深入查找全市国土资源管理上的突出问题，并按照科学发展的要求，针对国土资源管理工作的薄弱环节，制定了切实可行的措施和办法，着力转变不适应不符合科学发展的思想观念，解决影响和制约科学发展的突出问题。按照潮州市委、市政府的部署，把深入开展落实推进年活动作为贯彻落实科学发展观的一项重要工作，狠抓各项重点工作的落实，切实加强扩大内需促进经济平稳较快增长政策措施落实情况的监督检查，在扩内需、保增长上发挥了积极作用。

深入开展民主评议政风行风活动，针对土地执法形势严峻等存在问题，开通了12336举报电话，接受群众对违法违规用地的举报，强化对违法违规用地行为的查处；大力推进行政审批提速承诺工作，对全局8项行政审批项目的承诺办结时间进行提速，平均每项服务承诺提速5天；制订和建立了土地管理共同责任制度、国土资源执法监察动态巡查责任制度等相关制度；建立健全政府领导下各相关部门齐抓共管的土地违法行为联动遏制机制和土地资源违法政府问责机制。2009年10月，潮州市国土资源局顺利通过了潮州市政风行风评议团的评议，被评为满意等次，两县国土资源局也分别被评为满意等次。

潮州市国土资源系统政风行风工作评议大会现场。

扎实推进实党风廉政建设和反腐败工作。认真贯彻落实党的十七届三中全会精神和中纪委、广东省纪委、潮州市纪委有关会议精神，结合市国土资源工作实际，以有效惩治和预防为目标，以提高党员干部素质为根本，以规范权力运行为核心，以教育引导、制度规范和监督检查为手段；切实抓好“三项牵头、五项配合”的党风廉政建设和反腐败工作责任的落实，切实抓好国土资源系统工程建设领域突出问题专项治理和预防职务犯罪等重点工作，着力构建适应社会主义市场经济要求、具有国土资源管理特色的惩治和预防腐败体系。制订落实了《2009年潮州市国土资源系统党风廉政建设工作要点》、《关于印发落实2009年党风廉政建设和反腐败工作部署分工的通知》等党风廉政建设工作计划，推动反腐倡廉各项工作的扎实开展并取得明显成效。

（沈宗文、林传彰）

揭阳市

【概况】 揭阳市位于广东省东部，地处东经115°36'24"~116°37'45"和北纬22°53'20"~23°46'30"。北与梅州市的丰顺、五华两县接壤，南濒南海，西及西南与汕尾市的陆河县、陆丰市相连，东北与潮州市的潮安县、枫溪区毗邻，东及东南分别与汕头市交界，总面积5265.38平方千米。北回归线从境内穿过。辖榕城区和揭东、惠来、揭西3县，代管普宁市（县级），并设立东山区、揭阳经济开发试验区、普宁华侨管理区和大南山华侨管理区。

揭阳市地处莲花山山脉的东南侧，自北向南依次分布着山地、丘陵、盆地、平原等基本地貌类型，构成北高南低的基本地势。地质构造复杂，主要有花岗岩、沉积岩、片岩、玄武岩、河流冲积物、滨海沉积物六大种类。按地形划分，山地、丘陵、平地各占土地总面积20%、40%、40%。全市的山地海拔并不高，最高峰为揭西县的李望嶂，海拔1222米。全市最大河流是榕江，自西往东横贯揭西、榕城到揭东县曲溪折向汇入牛田洋注入南海。

揭阳市矿产资源不多，在广东省内属矿产资源较贫乏的地级市之一。至目前为止，已找到矿产36种，矿产地232处，其中地质勘查程度较高，有一定探明储量的矿产29种。矿产地的储量规模以小型为主，规模达到中型以上的有16处。矿种主要有钨矿、锡矿、铁矿、钼矿、稀土矿、铜矿、饰面用花岗岩、锆英石、独居石、石英石、绿柱石、瓷土及热矿水、矿泉水。根据目前探明程度和现有采、选条件，钨矿、锡矿、铜矿、稀土矿、花岗岩、热矿水、矿泉水有较好的开发利用前景；钛铁矿、铅矿、锌矿、铜矿有一定的找矿潜力。全市矿产资源按地区分布为，揭阳市区有矿产地17处，揭东县有矿产地31处，普宁市有矿产地104处，揭西县有矿产地39处，惠来县有矿产地41处。

【土地规划】 按照国土资源部和广东省国土资源厅的工作部署，加强对规划修编工作各阶段、各环节的跟踪管理，抓进度、抓质量，扎实推进市、县、镇三级规划大纲的编制和报批工作。市级规划编制方面：严格按照广东省国土资源厅对市级规划大纲的审查意见，及时组织编制单位和有关人员进行认真修改，并根据广东省国土资源厅调整给揭阳市土地利用总体规划修编主要控制性指标，重新拟订全市规划修编主要控制性指标分解方案报揭阳市政府批准。3月26日，揭阳市政府四届16次会议通过决议批复了该分解方案。县级规划修编方面：按照广东省国土资源厅的要求，加强对县级土地利用总体规划修编工作的指导与协调，督促各县（市、区）加快工作进度，切实推进修编各项工作。1月13日至16日，组织揭阳市土地利用总体规划修改论证专家组对县级土地利用总体规划修编大纲进行评审。经认真审查，来自揭阳学院、农业局、林业局等有关部门专家对各县（市、区）规划修编大纲成果给予充分的肯定，一致通过评审并提出相应的修改意见。9月底，榕城区、普宁市、揭东县、揭西县、惠来县、普侨区、大南山侨区7个县级大纲均通过省国土资源厅的审查批准。镇级规划修编方面：加强与揭东县、揭西县和规划编制单位沟通，抓好提前报批的镇级规划中市以上重点项目用地规模的落实，及时组织市级专家进行评审和做好审查、上报工作，妥善处理好珠海（揭阳）产业转移工业园报批用地出现的问题，落实好广东省下达的土地利用计划指标任务。9月底，揭西县河婆街道、棉湖镇、五经富镇完成了规划修编成果，并按规定提前上报广东省国土资源厅批准。

按照省、市关于加快产业转移园区建设有关要求，做好产业转移园区规划与土地利用总体规划的衔接，解决产业转移园区的发展空间问题。根据广东省下达的土地利用总体规划（2006-2020）修编主要控制指标，从新增建设用地总规模 21.3 万亩中统筹划出 8.3 万亩用于产业转移园区的的规划建设。其中，揭阳（惠来）大南海石化综合工业园 6.2 万亩、珠海金湾（揭阳）产业转移园 2.1 万亩，并分解到各园区所在县、镇，纳入新一轮土地利用总体规划，其新增建设用地规模占全市新增建设用地规模的 38.96%。

【耕地保护与开发】 按照广东省国土资源厅《关于做好耕地储备指标清理报备工作的通知》精神，组织各县（市、区）对 1999 年至 2008 年底各地开发整理复垦补充耕地情况、建设占用耕地情况进行清理、登记。3 月底，完成与各县（市、区）耕地占补平衡台帐清理、校对工作，并报广东省国土资源厅校核，为全市耕地储备指标报备工作打好基础。各地均组织编制了《土地开发整理专项规划（2008—2020 年）》，积极稳妥地开展土地开发整理工作，突出抓好新增建设用地项目补充耕地方案的实施工作，实现“占一补一”，确保耕地总量动态平衡。

2009 年，全市上下充分利用部省合作建设节约集约用地试点示范省这个有利契机，从园地山坡地开发、“三旧”改造、围填海造地等重点领域、关键环节着手，积极推进先行先试工作，着力破解制约发展的资源“瓶颈”问题，确保耕地占补平衡和总量动态平衡。开发补充耕地方面：认真编制利用园地山坡地开发补充耕地专项规划，研究出台《加快推进利用园地山坡地开发补充耕地工作的意见》，统一园地山坡地开发的组织、测量、设计、申报、监理、验收等工作，并从市补充耕地专项资金中筹措 2400 万元，以借款形式拨给各县（市、区）作为前期启动经费，还协助各地落实测绘单位和规划设计单位，加强检查督促，加快开发步伐。7 月下旬，揭阳市政府在惠来召开全市利用园地山坡地开发补充耕地现场会，学习推广惠来县工作经验，全面推进开发补充耕地工作。截至 12 月底，全市竣工并通过验收项目 188 个 49554.37 亩，占年初计划的 165%，创下开发补充耕地历史最高水平。其中，惠来县利用园地山坡地开发补充耕地超过 3 万多亩，为各县（市、区）之最。“三旧”改造方面：根据广东省政府《关于推进“三旧”改造促进节约集约用地的若干意见》（粤府〔2009〕78 号）和广东省国土资源厅的有关要求，结合实际，研究起草《揭阳市人民政府关于推进“三旧”改造促进节约集约用地的实施意见》，明确“三旧”改造的目标任务、组织领导、改造范围、改造方式、方法步骤、用地管理、扶持政策和保障措施。11 月底，揭阳市政府召开全市“三旧”改造动员大会，部署全面推进“三旧”改造工作。截至 12 月份，基本完成“三旧”改造前期摸查工作，初步查明全市“三旧”用地 40 多万亩，计划在 2012 年前实施改造 25.9 万亩，“三旧”改造专项规划编制工作顺利启动。围填海造地方面：围填海造地工程前期工作稳步推进，计划首期在惠来沿海造地 2053 亩，用于仙庵核电项目、惠来电厂一期工程建设，已动工面积 500 亩。

【地籍管理】 积极推进第二次土地调查工作，3 月底全市农村土地调查中外业调查工作全面完成，并进入县级自查和数据库建设阶段。4 月底，全市农村土地调查成果按时上报省“二调办”，再由广东省“二调办”上报国家“二调办”进行内业核查。6 月份，广东省“二调办”根据国家“二调办”的内业核查意见，对已批未用和疑问图斑共 3874 个进行内外业核查，并逐一提出整改意见。经过认真整改，第二次土地调查农村土地调查成果按时上报到国家“二调办”；8 月 27 日，第二次土地调查城镇土地调查上报广东省“二调办”；基本农田调查也于 9 月 14 日上报广东省“二调办”。11 月 19 日，经过认真核查，第二次土地调查初始成果上报广东省“二调办”，并于 12 月 26 日通过广东省的核查。在初始成果的基础上，以县（市）为单位，采取内外业调查相结合的调查方法，查清各类土地变化情况，将“二调”成果统一到 12 月 31 日的标准时点上，并更新各地土地调查数据库。第二次土地调查查清了全市农村土地、城镇土地利用及基本农田分布现状，核实批而未用土地情况，建立农村土地调查初始成果数据库。根据 2009 年第二次土地调查成果，按土地利用现状二级分类划分：耕地面积 1246797.15 亩（其中，水田 1034985.30 亩、水浇地 20013.00 亩、旱地 191798.85 亩）；园地面积 1364991.15 亩（其中，果园 1213097.25 亩、茶园 55488.45 亩、其他园地 96405.45 亩）；林地面积 3196521 亩（其中，林地 2183498.25 亩、灌木林地 124240.50 亩、其他林地 888782.25 亩）；

草地面积300144.9亩（其中，天然牧草地309.00亩、人工牧草地39.00亩、其他草地299796.90亩）；城镇村及工矿用地面积851674.995亩（其中，城市用地103759.05亩、建制镇用地89868.60亩、村庄用地599151.00亩、采矿用地29741.40亩、风景名胜及特殊用地29154.90亩）；交通运输用地面积146960.7亩（其中，铁路用地4578.00亩、公路用地59908.80亩、农村道路75540.15亩、机场用地6579.45亩、港口码头用地354.30亩）；水域及水利设施用地面积704757.9亩（其中，河流水面2566.96亩、水库水面2702.80亩、坑塘水面6482.71亩、沿海滩涂715.21亩、内陆滩涂145.89亩、沟渠1869.84亩、水工建筑用地606.24亩）；其他土地面积86224.5亩（其中，设施农用地241.86亩、田坎530.46亩、盐碱地4.17亩、沼泽地2.52亩、沙地66.93亩、裸地1625.28亩）。

根据国土资源部和广东省国土资源厅的部署要求，稳步推进全市宅基地登记发证工作。截至12月底，基本完成宅基地使用权登记发证工作。全市宅基地使用权登记发证累计965637本，发证率89.24%。其中，榕城区46950本，发证率92%；揭东县290532本，发证率97%；揭西县163907本，发证率90%；惠来县143890本，发证率69%；普宁市320358本，发证率94%。

严格按照“权属合法、界址清楚、面积准确”的原则，遵循法定的登记程序，对申请登记的每一宗国有土地进行权属调查、测量，对集体土地登记认真审核资料是否齐全和程序是否合法，确保土地登记的严肃性和权威性，努力实现“依法登记、持证用地、凭证交易、以证管地”的产权管理制度，依法保障土地权利人的合法权益，维护土地管理秩序。2009年，全市共办理土地登记5622宗，面积33029.77亩，其中抵押登记1280宗，面积9293.09亩，金额556821.29万元。

【土地利用】 认真落实扩内需、保增长的用地政策，按照急事急办、特事特办的要求，坚持靠前服务，建立联动机制，优化工作流程，加快报批速度，全力保障发展用地需求。截至2009年底，全市共办理用地预审50宗7186.69亩，报批建设用地41批次13484.34亩，批准建设用地78宗9109.05亩，较好地满足了经济社会发展用地需求。城镇村建设用地分22个批次报批，面积7884.69亩，占广东省下达指标的102.5%，土地利用年度计划执行情况良好。省级开发区土地集约利用评价工作圆满完成，揭阳经济开发区、榕城工业园区、揭东经济开发区评价成果通过广东省的验收。

按照《国土资源部关于为扩大内需促进经济平稳较快发展做好服务和监管工作的通知》（国土资发〔2008〕237号）、《广东省国土资源厅关于做好服务和监管工作促进经济平稳较快发展的通知》（粤国土资办公电〔2008〕233号）的有关精神，研究制定《揭阳市国土资源局保增长保红线行动实施方案》（揭市国土资〔2009〕55号），同时根据广东省政府办公厅《关于加快建设用地报批依法保障扩大内需建设项目用地的紧急通知》（粤府办明电〔2009〕245号）的精神，及时掌握全市扩大内需保增长用地项目清单及用地需求，在保红线的前提下，积极主动与相关部门沟通协作，进一步简化手续，提高工作效率，加快国家和广东省扩大内需项目用地报批工作，依法保障扩大内需保增长项目用地。截至12月底，共完成扩大内需项目用地报批19个，总面积395.5131公顷。其中，厦深铁路揭阳段用地面积196.8024公顷；500千伏榕江输变电项目用地面积10.5373公顷；220千伏铁山输变电项目用地面积3.762公顷；110千伏普宁新寨输变电项目用地面积0.7192公顷；110千伏普宁中河输变电项目用地面积0.7965公顷；110千伏揭西凤江输变电项目用地面积0.7333公顷；普宁市2009年度第二批次成批报批建设用地（4个污水处理厂）面积13.8214公顷；110千伏群光输变电工程项目用地0.6627公顷；110千伏长美输变电站项目用地面积1.0013公顷；汕揭高速公路揭东地都路段建设项目用地16.3674公顷；磐东片区污水处理厂（首期工程）建设项目用地1.7369公顷；220千伏兰花（洪阳）变电站项目用地4.2515公顷；220千伏紫峰输变电工程建设项目用地1.8536公顷；揭东县2009年第四批次城镇建设用地（污水处理厂）面积7.1813公顷；揭东县2009年第五批次城镇建设用地2.716公顷；揭东县2009年第七批次城镇建设用地43.9355公顷；揭东县2009年第八批次城镇建设用地29.2146公顷；110千伏前詹变电站建设项目1.0045公顷；惠来县仙安49.5MW风电场建设项目3.3067公顷。

【土地市场】 2009年，全市公开招标、拍卖、挂牌出让国有土地使用权54宗，面积979.44亩，成交金额6.597亿元。其中，工业用地公开出让18宗，面积448.14亩。市区公开出让国有土地5宗，面积179.27亩，成交金额18390万元；办理土地使用权转让交易13宗，转让土地面积290.34亩，成交金额4225.78万元。全市清理闲置土地88宗2598.73亩，落实处置40宗1933.62亩。全市农用地定级估价、市区基准地价评估更新成果通过省国土资源厅验收，加强土地市场动态监测，提供地价评估服务160宗3006.7亩，进一步促进土地市场健康发展。普宁市公开出让国有土地使用权12宗，面积249亩，成交金额2.58亿元。

【矿产管理】 按照广东省国土资源厅的部署，组织开展对全市9个矿业权进行核查，基本完成资料数据核查和外业实测等工作，为加强矿政管理打下良好基础。开展矿山企业年检和实行全国采矿权统一配号工作，及时转发了国土资源部《关于实行全国采矿权统一配号的通知》和广东省国土资源厅《关于认真组织开展2009年矿山企业年检工作的通知》，各地积极配合相关工作，按期完成工作任务。矿山年检期间，持证矿山12个（其中，广东省发证4个，揭阳市发证8个），列入年检12个，受检矿山12个，年检率100%，合格率100%。通过年检，进一步促进矿山企业依法办矿，规范矿产资源开发秩序。开展矿山储量动态监督管理工作，印发《揭阳市矿山储量动态监督管理工作实施方案的通知》（揭市国土资〔2009〕5号），并确定惠来县钟丘洋多金属矿作为开展矿山储量动态监督管理工作的试点。该矿山严格按上级要求认真做好储量动态监测工作。依法办理采矿权登记发证工作，全市依法办理采矿权登记发证10宗，价款464.35万元。其中，延续登记2宗，变更登记1宗，价款127.54万元；新立挂牌出让采矿权8宗，价款360.81万元。

【地质灾害防治】 制订年度地质灾害防治方案、应急预案，加强汛期值班，排查隐患点14个，并编制地质灾害群测群防“十有县”规划，设立地灾警示标志牌168面，加强对地质灾害危险点的勘查治理。积极做好热带风暴“浪卡”等的防御工作，联合揭阳市气象部门发布地质灾害预警预报，积极应对热带风暴带来的威胁，及早落实防灾措施。组织对各县（市、区）国土资源局地质灾害防治工作责任执行情况进行考核，督促各地落实防治责任。受理建设项目地质灾害危险性评估备案项目12个，从源头上控制和减少人为引发的地质灾害。开展地质灾害突发公共事件应急管理全员培训工作，进一步提高全系统干部职工防治地质灾害知识水平。

【测绘管理】 组织实施测绘质量监督检查和测绘资质单位年度注册工作，整顿和规范互联网、电子导航地图等地理信息市场秩序，开展全市1:1万地形图更新项目及市区38平方千米1:500数字化地形图测量项目外业测量及内业整理工作，完成揭阳市地图集初稿，提供土地测量服务698宗15978亩，测绘管理进一步加强。

【执法监察与信访】 研究出台《揭阳市土地管理共同责任制度实施办法》、《揭阳市市辖区国土资源执法监察工作分级管理暂行规定》，进一步强化各级政府保护耕地的目标责任，明确相关部门土地管理共同责任，规范执法监察分级管理职责。在完善机制建设的基础上，继续保持高压态势，加大查处整治力度，全力遏制违法违规用地行为。据统计，一年来全市发现土地违法案件253宗，涉及土地面积813亩，与前一年度相比，宗数、面积分别下降61.7%、87%；立案查处土地违法案件260宗（包括前一年度发现的案件），涉及土地面积1475亩，拆除违法建（构）物7940平方米，建议党纪政纪处分6人，移送追究刑事责任5人；立案查处矿产资源违法案件29宗，结案21宗。揭西县印发了《关于清理整顿采石场工作的通知》（揭西整规〔2009〕1号），全面开展采石场的清理整顿工作，查处非法矿山开采行为。

坚持以防为主，严格执行土地动态巡查报告制度，落实巡查人员，完善巡查网络，强化巡查监管，力争对新发生违法违规用地行为做到早发现、早制止、早报告、早处理。据统计，从3月份建立动态巡查报告制度以来，全市动态巡查发现土地违法行为140宗，涉及土地面积264.36亩，已发出停工通知书140份，制止140宗，挽回经济损失267.39万元。

揭阳市委、市政府高度重视卫片执法工作，把违法违规用地查处整治列为年度主要工作任务，组织各地扎实开展卫片执法检查工作。揭阳市政府专门成立

地扎实开展卫片执法检查工作。揭阳市政府专门成立以陈奕威市长任组长，市委常委、常务副市长刘盛发任副组长，相关部门主要负责人为成员的卫片执法检查领导小组，下设办公室，办公室设在揭阳市国土资源局，负责全市卫片执法检查工作的指导与协调工作，还专门印发了《揭阳市开展2008年卫片执法检查工作方案》（揭府办明电〔2009〕34号），对全市卫片执法检查工作进行统一部署。各县（市、区）政府（管委会）以及各级国土资源部门纷纷成立专门领导小组及工作机构，抽调精干力量，精心组织，细化目标，狠抓落实，按时完成卫片图斑内外业核查任务，全力开展违法违规用地查处整改工作。截至11月，广东省第四次卫片执法检查立案率、查处率均为100%，结案率97.9%；已拆除建（构）筑物的违法用地面积170亩，占应拆除58.5%；已复耕181.2亩，已恢复为耕地面积的39.1亩，占应复耕94.7%；已复绿155.4亩，已恢复为其他农用地138.2亩，占应复绿63.6%；落实党纪政纪处分2人，移送司法机关追究刑事责任的11件14人，刑事处罚的4件4人。部第九次卫片执法检查立案率、查处率均为100%，处理到位的有99件，占98%；拆除并复耕面积70.8亩，拆除违法建筑物11宗，拆除面积2.14万平方米，涉嫌犯罪移送司法机关的1件2人。根据群众的举报，配合揭东县政府及县有关部门采取联合行动，出动100多人次，拆除揭东县地都镇溪明、军民、华美三个村非法砖厂6座，占地面积45亩，拆除违法建（构）筑物5867平方米，进一步巩固和扩大集中查处整治工作成果。

【法制建设】 以全国土地日、世界地球日、法制宣传日等为宣传载体，通过在主要街道张贴宣传套图、悬挂宣传口号、在《揭阳日报》发表纪念文章、在电视台播发新闻、在网络刊载政策法规等形式，深入开展土地、矿产、测绘法制宣传活动，着力营造依法合理用地、采矿的社会氛围。据统计，在“全国土地日”宣传活动期间，印发法规文件及书刊0.25万册、宣传品4.8万份，设立咨询活动场点32个，举办文体活动场1场，举办录像播放专场53场，张贴标语、悬挂横幅8.49万条，张贴宣传画1.73万张，出版宣传专栏537期，设置永久标语677个，出动宣传车167台（次），召开座谈会228场、其他会议37场。全市共投入宣传经费38.78万元。

按照规范性文件清理整治的有关要求，组织对有效期届满的11个涉及国土资源管理的市政府规范性文件和部门规范性文件进行清理。其中，4个规范性文件已不适应新形势的要求，且上级新的法规对有关事项已作明确的规定，拟废止，并已向揭阳市政府法制办申请废止。组织对7个拟继续执行的规范性文件进行评估修改完善，发放征求意见表30份，并邀请市直各有关部门、各区、镇（办）、村、企业代表24人参加评估意见座谈会，广泛征求意见建设。

【队伍建设】 扎实开展深入学习实践科学发展观活动，坚持边学边改、边整边改，集中解决与科学发展观不适应、不符合以及群众反映强烈的突出问题，建立健全国土资源保障和促进科学发展的体制机制。深入开展民主评议政风行风活动，国土资源系统政风行风得到明显提高。完善首问负责制、服务承诺制、一次性告知制、限时办结制等12项制度，促进作风转变，加强效能建设。加大年轻干部选调力度，新调进35周岁以下公务员10名，进一步优化干部队伍年龄结构。组织全市首届基层国土资源所全员培训班，邀请广东省国土资源厅执法监察总队李师总队长、揭阳市检察院以及知名律师等领导和法学专家授课，切实提高基层干部队伍的整体素质和业务能力，加强基层国土资源所规范化建设。科学编制经费预算和非税收入计划，为国土资源专项工作顺利开展提供强有力的财务保障，开展治理“小金库”、涉企收费专项检查、土地出让收入构成及缴库专项调研等活动，出台《揭阳市国土资源局转变作风厉行节约暂行规定》，进一步规范公务活动和接待、精简会议文件、加强车辆管理、节约用电用水，大力推行厉行节约。坚持教育、制度、监督并重，逐级签订党风廉政建设责任书，实行“一岗双责”，落实党风廉政建设和反腐败工作“三项牵头六项协办”、建立健全惩防体系2008 - 2012年工作规划“三项牵头二项协办”分工任务，进一步提高干部队伍拒腐防变能力。扎实开展深入学习实践科学发

李师总队长为揭阳市基层国土资源所全员培训班学员授课。

展观、民主评议政风行风、纪律教育学习月等主题活动，切实加强干部队伍建设。

在揭阳市行评团组织的评议活动中，揭阳市国土资源局机关满意率高达 99.8%。揭西局把基层国土所作为党风廉政建设的重点，切实抓好国土资源系统行政为民“十项措施”和工作人员“五条禁令”的贯彻执行，坚持纠建并举，加强职业道德建设，切实解决基层干部作风方面的问题，提高基层所管理水平和服务质量，树立国土资源部门良好形象。

（方伟标）

云浮市

【概况】 云浮市国土资源局内设办公室、地籍科、用地科、地矿科、法制监察科、规保科、测绘科、人教科等8个科室；土地储备中心、土地交易中心、测绘队、地价评估所、地质环境监测站、土地整理中心、征地服务中心、国土资源信息中心、云城分局地价评估所、云城分局测绘队10个直属事业单位。

【土地规划】 《云浮市土地利用总体规划（2006-2020）》的修编工作由云浮市委托中山大学具体组织实施。2009年4月通过省国土资源厅的审查，2009年12月14日，通过了由省国土资源厅组织的专家评审。

【耕地保护】 根据省政府与云浮市政府签订的《广东省2009年度耕地保护目标责任书》，云浮市2009年度耕地保有量为177.05万亩（合118033.33公顷）。根据第二次土地调查和2009年土地利用现状变更调查数据统计，2009年末市耕地面积为122987.60公顷，比保有量面积多4954.27公顷，完成省下达的耕地保有量任务。根据省政府与云浮市政府签订的《广东省2009年度耕地保护目标责任书》，云浮市2009年末基本农田面积不能少于154.6万亩（合103066.67公顷）。根据第二次土地调查和2009年土地利用现状变更调查数据统计，2009年末该市基本农田面积为103307.30公顷（含补划），比保有量面积多240.93公顷，完成省下达的保有量任务。2009年度，该市经批准建设的项目用地都没有涉及基本农田的规划调整和占用，基本农田面积没有发生变化。

【土地利用】 2009年，全市共上报用地13批次6个项目，面积达19175亩，是云浮市建市以来向上报批建设用地最多的一年。单独选址项目6个：包括广梧高速公路、南广铁路、罗岑铁路、市220千伏仁安（郁南）输变电站工程、市110千伏稔宾（罗定）输变电站工程、市110千伏新兴水台输变电工程，总面积达14431亩。此外，全市还上报申请先行用地项目2个，均获国土资源部批准先行用地。同时，重点抓好了中心城区征地拆迁工作，共征收土地7宗，面积4207亩，分别有机械城二期地块、府前路政府储备地块、市人民医院地块、市中燃气公司地块、金山区三期地块、教育园区地块、南山河城防工程用地地块，大大满足了云浮市扩大内需项目用地，加快了地方经济的发展。

【土地市场】 深化农村集体土地管理改革，积极推进城市规划区的集体建设用地流转。据统计，2009年，全市公开出让土地29宗，面积2501亩，成交价58739.7万元，其中市区出让6宗，面积657.3亩，成交价31655.5万元。市区完成土地登记5700宗，其中：国有土地使用权登记4416宗、集体土地使用权登记473宗、土地抵押登记811宗，收取各项税费2881万元。

【执法监察】 认真开展省四次卫片执法检查，共实地核查图斑85个，其中农业结构调整12宗，实地未变化36宗，合法用地13宗，违法用地24宗。认真做好违法违规用地查处整改工作，做到立案率100%，查处率100%，结案率100%。配合中心城区征地任务，制止抢建、抢种，统计发出通知书120多份。开通运行“12336”国土资源违法举报电话，方便群众举报违法行为。建立健全土地动态巡查制度，全市范围内确定了161个动态巡查责任人，同时配备必要装备，落实巡查经费。共发出责令停止土地违法行为通知书、土地监督检查通知书等法律文书 168 份。

【信访维稳】 认真做好土地信访问题专项治理工作，落实领导包案责任制。阅处群众来信 262 件，接待来访 80 批 172 人次，立案 80 宗，立案率达 30.53%，办结率 100%。完成云浮市领导和广东省国土资源厅交办的信访案件 68 宗，其中市国土资源局包案的 13 宗重复信访案件基本调处。同时，组织开展了“民生热线”、“基层大接访”、“ 进家门，问民生，解难题”等活动，方便群众反映国土管理问题，解决群众热点问题，对群众反映较多的农民建房、征地补偿、权属争议、无证采矿等热点问题进行现场回应或处理。

【闲置土地】 2009 年共处置闲置土地 153 宗，面积 218.5 亩，依法征收闲置费 48.7 万元，有效缓解了建设用地的供应压力，增强了政府管理调控土地的能力，促进了土地市场的健康发展。

【矿产管理】 积极做好第二轮矿产资源规划修编工作，《云浮市矿产资源规划》于 2009 年 10 月通过省厅预审；切实做好矿山检查工作，全市共有持证矿山 83 家，应检矿山 80 家，实检矿山 80 家，年检率达到 100%。切实做好矿权价款收缴工作，到 2009 年底，共追缴采矿权价款 154.5 万元。开展矿业权实地核查工作，完成实地核查野外工作 63 个；严格执行矿业权出让制度，建立和完善矿业权市场，全市采矿权招拍挂出让累计 29 宗；加强矿产资源执法监察工作。云浮市政府成立专项工作组，对高峰大台水库周边矿区非法采矿、非法水洗矿行为进行综合整治，共立案查处非法采矿行为 33 宗，先后对云城区高峰大台水库周边非法采矿水洗矿点、罗镜新榕牛岗顶非法采矿点进行了专项整治，取缔非法采矿、水洗矿点 24 个。

【地质勘查】 2009 年，全市累计勘查许可证项目 27 个（其中一个为预留项目），勘查总面积 537.5 平方千米。2009 年 1 月 14 日，云浮市人民政府与省地质局签订《建立地质工作战略合作关系框架协议》，并以思劳镇城村地热田地热资源勘查和编制《云浮市浅层能开发利用规划》作为战略合作关系切入点，推进地质勘探、地质找矿出新成果。2009 年 9 月，云浮市人民政府、省地质局、省矿业资产经营有限公司三方签订《矿产资源勘查开发合作协议书》，三方合作在云浮硫铁矿矿区范围周边向外扩展 5 千米的范围（除大绀山地区范围外），开展矿产资源勘查。

【地质灾害】 制定年度地质灾害防灾预案和突发性地质灾害抢险救灾工作预案报云浮市政府印发实施。通过电视、电台和报纸等新闻媒体大力宣传地质灾害防治工作，建立了汛前排查、汛中巡查、汛后核查和 24 小时值班制度。组建了市、县两级地质灾害应急工作小分队，建立地质灾害预报预警信息及反馈情况工作台帐。2009 年汛期，全市由强降雨诱发地质灾害 12 宗，及时转移村民 3000 多人，造成 1 人死亡，直接经济损失 1050 万元。

【测绘管理】 根据云浮市政府的部署和要求，结合二次土地调查工作，在 2005 年完成市城区 20 平方千米数字化地形测量的基础上，投入 173 万元完成河口片 15 平方千米 1:500 数字化地形测量，累计达到 35 平方千米。罗定市、新兴县、郁南县和云安县分别完成城区 15、10、6、5 平方千米数字化地形测量。同时，推进国土资源数据库建设，建立了 1:10000 航片图库和土地利用数据库。

【地籍管理】 一是做好新一轮基准地价更新。市辖区新一轮基准地价的更新，由省厅验收通过且已经云浮市政府同意，已于 2009 年 12 月公布实施。二是依法开展土地登记工作。2009 年市区完成土地登记 5700 宗，其中：国有土地使用权登记 4416 宗，集体土地使用权登记 473 宗，土地抵押登记 811 宗；完成土地测绘 1040 宗，面积 4.23 平方千米；完成土地转让评估 753 宗。三是按照国家和广东省总体工作部署，完成了云浮市农村土地调查、城镇土地调查，基本农田上图和专项用地调查多项工作任务。四是加大土地纠纷调处力度，全年共调处解决土地确权变更的历史遗留案件、权属争议和界址纷争案件 38 宗，有效配合维稳工作，达到息访止争的效果。

【机关作风】 按照省厅和云浮市纪委的统一安排和部署，从 4 月中旬开始，市局认真开展了民主评议政风行风工作。通过明察暗访、调查研究、走访座谈、征求意见、社会调查等形式，广泛征询、收集各界人士的意见和建议，认真查找本单位在政风行风建设方面存在的问题和不足，并将查找出来的问题和意见，落实整改措施，切实加以整改。同时针对查找出来的问题和建议，进一步完善了选人用人机制、行政审批监管机制、公共财政财产管理机制、国土资源市场配置机制、行政权力行使监督机制等各项制度。同时，按照上级的要求，2009 年下半年市局开展了以“加强作风建设，保障科学发展”为主题的纪律教育学习月活动。通过集中学习与自学的形式，认真组织广大干部职工开展反腐倡廉学习、观看正反典型教育片、开展批评与自我批评等，进一步提高了干部的廉政、勤政为民意识。

【廉政建设】 2009 年，市局进一步加强廉政建设，建立了“五不”廉政服务承诺制度，即：不“吃、拿、卡、要”，不说客讲情，不积压延误，不推诿扯皮，不刁难群众。并把“五不”廉政服务承诺印成宣传单张，放置服务窗口处，贴在每宗行政审批事项的档案袋上，每个经办人员都在“五不”廉政服务承诺上签名，作出廉政服务承诺。同时，紧紧抓住对经营性土地、矿产资源出让、地价确定、出让金收缴、土地整理项目、人事管理等重点对象、重点部位和重点环节，切实加大监督力度，全面加强廉政监督工作，包括开展了课税价格备案、行政效能监督和领导干部提拔任用票决制等工作。

（张冬芸）

部门国土资源管理

187/192

责任编辑：卢风华

广州铁路（集团）公司

【概况】 2009年，广州铁路（集团）公司（以下简称广铁集团）在铁道部的正确领导下，紧紧抓住科学发展这一要素，围绕构建和谐铁路的主题，全面贯彻落实国家、广东省土地管理政策以及铁道部铁路用地管理制度，坚持“高标准、讲科学、不懈怠、严管理、建机制、强基础”的工作基本要求和总体思路，全面推进集约节约用地，为保障铁路运输安全、铁路改革发展、职工住房建设奠定了坚实基础。

【地籍管理】 一、《国有土地使用证》更名工作。根据铁路改革发展需要，开展土地变更登记工作，将原总公司的《国有土地使用证》权利人统一变更为广州铁路（集团）公司。2009年度，共完成《国有土地使用证》变更登记196本，面积17110.16亩。二、广茂铁路土地产权完善工作。完成确权土地188宗，面积22274.57亩，完成土地登记领证167宗地，面积17089.16亩，解决土地权属争议14宗，面积102.86亩。三、铁路建设项目建设用地竣工验收。提前介入新线建设项目用地管理工作，在土地预审、土地征用、征地资料收集整理方面加强对武广高铁、广珠铁路、赣韶铁路、厦深铁路等铁路新建项目征地拆迁的科学指导和协调，确保新建铁路项目征地手续合法、权属明晰、面积准确、资料齐全。四、铁路用地图绘制。根据铁路用地管理实际需要，以地籍资料为基础，委托有测绘资质的测绘单位对集团管内铁路用地进行重新测绘，完成铁路用地图绘制的线路里程1115.31千米。

【土地利用】 一、铁路用地处置。依法合规完成了原广州南站等6宗铁路用地处置工作，完成铁路用地处置面积445.17亩。二、路外工程使用铁路用地。完成了深圳水官高速公路扩建上跨广深铁路等38个项目建设用地的审批使用，用地面积57.87亩。三、路内工程使用铁路用地，完成了江村编组站短平快扩能改造工程等41个项目建设用地的审批使用，用地面积2650.9亩。四、临时借用铁路用地。完成了广州地铁临时借地等16个项目的临时用地审批，用地面积41671.61平方米。五、职工住房建设用地。2009年度，新开工的职工住房建设项目达19个，为广州车辆段经济适用房等项目提供住房建设用地439.24亩。

【土地监察】 一、铁路用地清查工作。对广铁集团所属广深铁路股份公司、三茂铁路股份公司、广梅汕铁路有限责任公司等单位铁路用地进行清查，涉及铁路运输生产用地、辅助生产用地、生活设施用地及其他用地4大项内容，清查铁路用地面积45.7万亩。二、配合广州市政府开展濂泉路及周边地区进行综合整治工作，分别于2009年3月31日、7月31日组织广深铁路股份公司、广深铁路实业公司等单位对铁路地区的临建进行清拆，提前完成了广州市政府布置的清拆任务，及时收回被路外单位、个人侵占的铁路用地。三、铁路线路安全保护区管理。根据国务院《铁路运输安全保护条例》的规定，联合公安、安监等单位对集团管辖内所有铁路线路安全保护区内的违法建筑物、构筑物进行清理，在广东广州、深圳等地区查处各类影响铁路运输安全的违法行为86起，拆除铁路线路安全保护区内违法建筑物、构筑物162处，拆除违法建筑物12647平方米，拆除围墙400多平方米，收回铁路用地2760平方米。

【宣传培训】 一、根据国家法律法规规定，制订发布了广铁集团《关于规范临时借用铁路用地管理的通知》、《关于规范建设项目用地管理有关问题的通知》、《关于规范路外工程项目占用铁路用地管理的通知》。二、以第19个全国土地日为契机，在2009年6月25日开展了主题为“保障科学发展、保护耕地红线”的宣传活动，广深铁路股份公司、三茂铁路股份公司、广梅汕铁路有限责任公司等单位也根据集团公司的统一部署，开展了主题鲜明、形式多样的土地日宣传活动。三、开展了3期铁路用地管理工作培训班，培训48人次。四、2009年4月17日至22日，铁道部对广铁集团2008年度铁路用地管理工作进行了综合考核，铁道部考核组通过座谈会、查看台账资料、现场检查等形式进行考核，对广铁集团铁路用地管理工作给予了充分肯定，同时指出了存在的问题，并对下一步工作提出了整改建议。

（石美坤）

广东省农垦总局

【概况】 2009年末，垦区土地总面积224159公顷，其中：耕地36942公顷，园地79656公顷，林地22394公顷，居民点用地11898公顷，交通用地9982公顷。垦区总人口37.55万人，职工6万人。2009年社会总产值159亿元，国内生产总值70.1亿元。

2009年，垦区认真贯彻落实《国土资源部、农业部关于加强国有农场土地使用管理的意见》（国土资发〔2008〕202号）文件精神，在农场土地管理、保护和开发利用等方面取得了成效。

【土地登记】 垦区层层落实机构和人员，多方筹集经费，逐宗逐块调查摸清，加强协调，疏通障碍，研究对策，全力以赴加快土地登记工作。在各级地方政府和国土行政主管部门的大力支持下，农垦国有土地确权登记、发证工作全面完成在即。2009年，全垦区国有土地共确权发证579宗、总面积8.92万亩，累计发证总面积304.51万亩，垦区国有土地确权发证率达到96.5%，实现了年初提出的确权发证目标。垦区已有15个农场100%完成了土地确权登记发证工作。

【土地调处】 垦区农场土地维权及监管力度进一步加大，维权形势逐渐好转。2009年，垦区共收回历年和当年被占土地1.79万亩，有效保持了农场土地权属稳定。为保护国有农场土地合法权益，针对湛江垦区历史被占土地面积较大、不法侵占土地案件时有发生、土地纠纷引发的社会矛盾冲突比较突出的情况，湛江市政府成立处理农垦被侵占土地问题工作领导小组，要求各地限期收回农垦被占土地。湛江农垦局通过大量沟通协调工作，统筹调配、群防联动，使土地被占发案率逐年下降，2009年比上年度的占地发案率、占地面积下降50%，已审理的土地诉讼案件全部胜诉。2009年春季，阳江垦区发生多起恶意侵占土地、抢种农作物事件，被占土地急剧增加。阳江农垦局一是积极收集和掌握动向，及时向当地政府、人大、公安、林业等部门汇报情况，请求地方有关部门出面协调解决；二是统筹调动各农场治安保卫力量，组织农场干部职工开展维权行动，坚决制止和清理回收被抢占土地。湛江、阳江垦区2009年被占土地全部收回，强有力地遏制了非法侵占农场土地的行为。

【土地管理信息化】 2009年，垦区着力推动农场土地管理信息化工作并取得阶段性成果。为提高垦区农场土地管理和现代农业综合管理水平，国家农业部组织研发了国有农场土地资源管理系统，运用现代地理信息技术，实施土地信息化管理。在农业部的统一部署下，广东省农垦各级与中国农垦经济发展中心密切配合，在全国农垦率先建立推广农场土地资源管理系统，其中湛江垦区应用此系统管理农场土地，取得了明显效果。垦区已经在44个农场逐步推广建立该系统，配置专用软件和电脑设备，组织培训业务人员，采集录入有关数据。2009年11月，农业部农垦局在湛江召开了全国农垦国有农场土地管理现场会，肯定和推广广东农垦建立、使用国有土地资源管理系统的做法和经验，标志着垦区农场土地及综合管理工作步入了数字化、信息化、规范化、标准化管理阶段。

【耕地保护】 垦区积极推行土地管理目标责任制，耕地保护工作得到切实加强。一是垦区现有耕地已全部推行管理目标责任制，由农垦局与农场层层签订责任书，明确责任，奖罚分明，充分调动了各级干部的积极性；二是积极组织实施土地整理、园地坡地补充耕地等项目，2009年实施各类土地整理项目8万亩，加大了对农田水利基础设施的投入，增强了垦区农业发展的后劲。

【垦地合作】 2009年6月，为贯彻落实《珠江三角洲地区改革发展规划纲要》精神和广东省委、省政府“双转移”战略部署，加快推进农垦与地方经济社会合作发展，实现双方优势互补、互利共赢、共同发展，广东省农垦总局与湛江市委、市政府签署《关于加快推进地方与农垦合作发展框架协议》并印发实施方案，重点深化规划、土地利用、产业发展、基础设施建设、城镇建设、公共事业、生态环境建设等领域的合作，加快建设城乡协调、生态文明的科学发展试点市和现代化垦区，逐步形成农垦与地方区域经济社会统筹协调发展的新格局。阳江垦区积极与地方政府沟通，使平岗农场1万亩土地纳入了阳江市高新区发展规划，为下一步发展开辟了新的增长点。在全国第二次土地利用变更调查、土地利用总体规划修编等工作中，各农垦局、农场积极参与，认真配合当地政府、国土资源管理部门，主动做好数据调查、实地核对等工作。

2009年6月23日，广东省农垦总局与湛江市委、市政府共同举行加快推进地方与农垦合作工作会议暨战略合作签约仪式。湛江市市长阮日生、省农垦集团公司总经理雷勇健代表双方签署了《关于加快推进地方与农垦合作发展框架协议》。

【节约集约用地】 加大土地节约集约利用和盘活土地资源，进一步规范土地转让行为，有力支援垦区经济和社会事业发展。2009年，湛江、茂名、阳江、汕尾农垦局因湛徐高速、深厦铁路等重点建设项目需要，被收回农场国有土地共5640亩，收到的补偿费全部投入了垦区保障性住房和农场基础设施项目建设，既支持了国家重点项目建设，又加强了垦区职工生活基础设施、改善了垦区民生。在实施垦区职工危房改造项目中，垦区采取在原址拆旧建新、适当合并居民点、严格控制每户占地面积、推广建设公寓楼等措施，保证节约集约用地。积极贯彻落实广东省政府“三旧”改造政策，推动广州直属、湛江、阳江农垦等单位利用“三旧”改造政策，盘活土地资源，改善城镇环境，增创企业效益。

（范利辉）

厅属事业单位

责任编辑：钟志勇

广东省地图出版社

【概况】 2009年底，地图出版社在职职工81人，其中具有中高级职称的29人。退休（退养）职工79人。社内设办公室、总编办、出版部、编辑部、策划广告部、发行部、信息部、技术质检部、财务部等部门。2009年是改革之年，单位面临双重改革：即事业单位分类改革和文化体制改革。按照省厅批复的改制方案，属于基础测绘部分将组建事业编制的地图院，而属于地图出版经营部分将转企改制为出版公司。

【图书出版】 2009年共出版图书108种，其中新版图书32种占29.6%，再版重印图书76种，重印率70.4%。在新版图书中，地图类出版物29种约占90.6%，其他旅游、文字类出版物共3种约占9.4%。2009年图书出版特点：一是地图比重大，单张地图、挂图仍较多；二是以省内品种为主；三是服务于国土资源管理的图书有所增加；四是创新图书出版的品种和路径，如引进了外版图书《缤纷世界——人体奥妙绘本》，联合出版了《全国移动导航电子地图》等。

一、地图类图书：2009年新版地图（图册）有：《韶关市地图册》、《一脚跨出国门——中国边境旅游地图册》、《广东省公路图》（丝绸版）、《广州街道详图》、《广州新图》、《兴宁市地图》、《五华县地图》、《清新县地图》、《东莞市卫星影像图》、《东莞市中心城区图》、《Tourist Map of Guangzhou》（广州图）、《华南农业大学校园地图》和系列镇图等。

二、国土资源管理类图书：2009年出版了省内9个市县的行政区划图和《广东国土资源年鉴》（2009）等。

三、旅游类图书：2009年出版了省内外市县交通游览图和指南地图，如《广州市花都区交通图》、《吴川市交通游览图》、《清新指南地图》、《桂林旅游交通地图》、《北海指南地图》等。

四、其他图书：如《地理学的探索与耕耘》、《缤纷世界——人体奥妙绘本》等。

【发行与销售】 地图出版社根据2009年图书发行实际情况，多次召开有针对性的业务会议，提出对策和合理化建议。在图书发行销售大环境总体滑坡，特别是受金融危机影响，市场购买力下降，订货、收款萎缩的情况下，通过全社努力，实现了省内外销售回款分别比2008年同期略有增长的目标。

2009年图书单品种销量超过1万册（份）的有41种，其中图册（集）占8种；销量超过3万册（份）的有11种。《广东历史》、《广东地理》等教科书被纳入政府采购书目。全年发行销售实洋约1401万元。

【基础测绘】 强化服务能力，夯实发展之基，提供多元化地图和测绘保障服务。完成“广东省地图生产与服务综合数据库”数据整理和数据库管理子系统的采购、开发、安装，并进行相关作业培训。完成1:1万和1:25万地图基础数据库的建设规范、数据整理工作规程及流程的编写。完成1400幅1:1万勘界地形图县级以上界线的纠正以及相应的矢量化作业。全面开展珠江三角洲地区1:1万地形图DLG数据的更新工作。完成一批广东省领导工作用图。完成《广东省网上公开版标准地图图形》、《珠江三角洲影像图》、《广东综合省情电子地图》、《广东省地图》（丝绸版）等多项基础测绘地图生产任务。在土地利用动态监测成图时间紧、任务重的情况下，项目组成员不辞辛劳、加班加点，优质高效提前完成了3万多平方千米、DOM成图共1200多幅的动态监测任务，为保障全省的土地执法作出应有的贡献。

围绕省厅中心工作，为各处室承印文件、材料汇编、内部发行图书等共52项任务。为各市县国土资源局提供多元化的地图保障服务，如“社会主义新农村建设”县挂图系列和镇图系列等。为公安交警、公路、民政、水利等部门制作各种专项工作用图，如《广东省高速公路警务专用地图》、《珠江三角洲公路图》、《清远市行政区划图》、《珠江流域综合规划附图集》、《亚运竞赛场馆位置图》等。

【质检合格】 在2009年地图报审中，共有15人35批次的地图一次性通过了省厅的审核，社按照《关于加强图书生产质量监控的奖惩措施》对责任编辑予以通报表扬和奖励。广东省新闻出版局于9月发出《关于2009年开展以语文类辞书、生活类地图、社科类翻译作品为重点的专项质量检查活动的通知》，在自查和抽检中，地图出版社出版的图书均为合格（粤新出图[2010]1号文）。12月，新闻出版总署出版产品质量监督检测中心抽检了地图出版社《新编中国地图册》等5种图书各20册以上的印装质量，检测结果为全部质量合格。

（陈英杰）

广东省地质环境监测总站

【概况】 根据《关于印发省国土资源厅所属事业单位机构编制方案的通知》（粤机编办〔2009〕432号）精神，广东省地质环境监测总站（以下简称总站）为正处级，公益一类事业单位。主要任务是：负责组织实施全省地质环境监测工作；承担地质灾害的监测、调查研究和评价工作；承担地质灾害预警预报事务性工作和汛期地质灾害应急技术性调查工作；负责广东省域地下水动态监测、评价、预报工作。核定事业编制21名。至2009年末，总站在职职工20人，退休职工17人。

【地质灾害应急调查与处置】 2009年度，全省共发生突发性地质灾害238起（群发性崩塌、滑坡、泥石流、地面塌陷等地质灾害总计为1158宗），人员伤亡21人，其中死亡19人，受伤2人；直接经济损失达8655.26万元。与2008年相比：地质灾害数量上升了16.1%、人员死亡下降了51.4%、经济损失下降了20.4%。地质灾害主要类型有：滑坡、崩塌、泥石流和地面塌陷（包括地面沉降、地裂缝）等四大类型。其中又以滑坡和崩塌地质灾害所占比例为最大，分别占灾害总数的43.2%、42.9%，其次为地面塌陷，占灾害总数的12.6%，泥石流所占比例最低，占灾害总数量的1.3%。

总站派出专业技术人员往全省突发性重大地质灾害点进行应急调查44起，编写应急调查报告44份，涉及地质灾害点72处，其中大型至特大型地质灾害7处，中小型地质灾害65处。完成对汕尾、潮州、揭阳、肇庆、茂名、阳江等六市威胁100人以上重要地质灾害隐患点的抽样核查。完成对全省21个地级市地质灾害年度检查、汛期巡查。

按照省厅统一要求，编制了省2009年地质灾害防治方案，并注明主要灾害点的分布、威胁对象、范围、防治措施等内容。

【地质灾害预警预报】 2009年，总站汛期地质灾害预警共发布预报次数230次（其中常规预报184次，临灾预报46次），制作发布3级以上预警产品53次。全省汛期主要降雨过程共诱发各类造成损失的地质灾害194起（948处），发生在3级以上预警时空范围内的地质灾害160起（914处），占灾害总数的82.5%（96.4%），其中发生在3级预警时空区有99起（116处）、4级预警时空区61起（798处）。全省根据地质灾害预警和群测群防结果成功避让地质灾害5起，成功避险2283人，避免财产损失34.38万元。

2009年汛期，广东省境内先后经历了“莲花”、“浪卡”、“苏迪罗”“莫拉菲”“天鹅”“巨爵”“彩虹”等7次热带气旋登陆或外围环流影响以及“龙舟水”（5月21日至6月20日）影响，降雨时空分布不均，局地性强降雨明显。整个汛期，全省发生导致人员伤亡的地质灾害点共有10处，共造成18人死亡、4人受伤，其中发生在3级以上预警时空范围内地质灾害有8处。根据工作实际，就引进多普勒气象雷达拼图、临近预报数据和中尺度气象监测站点数据的应用合作与广东省气象局进行协商。

2009年4月24日23时，受西南暖湿气流以及高空槽、切变线和弱冷空气的影响，封开县罗董镇五星村黍桥塘村在暴雨作用下发生山体滑坡，导致3人死亡，以及2幢房屋被冲毁。

2009年6月22日凌晨6点，受强热带风暴“莲花”外围环流影响，梅州、汕头、潮州、揭阳等地区普降大雨到暴雨。总站根据降雨实时监测数据，对上述地区采用临灾预警模式，发出3-4级预警。“莲花”带来的强降雨共引发地质灾害43起（780处），其中发生在平远县大柘、石正、热柘、东石等镇共689处，未造成人员伤亡；大埔县境内发生地质灾害42起（92

处），其中，光德镇砂坪村和溪组发生山体滑坡，2人死亡。

2009年在6月26日至7月19日期间，热带风暴“浪卡”、“苏迪罗”、“莫拉菲”相继登陆广东省。强降雨共引发崩塌、滑坡、泥石流等地质灾害27起，总站根据降雨动态对暴雨集中的各地质灾害易发区及时发布三级以上地质灾害预警，启动相应应急预案，未造成人员伤亡。

2009年8月5日，热带风暴“天鹅”登陆广东省，粤西地区普降大到暴雨，共发生崩塌、滑坡、泥石流等地质灾害16起，造成1人死亡。

2009年9月14–16日，受台风“巨爵”影响，在阳春、信宜、电白、阳西等地发生崩塌、滑坡、泥石流等群发性地质灾害45起，其中信宜市思贺镇八排山马湖村滑坡导致2人死亡、2人受伤，信宜市思贺镇三屋大坑村滑坡造成2人死亡，阳春市永宁镇文村村委大塘面村滑坡造成1人死亡。

【地下水环境动态监测】 2009年继续开展了广州、佛山、肇庆、深圳、湛江、茂名市地下水动态监测，增加对韶关、潮州、揭阳、梅州、河源、阳江市地下水环境动态监测。全省监测面积扩大到22747平方千米，占陆地总面积的12.5%，地下水动态监测点333个，其中水位监测点219个，水质监测点114个，监测项目主要是地下水水位和水质（如下表）。

全省地下水环境监测区水位动态与2008年水位比较，大部分区域属基本平衡区，局部为弱升区或弱降区。地下水位上升幅度最大的区域为湛江市监测区中层承压水的下游排泄区，平均升幅为0.82米；下降幅度最大的区域为茂名市监测区红层裂隙深层承压水，平均降幅为0.57米。地下水位监测区有：珠江三角洲监测区、深圳市监测区、雷琼盆地湛江市监测区、茂名盆地监测区、韶关市监测区。

2009年，全省地下水单项组分含量超过Ⅲ类水标准的主要有TFe、Mn、NH_4–N、NO_2–N、pH。地下水质监测区有：珠江三角洲监测区、深圳市监测区、雷琼盆地湛江市监测区、茂名盆地监测区、韶关市监测区、韩江（潮州市段）监测区、榕江（揭阳市段）监测区、梅州梅江区、梅县监测区、东江（河源市段）监测区、阳江市监测区。

【地质灾害调查与区划工作】 2009年度开展雷州、徐闻、萝岗、顺德、中山、珠海、宝安等7个县（市）的地质灾害调查与区划工作，完成调查面积9684平方千米，调查发现地质灾害隐患点845处，落实地质灾害群测群防监测点372处。

完成了饶平县、增城市等12份地质灾害调查与区划报告的电子文档制作与纸介质的汇交工作，其中饶平县地质灾害调查与区划报告的成果在中南五省地质资料汇交展评会上，获得了优秀汇交成果奖。

为进一步加强全省地质灾害防治基本知识的普及和宣传教育工作，积极参与了省厅组织的对广州、深圳等21个地级以上市地质灾害防治知识培训班的培训工作。

【专项工作】 根据广东省政府办公厅《关于公布第一批全省应急平台体系建设试点单位的通知》（粤办函〔2009〕178号）要求，开展广东省地质灾害应急平台建设，完成了《广东省地质灾害应急平台体系建设试点工作实时方案》和《广东省地质灾害应急平台体系初步设计》的编写。

继续与省厅测绘院联合开展《基于GDCORS实现地质灾害动态监测的研究》的专项研究，至2009年末，已完成项目的试点监测、监测数据采集分析、数据库建设。

编制完成了《广东省废弃矿井治理规划》和《广东省地下水评价与区划》，并通过专家评审。

编制完成了2008年广东省地质环境公报，主要内容包括地质灾害、地下水环境监测、地热与矿泉水、地质遗迹保护和矿山地质环境保护等内容。

开展清新、连州、云安、饶平、佛冈等5个县（市）地质灾害防治规划编制工作。

【党建工作】 2009年3月，根据《关于印发广东省国土资源系统2009年民主评议政风行风工作方案的通知》（粤国土资源监察发〔2009〕113号）要求，总站开展民主评议政风行风工作。从坚持落实整改、巩固行评成果，坚持制度建设、提高工作效率，坚持督促检查、

2009 年广东省地下水环境监测基本情况汇总表

监测站名	监测区单元		监测面积	监测点类型			
				水位监测点	水质监测点		
					小计	单一水质点	水位水质点
			平方千米	个			
广州监测站	珠江三角洲监测区	广花盆地	800	61	7	7	
佛山监测站		禅城区、南海区	520	24	6		6
肇庆监测站		肇庆盆地	60	32	12	5	7
深圳监测站	深圳市监测区		800	13	13		13
湛江监测站	雷琼盆地湛江市监测区		1200	54	30	24	6
茂名监测站	茂名盆地监测区		389	22	19		19
韶关监测中心	韶关市监测区		18218	9	10	5	5
潮州监测站	韩江（潮州市段）监测区		60		3	3	
揭阳监测站	榕江（揭阳市段）监测区		80		3	3	
梅州监测站	梅州梅江区、梅县监测区		250		5	5	
河源监测站	东江（河源市段）监测区		150		3	3	
阳江监测站	阳江市监测区		220	4	3	3	
合　计			22747	219	114	58	56

建立长效机制等三个方面提高总站执行力。

2009 年 5 月，总站重新制定《广东省地质环境监测总站考勤管理制度》，重新确定科室工作职责及岗位职责。

2009 年 7 月，按照省厅统一部署，总站为加强资料管理和保密工作，开展各种资料和计算机及移动存储设备涉密检查，实现涉密安全生产。

2009 年 9 月，根据《关于印发广东省国土资源厅规范权力运行方案的通知》（粤国土资源监察发〔2009〕410 号）要求，总站作为省厅规范权力运行工作试点单位之一，开展规范权力运行的各项工作，目的是推进总站惩防腐败体系建设，强化总站内部控制和管理，建立公开、透明、规范的权力运行机制，确保权力正确行使。

2009 年 11 月，按照省厅党组的统一部署，开展总站党支部和兴宁市罗岗镇溪一村党支部互帮互助活动。根据溪一村的具体情况，确定帮扶一户困难党员，资助 5 名贫困学生，修建党员活动室及一条水利灌溉渠。

2009 年度，总站党支部发展 1 名中国共产党员。

（梁华贤）

广东省矿产资源储量评审中心

【概况】 广东省矿产资源储量评审中心（以下简称评审中心），2000年6月成立，为广东省国土资源厅直属正处级事业单位，核定事业编制14人，其中主任1名、副主任1名。人员经费由财政补助。主要职责任务是：负责全省各类矿产资源储量报告的评审工作，开展与矿产资源储量评审相关的技术咨询和服务，承担厅交办的其他工作。目前评审中心共有11名专职工作人员，其中在职人员6名，聘用人员5名（储量评估师3名，司机1名，合同科员1名）。在职人员中，党员3名；处级、副处级干部各1名，高级工程师2人，工程师1人，中级技术人员2名，初级技术人员1名；是省内唯一具有国土资源部颁发的储量评审资格机构；代管省内已注册矿产储量评估师27人，其中（教授级高工9人，高级工程师18人），年度完成报告评审均在400宗以上。

【开展业务工作】

一、规范矿产资源储量评审。2009年度评审中心共受理评审各类矿产资源储量报告462份。矿种包括：金、铁、铜多金属、铅锌、钨锡、钼、水泥原料、建筑材料、矿泉水和地热水、高岭土、陶瓷土、萤石等。评审通过报告475份（含2008年底受理的部份报告），其中金属矿报告49份，砂、石、土矿报告371份，建设项目压覆矿区评估报告22份，矿泉水、地热水报告8份，鉴定非法采矿报告25份；办理占用储量登记审核120份，退件报告15份，比去年同时期多评审了61份报告，报告发送广东省国土资源厅备案108份，发送市局备案367份。中心4名业务专职人员接待和回答相关咨询问题及电话约7200人次。按照国土资源部《矿产资源储量评审认定办法》评审小、中、大型报告需聘请2至7名专家的要求，年度聘请评估师（专家）约1900人次。

二、召开全省评估师座谈会。为进一步推进全省矿产资源储量管理工作的开展，落实广东省国土资源厅《关于规范采矿权审批权限下放实施管理工作的通知》，2009年12月在广州市三寓宾馆举办了全省矿产资源储量评估师座谈会，通过座谈讨论，听取专家们对矿产资源储量评审工作提出的意见和建议，为今后评审工作上新台阶夯实基础。

三、切实做到现场实地勘察。2009年评审中心共派出15批次专家对26个矿区的储量报告编制给予了具体指导，对促进和解决各勘查单位储量报告的编制和质量问题起到了关键性作用，同时也为国家所有者权益和业主的权益把好关。

四、组织储量评审培训。2009年3月评审中心组织实施了全省矿产资源储量报告编制和送审要求培训班，各地质勘查队伍130人参加了培训，编印培训资料1700份，取得了较好的效果。2009年度共派出人员12人次，参加了全国性的各种储量评审培训和全国储量评审交流会议，增长了见识，提高了储量评审工作的新水平。

五、加强矿产资源储量数据库的管理。按照深化信息技术应用、全面提高国土资源管理水平的要求，评审中心组织和实施了广东省地下水数据库和固体数据库系统的建设工作，该数据库管理系统以及网站建设已经建成并运行良好，该项工作代表了中心信息化建设已经迈上了新的台阶。

【单位自身建设】

一、建章立制完善制度。2009年度评审中心在五大类十八项工作制度的基础上，分别又制订了《安全防事故工作预案》、《安全保密工作制度》、《党风廉政建设责任制实施办法》及《党风廉政建设和反腐败工作要点》等制度，为落实好各项工作的长效机制，进一步规范工作程序，提高工作质量，起到了关键性作用。

二、民主评议政风行风。按照广东省国土资源厅《广东省国土资源系统2009年民主评议政风行风工作方案》的部署和要求，结合单位实际，围绕着工作目标和任务，积极开展了民主评议政风行风工作，顺利完成了民主评议政风行风工作各阶段的工作和任务。在活动期间，中心主任亲自作动员部署和讲课，带头查找问题、撰写学习心得体会等，建立健全了民主评议政风行风工作领导机构，明确了具体工作和责任人，制定了实施方案，召开相关会议12次。通过座谈讨论、设置意见箱、印发调查问卷征求意见和民主测评等活动，摸清了单位的薄弱环节，找准了问题的症结，归纳整理了存在的主要问题。按照“谁主管谁负责”和“管行业必须管行风”的原则，通过内部自查和广泛征求社会意见所收集的问题和意见进行认真梳理，客观分析了问题产生的原因，制定了切实可行的整改方案，全面推进了整改措施的落实。

三、真抓实干务求实效。在组织建设方面，进一步建立和完善了各种组织机构，充分发挥了基层组织的作用。结合单位的职能和任务以及实际工作情况，为增强团队凝聚力，维护广大干部职工的身心健康，中心工会积极开展了乒乓球、羽毛球、登山等形式多样的系列活动，落实了2009年度职工健康体检事宜。按照广东省国土资源厅《关于开展城乡基层党组织互帮互助活动的实施意见》，在协助农村基层党支部实现“五个好”和“五个一”活动中，根据中心实际能力，筹集了3.5万元人民币又为互助村（罗中村）修建一条长220米的村道，为此受到了当地政府及村民的好评，2008年和2009年度分别被中共广东省组织部评为城乡基层党组织互帮互助活动“先进党支部”。

四、其他相关工作。认真开展了专项治理“小金库”和关于全面清理整顿中介服务和经营服务收费等工作，加强了保密宣传教育和关于做好安全保密U盘的强制管理工作，组织实施了中心聘任中层领导干部和专业技术人员技术职务的聘任等工作。

【党风廉政建设】

一是坚持从教育入手、提高对党风廉政建设的思想认识。按照广东省国土资源厅党风廉政建设的总体安排和要求，坚持从教育入手，组织学习了广东省国土资源厅纪检组编印的《广东省国土资源系统党风廉政读本》、《广东省党政领导干部廉政守则》以及《关于严禁党和国家机关及工作人员接受和赠送“红包”的暂行规定》；组织观看了纪律教育反腐败专题教育片等，提高了思想认识，打牢了党员干部拒腐防变和抵御风险的能力。

二是积极开展了纪律教育学习月活动。活动期间重点抓了党纪、政纪、法纪等方面的教育，即：政治纪律教育，廉洁从政教育，财经纪律教育，作风教育，保密宣传教育及深入学习实践科学发展观活动等教育。通过学习教育活动，在贯彻落实科学发展观上形成了共识，解决了自身存在的问题，完善了自身建设和具体措施，为努力打造“高效、廉洁、勤政、为民、实务”的新形象夯实了基础。

三是加强监督，落实了责任制。评审中心主要负责人按照相关要求与广东省国土资源厅分管领导签订了党风廉政建设责任书，落实了责任分解和“一岗双责”制度，出台了《党风廉政建设责任制实施办法》、《党风廉政责任制考核办法》，中心主任与科室主要负责人签订了《广东省矿产资源储量评审中心党风廉政建设工作责任状》，提高了党风廉政建设的约束力。

四是召开了党员领导干部民主生活会。按照广东省国土资源厅民主生活会的要求，认真开展了党员领导干部廉洁自律专题民主生活会和组织生活专题会，进行了批评与自我批评，做到了会前广泛征求群众意见和建议，会上认真开展了批评与自我批评，会后落实监督检查等工作，确保了民主生活会的质量落到实处。

五是财务管理工作落实到位。坚持做到了账务管理工作公开制度，坚持制度面前人人平等，用制度管人、管财，坚持开支单据报销必须有经手人、证明人签名，同时必须经财务审核、领导审批方能报销，严格杜绝了违法乱纪的行为。

六是切实纠正行业不正之风。评审中心认真解决了本单位各部门工作中存在的突出问题和群众反应强烈的重点和热点问题，大力推行了政务公开，严格依法行政和杜绝接受“红包”等不良行为。

（袁晓兰）

广东省国土资源厅测绘院

【概况】 2009年是新中国成立60周年、是广东省推动经济社会全面转入科学发展轨道、实现“十一五”规划目标的关键一年，是实施《珠江三角洲地区改革发展规划纲要》的开局之年。测绘院在广东省国土资源厅党组的正确领导下，工作目标基本完成。

【党风廉政建设】 测绘院党委始终坚持邓小平理论和“三个代表”重要思想为工作指导，深入贯彻落实科学发展观，扎实加强党建工作，狠抓党风廉政建设，促进单位和谐，精神文明建设成效显著。

一、加强政治理论学习，提高政治思想修养。测绘院党委高度重视政治理论学习，组织全院党员干部学习党的十七届三中、四中全会和广东省委十届四次、五次全会精神，紧密结合测绘院工作实际，融会贯通，提高了党员干部的思想修养，在测绘院的发展中起到了良好的作用。

二、积极开展各项主题活动。2009年度，根据广东省国土资源厅的安排和部署，主要开展了城乡基层党组织互帮互助、转变作风抓落实、政风行风民主评议、扶贫开发“规划到户责任到人”等主题活动。积极响应党的号召，先后选派两批次干部参加广东省委组织部组织的“十百千万”干部下基层驻农村和广东省扶贫办组织的挂钩帮扶贫困农村工作，得到了广东省委组织部、广东省扶贫办的充分肯定。测绘院下属地籍测量队和第三测量队党支部先后受到广东省委组织部表彰，被评为2008年度、2009年度“城乡基层党组织互帮互助活动先进党支部”。

三、抓好党建工作。测绘院党委积极贯彻落实党建工作有关要求，切实加强党、团组织建设。坚持发挥好党委、党支部的战斗堡垒作用和共产党员的先锋模范作用，以党的建设推进单位全面发展。团总支和测绘院属各团支部适应新形式的要求，加强团员队伍的自身建设，不断增强团组织的吸引力、凝聚力和战斗力。龚根生同志被共青团广东省委员会授予“2008-2009年度广东省优秀共青团员”光荣称号。

四、贯彻落实党风廉政建设责任制。测绘院党委始终把贯彻落实党风廉政建设责任制放在突出的位置，不断强化工作措施，加强党员干部教育和制度建设，党员领导干部带头执行廉洁自律各项规定，以身作则，率先垂范，坚持两手抓，一手抓业务工作，一手抓党风廉政建设责任制的落实，切实做到两促进、两不误、两发展。

五、狠抓社会主义精神文明建设。根据关于加强社会主义核心价值体系教育，建设和谐文化，培育文明风尚，加强思想道德教育，发挥道德模范的榜样作用，深入开展群众性精神文明创建活动等方面的要求和部署，结合测绘院工作实际深入贯彻落实，在精神文明创建活动中做到思想、组织、投入和工作“四到位”，成效显著。测绘院被广东省委省政府授予“广东省文明单位”光荣称号。

【基础测绘】 基础测绘工作历来是测绘院工作的重中之重，是测绘院立足的根本，测绘院领导高度重视基础测绘工作，始终抓住基础测绘工作这条主线，高效优质地完成了多项重大基础测绘工作。

一、完成了粤澳控制网联测工作。粤澳控制网联测项目，是澳门回归十年以来首次与内地进行大型的联合测量工作。项目由广东省国土资源厅和澳门特别行政区政府地图绘制暨地籍局共同实施完成，粤方工作由测绘院具体承担实施。粤澳控制网联测项目的成果，为粤澳两地建立了平面坐标和高程基准的转换关系，标志着长期以来粤、澳两地测绘基准不统一、无法满足跨境建设需要的历史划上了句号，是粤、澳在测绘领域科技合作的一个里程碑，将为粤澳两地的经济建设，特别是为港珠澳大桥等跨境建设工程、横琴经济开发区等跨境合作专案和两地交通、口岸等专案的规划、管理、建设提供有力的基础测绘保障，为落实《珠江三角洲地区改革发展规划纲要》，推动粤港澳重大基础建设对接奠定了稳固的基础。

二、完成海岛（礁）大地控制点选埋工作，包括陆地点 33 点，海岛点 5 点。

三、完成国家 GNSS 连续运行卫星定位基准站选点工作，国家 GNSS 连续运行卫星定位服务系统是国家测绘局建设现代大地测绘基准体系的重要组成部分，测绘院承担了广东省境内 9 个国家 GNSS 连续运行卫星定位基准站的选点工作，成果资料已上交国家测绘局。

四、完成多项省级基础测绘工作：湛江测区 1:1 万像片控制测量 677 幅，揭阳测区 1:1 万像片控制测量 178 幅，揭阳测区 1:1 万空三加密 178 幅，揭阳测区 1:1 万像片调绘 178 幅，大亚湾 1:1 万浅海滩涂测量 300 平方千米，GDCORS 的运行应用与维护 78 点，2000 国家大地坐标转换，全省航道 GPS - B 级网的联测 66 点，茂名 1:1 万像片控制测量试验，粤东北三等水准选埋 250 座等基础测绘工作。

另外还完成了大量的数字化测绘和其他测绘工作。

【服务国土】 测绘院紧密围绕国土资源管理中心工作，积极主动，及时有效地提供服务，取得了良好成效。

一、在广东省国土资源厅领导的大力支持下，测绘院经多方努力，争取到全国“一张图”工程建设（广东片）任务，全院上下团结一致，全力以赴，精心组织，按国家和省的要求高质高效提交了成果，工作已基本完成。

二、协助国家土地督察广州局对潮州市土地例行督察进行测绘保障工作。测绘院派出工作人员配合广州局对抽查的变化图斑进行测量和比对，准确测算潮州市第四次卫片图斑变化的情况，最后输出报表和图件。该项工作受到了国家土地督察广州局的肯定。

三、完成全省第二次全国土地调查省级任务，包括全省一致性核查工作，全省外业图斑核查工作，全省省级以上开发园区资料的收集及入库工作；完成了33 个县级土地利用现状数据库建设，面积约占全省的三分之一，为省顺利完成第二次全国土地调查任务做出了应有的贡献。

四、完成园地山坡地开发数字化地形图测量约 5 万亩，为保红线、保增长、大力推进节约集约用地建设做出积极努力。

【服务社会】

一、积极参与服务国家和省级重点工程项目建设，充分发挥测绘工作的基础服务保障作用。全年共参与西气东输（广东段）约 200 千米长的管线测量，完成了广珠铁路、厦深铁路征地测量工作，完成了深汕高速办证地形测量，确保了“保增长、扩内需”建设项目按期开工建设，赢得了业主的一致好评和充分肯定。

二、积极为政府决策和其他部门提供测绘保障服务。测绘院受省航道局委托，实施并完成了广东省航道平高控制网测量，进一步拓展了测绘市场，拓宽了测绘服务的保障对象。

三、积极开展测绘工程监理工作。随着工程招标、投标制度的逐步完善，建设工程监理制度在全国范围内全面推行，测绘院领导认识到测绘工程监理工作势在必行，将测绘监理工作放在未来保持经济发展的重要位置。通过测绘项目工程监理协助市、县国土资源管理部门进行有效的项目管理，弥补他们在专业管理水平、经验、方法、技术力量上的不足，改善与承揽者的技术沟通，协调处理相关争议，降低他们在项目管理上的难度，减轻项目管理的工作量，分担部分项目实施和管理的风险，更好地对工程质量和建设工期进行控制。测绘院承担的测绘工程监理工作主要是佛山市南海区、惠州市、广州市从化等地的土地利用现状更新调查项目，为当地国土资源管理部门顺利完成全国第二次土地利用现状更新调查工作提供了有力保障。

四、大力推广 GDCORS 的应用工作。2009 年已对全省各地级市测绘行政主管部门和各甲、乙级单位 300 多人员进行了 GDCORS 的应用培训，GDCORS 管理中心全年累积处理 GPS 数据 29381 点；共开通了 1118 个实时定位服务用户（有效用户数为 882 个），用户遍及全省各领域，包括测绘、国土、气象、地质、环保、林业、民政、农业、电力等各个领域，极大地减轻了测绘劳动强度，提高了生产效率和服务水平，保障了各个项目的顺利完成，取得了良好的效益。

经过大家不懈的努力，各队、站、公司均衡发展，测绘院经济保持平稳增长，达到年度制订的目标。

【自主创新】 测绘院加大测绘新技术的研发力度，自主创新取得实质性突破，核心竞争力有所新提升。主要表现为：

一、完成了佛山、惠州两市的市级连续运行卫星定位服务系统工程建设，标志着测绘院在连续运行卫星定位服务系统建设方面已经由单一的技术引进转向技术成熟和技术输出。

二、研发了“基于A188数字化地形外业数据采集程序”，该成果已在多个测区进行生产应用，完全满足生产需要，有效解决了测绘院数字地形图外业采集仪器急需更新换代的问题。结合测绘院生产作业实际需求开发的碎步点采集程序，为测绘院统一应用外业测绘软件打下基础，其中采用自动传输方式进行外业数据采集，效率较E500提高了15%左右，降低了劳动强度。

三、研发了“制图者（“GDMapper”）成图入库一体化系统”，该系统是测绘院首个自主研发的测编图系统，已完成了大比例尺数字化成图模块包括外业数据导入、编图等功能，正进行生产试验。该项目的成功，有利于内外业成图入库一体化的实现，为地形图测绘向信息化发展做了前沿的试验和探讨，将形成测绘院统一数据处理和制图平台。

四、进行了“基于GDCORS实现地质灾害动态监测研究”，在广东省内首次结合GPS/CORS连续形变监测、土工试验及降雨模拟试验等，针对浅层对积累滑坡进行了定量监测分析预报试验，采集了第一手的多因子观测数据，为广东省今后该类滑坡灾害研究奠定基础，项目成果已列入2009年度《广东省地质环境公报》。

五、实现了GDCORS用户管理软件功能完善及软件升级，实现了GDCORS中心对网络RTK用户的统一管理，从功能上实现了对用户的添加、注册、资料修改，时间有效性管理，用户使用基本使用信息的收集与查询。

六、完成坐标成果置换平台软件开发，“一键”实现观测处理成果快速转换到需要的平面坐标及高程成果目标。

七、完成东源县国土资源政务系统（联合政务），建设内容包括国土资源管理业务系统、办公自动化系统和东源县国土资源门户网站，完全满足了东源县国土资源局的业务需求，是测绘院首个成功实现应用的电子政务系统。

另外，测绘院还完成了网络RTK数据处理软件、自动数据交换软件、基础地理信息4D产品元数据制作工具、地形图修复工具、水准检查程序、“基于AUTOCAD CIVIL 3D的土地软件调查软件等技术和软件的开发和应用，大大地提高了生产效率，在测绘院测绘生产中发挥了重要作用。目前，正在进行试验、研究和开发的还有：“基于DPGrip的空中三角测量试验”、“基于高分辨率小数码航摄影像的大比例尺测图试验”、广东省土地利用遥感动态监测三维管理系统以及地理信息公共服务平台试点建设工作。

【管理工作】

一、严格规范安全生产和保密管理工作。一是强化安全生产管理工作。按照《测绘院安全生产年活动实施方案》要求，逐级建立并细化落实安全生产责任制，牢记“安全生产重于泰山”，测绘院领导与院各单位主要负责人签订了《安全生产工作目标管理责任书》，制定了《测绘院计算机及网络管理规定》和《测绘院涉密计算机及涉密移动存储介质管理规定》，完善《广东省国土资源厅测绘院保密资料管理规定》，进一步强化管理人员风险责任意识，建立安全生产调度值班和领导干部值班制度，真正将安全生产主体责任落到实处，全年没有发生安全责任事故。二是完善健全保密管理体制。根据《关于印发广东省国土资源厅保密自查工作方案的通知》（粤国土资科教发[2009]290号）文件的要求，成立了保密检查领导小组，严格执行保密管理相关规定，保密工作正逐步规范化、制度化，全年没有出现泄密事故。

二、强化质量管理，成果质量稳步提升。测绘院完成了ISO 9001:2000版和ISO 9001:2008版质量管理体系换版工作，生产有序进行，质量体系运作持续有效。各级质检人员紧紧围绕测绘院的中心工作，以“质量就是生命、创新就是发展”为目标，认真学习和总结，转变观念，提高业务水平和服务意识；不断完善检查方法，在充分消化 4D CHECKER 的基础上，进一步引进 4D MAPPER 软件，应用于 4D 产品的检查，有力地提高了 4D 产品的检查手段和效率；将数码相机用于野外控制点选埋取证，提高检查效率，减少野外返工率；探索新的检查办法，为新产品的检查提供依据，在目前国家还没有制定检查依据或检查依据不够细化的情况下，及时制订了《韶关市数字化三维产品的检查办法》、《区域似大地水准面的检查办法》等检查办法。全年，测绘院总生产项目 111 项，完成最终检查项目 79 项（其中含二调农村部分 32 个县区），介入检查项目 14 项。

三、加强财务管理，建立公开透明的财务管理制度。一是结合广东省国土资源厅《关于印发 < 广东省国土资源厅开展“2009 行政经费节约年”活动的实施意见 > 的通知》要求，深入推行厉行节约各项工作并取得了明显成效，2009 年度行政经费与 2008 年度同时期相比有了明显减少，圆满完成年度目标。二是实行专项资金与市场资金分别核算，资金收支清晰合理，为更好理好专项任务资金积累了经验教训。三是进一步加强财务监管工作，对现金管理统一序时账记录便于抽查监控，及时发现问题堵塞漏洞，确保院资金安全。四是开展资产清查，摸清“家底”，规范和加强资产管理。五是抓好继续教育培训和职业道德教育，不断提高财务人员业务水平。

【技能培训】

一、作为深化“两个转变”的重要举措，全院在保持优势测绘项目和技术的同时，加大力度培育 1:1 万地形图测绘工作人才。全院各中队均能承担 1:1 地形图调绘和 1:1 万像片控制测量任务，已通过培训掌握 1:1 万地形图立体采集的人员有 72 名，拥有数字摄影测量工作站近 50 套，已具备了航摄内业生产的规模。

二、全年，测绘院自办培训班 20 个，参加培训人员共有 618 人次。派出参加国家测绘局、武汉大学、广东省测绘学会等培训机构学习的有 9 批次 156 人。

三、测绘技能鉴定站积极开展工作，继续面向全省测绘行业开展职业技能鉴定，共鉴定了 7 期 453 人，积极组织、选拔和培训广东省代表队参加“首届全国测绘行业职业技能竞赛”。

（邹伟健）

广东省测绘产品质量监督检验中心

【概况】 根据《关于印发省国土资源厅所属事业单位机构编制方案的通知》（粤机编办〔2009〕432号），广东省测绘产品质量监督检验中心（以下简称“中心”）不再挂“广东省地图技术审查中心”牌子，正处级，公益一类。核定事业编制25人，现有在岗人数22人，内设办公室、测绘质量检验一科、测绘质量检验二科、测绘装备监督检查科、地图技术审查科5个科室。专业技术人员共19人，其中，具有高级专业技术职称的人员7人，具有中级专业技术职称的人员8人。人员经费由省财政核拨。

【主要职责】 承担全省测绘质量监督检验和测绘装备的检定工作；承担各类地图技术审查，并向行政主管部门提交地图审查意见书；承担涉密测绘成果、重要地理信息数据的技术审查，负责地图备案等相关工作。

【政策理论、法规学习】 中心认真贯彻执行党的路线、方针、政策，在思想上、行动上与党中央保持高度一致。加强政治理论、政策法规的学习，贯彻落实上级布置的各项政治学习任务，根据广东省国土资源厅党组部署，结合“落实科学发展观、转变作风抓落实、民主评议政风行风、读书·思考·进步、纪律教育学习月”等一系列活动，认真组织学习了《中共中央关于加强和改进党的作风建设的决定》、《领导干部必须严格执行四大纪律八项要求》、《国土资源管理系统行政为民措施和工作人员禁令》等理论、政策法规文件。通过学习和讨论，提高了单位全体人员的政治思想水平，促进了工作作风的转变、改进了工作方式，提高了服务水平。有力地推动了单位的全面建设。

【党风廉政建设】 在落实党风廉政建设方面，为确保党风廉政建设责任落实到位，中心从保护干部的角度，从树立正气，保证长远健康发展的高度统一思想认识。结合单位的实际，制定了《质检中心领导干部党风廉政责任制分解规定》，中心主任和副主任之间，中心领导和分管部门领导之间签订了《广东省测绘产品质量监督检验中心党风廉政责任状》，明确各岗位领导干部在党风廉政建设和反腐败斗争中的工作责任；落实一岗双责；明确责任人和责任范围；明确责任内容和工作措施；强调加强资金管理，严格执行财经纪律。

一是注重从源头上预防和治理腐败的工作，从建立和完善制度入手，以预防为主，坚持用制度管人、管事、管财，立足于建立有效预防腐败的长效机制，明确各岗位领导干部在党风廉政建设和反腐败斗争中的工作责任。

二是结合“纪律教育学习月活动”和“民主评议政风行风活动”，加强学习和教育，提高对党风廉政建设重要性的认识，不断增强拒腐防变的能力。大力推动工作作风建设和职业道德建设，大力倡导“爱岗敬业、恪尽职守”的精神，并把作风建设作为单位的“生命工程”和“立足之本”，在实际工作中长抓不懈。

三是严格执行财经纪律，严格执行“收支两条线”制度，严格按照预算进行财务管理，严格执行经费节约年的各项政策措施，确保财务规范运作，杜绝腐败行为的发生。

【主要业务工作】

一、基础测绘成果强制检验工作

测绘质量特别是基础测绘成果质量不仅关系到各项工程建设的质量和安全，关系到经济社会规划决策的科学性、准确性，而且涉及国家主权、利益和民族尊严，影响着国家信息化建设的顺利进行。通过对基础测绘成果实行强制检验，以确保基础测绘成果质量，是国家信息化发展和重大工程建设质量的基础保证，是提高政府管理决策水平的重要途径，是维护国家主权和人民群众利益的现实需要，也是测绘事业和地理信息产业实现可持续发展的必然要求。基础测绘项目成果强制检验制度已经实行了多年，明确规定基础测绘项目成果必须经过我中心检验合格后才能进行项目结算，其成果才能提供使用，有效地保障了基础测绘成果质量。2009 年完成了六项大型省级基础测绘项目的检查验收工作。

二、全省测绘质量监督检查工作

测绘质量监督管理是《测绘法》赋予测绘行政主管部门的一项重要职责和依法行政的重要内容，也是加强测绘统一监管的重要内容。按照国家测绘局《关于加强测绘质量管理的若干意见》（国测国字〔2008〕8 号）的要求，地方测绘行政主管部门要积极支持和配合全国性检查活动，同时要建立质量管理的长效机制，制订详细的分级分类检查目录和计划，扩大监督检查的覆盖面，缩短覆盖周期。甲、乙级测绘单位至少每 2 至 3 年检查一次，丙、丁级测绘单位至少每 4 至 5 年检查一次。

2009 年度，中心承办了第二届《全省测绘质量监督检查培训班》，编印下发了《测绘法律、法规文件选编》等测绘质量检查相关文件，参加培训的技术人员和管理人员约 300 人，并负责实施全省甲、乙级测绘资质单位 140 家的监督检查工作，指导各地级市完成丙、丁级测绘单位的监督检查工作。

三、地图技术审查

《测绘法》第三十三条明确规定，各级人民政府应当加强对编制、印刷、出版、展示、登载地图的管理，保证地图质量，维护国家主权、安全和利益。国务院《关于加强测绘工作的意见》（国发 [2007]30 号）要求，测绘行政主管部门要加强对地图编制的管理，完善地图审核制度，严把地图审核关。进一步加大对地图市场及互联网网站登载地图的监管力度，严格查处和封堵互联网用户上传，标注涉密地理信息。

中心本着对国家主权、民族尊严和人民群众切身利益高度负责的精神，杜绝损害国家主权、民族尊严的“问题地图”发生，严把质量关。2009 年，共完成地图审查 91 件。其中较大的项目有国家测绘局地图管理司委托的“广东石头王珠宝有限公司生产的 11 种规格木质地球仪”、“北京长地万方科技有限公司生产的《顺德地图网》1 张 417 MB 数据光盘、89 张双全开单面回放纸样的地图审查”等。涉及了行政区划、环境、海洋、地质、土地等行业提交的各种地图审查业务。

四、测绘器具检定

测绘器具检定是确保测绘成果质量的必不可少的重要环节，如何加强测绘单位测绘器具检定管理是提升测绘成果质量的重要手段。中心测绘装备监督检查科积极研究和探索，依托研发并投入使用的《广东省测绘器具检验管理信息系统》，建立仪器检定信息库，进行检定需求分析，规范业务工作流程，提高服务水平。全年共完成仪器检定约 1500 台套，取得了可喜的成绩。

五、其他业务

另外，中心围绕上级的工作部署和自身的工作职责，协助广东省国土资源厅第二次全国土地调查办公室开展“二调”成果的核查工作；协助国家测绘局重点测绘工程项目检查组开展专项检查工作；积极开展测绘质检服务保障工作，完成市场委托检验共 55 项。

（周克军）

广东省土地勘测规划院

【概况】 广东省土地勘测规划院属于财政核拨的正处级事业单位。核定事业编制30人，人员经费由财政核拨。2009年在编人员28人，招聘人员6人。

内设机构：办公室、土地资源调查室、土地资源利用室、地政研究室、地籍地价室。

主要职责：从事土地经济理论和土地管理应用技术研究；负责土地资源调查、评价和土地利用规划等工作。

【业务工作】

一、土地规划方面

（一）高质量完成广东省新一轮土地利用总体规划工作。

进一步修改完善了《广东省土地利用总体规划（2006-2020年）》，为最终通过国务院审核、批复奠定了坚实基础。广东的《广东省土地利用总体规划（2006-2020年）》也成为河南、山东之后通过国务院正式批复的最早省份之一。对加快全省规划修编进度，促进全省"三促进一保持"目标的实现起到积极作用。广东省规划修编工作和成果多次得到国土资源部、广东省和广东省国土资源厅领导的肯定和表扬。同时也初步完成了省级规划管理信息系统的开发工作，并交付规保处使用。

（二）完成了《广东省国土规划（2006-2020年）》的收尾工作，并准备上报省政府审批。

（三）承担省新一轮土地利用总体规划成果的技术审查工作。

包括市、县级规划大纲及规划成果审查、县级规划数据库检查、提前报批镇级规划成果审查三项工作，并与有关单位合作开发了规划数据库检查验收软件。同时，建立了主审、会审和审定的三级审查制度，责任到人。充分保证各项规划成果技术审查工作的公正和公开。2009年底已完成了21个市级、104个县级规划大纲成果的审查工作，完成了6个市县规划数据库的成果检查验收工作，完成了60个提前报批的镇级规划及数据库成果的审查并代拟了审查意见。

（四）修编工作中，在全国率先出台了《广东省县级土地规划数据建库标准》、《广东省县级数据库成果检查验收办法》等技术文件和规范，要求全省各县（市、区）土地利用总体规划必须建立规划数据库并通过检查验收，以切实落实土地利用总体规划调控的各项关键指标，形成全省统一的1:1万规划数据库和全省规划一张图，这项工作不仅走在全国前列，同时也将大大提高全省土地精细化、信息化管理的水平。

（五）继续推进国家"十一五"科技支撑重大项目——珠三角村镇土地优化研究工作。

课题研究于2009年4月份通过国家科技部的课题中期检查；规划院开发研制的"土地规划管理信息系统"和"规划数据库监测软件"已提交给国家信息中心进行检测；课题示范点——萝岗区城乡增减挂钩试点也进展顺利，并在2009年10月13日召开的全省城乡建设用地增减挂钩试点暨规划修编工作会议上作为典型进行推广。

（六）与中国土地勘测规划院合作开展了广州市萝岗区土地利用总体规划的编制工作。《广州市萝岗区土地利用总体规划大纲（2006-2020年）》编制的相关工作已经完成。

（七）承担了"广东省'十二五'土地利用供求分析"课题研究，并通过了专家论证及广东省国土资源厅厅务会研究。

二、土地利用及地政研究方面

（一）组织实施全省开发区土地集约利用评价工

作及开展相关研究工作。

受广东省国土资源厅利用处委托，负责国土资源部于2008年7月部署的广东省国家级、省级开发区土地集约利用评价的组织实施工作。包括技术培训、检查指导、审核验收、全省成果汇总及报告编写工作。截至2009年12月，24个国家级开发区评价工作已全部完成；并完成67个省级开发区、4个产业转移园的省级验收工作和2个拟申报高新区的成果检查、验收工作。开展全省统一指标权重、理想值的确定工作，为全省统一评价标准、进行成果公示奠定了基础。

在完成国家部署工作的同时，同步开展“广东省开发区土地利用模式与相关政策研究”工作，旨在进一步推动广东省各级各类开发区土地的节约集约利用。2009年底已完成部分前期工作。

（二）继续开展土地空间产权管理研究，完成《广东省地上地下建设用地空间使用权管理暂行规定》（征求意见稿），并已广泛征询广东省直有关厅局的意见。《暂行规定》（征求意见稿）及《暂行规定编制说明》，将在一定程度上填补国内省一级空间权研究的空白。

（三）继续开展《广东工业和公共管理公共服务用地指南》的专题研究和编制工作，目前已完成《指南》送审稿并上报省厅用地处，预计不久就会颁布实施。《指南》和《控制指标》将成为建设用地预审和审批阶段核定工业项目、公共管理与公共服务用地、基础设施项目用地的主要标准。

（四）研究制订建设用地效率评价体系及开展现有建设用地利用效率评价工作。已完成了具备解释功能、评价功能及预测功能的《广东省建设用地节约集约利用评价指标体系》（讨论稿）的编制工作。

（五）开展耕地保护补偿机制研究。提出了针对广东省实际的初步补偿方案，并根据广东省财厅和广东省国土资源厅有关处室反馈的意见，加强了财政必要性分析和可行性分析，最终形成了《关于我省建立耕地保护补偿机制的调研报告》，并上报了广东省国土资源厅规保处。

（六）承担完成了广东省国土资源厅委托的广东省土地管理宏观形势分析工作，并在此基础上完成了广东省国土资源厅科技立项项目“广东省土地参与宏观调控机理研究”。研究成果已于2009年12月通过广东省国土资源厅组织的专家评审，获得高度评价。

（七）开展农村宅基地流转问题研究，已完成技术方案的编制、前期调研，以及代拟《关于加强农村宅基地管理 促进城乡和谐发展的通知》等工作。根据厅部署，着手广东省宅基地管理办法的研究制定工作。

（八）开展建立各级地方政府集约用地评价考核制度研究。完成了工作方案的编写。

（九）完成了河源地级市辖区的县级农用地定级估价的省级验收工作；完成了《中国农用地等别调查与评定》（广东卷）的修改和样书的审核；完成了全省农用地分等成果的整理；完成了广东省农用地分等成果2009年度广东省科技进步奖申报工作。

（十）承担了国土资源部项目——广东省农用地产能核算研究工作。现已完成该项目的方案编制、方案审定等前期工作。

（十一）承担了国土资源部土地整理中心委托项目——县级农用地分等成果与二调成果衔接试点研究。现已完成初步成果。

（十二）完成2009年度广东省国土资源综合统计工作。并受广东省国土资源厅相关处室委托，组织承办了广东省“三旧”改造、土地登记持证上岗、国土资源综合统计等岗位和业务培训班。

三、土地调查及地籍管理方面

（一）全面参与第二次土地调查。

包括调查成果检查、复查和审核；调查成果汇总（全省农村调查成果数据、全省基本农田上图成果数据和全省城镇土地调查成果数据）；参与广东省二调办组织的有关广东省二次调查工作和技术方面的方案或方法制定工作（包括基本农田上图方法、城镇土地调查方法、核实广东省第二次全国土地调查成果方法、标准时点统一更新调查实施方案等）；负责全省各地二次调查标准时点更新和2009年度土地变更调查的技术指导等工作。

（二）保质保量按时完成了国家下达的2008年度17个市的土地利用动态遥感监测任务。

（三）承担并完成了全国二调办委托的全国土地调查成果地方核查方法研究及试点示范工作；研究制定了国家第二次土地调查成果地方核查方法。

（四）继续开展全省耕地后备资源监测调查工作。

受广东省国土资源厅地籍处委托，2009年一方面继续完成上一年度全省耕地后备资源监测调查工作。

主要包括提供技术指导、检查验收各地成果、全省数据汇总、撰写全省耕地后备资源分析评价报告等。另一方面启动新一轮耕地后备资源调查工作。从提高工作效率、数据获取连续规范性、成果实用性角度考虑，结合广东省补充耕地和建设用地审批工作，提出了建立耕地动态平衡管理信息系统的想法。按照这个思路，制定了《耕地动态平衡管理信息系统建设方案》，在得到广东省国土资源厅领导认可后，又着手开展耕地后备资源信息化管理软件设计工作。2009年底，信息系统之一的广东省耕地后备资源登记与上报管理系统已初步完成，即将进入系统测试阶段。预计系统的投入使用将可大大提高广东省耕地后备资源调查效率和有效性。

【党风廉政建设】

一、设立投诉意见箱等，广泛听取各服务对象、基层单位及上级部门的意见和建议，发出政风行风问卷调查表35份，反馈32份，给予“满意”的评价占100%。并就广东省土地勘测规划院范围内通过各种方式查摆出的12个方面的问题、政风行风评议座谈会反馈的9条意见，及时召开院长办公会和院务会议进行分析研究。

二、根据院班子成员分工调整，进一步完善党风廉政建设工作小组。重新修订《广东省土地勘测规划院党风廉政建设和反腐败工作制度》和《广东省土地勘测规划院领导干部党风廉政建设责任制责任分解规定》。并按照党风廉政建设责任制逐级落实的要求，签订党风廉政工作责任状。在广东省国土资源厅分管副厅长与院长签订党风廉政建设工作责任状的同时，院长与副院长、分管院领导与室主任分别签订了党风廉政建设工作责任状。

三、根据驻广东省国土资源厅监察室《关于印发〈广东省国土资源厅规范权力运行工作方案〉的通知》（粤国土资〔2009〕410号）安排，土地勘测规划院是规范权力运行试点单位。土地勘测规划院结合院实际，制定了《广东省土地勘测规划院工作规则》、《权力运行流程情况表》、《权力运行流程图》。

四、建立院务公开制度，严格遵守财务管理规定，定期检查资金收支情况，并加强对专项资金的使用管理。由一名副院长具体分管财务工作，经费使用采取预先申请审批制度，对超过1万元的资金使用，由班子集体研究决定，对10万元及以上资金由分管副厅长审批。并根据广东省实施方案的相关要求和广东省国土资源厅的工作部署开展“小金库”专项治理工作，全面自查，及时报送相关材料。经自查：财务管理均按照国家有关财经法规执行，未设任何形式的“小金库”。

五、贯彻落实中央办公厅、国务院办公厅《关于党政机关厉行节约若干问题的通知》和广东省委十届四次全会精神，要求各部门及全院干部职工认真执行行政经费节约考核办法的要求，公务接待严格按标准执行，严防用公款请客送礼、吃喝玩乐等问题的发生，取得成效。2009年年终自查，广东省土地勘测规划院全部指标低于限定的目标指标，执行情况良好。

（文燕）

广东省土地整理中心

【概况】 广东省土地整理中心是省国土资源厅直属正处级事业单位，核定事业编制15名，人员经费由财政核拨。配主任1名，副主任2名，科级领导职数7名。内设办公室、项目发展科、综合业务科、实施管理科4个正科级机构。主要职责任务：承担省立项的土地开发整理项目的前期工作和项目实施工作，负责签订项目合同，按规定管理、使用有关专项资金；开展土地开发整理的调研工作，参与土地开发、整理、复垦专项规划的编制和技术规程的拟订以及补充耕地项目和土地开发整理项目的验收工作；负责土地开发整理项目的动态监测、档案管理，建立土地开发整理信息系统，提供咨询服务；开展土地开发整理的引资、交流与合作；承办厅交办的其他事项。

【业务工作】 为加速实施广东建设节约集约用地试点示范省的重大战略，有效破解科学发展难题，2009年，广东省以利用低效园地山坡地开发补充耕地这一重大土地整治工程为突破口，超前谋划，攻坚克难，先行先试，补充耕地工作取得突破性进展和成效，2009年，全省新补充耕地达53.7万亩。同时，广东省以基本农田整治为重点，大力实施土地开发整理，2008年至2009年底，全省实施土地整理面积达37.09万亩，有效地落实了耕地保护责任，保障了发展用地需求，提高了现有耕地的质量和效益，保障了国家粮食安全，促进了社会经济平稳较快发展。中共中央政治局委员、广东省委书记汪洋对此作出“成绩可嘉，再接再厉”的批示，对广东省的土地整治工作给予了充分肯定。

一、利用低效园地山坡地开发补充耕地

利用低效园地山坡地开发补充耕地，是广东省在国土资源部的大力支持下创新土地利用管理工作，全面推进省部合作建设节约集约用地试点示范省工作的重大举措。2008年，省委、省政府决定利用建设节约集约用地试点示范省工作的契机拓展补充耕地来源，在全省积极推进利用低效园地山坡地开发补充耕地工作。2009年，在各级政府的大力支持和配合下，广东省国土资源系统密切协同，精心组织，周密部署，真抓实干，全力推进工作任务落实，取得了明显工作成效。据统计，2009年全省通过设计与预算审批的低效园地山坡地项目开发总面积127.8万亩，计划新增耕地面积105.6万亩，工程总投资约57.5亿元。其中，通过县级初验项目新增耕地面积79.6万亩；通过市级验收项目新增耕地面积76.7万亩；通过省级抽查验收项目新增耕地面积达53.7万亩。

在推进利用低效园地山坡地开发补充耕地工作中，省各级政府和有关部门协调配合，国土资源部门全力以赴，主要采取了如下工作措施：

（一）加强领导，落实责任。各地切实把推进利用低效园地山坡地开发补充耕地工作纳入政府的工作计划，列入重要议事日程。各市、县（市、区）成立专门机构，加强对开发补充耕地工作的组织领导，协调解决实际工作中遇到的困难和问题。各级政府的主要领导负总责，分管领导亲自抓落实，做到领导到位、措施到位、责任到位。同时，强化财政、农业、监察、审计、林业等部门的协调配合，明确相关责任，充分形成开发补充耕地的工作合力。

（二）建立健全工作方案和机制。广东省出台了土地开发整理补充耕地项目管理办法、补充耕地省级补助资金管理暂行办法和土地开发整理补充耕地项目勘测设计管理规定，同时，省国土资源部门作为利用低效园地山坡地开发补充耕地工作的组织者，积极指导各地制定年度项目实施工作方案，编制专项规划和计划，建立起可开发整理补充耕地的项目库，逐步健全完善了开展利用低效园地山坡地开发补充耕地的政策和技术体系。经过一年多的工作实践，初步按照省级监管、市级负总责、县（市、区）具体实施的要求，建立起了各地和省直有关单位协调配合、上下联动的工作机制。

（三）分解任务，狠抓重点。广东省国土资源部门着力加强规划引导，统筹全省目标任务，将2009年50万亩开发补充耕地任务分解下达到各市。在采取积极措施全面推进各地工作的同时，集中精力，着重抓好阳江、梅州、肇庆、湛江、清远、云浮、韶关等重点市的开发补充耕地工作。这7个市2009年度已完成补充耕地面积共31.52万亩，占全省完成任务的85.9%。

（四）科学监管，确保质量。利用低效园地山坡地开发补充耕地工作涉及的环节、程序、部门多，在项目实施过程中，中心按照“实事求是、因地制宜、先易后难、综合利用”的原则，科学管理，规范运作，把好质量关。一是科学规划。认真做好前期情况调查，从实际出发科学编制土地开发整理专项规划，为工作的顺利实施打下良好基础。二是规范实施。严格按照广东省土地开发整理补充耕地项目管理办法的规定，认真组织好项目的实施工作，逐步规范各环节的管理和监督工作。三是严格项目验收。严格按照项目验收办法、技术规程和补充耕地质量的要求组织验收，认真做好县级初验、市级验收和省级抽查各阶段工作，保证新开发耕地质量，防止出现水土流失和生态环境问题，真正把利用低效园地山坡地开发补充耕地工作办成“民心工程”、“德政工程”。

（五）加大投入，保障资金需求。一是加强对广东省投入资金使用的监管，确保资金专款专用，切实发挥资金的使用效益。广东省财政在困难情况下落实了40亿元的补充耕地专项资金，按每亩新增耕地补助2000元的标准补助市、县，为开展利用低效园地山坡地开发补充耕地工作提供了财政保障。二是按照“开发得多、受益就多”的原则，积极引导各市、县（市、区）加大开发补充耕地工作的投入，逐步增加对利用低效园地山坡地开发补充耕地的财政投入。三是积极引导社会资金开发补充耕地。着重推广企业带资开发与种植经营一体化的土地开发整理模式，为培育现代农业产业基地和农业龙头企业搭建平台，促进广东省“三农”发展。

（六）发动群众，合力推进。在推进工作中，严格保障好群众利益，处理好群众关系，在项目选点、工程实施等环节更多听取群众意见，让群众理解，让群众主动参与，让群众受益，让群众真正享受到开发补充耕地的成果。

（七）树立典型，发挥示范和带动效应。为加快推进项目建设进度，中心建立开发补充耕地月通报制度，深入挖掘和宣传工作中的典型，充分发挥典型的示范和带动效应，表扬先进，批评后进，推动全省开发补充耕地工作的顺利开展。

二、土地开发整理

广东省从2001年以来共安排实施易地开发补充耕地项目、国家投资土地整理项目、省级投资土地开发整理项目共（以下合称“三类项目”）258个，总建设规模141.6万亩，计划新增耕地面积26.5万亩。其中，易地开发项目123个，计划新增耕地面积17.32万亩；国家项目48个，总建设规模58.76万亩，计划新增耕地面积5.12万亩；省级项目87个，总建设规模65.54万亩，计划新增耕地面积4.12万亩。“三类项目”计划新增耕地面积共26.56万亩。截至2009年底，“三类项目”中已验收确认115个，占项目总数的44.6%，新增耕地面积13.65万亩，在建或未动工项目143个，占55.4%，计划新增耕地面积13.02万亩。

其中，2008年至2009年底，广东省安排实施土地开发整理项目40个，建设规模37.09万亩，投入资金7.94亿元。

三、土地整治

广东省实施土地整治取得的成效十分明显。具体体现在：

（一）集中补充耕地，为省实现率先发展、跨越式发展创造了先决条件。

广东省社会经济发展迅速，占用耕地量大，但耕地后备资源匮乏，为解决土地瓶颈制约难题，在国土资源部的大力支持下，采取积极推进利用低效园地山坡地开发补充耕地举措，并集中时间、集中力量，计划从2008年至2012年5年内完成规划15年的补充耕地任务。集中补充耕地的成效是显而易见的。一是超前储备，可以加快释放用地空间。按照国家规定，建设占用耕地必须落实耕地占补平衡。通过先补后占，建立耕地储备库，可以大大加快建设项目用地报批时间，提高行政效率。同时，由于提前大面积补充耕地，确保了耕地储备指标转让、使用可以在一个合理的价位进行，进一步减少了建设成本，增强了区域竞争力。二是超前保护，可以更好发挥补充耕地效益。广东省集中补充耕地后，通过加强后期管护和种植指引，特别是积极创造条件吸引农业专业户承包经营种植，有利于土壤的熟化和地力培育，可以进一步提高补充耕地质量，更好地发挥耕地的效益。同时，大力开展利用低效园地山坡地开发补充地工作，可以迅速有效地填补广东省的耕地缺口，推动实现耕地占补平衡，落实耕地保护责任。三是超前作为，可以统揽耕地保护和保障发展大局。正确处理好保护资源与保障发展的关系，事关实践科学发展观这个大局，必须转变原有的管理和发展方式，不断创新管理和发展理念。广东省在推进利用低效园地山坡地开发补充地工作中，制定了严格的项目管理办法和验收标准，并由国土资源、农业、林业、发展改革、环保、财政、监察、审计等多部门参与补充耕地专项规划编制和验收抽查，确保了广东省高标准补充耕地。同时，补充了的耕地又为保障《珠江三角洲地区改革发展规划纲要》确定的建设任务用地打下了坚实的基础，实现统筹兼顾、协调发展。

（二）加快土地整治，为省实现城乡、区域统筹发展提供平台。

一是通过实施土地开发整理，增加了项目所在地人均耕地面积，支持了农村发展。为应对国际金融危机的冲击，广东省采取了一系列扩大内需保增长的措施，其中大力推进土地开发整理有效地促进了农村经济的发展。据估计，由于开发补充耕地，大部分项目点所在镇的耕地可因此增加2%-5%，人均耕地少的矛盾可得到一定程度的缓解。全省2008年来实施土地开发整理项目40个，建设规模37.09万亩，投入资金7.94亿元，平均每年约投入4个亿。2009年新补充耕地50万亩，投入资金约47亿元。农民通过项目建设，直接增加了劳务收入，新增耕地也创造了安置劳动力的机会，有利于解决农村富余劳动力问题。据统计，在项目建设投入的工程施工费中，农民工劳务费占15-20%左右，进入经营利用的新补充耕地平均每亩可安置0.26个劳动力，据此，全省今年新补充耕地50万亩，可直接为13万人剩余劳动力提供就业机会，更重要的是，全省人均占有耕地0.46亩，50万亩耕地开出来后，可以解决109万人占有耕地问题。

二是有效改善了农村生产、生态和生活环境。首先，提高了农民收入。按新增耕地每亩年产值1500元计算，广东省2009年50万亩新增耕地每年将为农民带来7.5亿元的收益。同时，现有耕地实行土地整理后，种植水稻可由原来的每年每亩1000公斤，增加到每亩1100公斤，整理后的每亩耕地年产值可增收180元，广东省2008年以来实施土地整理37.09万亩后，可为农民增收6676.2万元。其次，改善了耕作条件，减低了农业生产成本。据统计，全省2008年以来实施土地整理，完成土地平整工程703.73万方、农田水利工程12708.62万方、田间道路工程966.45千米、种树29042株，特别是水利设施和道路的兴修，不仅极大满足了项目区农业生产需要，也使周边的农民受益。再次，保护了农业生态环境。通过植树种草、兴修水利等工程，有效防止了水土流失，涵养了水源，增强了项目区抗御自然灾害的能力，农村的生态环境得到明显改善。

三是促进了全省东西两翼和粤北等经济欠发达地区经济发展。广东省的主要耕地资源和补充耕地潜力主要集中经济欠发达的东西两翼和粤北地区，通过实施土地开发整理，实现了财政资金的转移支付，支持了欠发达地区的发展。据统计，广东省新补充的50万亩耕地中，东西两翼和粤北地区（含肇庆市）占99.98%，按照每亩2000元补助欠发达地区接受省财政补助达9.98亿元。同时，全省2008年以来实施的土地开发整理在东西两翼和粤北地区安排了37个项目，投入资金7.7亿元，占总资金的98.64%。

四是提高了土地利用价值，增加了农民的实际收益。低效园地山坡地开发前大都是废弃果园和疏残林地，经济利用价值和对外承包经营租金低，开发成耕地后，田块成方、路渠相连、设施配套，大大提高了生产能力，一些连片开发、面积较大的新增耕地普遍成为农业专业户承包经营的“抢手货”，因此，对外承包的租金大都能翻倍甚至是几倍增加，农民直接增加了收入。

五是建成了一批标准较高的农业生产示范基地，促进了农业结构和产业布局的调整。广东省的新补充耕地项目大都连片成规模，生产条件好，有利于建成应用和推广农业科技的现代化生产示范基地。大多数项目建成后，都根据当地实际，不同程度地走规模化经营之路，实行基地生产、集约经营，逐步实现由传统农业向现代农业的转变，迈出了向农业产业化示范基地方向发展的重要一步，有的已展现出良好的发展前景，收到了较好的社会效益和经济效益。

【作风建设】 2009年，广东省土地整理中心在厅党组和厅领导的亲切关怀和大力支持下，领导班子作了适当调整，以此为契机，中心以开展深入学习实践科学发展观、开展民主评议政风行风工作和纪律教育学习月等主要活动为切入点，着力在加强领导班子建设、建立健全规章制度、理顺工作思路、转变工作作风、增强服务意识、提升创新能力、提高工作执行力、构建科学运作机制等方面下功夫，抓作风、树形象、促工作，以良好的作风贯彻科学发展观，以求真务实的作风推进各项工作，使各项工作逐步走上了制度化、规范化、科学化发展轨道。通过系列学习教育活动，中心的精神面貌有了较大的变化，思想作风有了明显的转变，整体凝聚力有了明显增强，技术支撑和服务保障能力有了明显提升，工作的统筹能力和执行力有了明显提高，逐步形成了风清气正的工作环境，为土地整理复垦开发事业提供了坚强的政治思想保障。

（黄永松）

广东省地价评估中心

【概况】 省地价评估中心是省国土资源厅直属事业单位，单位性质为人员、经费自筹。编制数15人，现有人员15人（在编人员12人，聘用人员3人）。其中研究生学历的有3人、在读研究生2人、本科学历6人、大专学历3人。获得高级职称的有1人，中级职称的有7人，初级职称的有2人，多人具有土地估价师、房地产估价师、造价工程师、会计师、土地登记代理人等职业资格。2000年事业单位机构改革核定地价评估中心的业务范围：承担基础性、公益性的土地价格评估（包括基准地价、标定定价、出让底价）。

【业务工作】

一、土地市场动态监测。

根据国土资源部的要求，从2009年1月1日起，实施运行土地市场动态监测与监管系统。广东省国土资源厅利用处委托中心负责对系统运行情况的跟踪监管，核查各地录入的信息、汇总、分析全省情况，编制全省土地市场动态监测监管报告。为了配合广东省国土资源厅利用处完成政务公开中涉及到的土地供应计划出让公告、公示、出让合同和划拨决定书的网上发布工作，中心还开发建设了广东省土地市场网，力争把广东省的土地市场管理工作推上一个新的台阶。

二、土地集约利用评价。

根据广东省国土资源厅《转发国土资源部关于开展开发区土地集约利用评价工作的通知》（粤国土资利用发〔2008〕254号）的要求，广东省国家（省）级开发区的土地集约利用工作要在2009年6月底完成。中心配合开发区及早开展工作，按时保质完成了包括东莞、湛江、阳江等市共11个省级开发区土地集约利用评价工作。

三、城市地价动态监测。

2009年，国土资源部把城市土地价格调查与监测工作纳入部统计制度的国土资源基础业务工作，作为土地参与国家宏观调控的重要技术支撑。广东省国土资源厅对此项工作也高度重视，中心作为全省城市地价动态监测工作的技术指导单位，在总结多年来开展工作的基础上，进一步统一了认识，落实了专人跟踪、指导、协调，8月份协助部利用司、广东省国土资源厅利用处对广州市的城市地价动态监测工作进行了现场复查考核。同时还开展了全省城市地价动态监测项目的前期调研和经验交流、相关培训、指导材料编写及部分省级基础资料收集整理工作。为各级政府把握土地市场运行态势和地价走势，加强对土地市场的监管，提高调控能力提供依据。

四、配合阳江、封开、连平等市（县）国土资源主管部门开展城区（规划区）国有土地使用权基准地价的调整、更新工作，为市（县）政府规范土地市场行为，加强对土地资产的管理提供了土地价格依据。

五、完成了遂溪、雷州、徐闻等市、县的农用地定级估价工作，提交省级验收。

【其他工作】

一、开展土地管理政策方面的研究：（一）与中国土地勘测规划院地价所合作，开展了《关于城乡统一模式下集体土地产权经济关系与价格体系研究》项目，在江门、佛山、韶关等市的集体土地的产权和经济关系的现状进行了调研、掌握第一手的资料，形成了《广东省集体土地产权及市场状况调研分析报告》，为进一步深入开展土地使用制度改革，建立城乡统一模式下的土地管理制度提供参考；（二）受广东省国土资源厅利用处的委托，派人参与了广东省政府办公厅组织的边远分散老区村庄搬迁成效检查评估工作；（三）受广东省国土资源厅利用处的委托，派人参与了广东省政府组织的对全省各地解决城镇低收入家庭住房困难情况的检查工作；（四）参加了广东省物价局、建设厅牵头召开的限价房价格政策座谈会，参与研讨制订有关限价房的有关政策。

二、协助广东省国土资源厅执法总队开展执法工作，对查处违法用地案例涉及的低价出让国有土地使用权出具价格核定意见，供案件审结处置时参考。

【业务培训】 2009 年 1 月举办了一期土地市场监测业务人员的培训班，由中心的业务骨干现场授课演示，解答疑难问题，收到了较好的效果，保证了广东省土地市场动态监测监管系统的按时运行。受广东省国土资源厅地籍处和利用处的委托，负责了土地登记代理人职业资格考试的相关考务和土地招标拍卖主持人岗位培训和换证工作。

【党风廉政建设】 中心领导班子高度重视党风廉政建设工作，把党风廉政建设工作成为制度化，在开展政治思想教育的同时，按广东省国土资源厅党组和厅“党廉办”的要求，在职工队伍中坚持开展“纪律教育学习月”活动，收看全省国土资源系统先进事迹演讲会视频，学习先进人物的感人事迹，激发热爱国土事业的热情。剖析“反面典型”的蜕变轨迹，分析其深刻的思想根源和危害性，不断提高党员干部对反腐倡廉工作长期性、复杂性的认识和拒腐防变的能力，做到警钟长鸣。

【政风行风评议】 根据广东省国土资源厅政风行风评议工作领导小组办公室的安排部署，开展了政风行风评议活动。一是成立了机构、制定方案，按照全员参与的要求，召开全体干部职工动员大会，提高对开展政风行风评议活动的重要性的认识；二是大力宣传，营造政风行风评议活动的氛围；三是查摆问题，自查自纠。领导带头发动干部群众针对目前单位的现状，查摆中心在工作作风上存在的不足和制约单位发展的问题；四是征求意见，查找差距，中心以上门走访和邮寄的方式，征询了广东省国土资源厅机关相关业务处（室）、市（县、区）国土资源局以及其它服务对象，从收回的调查表看，所有单位（部门）对中心的工作都给予了充分的肯定。通过开展政风行风评议活动，中心也找出了在工作中存在的问题和不足，并制订了整改措施进行了整改，力求使政风行风评议工作取得实效。

【精神文明建设】 开展城乡基层党组织互帮互助的活动，根据广东省国土资源厅机关党办的安排，中心党支部与兴宁市萝岗镇蕉一村结成互帮互助的单位。广东省地价评估中心党支部组织全体党员前往蕉一村与该村的党员一起学习，过组织生活，为贫困地区党员群众排忧解难，并拿出一定的自有资金为村委会修建办公场址，资助一名贫困学生就读大学。

（肖 婷）

广东省国土资源信息中心

【概况】 广东国土资源信息中心2009年度的主要工作重点是：继续解放思想，转变作风抓落实，优质高效抓好基础测绘生产，全力以赴做好国土资源信息化技术服务，为科学发展奠定坚实的思想基础和作风基础。一年之中，在省厅党组和省厅有关处室的关心支持下，出色地完成了各项生产性、事务性、技术性工作，为全省的国土资源管理工作做出了努力，取得了成效。

【民主评议政风行风工作】 一是成立了民主评议政风行风工作领导小组；二是起草了《信息中心民主评议政风行风工作实施方案》；三是严格按照实施方案的工作步骤开展工作，不设门槛，不走过场，调动党员干部积极参与政风行风评议工作的自觉性、主动性，保证完成民主评议政风行风工作各项任务并力争取得明显成效。

在学习、宣传阶段，以党委、支部、科室为单位组织学习，认真传达民主评议政风行风有关文件精神，并采取制挂标语、办宣传栏、设置意见箱等多种形式，营造政风行风评议工作氛围，使民主评议政风行风工作深入人心。通过学习，中心党委成员、各支部及各科室都先后撰写了民主评议政风行风学习体会。

在自查自评阶段，中心领导班子发挥表率作用，深入科室征求意见，指导科室开展工作。各科室及各支部能按照中心工作方案，在工作作风、工作制度、服务水平上找差距。同时中心行评办也向厅有关处室、厅下属单位发放了调查问卷，并派班子成员分别到厅其它有关处室上门征求意见，认真查找影响中心发展和政风行风方面存在的问题。通过座谈、走访、回收调查问卷、意见箱收集，共查找出涉及生产管理、工资福利、职称聘用、设备采购、办公环境等工作方面问题38条。

在落实整改阶段，中心按照“谁主管，谁负责”的原则，将问题明确分工到班子成员。分管领导积极主动各自召开了落实整改征求意见会议，客观分析了产生问题的原因，找准问题症结，制定了整改方案，确定了整改时限。在落实整改工作中，按照实事求是、边查边改、先易后难、稳步推进的工作方式，将整改措施逐步落实到位。对中心民主评议政风行风中所提出的问题，除还有一条在整改中，其他问题已全部落实到位。

通过民主评议政风行风活动，从深层次上解决了中心政风行风方面存在的问题，完善了中心各项管理制度，切实为职工办了实事、办了好事，从而推动了中心各级领导班子的作风建设。

【基础测绘生产】

一、开展基础地理信息数据更新及珠三角地区地形图数据保密处理工作

根据厅《关于下达2009年省级基础测绘项目一期计划的通知》要求，中心2009年度基础测绘工作的重点是基础地理信息数据的更新，珠三角地区地形图数据保密处理，提供“数字城市”建设的基础地理数据。2009年度中心完成和正在完成的基础测绘项目有：

（一）厅下达项目：

完成珠三角地区、茂名测区1:1万DLG成果保密处理前的核心要素更新共1438幅；

完成珠三角地区、茂名测区1:1万DLG、DEM数据保密处理各1438幅，DOM数据保密处理1591幅；

完成惠州市测区1:2000DOM生产制作532幅；

完成汕头、潮州、揭阳测区1:1万DLG全要素测

图169幅；

继续实施肇茂、惠州测区1:1万基础地理数据更新（植被提取）共2200幅。

（二）国家测绘局、省、市、县国土资源局委托项目：

完成广东省1:25万地形图数据库更新内容检查；

完成广东省复垦项目检查、补充耕地备案审核工作；

完成南海区80、90年代1:1万DOM制作；

完成惠州市550平方千米1:2000航测外业像控点测量；

完成广州市、惠州市、韶关市、云浮市、佛山市地形图保密处理工作；

完成珠三角地区1:5万土地利用数据缩编工作；

完成广东省部分地区第二次土地利用调查底图DOM制作。

二、转变观念、引进国家新的测绘成果质量评定标准

中心高度重视测绘成果质量检验工作。为此，中心质检科多次组织测绘成果检查观摩活动，不定期召开有关质检工作会议，从而总结经验，树立保质量、求进度、讲效益的质量管理理念，使中心测绘成果质量进一步得到提高。

随着信息化测绘的发展，数字测绘产品日益增多，原国家标准《GB/T18316-2001数字测绘产品检查验收规定与质量评定》已不能满足中心现有测绘产品质量评定要求。根据国家测绘局通知和通过国家测绘局测绘产品质量验收标准学习班的学习，中心引进了新版《GB/T18316-2008数字测绘成果质量检查与验收》国家标准，并建立健全了中心《测绘成果质量评定标准》，规范了中心现有各种测绘产品的质量检查与验收制度，为提高测绘产品质量提供了保障。

三、为广东省“数字城市”地理空间框架建设提供技术指导

根据厅《关于开展数字城市地理空间框架建设的通知》精神，中心作为广东省“数字城市”建设的技术支持单位，多次组织技术人员对试点城市惠州、佛山，推广城市广州、茂名的数字城市地理空间框架建设工程设计书进行研究，参与方案的编写与讨论，提出修改完善意见，使设计方案和路线符合国家统一要求和标准。

四、启动珠江三角洲基础地理信息公共平台建设

省政府在《珠江三角洲地区改革发展规划纲要（2008-2020年）》中已明确提出了“要统筹珠三角地区基础地理信息资源的开发利用”，根据这一要求，已立项开展“珠江三角洲基础地理信息公共平台”建设。

根据国家测绘局《关于印发国家基础地理信息公共服务平台建设专项规划的通知》精神和厅领导的指示，中心启动了公共平台建设的有关工作，完成了《珠江三角洲基础地理信息公共平台》方案设计、可行性研究报告的修改与完善、公共平台技术调研与交流、关键技术实验等前期准备工作。

【工作计划】

一、广东省土地利用动态监测与系统建设

针对新的要求，中心于2009年初制定了《2009年土地利用动态监测工作方案》，对工作组织、监测精度、验收流程等环节进行了优化。通过引进数字摄影测量网格系统，批量处理卫星影像数据，大幅度提高了动态监测的生产效率。通过人员的优化配置、加班加点，保证了短时间内发挥人员的最大工作效率。经过各科室的共同努力，在2月底完成了2009年的动态监测工作任务，比原定计划提前了半个月的时间。

2009年4月至7月，中心利用地籍处汇交的全省2008年变更数据，组织作业人员对省级数据库进行了更新。广东省土地利用数据库已经更新至2008年10月。截至2009年底，数据库运行稳定，已为机关业务处室和广东省国土资源厅下属单位提供了多次数据服务。

广东省土地利用信息动态监测系统建设是最近几年广东省国土资源管理工作的一个重点项目，省委、省政府领导和国家测绘局等领导十分关注，在2009年中心分别向黄华华省长、林木声副省长、国家测绘局宋智超副局长等领导作了汇报演示，并制作展板参加了国土资源部、国家测绘局组织的各项展览会。

2009年是广东省土地利用信息动态监测系统建设项目实施的最后一年，中心完成了大部分项目实施技术文档及成果应用效果材料的编写及收集工作。

二、继续开展广东省第二次土地利用调查工作

根据厅《关于下达我省第二次土地调查省级工作任务和经费的通知》的文件要求，中心作为广东省“二调”项目主要协助单位，在厅领导和有关处室的领导下，组织开展了以下几项主要工作：

（一）根据国土资源部下达的省第二次土地调查控制面积成果，完成了全省123个县的控制面积计算及成果图件制作工作；

（二）数据库接边整理工作是从2009年7月份启动，主要是对全省各县级单位的农村土地利用数据库初步成果进行地类接边和数据结构整理；

（三）根据省“二调”办的要求，全省各县从下半年起开展了基本农田上图工作，中心主要承担了对基本农田上图成果的资料一致性、数据的正确性等指标进行检查验收；

（四）在省“二调”开展过程中，中心作为厅“二调”项目数据库建设等工作对外服务的窗口，对省“二调”办、厅属单位、地方国土资源局、作业单位提出的数据服务及技术支持等需求均能积极快速地予以回复，树立了较好的形象。

三、深入开展省、市、区电子政务系统完善和优化工作

（一）电子政务系统完善和推广应用一直是中心工作重心。针对厅机关用户提出的响应速度慢、不稳定、操作繁琐、界面不友好等情况，全年累计进行2次大规模升级，4次小规模升级。升级后的系统，无论在性能上，还是在稳定性上都有很大的提高，达到了预期目的。

（二）全省市级大集中式国土资源电子政务试点——佛山市国土资源局电子政务系统建设。通过该试点的探索，中心理清了大集中式系统的建设思路，非常有利于广东省今后全面的、合理的实施省、市、（区）县多级国土资源业务网上审批、并联审批。

（三）区级电子政务试点——清城区国土资源局电子政务系统已全面完成，2009年初通过了专家验收。该项目为全省各（区）县国土资源部门的电子政务系统建设提供了宝贵的经验。

（四）全面完成了国家土地督察广州局《建设用地审批事项与土地执法督察管理信息系统》的建设，该系统于2009年9月通过了省内外专家的验收。该系统的建立，大幅度提高了国家土地督察效率。

四、完成广东省“金土工程”相关工作

中心有关技术人员与省代建局、省“金土工程”代建单位、初步设计单位进行了深入的沟通、探讨和研究，辅助省“金土工程”代建单位、初步设计单位编制完成了《广东省“金土工程”可行性研究报告》及《广东省“金土工程”项目建设初步设计方案(初稿)》，《广东省“金土工程”可行性研究报告》已得到省发改委的批复。

五、服务政府信息公开，做好厅门户网站建设

（一）在加强网站功能建设方面，开发了网络发言人相应的软件管理功能；开发了数据转换软件，使土地市场信息数据能够在网站进行发布；开展了网上信访系统建设和土地利用网上动态巡查子系统建设；完成了网上标准地图数据发布和矿业权报告备案材料公示功能；同时也完成了网上咨询的功能开发，实现了厅各处室全面参与网上咨询工作。

（二）在积极应对政府信息公开检查方面，参加了省政务信息公开检查工作，梳理了131个栏目信息，建立了网上办事功能原型，进行了网上政务信息公开的演示，协助厅有关部门在广东省政府组织的政务信息公开检查工作中取得了较好成绩。

（三）认真做好网上信息发布工作，是厅有关部门的重大专项活动。从网上发布了多组部、省、厅领导的重大活动专题图文报道和视频，进行了“6·25”网上直播，建立了民主评议政风行风建设、建设节约集约用地示范省、土地市场信息等专项栏目近20个，制作了一系列网络宣传材料，编辑、发布专栏文章250多篇，处理发布视频近30个，编辑发布图片约1000张。同时，按照处室需求，及时做好网站日常的政务公开信息编辑、发布，发布厅各业务处室各类业务信息共2400多条。

六、推进规范化管理，做好厅机关设备维护工作

中心承担了厅机关设备大量日常维护工作，三月份制订了五部日常维护规程，内容涵盖政务系统、厅中心机房、电子监察系统数据交换和视频会议系统，每部规程详细描述维护步骤，可操作性强。规程出台彻底改变了过去由于人员岗位调整对工作造成被动局面，做到部门每个人根据规程就可以快速掌握维护要点，使日常维护工作迈向常态化、规范化。全年共完成各类维护任务200余次，设备运行状态良好，有效保障了厅机关各类服务器、网络和视频系统等设备的正常运作。其中省部级召开的视频会议次数达20余次，没有发生一起工作事故。

【宣传报道工作】 2009年度，《广东国土资源》编辑部按照国土资源部和省厅关于国土资源管理宣传工作的总体要求，紧紧围绕广东省国土资源厅国土资源管理工作的中心，坚持正确的舆论导向，着力宣传深化改革、保护耕地、依法用地、节约集约用地及加强矿产、测绘管理工作的新思路、新成果开展工作。

在对广东省国土资源厅重大会议、活动进行及时摄影报道外，能根据当前工作的需要，及时开辟新的栏目，适时性、全方位、多角度反映国土资源管理系统干部职工的工作成效和精神面貌。例如，开设“保增长保红线”专栏，及时将国土资源部、广东省委、省政府及省厅的工作安排进行宣传，为保增长保红线提供有力的舆论支持。为配合广东省国土资源厅开展民主评议政风行风工作，《广东省国土资源》编辑部及时开辟了“行风评议”专栏，将各个阶段工作措施、做法及取得的成效进行刊登，充分发挥媒体传播的迅速性和扩散性，大力促进了国土资源系统行风评议工作的开展。

【党风廉政建设】 中心党委能积极组织党员、领导干部认真学习中共中央关于《建立健全教育、制度、监督并重的惩治和预防腐败体系实施纲要》等系列文件，制定了《广东省国土资源信息中心党风廉政建设工作责任制度》，明确了各部门主要负责人的党风廉政建设工作责任，班子成员和各部门的负责人签署《党风廉政建设工作责任状》，做到责任分解落实到人，工作责任落实到位，并号召各级领导干部要以身作则，从我做起，带好头，树立良好的工作作风、生活作风、领导作风。领导班子十分重视民主生活会，采取多种形式广泛征求干部群众意见，积极解决群众关心问题。发扬民主健全会议制度，大事由党委会或班子会议共同讨论研究决定，努力营造公平、公正的管理环境，推动中心和谐、科学发展。

【培训工作】

一、继续积极开展城乡基层党组织互帮互助活动

2009年11月27日，中心党委五个支部代表一行15人，前往兴宁市萝岗镇落实本年度帮扶计划，认真开展“五个一”活动。本次互帮互助活动共慰问困难党员、群众、学生共35户，投入帮扶资金共计5.7万元。同时，各支部对上年度帮扶资金使用情况也进行了了解，经各村党支部介绍，上年度的帮扶资金已全部用于各村疏通河道、村道硬化、修建篮球场、河桥及路灯建设等工程方面，为各村的经济发展解决了实际困难。

二、工会活动情况

2009年度中心工会共计组织各项体育活动累计一百多次，参加人员多，活动范围广，达到了锻炼身体的目的。为积极努力投身于各项生产工作创造了条件，使中心全员健身活动更加成熟，具有特色。

三、多层次培训，提高业务水平与强化《保密法》宣传教育

中心制定了《技术培训管理规定》，按培训规定和计划，2009年的培训工作特点是参加培训人员多，涉及面广，考试考核有成效。2009年度共组织培训14次，其中，参加外部各类培训12人；参加中心内部培训401人。在培训过程中，注意培训效果，安排一些考试或考核，及时了解参加培训人员掌握培训内容的程度，推进了中心技术进步。

针对涉密测绘成果及计算机、网络涉密问题，中心在2009年组织了国家《保密法》、《广东省保密实施细则》、省厅和中心有关保密管理规定的培训学习。通过进行考核，使中心全体干部职工进一步了解了国家、省、厅和本单位的保密法律法规和从事保密工作的重要性，明确了保密工作岗位职责，掌握了涉密测绘成果及计算机、网络信息安全方面的知识，对加强保密措施，防止涉密事件的发生起到了警示作用。

（王晓光）

广东省国土资源档案馆

【概况】 广东省国土资源档案馆是国土资源厅直属正处级事业单位。馆内设5个科室，现有人员27人，其中研究生学历（含在读）7人，大专以上文化程度20人，高级职称7人，中级职称10人，初级职称5人。单位职能：一、拟定国土资源档案管理工作计划和管理制度、规定、办法并组织实施；二、负责对全系统及厅直属单位档案管理工作的监督指导；三、负责年度档案工作的计划、总结以及统计上报；四、负责各类测绘成果资料、地理信息数据、地质档案资料的接收、整理、保管、分发和提供利用；厅机关有关档案资料的接收、整理、保管、提供利用；五、负责档案管理人员的业务培训，档案信息资源的开发利用；六、负责土地、地质矿产、测绘档案管理的安全保密和统计工作；七、负责档案的鉴定、移交工作；八、完成厅交办的其他工作。

【业务建设】

一、档案基础工作

制度化、规范化、标准化管理。2009年，在机关和档案馆的共同努力下，全厅档案意识不断增强，档案制度不断健全，档案管理体系不断完善。修订完善了《广东省国土资源档案管理工作手册》，档案管理的规范化、标准化走在了全国同行业的前列。2009年，档案馆在前三年被广东省档案局评为优秀、优秀免检单位的基础上，再次被确定为优秀免检单位。

档案接收、整理、归档。为了更好地加强对档案的形成、分类、收集和预立卷的管理，档案馆将档案管理工作逐步向前延伸。安排人员到厅土地利用处、地环处、矿管处、执法总队、党办和监察室等单位进行预归档。档案管理工作向前延伸至源头服务，得到厅机关的一致欢迎和好评。2009年档案馆按时、保质、保量地完成各类档案的接受、整理工作。其中，接收、整理厅文书档案和各类专门档案资料共15大类、18500卷（件）；接收、整理地质资料110宗2750件；接收、整理测绘成果资料档案19422件、基础地理信息数据档案5.8T。地质资料向全国地质资料馆汇交工作质量排在全国前列，荣获全国地质资料转（汇）交优秀单位称号。

安全保密工作。加强了库房安保工程建设，认真落实了涉密计算机、设备保密管理制度，加紧馆网络及设备的采购建设。加强了借出档案（图件）的技术手段、管理制度建设，确保了档案信息安全保密。

档案利用服务。档案馆全年为各行各业提供利用了大量的各类档案资料，共计：12131人次、92352卷（件）。其中：土地管理等专门档案提供利用843人次，利用档案13666卷（件），地质资料提供查询利用2048人次，利用资料60315卷（件），测绘成果提供查询利用9240人次，利用成果资料18371件。与2008年相比，服务人次增长了17.8%，档案利用提高了13%。完成了厅委托的“查询建设项目用地有无压覆矿床”192宗，“申请勘查范围内以往地质勘查工作程度核查工作”67宗，以及全省矿产资源储量登记、统计及全省2004—2007年矿产资源储量表的编印工作。在开展“双保行动”中，为436个扩大内需项目提供地质资料信息服务保障，获全国第一，受到国土资源部通报表扬。

档案业务指导。2009年在对市县国土资源部门档案工作进行业务指导工作中，对珠海、佛山、茂名、清远等市和兴宁国土资源局档案管理工作进行了调研和检查指导，对其在档案规范管理、库房安全等方面存在的问题提出了意见和建议。重点加强了对珠海市国土资源局、兴宁市国土资源局档案工作的业务指导，推动了珠海市国土资源局档案库房建设立项工作和档案依法集中统一管理。帮扶兴宁市国土资源局档案信息化建设，指导档案管理信息系统的开发，取得较好成效。指导佛山市国土资源局制定了分类编码办法。对市县国土资源系统有关档案业务咨询，给予及时、有效的指导，国土资源系统档案工作得到了进一步规范和加强。

二、数字档案馆建设工作

档案信息数据建库工作。完成了省厅文书档案、国土资源专门档案、地质资料档案、测绘成果档案的案卷目录数据库和卷内文件目录数据库的更新维护；完成了全厅 1991-2008 年综合文书档案扫描数字化建库；地质资料的图文数字化建库，已完成全部馆藏 95% 以上的应建库工作量。

档案管理与服务信息系统开发。2009 年，档案馆在国土、地质、测绘三个专业档案工作全面开展了信息化管理与服务系统的开发建设。对厅机关文书档案、国土资源专门档案管理与查询浏览信息系统进行了修改完善，并开发完成了厅文书档案查询利用服务平台，机关可对厅历年收、发文件档案通过网络查阅利用。完成了地质资料管理与服务信息系统的开发和运行，实现了地质资料管理信息化、办公自动化，并建立了电子阅览室，地质资料信息化管理与服务走在全国的前列。在国土资源部地质资料管理专项检查中，得到检查组专家的一致肯定和好评。完成了测绘成果管理与服务信息系统中的目录发布系统、成果查询系统、分发服务系统、统计管理系统的开发，并已投入使用，获得用户的一致好评。评审专家认为其开发的功能和技术水平走在全国的前列。

全面规划“数字档案馆”建设。为实现省厅领导提出的“建设一流数字档案馆”的目标，结合自身实际，档案馆对馆的网络建设、信息安全、硬件设备集成、信息系统开发、数据库建设等进行了全面的规划，加大基础建设投入，为实现国土资源档案管理信息化、确保档案信息安全打下了坚实的基础。

【廉政建设】

开展“学习实践科学发展观活动”。按照中央的决策部署和省委、省国土资源厅党组的要求，2009 年广东省国土资源档案馆深入开展学习实践活动，在党员干部受教育、科学发展上下功夫，在切实改进工作作风，提高服务质量上下功夫，统一思想、查找差距、制定措施、明确发展方向。

开展民主评议政风行风工作。按照省直工委和厅党组的部署要求，紧密结合实际，以科学发展观为统领，认真开展各个阶段的工作，针对国土资源档案事业发展面临的新形势、新任务和新特点，积极查找存在的问题，认真加以整改，有力地推动档案馆各项工作全面提高。

强化基层党支部建设。按照省厅纪律教育学习月活动部署和要求，档案馆党支部及时、认真、周密地组织学习，党员干部遵纪守法、廉洁奉公意识得到增强，工作作风得到改进，反腐倡廉的自觉性得到提高，班子和队伍建设得到进一步加强。尤其是干部队伍政治素质和业务素质得到了较大提高，形成了能干事、肯干事、能干成事的氛围。党支部注重加强和改进新形势下党的建设，努力提高党支部凝聚力、创造力、战斗力，使党员成为馆的中坚力量，发挥先锋模范带头作用。

积极开展扶贫活动。按照省委和省厅党组 2008 年“城乡基层党组织互帮互助活动”和 2009 年“规划到户、责任到人”扶贫工作指示要求，档案馆在 2008 年对口帮扶兴宁县红旗村的基础上，2009 年继续开展互帮互助活动，帮助解决修建 4 千米村道资金不足问题。制定了针对省厅安排的丰顺县仙龙村贫困户规划到户的扶贫计划。

学习刘义权同志先进事迹。根据胡锦涛总书记的批示精神，按照招玉芳厅长指示，档案馆认真开展了向刘义权同志学习活动，召开全馆大会宣讲刘义权同志先进事迹，座谈交流学习的心得体会，号召全馆同志扎实做好本职工作，用实际行动向刘义权同志学习，为建设“一流数字档案馆”作出新贡献。

（梁 叙）

广东省征地服务中心

【概况】 2009年，广东省征地服务中心领导班子始终围绕肩负的任务，坚持把制度建设、完善内部管理作为求生存谋发展的首要工作常抓不懈，把追求高效、优质服务作为单位的生存之本，收到明显效果。特别是经过思想大解放和实践科学发展观的学习讨论，通过抓作风建设，干部职工的精神风貌更是发生了深刻的变化。2009年，广东省征地服务中心围绕广东省“保增长、保稳定、促和谐”的工作大局，坚持一手抓优质服务促进建设，一手抓作风建设保稳定、促和谐，收到了良好成效。

【抓优质服务】

一、2009年，先后为天然气、高速公路、发电厂等19个重点工程项目用地提供了服务，千方百计为用地单位想办法破解难题。如广州市燃气集团外围高压管线工程的阀室、门站用地，有的不符合土地利用总体规划和城乡规划，中心工作人员按照扩大内需项目的用地政策，主动协调当地政府部门按程序调整规划，保障了阀室用地；有的门站由于用地单位未兑现帮助被征地村办理集体建设用地的承诺而制约了用地报批，中心又想方设法因地制宜地提出利用土地置换政策破解难题。

二、2009年8月，为了加快全省扩大内需项目建设用地报批工作，中心受厅委托承办了两期“广东省扩大内需项目建设用地报批培训班”，共有700余人参加了培训考试，为提高全省建设用地报批质量和效率发挥了积极作用。

三、中心配合征地制度改革，承办并撰写了《进一步优化我省征地工作程序》的课题调研报告；承担了广东省征地补偿保护标准的调整工作；启动了广东省闲置土地处置办法的调研工作。

【支持机关工作】

一、指派专人参加了广东省节约集约用地试点办公室工作。

二、指派专人参加了省厅民主评议政风行风办公室工作。

三、指派专人参加了省厅有关业务处室坐班协助事务性工作。

【树优良作风】 中心严格按制度办事，规范服务行为；完善激励机制，激发进取精神；建立、执行日常考核办法，提高工作效率。在2009年广东省直机关的民主评议政风行风工作中，作为重点评议单位被广东省民主评议政风行风办公室评为政风行风建设优秀单位。

【勤抓帮扶促和谐】 中心与兴宁市红星村党支部开展“一帮一”互助活动，力所能及地帮助红星村党支部解决实际困难，2009年捐款4.8万元，帮助修缮了铁坑塘水库和学校篮球场。自觉坚持“献爱心”活动，常年资助3名家庭贫困的中、小学生就学。

按照省委省政府“规划到户责任到人”的要求和省厅的部署，2009年12月，中心对丰顺县丰良镇仙龙村的9户（26人）帮扶对象制订了帮扶方案，帮扶工作有序开展。

（李益新、裴宝琛）

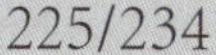

责任编辑：邝文强

广东省土地学会

【概况】 广东省土地学会是土地科技工作者自愿组成并依法登记的，具有社会公益性质的全省性、学术性、非营利性的法人社会团体，是广东省科学技术协会的组成部分。

广东省土地学会于1985年7月在广州成立，现有会员四千一百九十八人，团体会员一百三十五个。现任理事长沈彭，学会业务主管单位是广东省国土资源厅，同时接受广东省科协和民间组织管理局的指导和监督。

广东省土地学会于1985年7月、1991年3月、1996年1月、2002年6月、2009年6月在广州，分别召开了第一、第二、第三、第四、第五次会员代表大会。王荫轩任第一届理事长，袁征任第二、第三届理事长，沈彭任第四、第五届理事长。

【工作综述】

一、加强学会组织建设，逐步完善会员管理制度

（一）个人会员准进制度相对宽松

为了扩大学会影响力，增强国土资源管理工作者的凝聚力，广东省土地学会个人会员的准进制度一直是相对比较宽松。每个自愿要求入会的人，只要按要求填写申请表格，其自身条件基本符合广东省土地学会会员入会标准的，都给予免费入会。迄今为止，除对团体会员按规定每年收取费用外，对个人会员一律免收会费，并每期赠送一本学会会刊《广东土地科学》。近几年，广东省土地学会会员队伍不断壮大。截至2009年6月止，即广东省土地学会第五届会员代表大会召开，广东省土地学会已拥有个人会员4198人。其中女性会员占21.3 %；本科以上会员占21.4 %。会员大多来自广东省国土资源系统内的工作人员，有少部分是高等院校及科研机构的专家学者。广东省土地学会目前拥有团体会员135个。

（二）逐步完善会员管理制度

继中国土地学会会员网络登记制度后，广东省土地学会在电子登记的基础上，也尝试了学会个人会员网络登记制度。但由于响应者相对较少，使得会员网络登记制度没能得以很好展开，没能达到预期效果。鉴于这种情况，广东省土地学会将电子登记和网络登记相结合进行会员登记，并将是否制作颁发个人会员会员证作为一项议题，提交理事会讨论，以最好最便捷同时最能使会员接受的方式管理会员，达到完善会员管理制度的目的。

二、积极发挥学会智囊团的作用，为国土资源中心任务服务

（一）召开第五次会员代表大会暨学术年会

2009年6月18日，广东省土地学会召开了第五次会员代表大会暨2009广东土地高级论坛。此次会议先后听取和审议了广东省土地学会第四届理事会工作报告和《广东省土地学会章程》（修改草案），选举产生了广东省土地学会第五届理事会。论坛期间，收到论文24篇。国务院发展研究中心刘守英研究员、中国土地学会副理事长黄小虎、华南农业大学教授罗必良、中山大学教授董玉祥等专家学者，就城乡统一土地市场建设、土地管理改革与城乡统筹发展、农村建设用地流转、广东省土地利用区域差异分析、土地利用总体规划的变迁与演进、珠三角建立城乡统一建设用地市场的问题与对策等进行了热烈探讨。

来自省内各地级市、各企事业单位的代表、相关院校的专家学者以及广东省科协、广东省民间组织管理局的领导，共250多人参加了会议及论坛。广州各大新闻媒体派记者对此次会议及论坛进行了采访报道。

（二）继续承办地方志编修工作

广东省志《环境·资源》卷是2002年由广东省国土资源厅牵头编修的，承修单位包括11个厅局部门，广东省土地学会主动争取广东省国土资源厅委托，承担了此项长达八年的工作。为此，广东省土地学会专门成立了编志办公室，聘请了十位退休老干部，承担起该卷的11个单位的统筹和协调工作，以及土地和测绘两篇的具体编写工作。

该工作由理事长亲自挂帅，由于领导重视，组织得力，方志编修工作受到省方志办的充分肯定和表扬，并多次在全省方志工作会议上介绍经验。2009年3月，《环境·资源》卷方志稿（约80万字）已进行了复审；同年8月，广东省地方志办公室推荐《环境·资源》卷志稿代表广东参加全国志稿评议推介活动。

（三）编写出版《土地管理知识大全》

2008年，广东省土地学会组织编写《土地管理知识大全》，该书把地籍管理、土地规划、土地利用、土地市场、土地执法监察等知识和政策，特别是重点将2000年至2008年的最新知识、最新政策、最新经验通过名词解释、政策问答、实务操作三大板块，把土地管理知识、政策、经验系统化、口语化、规范化，使之易懂、易记、易操作，是一本难得的工具书。此书已于2009年4月份出版发行。

（四）继续编辑出版学会会刊《广东土地科学》

本着学会改革要出“精品”期刊的要求，广东省土地学会一直致力于将《广东土地科学》办成精品期刊，严格选稿，规范格式，坚持会刊的学术性。《广东土地科学》的目录、标题、摘要、关键词均按国内专业学术期刊的标准，以中英文形式排版，并将继续不断向规范化完善。该会刊现已拥有一定声誉，并得到国内学者专家的好评。每期免费寄送3500份给全体会员及全国各省土地学会、各省规划院、相关高等院校、图书馆及国土资源相关政府管理部门。

（文 燕）

广东省测绘学会

【概况】 省测绘学会是一个具有悠久历史、影响较大的学术社团组织，是广东省科协和中国测绘学会的组成部分。本会团结和组织全省测绘领域的科技人员，开展测绘科技学术交流和人才培养，为促进广东省测绘科技进步和测绘事业的发展，促进测绘科学技术的普及和推广，促进测绘科技人才素质的提高，促进测绘科技与经济建设的结合，维护测绘科技工作者的合法权益，为全省物质文明和精神文明建设服务，为测绘单位和测绘工作者服务，为政府决策服务。在政府、测绘行业和测绘工作者之间，充分发挥桥梁纽带作用。在中国共产党的领导下，本会遵守宪法、法律、法规和国家政策，遵守社会道德风尚。

【开展业务培训】 为了全面提升省测绘技术和管理干部的业务素质，提高技术水平和测绘保障，贯彻落实党的十七大精神和省委十届二次、三次、四次全会精神，按照省科协“七大”和七届二次全委会议的工作部署，围绕省委、省政府关于“加快发展，率先发展，协调发展”的要求，深入贯彻落实科学发展观，全面推进落实“建设学习型组织”的工作。根据中共中央《干部教育培训工作条例》，学会在09年的培训工作中紧紧围绕国家、省的测绘工作大局，把适应测绘事业发展和人才队伍建设的需求作为教育培训工作的出发点和落脚点，不断增强教育培训的针对性和实效性，适应测绘事业发展和地理信息产业发展的需要，不断创新培训内容、改进培训方式、整合培训资源、优化培训队伍、提高培训质量，使教育培训工作始终与国家和省的测绘事业发展同步。

按照《广东省科学技术人员继续教育规定》和《广东省国土资源厅教育培训管理办法》的有关要求，省测绘学会受广东省国土资源厅和广东省人力资源与社会保障厅委托，于11月组织举办了一期“2009年广东省测绘高新技术研修班”。研修班特地邀请了我国7位著名测绘科学家前来授课。他们是中国科学院陈俊勇院士，中国科学院、中国工程院李德仁院士，中国工程院刘经南、宁津生、张祖勋、王家耀院士以及武汉大学朱宜萱教授。他们分别在研修班上作了题为《对汶川特大地震的反思》，《论地理信息时代》，《建立全国CORS更新国家地心动态参考框架的几点思考》，《GNNS、重力与现代高程测量》、《当代摄影测量》、《网格地理信息系统》和《数字文化遗产与数字园林》的学术讲座。并且编印了《2009年广东省测绘高新技术研修班教材》300册。来自全省各市县测绘主管部门的负责人、各部门各测绘单位负责人和高级测绘技术人员共230名参加了本次培训学习。

广东省国土资源厅副厅长、广东省测绘学会副理事长李俊祥就如何通过学习知识，更新观念，从而促进广东测绘事业发展作了明确的指示和安排，亲自到办班现场进行指导，并在开班仪式上作动员，他强调：学习测绘新知识、新技术、新观念，是测绘人员继续教育的要求，是测绘技术人员和测绘单位强化素质、提高能力、与时俱进的需要，更是测绘事业又好又快发展的需要。

于2009年协办测绘行业特有工种职业技能鉴定广东站开展房产测量员职业技能培训。8月4–9日，由测绘行业特有工种职业技能鉴定广东站主办，本会协办在梅州市开展房产测量员职业技能培训班。依据《中华人民共和国劳动法》，按照国家职业(技能)标准要求，省测绘学会认真组织学员进行了培训，通过学习正确执行测绘《职业资格证书》制度，完善省测绘市场机制，提高测绘从业人员的职业素质和技能水平，保证测绘产品质量，提升测绘工作的社会信誉，加强各地区房产测绘专业技术交流，树立房产测绘品牌形象。

【进行学术交流】 测绘是国民经济建设的先行行业，为适应广东飞速发展经济的需求，按照科学发展观的要求，本会进一步加强了省测绘工作者的联系与协作，加强了学术交流工作。在省国土资源厅和有关市、县国土资源局、各有关测绘单位的大力支持下，学会通过各种形式开展学术交流活动，全省国土、城建、水利、电力、地质、地震、冶金、公路、矿山、海洋、航道、水文等部门、部队、大专院校、设计科研、仪器设备等会员单位的会员都大力支持和积极参与学会举办的各项学术交流活动，积极撰写学术论文。2009 年，省测绘学会在各种场合交流的测绘论文达 136 篇。论文涉及测绘行业各个专业及与有关测绘的一些边缘学科，论文的内容紧跟时代发展的步伐，与时俱进，交流论文的质量有较大的提高。通过学术交流与讨论，加强了同行间的交流与沟通，开拓了视野，交流了科技信息，达到相互学习、取长补短的作用，有效地提高了测绘从业人员的学术和科技水平，有效地提高了我省测绘行业的科技水平。

学会积极组织会员参加全国测绘科技信息网中南分网第二十三次学术交流会，由广东省国土资源厅测绘院洪镇填副院长带队的广东省团共 15 人参加了该次会议。广东省测绘学会组织提交会议论文共 17 篇，其中获得一等奖 2 篇，二等奖 4 篇。全国测绘信息网中南分网学术交流会每年举办一次，中南六省区轮流主办，2010 年第二十四次学术交流会在广西举办，为积极配合海南省测绘局办好这次学术交流会，学会将积极组织论文征集、评选、推荐等工作。

2009 年 7 月 8-11 日，广东省测绘学会测量工程专业委员会、广东省规划协会城市测量委员会在广东省珠海市召开了“2009 年度城市测量与测量工程学术经验交流会”。广东省测绘学会理事长、广东省国土资源厅巡视员张新民，广东省城市规划协会理事长黄金锋，珠海市国土资源局副局长朱存文等领导出席了开幕式并致辞。本次会议共有 39 家省内城市测绘行业单位近 90 位代表参加会议，同时会议收到了相关单位的工程技术人员撰写的交流论文共 54 篇，其中 13 篇被评为本次学术经验交流会优秀交流论文。

2009 年，我会的测绘科普与教育工作委员会在彭先进教授的倡导下，得到拓普康测绘仪器公司的大力支持，在广州佛岗等地开展了多次座谈会和教育学术交流会议。来自广东省各大、中专院校的测绘教育工作者积极参与了活动。

2009 年 7 月，由测绘院吴惠丰主任带队到海南参加“2009 年全国学生定向越野锦标赛”，省测绘学会取得了测绘学生组个人第一名的好成绩。

【办好《测绘时空》】 《测绘时空》是本会的学术性期刊，是省测绘工作者进行学术交流的主要平台。根据《测绘时空》期刊管理办法，2009 年《测绘时空》所登载的论文在有关专家学者的精心评审下，经作者根据评审修改意见修改后再发表，质量有了较大的提高，得到了会员们的肯定和大力支持，今年共刊出 6 期，刊登论文达 52 篇，总印数为 13200 本，免费发送到每位会员及兄弟省市测绘学会。

2009 年与湖北《空间地理信息》合作，我会推荐了 7 篇论文在该刊公开发表。

【开展日常工作】 2009 年，省测绘学会在完成主管部门、登记部门、挂靠和指导部门交办的各项工作任务的同时，还完成了一系列的学会日常工作。主要有：

一、组织动员我省测绘行业开展深入学习实践科学发展观活动

根据国家测绘局和省国土资源厅的要求，省测绘学会利用举办测绘知识更新研讨班、《测绘时空》等做了全面的动员，号召全省测绘科技工作者必须坚持以邓小平理论和“三个代表”重要思想为指导，全面贯彻落实科学发展观。

二、完成了中国测绘学会交办的各类事项

本会积极参与中国测绘学会组织的会议和活动，及时传达中国测绘学会的指示和精神，按时缴纳会费，开展中国测绘学会会员登记和会员证核发工作，积极开展同兄弟省市测绘学会的交流，不断提高办会的工作能力与水平。组织参加中国测绘学会 2009 年综合性学术年会。

三、依时进行财务审计及按时完成各项年审工作、期刊的送审工作。

四、与在广东的多家测绘仪器公司合作，举办了一系列的技术交流和新仪器、新产品推介活动。

五、与港、澳测量师频繁联络并探讨有关业务合作事宜。

六、召开常务理事会 。

（魏 瑄）

广东省土地估价师协会

【概况】 广东省土地估价师协会是经广东省民政厅依法登记成立、广东省国土资源厅进行业务指导的全省非赢利性的自律性社会团体，于2003年7月由具有土地估价资格并从事土地估价工作的机构和个人自愿发起设立。

协会的宗旨是：联合全省土地估价人员和土地估价组织，遵守国家宪法、法律、法规和政策；规范土地估价行业行为，维护会员合法权益，提高土地估价理论和业务水平，推动专业交流，促进土地估价事业的健康发展，为社会主义市场经济服务。

【基础技术工作】

一、引导会员参与土地增值收益率测算与公布工作

协会根据《国土资源部办公厅关于完善企业改制土地估价报告备案有关事宜的通知》（国土资厅函〔2009〕311号）的规定，要求各会员机构抓住有利时机充分发挥专业机构的技术优势，开展土地增值收益率测算研究工作，积极主动地参与到划拨地使用权人获取土地成本及土地开发投入、出让土地使用权和划拨土地使用权价格之间的差异及土地增值收益率的调查、分析、论证等工作中去；针对划拨地评估和土地增值收益率测算中的技术难题组织了三次专题研讨会，开展学术交流，特邀中估协负责起草《企业改制中的划拨土地使用权评估指导意见》的专家到培训班上做专题讲解，以指导会员们的实践。

二、为会员机构参与全省基准地价更新工作提供机会

2009年7月协会会同省厅土地利用处组织了全省市县两级地价管理人员培训班，省厅的涂高坤副厅长、杨林安总工程师明确要求市、县国土资源行政管理部门要转变观念，多向土地估价机构购买专业技术服务。2009年全省已完成的基准地价更新工作主要由会员机构担纲完成。

三、积极推荐会员单位承接广东省农用地产能核算工作

经与省厅土地利用处商讨，于2009年12月9日向各市、县国土资源局推荐在前期农用地分等定级专项工作中接受过系统培训，经考核合格并愿意参加农用地分等定级估价和产能核算工作的18家会员机构。

四、把握新政策新技术变化，带领会员抓住行业发展的未来商机

2009年10月末、11月初，协会组织的三期培训班上，专门邀请了权威专家来向800名土地估价师讲授未来三年可能的土地估价相关业务增长点，这些专题因内容新、讲授专家悉心传授，表达到位，培训效果获得了学员们的高度赞赏。

【诚信建设】

一、致力于营造开放、竞争有序的土地估价市场

2009年7月初，在协会的积极推动与省厅利用处、科教处大力支持下，协会成功承办了全省国土资源系统地价管理人员培训班。厅分管领导、处领导以及协会领导在培训班上都以不同形式强调并深入分析了广东省建立和完善土地估价市场的重要性，旗帜鲜明地提出了系统内部的反垄断以及净化土地估价市场环境等问题，引起了与会同志的极大共鸣！目前，已有不少国土资源部门积极贯彻落实。如协会全程参与了惠州市国土资源局将土地估价业务开放给11家土地估价机构的遴选过程，指导其土地估价业务全自动委托和管理信息系统的开发；帮助东莞市国土资源局开展基准地价评估和土地估价报告备案工作，并协调其在政

府拆迁和收储等工作中坚持由土地估价机构出具评估报告等制度。

二、整顿土地评估收费，研究土地估价市场的合理容量，努力改善广东省土地估价执业环境

低价竞争困扰估价行业多年，协会为解决这一难题付出了很多努力：（一）针对政府采购招标中经常以最低价法选择中标人的竞标原则，主动联系省房地产估价师和经纪人学会、资产评估协会，希望促成省府采购办、省财政厅、省国土资源厅、省物价局、省银行同业公会等相关部门行文，推行综合评标法选择优质机构并同时达到控制低价竞争的目的。（二）将遏制低价竞争工作与推广土地估价收费成本测算课题成果相结合，在会员机构试行课题研究成果，调研市场接受程度；（三）在原工作基础上，面对部分会员间屡禁不止的恶性竞争，协会继续开展土地估价市场容量调查，了解机构的现实生存状态，探求通过合理控制机构数量来维系和谐的竞争环境；（四）6 月初，国家发改委到广东调研，协会积极主动地向国家发改委、省物价局提交了关于修改土地估价服务收费意见、建议的书面报告。

三、制定《广东省土地估价行业诚信体系建设方案》，进一步规范全省土地估价市场秩序

根据省国土资源厅《关于印发广东省土地市场和矿业权市场诚信体系建设实施方案的通知》（粤国土资利用发〔2009〕452 号）精神，充分分析行业现状和发展要求，制定了《广东省土地估价行业诚信体系建设方案》，提出了六个工作重点，分三个阶段历时一年完成诚信体系建设，力争全面提升土地估价行业的整体水平。

四、严谨细致地做好执业注册各项工作

2009 年 12 月 31 日，全省共有注册土地估价机构 213 家，执业土地估价师 1271 人，其中具有全国范围执业资质的（A 类）机构 18 家，执业土地估价师 243 人；全省范围执业的（B 类）机构 81 家，执业土地估价师 583 人；注册地市范围执业的（C 类）机构 114 家，执业土地估价师 445 人。

2009 年度，协会开展了两次资信评定工作，并向社会公示了 2008-2009 年度获得 B 级资信的 65 家机构与 2009-2010 年度广东省土地估价 B 级资信 66 家机构的名单。6 月，协会推荐了广东省现有 14 家 A 类机构参选全国 A 级资信，最后有 12 家入围 2009 年全国 A 级资信，获得空前好成绩，占全国 126 家 A 信机构的 1/10。

中国银行广东省分行和广东省高院等单位还专门派出遴选服务机构的工作人员到协会详细了解资信评级工作的过程，并就 2009 年的机构选聘征求协会的意见。

【资格考试】

一、土地估价师资格考试组织工作出色，应邀向全国同行介绍经验

协会自 2003 年成立以来接受省国土资源厅委托承担考试组织工作，并以规范、严谨、高效的工作作风赢得了信任和称赞。

二、严格执行收支两条线管理，考务费的非税收支工作顺利通过省物价局的专项检查

对于考务收入，协会一直严格依照非税收支的管理流程专款专用。每年，都应省国土资源厅的要求，进行严格的自查，接受其审查。2009 年 7 月，省财政厅、省物价局对全省涉及非税收入的单位进行了突击检查，协会顺利通过。

三、悉心培养后备从业人才，及时修订土地估价师考试辅导用书，坚决打击盗版行为并获赔偿

土地估价师考试是行业选拔后备人才的唯一途径，但国家考委会没有指定应试教材。协会为广大考生着想，多次将组织编写出版的《全国土地估价师资格考试指南》及《考试法律法规新编》修订再版，2008、2009 年获得全国考办向考生的推荐。2009 年，协会拿到新考纲的时间比较晚，但秘书处加班加点编印了《2009 年修订材料汇编》和《考试法律法规新编》，《修订材料汇编》更是供考生免费使用。2008 年，《考试指南》被盗版。协会经过近半年的维权，终于在 2009 年得以妥善处理，获得十万元的经济赔偿。

【队伍建设】

一、密切联系估价工作需要设置继续教育课程，调动了会员学习的积极性、主动性

2009 年，协会共承办了 4 期继续教育培训班，分别是土地估价机构负责人及技术负责人、信息联络员培训班、面向全省各市（县）级以上国土资源管理部门的非执业土地估价师和地价管理人员培训班、主题是估价机构开拓新业务研讨以及拓展新业务经验交流培训班，以及协会与广东省房地产估价师和房地产经纪人学会、广东省资产评估协会联合举办的培训班，学时互相认可。全年四期培训班参加学员达1523人次，累计有效学时为37049，平均每人次24.3学时。

2009年10月，广东省土地估价师协会联合广东省房地产估价师和房地产经纪人学会、广东省资产评估协会联合举办的培训班现场。

二、在全国率先实现网上评审

土地估价技术报告评审是考核土地估价师和土地估价机构执业能力的重要手段，协会一贯给予高度重视。2009年8月，广东省土地估价报告网上评审系统初步设计完成，成功运用于第三季度新机构执业能力考核和2009年度年检报告评审工作。方便快捷的网上评审不仅提高了工作效率，也是管理模式的一次革新，它将在不断完善中增强评审工作的标准化与科学化。

三、编印《2008年度优秀报告》

2009年初，秘书处根据2008年报告评审情况，从得分最高的土地估价技术报告中精选出四份汇编成《2008年度优秀报告》，派发给会员机构学习、借鉴。

【理论与实践研究】

一、出版2008年度《土地估价师看地价》

2009年上半年协会印刷出版了2008年度《土地估价师看地价》。经历过2008年复杂多变的经济和政策环境，协会形成了新的思路，提出今后在城市地价报告中突出专题研究，使它更显专业性，同时又便于向公众传播普及。

二、集中精力组织土地估价专题研究

结合《土地评估千问千答》的编写工作，从土地估价实践的热点难题中整理出18项专题，组织了31家有技术实力、爱钻研的会员机构参与了各专题的前期研讨，再结合机构的课题申报情况，决定主要由17家经验较为丰富、具有较强研究水平和能力的会员机构承担研究工作。

为确保系列专题研究工作有序、高效推进，协会制定了专题研究《实施方案》，并向全体会员单位印发了《关于全面启动广东省土地估价技术专题研究工作的通知》，倡议以实际行动支持该项活动，向研究机构提供更多相关案例。现在所有课题成果均如期进入评审阶段。随着专题研究工作的顺利进展，《千问千答》丛书第一辑已具雏形。

三、会刊获国家图书馆收录

《广东土地估价师》于2009年获国家图书馆收录。在此鼓励下，全体编辑人员更在内容上下功夫，图文并茂，生动地反映协会的各项重大活动，展示广东估价行业的风采；又增设了“百家争鸣”的版面及栏目，扩大理论研究、技术探讨在杂志中的比重，努力向专业性、学术性刊物发展。

【服务政府与社会】

一、接待省政府参事室调研并建言献策

2009年4月，省政府参事于正林教授等到协会调研，就“如何促进我省房地产市场平稳健康发展”的问题进行了广泛的交流探讨。协会提交了内容丰富、数据翔实的书面材料，于教授对到访成果非常满意。

二、协助省厅做好基准地价信息的定期公布工作

根据省厅2009年7月《关于进一步做好城镇基准地价更新、上报和公布工作的通知》(粤国土资利用〔2009〕138号)精神，协会主动与各市局联系，收集各市、县国土资源局基准地价信息公开工作联系人名单，充分发动会员收集各市、县基准地价资料，整理出全省17个地市较为完整的、目前仍在沿用的基准地价资料。截至12月29日，协会共收到并整理了14个地级市提交的基准地价更新资料，将工作情况向省厅作了详尽汇报，为厅信息公开工作在全国“保八争五”贡献了一份力量。

三、编印《国土资源管理法规文件汇编(08)》

2009年向省厅提交了《2000-2001年国土资源行

政管理规范性文件评估》和《国土资源管理行政文书格式》两课题成果；新的《2002-2005 年国土资源管理规范性文件评估》课题已制定计划并开展前期工作。

2009 年 6 月，协会与广州市房地产估价管理所签订了《关于基准地价与城市规划相关性研究》的课题合同。12 月该课题成果已提交评审。

四、撰写珠三角城市地价动态监测报告研究

协会提交的《2008 年度珠三角城市地价动态监测报告》以翔实的数据与分析得到了部监测组的一致好评与认同，并再次获得中国土地勘测规划院委托，承担 09 年度监测报告撰写与咨询业务。

【其他工作】

一、换届后，完成办公场所的租赁、装修及固定资产的购置工作。

二、2009 年度，广东省需要换证的土地估价师共 150 人，其中执业土地估价师 93 人，非执业土地估价师 57 人，经协会审查完成的换证资料已递交中估协。

三、参加了 2008、2009 年度的全国土地估价行业负责人联席会议，代表广东协会发表了意见、建议。

四、根据《章程》规定每季召开常务理事会，坚决执行民主决策。

五、接待江苏、浙江等省兄弟协会到访，就加强协会在理论研究方面的工作进行了深入交流。

六、参与编写《广东国土资源年鉴》。协会积极参与《广东国土资源年鉴》的编撰工作，借助年鉴的发行更广泛地宣传广东省土地估价行业。

七、修编、派发《会员通讯录》。秘书处收集了 203 家通过 2008 年检土地估价机构内部联络资料，向会员、上级主管部门、国土系统及相关部门派发了会员通讯录。

八、完成了民政、社保、税务等年检工作以及财务、会员管理等各项日常工作。

（陈伟玲）

统计资料

235/256

2010

责任编辑：熊进军

审批建设用地情况（一）

2009年

计量单位：公顷

	合计			国务院批准			省级政府批准		
		农用地转用			农用地转用			农用地转用	
			耕地			耕地			耕地
总计	14151.03	10811.82	3883.37	2512.00	1722.45	799.20	11639.03	9089.37	3084.18
广东省	14151.03	10811.82	3883.37	2512.00	1722.45	799.20	11639.03	9089.37	3084.18
广州市	2451.47	1709.28	399.10	1171.18	607.56	180.27	1280.29	1101.72	218.84
韶关市	515.31	451.89	222.90	0.00	0.00	0.00	515.31	451.89	222.90
深圳市	396.29	351.31	63.53	396.29	351.31	63.53	0.00	0.00	0.00
珠海市	0.00	0.00	0.00	0.00	0.00	0.00	0.00	0.00	0.00
汕头市	225.25	145.33	59.35	199.50	130.42	59.12	25.75	14.91	0.23
佛山市	645.61	486.83	130.08	24.85	0.00	0.00	620.76	486.83	130.08
江门市	1143.44	1056.76	235.43	8.19	8.19	0.00	1135.26	1048.57	235.43
湛江市	745.86	583.43	249.80	39.36	27.83	22.81	706.50	555.60	226.99
茂名市	167.75	123.85	68.44	0.00	0.00	0.00	167.75	123.85	68.44
肇庆市	953.54	793.27	231.71	0.00	0.00	0.00	953.54	793.27	231.71
惠州市	1104.22	587.61	222.12	0.00	0.00	0.00	1104.22	587.61	222.12
梅州市	476.10	416.32	193.96	0.00	0.00	0.00	476.10	416.32	193.96
汕尾市	200.78	168.98	91.13	0.00	0.00	0.00	200.78	168.98	91.13
河源市	382.66	284.66	158.37	0.00	0.00	0.00	382.66	284.66	158.37
阳江市	1042.63	834.01	351.67	10.54	10.54	0.79	1032.09	823.47	350.88
清远市	897.99	813.17	439.10	0.00	0.00	0.00	897.99	813.17	439.10
东莞市	751.58	504.38	60.86	0.00	0.00	0.00	751.58	504.38	60.86
中山市	853.76	427.10	108.90	1.59	1.59	1.42	852.18	425.52	107.49
潮州市	204.88	202.56	3.59	0.00	0.00	0.00	204.88	202.56	3.59
揭阳市	755.48	668.89	532.83	660.49	585.02	471.26	94.99	83.87	61.57
云浮市	236.41	202.19	60.50	0.00	0.00	0.00	236.41	202.19	60.50

审批建设用地情况（二）

2009年

计量单位：公顷

	分批次建设用地					单独选址建设用地		
		商服用地	工矿仓储用地	公共管理与公共服务用地	住宅用地		交通运输用地	水利设施用地
总计	12213.57	1588.79	5927.23	1441.81	1882.20	1937.45	1083.70	262.64
广东省	12213.57	1588.79	5927.23	1441.81	1882.20	1937.45	1083.70	262.64
广州市	1698.52	136.77	904.99	320.22	7.07	752.95	391.30	242.64
韶关市	504.21	51.87	118.15	88.79	233.69	11.10	0.00	0.00
深圳市	396.29	0.00	104.40	243.74	46.41	0.00	0.00	0.00
珠海市	0.00	0.00	0.00	0.00	0.00	0.00	0.00	0.00
汕头市	118.46	0.00	101.64	15.63	0.31	106.79	0.00	0.00
佛山市	598.60	181.95	170.69	42.49	38.90	47.00	24.85	0.00
江门市	1084.43	121.61	636.13	37.73	52.55	59.01	0.00	0.00
湛江市	713.29	199.07	263.26	105.43	100.14	32.57	18.20	0.00
茂名市	166.79	5.75	88.78	51.48	7.18	0.97	0.00	0.00
肇庆市	890.96	36.82	725.04	49.04	42.04	62.58	0.00	0.00
惠州市	1104.22	166.96	591.25	64.96	262.89	0.00	0.00	0.00
梅州市	465.25	39.59	261.53	17.77	80.11	10.85	0.00	0.00
汕尾市	196.82	44.29	89.73	16.12	41.42	3.96	0.00	0.00
河源市	332.43	0.00	131.23	25.05	120.57	50.23	0.00	0.00
阳江市	1026.11	44.94	525.24	29.03	414.92	16.52	0.00	0.00
清远市	846.42	205.90	326.61	29.29	85.52	51.57	0.00	0.00
东莞市	751.58	48.41	262.86	168.21	192.46	0.00	0.00	0.00
中山市	832.18	296.73	284.10	62.58	139.56	21.59	1.59	20.00
潮州市	204.88	0.00	204.21	0.67	0.00	0.00	0.00	0.00
揭阳市	94.99	6.90	25.38	46.23	16.48	660.49	647.78	0.00
云浮市	187.14	1.25	112.01	27.33	0.00	49.27	0.00	0.00

注：省级人民政府批准建设用地审批情况

土地征收情况

2009年

计量单位：公顷、万元、人

	合计					国务院批准					省级政府批准				
	征地总面积			征地总费用	安置农业人口	征地总面积			征地总费用	安置农业人口	征地总面积			征地总费用	安置农业人口
		农用地					农用地					农用地			
			耕地					耕地					耕地		
总计	12018.15	9495.98	3452.13	885165.74	153587.00	1741.81	1346.40	734.21	255458.64	30831.00	10276.34	8149.58	2717.91	629707.10	122756.00
广东省	12022.73	9495.98	3452.13	885468.40	153587.00	1741.81	1346.40	734.21	255458.64	30831.00	10280.92	8149.58	2717.91	630009.76	122756.00
广州市	2037.57	1650.60	353.23	325465.78	18721.00	849.84	584.40	180.23	174544.52	8020.00	1187.72	1066.20	178.00	150921.26	10701.00
韶关市	505.29	442.96	197.54	19073.00	4145.00	0.00	0.00	0.00	0.00	0.00	505.29	442.96	197.54	19073.00	4145.00
深圳市	0.00	0.00	0.00	0.00	0.00	0.00	0.00	0.00	0.00	0.00	0.00	0.00	0.00	0.00	0.00
珠海市	0.00	0.00	0.00	0.00	0.00	0.00	0.00	0.00	0.00	0.00	0.00	0.00	0.00	0.00	0.00
汕头市	211.21	131.30	59.35	19477.76	758.00	199.50	130.42	59.12	17231.02	716.00	11.71	0.88	0.23	2246.73	42.00
佛山市	602.24	472.26	123.80	51763.23	14642.00	0.00	0.00	0.00	0.00	0.00	602.24	472.26	123.80	51763.23	14642.00
江门市	789.69	704.15	146.98	40304.85	14596.00	8.19	8.19	0.00	297.43	12.00	781.50	695.96	146.98	40007.41	14584.00
湛江市	665.17	509.34	197.03	30291.45	4971.00	38.36	27.83	22.81	3407.53	1151.00	626.81	481.52	174.22	26883.92	3820.00
茂名市	157.63	114.90	65.50	7016.35	3003.00	0.00	0.00	0.00	0.00	0.00	157.63	114.90	65.50	7016.35	3003.00
肇庆市	824.12	667.45	203.32	27989.40	7931.00	0.00	0.00	0.00	0.00	0.00	824.12	667.45	203.32	27989.40	7931.00
惠州市	874.86	440.70	178.56	49261.64	5798.00	0.00	0.00	0.00	0.00	0.00	874.86	440.70	178.56	49261.64	5798.00
梅州市	460.89	402.16	187.61	15531.88	9454.00	0.00	0.00	0.00	0.00	0.00	460.89	402.16	187.61	15531.88	9454.00
汕尾市	196.82	165.26	88.93	6352.99	2660.00	0.00	0.00	0.00	0.00	0.00	196.82	165.26	88.93	6352.99	2660.00
河源市	382.66	284.66	153.61	22881.72	4027.00	0.00	0.00	0.00	0.00	0.00	382.66	284.66	153.61	22881.72	4027.00
阳江市	992.46	804.64	351.39	31988.34	16599.00	10.54	10.54	0.79	109.61	3.00	981.92	794.10	350.60	31878.73	16596.00
清远市	825.30	742.97	332.41	23342.87	15047.00	0.00	0.00	0.00	0.00	0.00	825.30	742.97	382.41	23342.87	15047.00
东莞市	749.28	504.38	60.86	99457.58	1180.00	0.00	0.00	0.00	0.00	0.00	749.28	504.38	60.86	99457.58	1180.00
中山市	584.77	393.48	103.69	36796.70	4450.00	0.00	0.00	0.00	0.00	0.00	584.77	393.48	103.69	36796.70	4450.00
潮州市	204.88	202.56	3.59	8492.56	956.00	0.00	0.00	0.00	0.00	0.00	204.88	202.56	3.59	8492.56	956.00
揭阳市	727.78	666.31	530.25	65615.03	23489.00	635.38	585.02	471.26	59868.52	20929.00	92.41	81.29	58.99	5746.51	2560.00
云浮市	230.10	195.88	59.50	4365.27	1160.00	0.00	0.00	0.00	0.00	0.00	230.10	195.88	59.50	4365.27	1160.00

国有土地供应情况（一）——按地区分列

2009年

计量单位：宗、公顷、万元

	出让														
	出让小计					协议出让					招标、拍卖、挂牌出让				
	宗地数	面积	规划建筑面积	新增	成交价款	宗地数	面积	规划建筑面积	新增	成交价款	宗地数	面积	规划建筑面积	新增	成交价款
总计	9914	9265.41	12595.90	4361.81	12866377.24	7967	2121.30	2305.07		357452.25	1947	7144.11	10290.83		12508924.99
广东省	9914	9265.41	12595.90	4361.81	12866377.24	7967	2121.30	2305.07		357452.25	1947	7144.11	10290.83		12508924.99
广州市	264	1768.78	1947.36	977.11	5369564.19	77	424.20	123.79		111885.88	187	1344.58	1823.58		5257678.32
韶关市	347	341.82	169.33	154.87	72888.46	261	116.53	4.13		20763.87	86	225.29	165.19		52124.59
深圳市	126	238.02	388.84	3.72	307229.49	96	164.22	197.00		10681.08	30	73.80	191.85		296548.41
珠海市	18	532.38	367.00	0.00	1693583.47	1	17.16	34.31		42892.70	17	515.22	332.69		1650690.77
汕头市	43	94.70	80.05	27.42	55336.44	7	4.04	3.02		1729.41	36	90.67	77.04		53607.03
佛山市	3032	996.46	1679.24	47.91	2424332.65	2846	151.37	82.58		56573.09	186	845.09	1596.66		2367759.56
江门市	322	403.41	545.09	192.93	335160.71	106	50.50	16.35		8026.69	216	352.91	528.75		327134.02
湛江市	507	250.07	221.10	116.49	160348.93	399	53.05	33.51		10808.85	108	197.02	187.59		149540.08
茂名市	287	90.81	42.79	7.79	13197.39	267	68.42	39.03		7250.30	20	22.39	3.76		5947.09
肇庆市	240	383.22	271.78	259.56	109820.97	152	14.56	20.73		7859.33	88	368.65	251.05		101961.63
惠州市	1078	852.91	1335.45	207.83	452066.79	868	52.23	20.17		12553.55	210	800.68	1315.28		439513.24
梅州市	1904	228.59	185.29	99.90	57642.20	1851	72.86	21.22		8755.74	53	155.73	164.07		48886.47
汕尾市	11	81.38	50.00	49.17	25067.10	5	3.11	0.00		38.34	6	78.27	50.00		25028.76
河源市	35	165.46	185.55	61.70	79643.06	0	0.00	0.00		0.00	35	165.46	185.55		79643.06
阳江市	95	304.87	523.53	174.86	92969.81	8	15.41	101.27		2093.24	87	289.46	422.26		90876.57
清远市	573	451.43	379.67	179.17	167066.12	419	40.36	6.35		5015.41	154	411.06	373.31		162050.72
东莞市	130	417.25	737.99	350.24	842488.99	5	6.00	0.01		2865.68	125	411.25	737.98		839623.31
中山市	554	1500.76	3291.90	1375.56	499694.27	305	813.99	1539.72		37090.28	249	686.77	1752.18		462603.98
潮州市	45	30.28	21.74	8.00	24908.72	43	23.42	7.40		6198.72	2	6.87	14.34		18710.00
揭阳市	48	64.84	140.36	13.71	62044.09	15	17.09	53.22		3336.31	33	47.75	87.14		58707.78
云浮市	255	67.98	31.83	53.87	21323.37	236	12.79	1.26		1033.78	19	55.19	30.58		20289.59

国有土地供应情况（一）——按用地类型分列

2008年　　　　　　　　　　　　　　　　　　　　计量单位：宗、公顷、万元

	出让														
						协议出让					招标、拍卖、挂牌出让				
	宗地数	面积	规划建筑面积	新增	成交价款	宗地数	面积	规划建筑面积	新增	成交价款	宗地数	面积	规划建筑面积	新增	成交价款
	4	5	6	7	8	9	10	11	12	13	14	15	16	17	18
合计	9914	9265.41	12595.90	2838.07	12866377.24	7967	2121.30	2305.07	636.57	357452.25	1947	7144.11	10290.83	2201.51	12508924.99
商服用地	1013	747.07	1184.49	213.66	1354154.20	788	110.28	147.26	21.68	45766.60	225	636.80	1037.23	191.98	1308387.60
工矿仓储用地 工业、仓储用地	1050	3545.25	4195.95	1230.03	931774.18	349	758.35	706.11	287.76	62542.92	701	2786.90	3489.84	942.27	869231.26
工矿仓储用地 采矿用地	1	21.00	0.00	0.00	2520.00	1	21.00	0.00	0.00	2520.00					
住宅用地 普通商品住房用地	7247	4066.66	6611.94	1231.60	10282629.36	6295	607.32	1140.15	281.99	98545.67	952	3459.34	5471.79	949.61	10184083.70
住宅用地 普通商品住房用地 中低价位中小套型	342	324.03	789.61	97.36	345790.02	228	14.84	101.76	0.08	2669.28	114	309.19	687.85	97.29	343120.74
住宅用地 经济适用住房用地	330	12.87	14.06	0.00	5083.52	323	12.62	14.06	0.00	4954.41	7	0.25	0.00	0.00	129.11
住宅用地 廉租住房用地	1	0.02	0.00	0.00	3.38	1	0.02	0.00	0.00	3.38					
住宅用地 高档住宅用地	18	15.62	40.55	5.87	9782.87	13	0.33	0.08	0.00	496.41	5	15.29	40.47	5.87	9286.46
其他 公共管理与公共服务用地	217	485.73	508.99	155.83	235555.57	165	258.16	279.39	44.05	105518.64	52	227.56	229.60	111.77	130036.94
其他 特殊用地	2	2.57	0.81	0.00	230.00	1	1.01	0.81	0.00	0.00	1	1.56	0.00	0.00	230.00
其他 交通运输用地	30	361.27	33.07	1.07	44456.69	27	345.02	16.17	1.07	37096.77	3	16.25	21.90	0.00	7359.93
其他 水域及水利设施用地	4	7.20	1.04	0.00	7.46	4	7.20	1.04	0.00	7.46					
其他 其他土地	1	0.15	0.00	0.00	180.00						1	0.15	0.00	0.00	180.00

国有土地供应情况（二）——按地区分列

2009年

计量单位：宗、公顷、万元

	划拨				租赁				其他供地方式			
	宗地数	面积	规划建筑面积	新增	宗地数	面积	新增	租金	宗地数	面积	新增	收入
总计	694	2806.800034	2970.897767	1433.360146	0	0	0	0	0	0	0	0
广东省	694	2806.800034	2970.897767	1433.360146	0	0	0	0	0	0	0	0
广州市	138	521.094017	622.8191472	318.305277	0	0	0	0	0	0	0	0
韶关市	21	8.90087	4.06108132	2.8477	0	0	0	0	0	0	0	0
深圳市	0	0	0	0	0	0	0	0	0	0	0	0
珠海市	49	287.2288	684.8427117	1.2	0	0	0	0	0	0	0	0
汕头市	13	40.60683	34.13106	14.0319	0	0	0	0	0	0	0	0
佛山市	107	271.448579	328.6015926	41.95301	0	0	0	0	0	0	0	0
江门市	51	104.226738	105.451108	62.276891	0	0	0	0	0	0	0	0
湛江市	17	27.293867	23.788124	10.740477	0	0	0	0	0	0	0	0
茂名市	9	38.83188	51.95898	31.41996	0	0	0	0	0	0	0	0
肇庆市	13	54.956138	98.336846	10.067438	0	0	0	0	0	0	0	0
惠州市	154	661.829367	748.9458048	230.142877	0	0	0	0	0	0	0	0
梅州市	15	10.526206	15.3905	5.121006	0	0	0	0	0	0	0	0
汕尾市	4	7.3012	3.58198	6.2606	0	0	0	0	0	0	0	0
河源市	10	17.69717	30.790949	3.8436	0	0	0	0	0	0	0	0
阳江市	10	29.569336	25.82105	14.2956	0	0	0	0	0	0	0	0
清远市	23	43.36	87.2597	29.72	0	0	0	0	0	0	0	0
东莞市	8	89.7547	50.29232205	89.7547	0	0	0	0	0	0	0	0
中山市	25	37.6727	28.36797	36.9157	0	0	0	0	0	0	0	0
潮州市	8	8.658206	5.9490962	4.5588	0	0	0	0	0	0	0	0
揭阳市	8	537.3512	13.2182	514.9975	0	0	0	0	0	0	0	0
云浮市	11	8.49407	7.2895	4.90961	0	0	0	0	0	0	0	0

国有土地供应情况（二）——按用地类型分列

2008年　　计量单位：宗、公顷、万元

			划拨				租赁				其他供地方式			
			宗地数	面积	规划建筑面积	新增	宗地数	面积	新增	租金	宗地数	面积	新增	收入
合计			694	2806.80	2970.90	765.39	0	0	0	0	0	0	0	0
商服用地			37	92.56	191.28	9.81	0	0	0	0	0	0	0	0
工矿仓储用地	工业、仓储用地		91	217.52	243.48	0.00	0	0	0	0	0	0	0	0
	采矿用地						0	0	0	0	0	0	0	0
住宅用地	普通商品住房用地		70	146.29	336.09	2.43	0	0	0	0	0	0	0	0
		中低价位中小套型	9	131.95	302.18	2.43	0	0	0	0	0	0	0	0
	经济适用住房用地		49	144.74	319.97	54.19	0	0	0	0	0	0	0	0
	廉租住房用地		11	15.76	23.13	7.61	0	0	0	0	0	0	0	0
	高档住宅用地						0	0	0	0	0	0	0	0
其他	公共管理与公共服务用地		358	952.04	1060.56	367.79	0	0	0	0	0	0	0	0
	特殊用地		19	30.51	273.41	0.26	0	0	0	0	0	0	0	0
	交通运输用地		54	1191.56	512.31	323.30	0	0	0	0	0	0	0	0
	水域及水利设施用地		5	15.82	10.66	0.00	0	0	0	0	0	0	0	0
	其他土地		0	0	0	0	0	0	0	0	0	0	0	0

矿产资源勘查许可证发证情况（按登记类别）

填报单位：广东省　　　　2009年

登记类别	当年批准登记发证数（个）																批准登记面积(平方千米)	探矿权使用费(万元)
	合计	能源矿产					黑色金属矿产		有色金属矿产	贵金属矿产		稀有、稀散稀土矿产	非金属矿产			水气矿产		
		小计	煤	煤层气	石油天然气	地热	小计	铁矿		小计	金矿		小计	水泥灰岩	化工矿产			
	1	2	3	4	5	6	7	8	9	10	11	12	13	14	15	16	17	18
总计	283	12				12	76	75	129	37	29		25	3	7	4	2593.34	91.1504
新立	18								12	6	5						375.99	2.8949
变更	53	1				1	23	23	22	3	3		4	1	2		310.5	13.8891
延续	200	3				3	52	51	94	28	21		20	2	5	3	1849.03	72.4162
其他	12	8				8	1	1	1				1			1	57.82	1.9502

矿产资源勘查许可证发证情况（按发证机关）

2009 年

发证机关	当年批准登记发证数（个）																批准登记面积（平方千米）	探矿权使用费（万元）
	合计	能源矿产					黑色金属矿产		有色金属矿产	贵金属矿产		稀有、稀散稀土矿产	非金属矿产			水气矿产		
		小计	煤	煤层气	石油天然气	地热	小计	铁矿		小计	金矿		小计	水泥灰岩	化工矿产			
	1	2	3	4	5	6	7	8	9	10	11	12	13	14	15	16	17	18
总　计	283	12				12	76	75	129	37	29		25	3	7	4	2593.34	91.15
广东	283	12				12	76	75	129	37	29		25	3	7	4	2593.34	91.15

矿产资源勘查许可证发证情况（按经济类型）

2009年

经济类型	当年批准登记发证数（个）																批准登记面积（平方千米）	探矿权使用费（万元）
	合计	能源矿产					黑色金属矿产		有色金属矿产	贵金属矿产		稀有、稀散稀土矿产	非金属矿产			水气矿产		
		小计	煤	煤层气	石油天然气	地热	小计	铁矿		小计	金矿		小计	水泥灰岩	化工矿产			
	1	2	3	4	5	6	7	8	9	10	11	12	13	14	15	16	17	18
总　计	283	12				12	76	75	129	37	29		25	3	7	4	2593.34	91.1502
1. 国有企业	89	5				5	2	1	53	22	19		6	1		1	1453.54	43.9735
2. 集体企业	3	1				1				2	1						36.3	1.1128
3. 股份合作企业	1								1								3.14	0.094
4. 联营企业																		
5. 有限责任公司	88	2				2	31	31	36	10	7		8		4	1	549.27	23.6878
6. 股份有限公司	13	1				1	2	2	8	1	1					1	42.43	1.5576
7. 私营企业	73	3				3	39	39	22	2	1		7	2	2		437.35	16.7999
8. 其他企业	16						2	2	9				4		1	1	71.31	3.9246
9. 合资经营企业(港澳台)																		
10. 合作经营企业(港澳台)																		
11. 港澳台独资经营企业																		
12. 港澳台投资股份有限公司																		
13. 中外合资经营企业																		
14. 中外合作经营企业																		
15. 外资企业																		
16. 外商投资股份有限公司																		

探矿权出让、转让及勘查许可证发证情况（按发证机关）

2009年

计量单位： 个、万元、平方千米

发证机关	勘查许可证发证							探矿权出让							探矿权转让	
	许可证数			登记面积			探矿权使用费	合计		申请在先	协议出让		招拍挂出让		个数	价款金额
	有效	新立	注销	有效	新立	注销		个数	价款金额	个数	个数	价款金额	个数	价款金额		
	1	2	3	4	5	6	7	8	9	10	11	12	13	14	15	16
合　计	419	18	223	4328.31	375.99	1436.24	107.66	18	3543	16	1	2613	1	930	42	
国土资源部																
广东	419	18	223	4328.31	375.99	1436.24	107.66	18	3543	16	1	2613	1	930	42	

国土资源管理干部培训及学历教育情况

2009年

计量单位：人次、人

	培训					学历教育					补充资料		
	小计					小计					本年取得博士学位	本年取得硕士学位	本年取得学士学位
		党校	行政学院	其他			研究生		本科生	大专生			
					国外		博士	硕士					
	01	02	03	04	05	06	07	08	09	10	11	12	13
广东省	8621	2508	929	5184	39	578	3	63	285	227	0	19	25
广东省国土资源厅	237	48	95	94	0	1	0	1	0	0	0	0	0
潮州市国土资源局	158	20	58	80	0	0	0	0	0	0	0	0	0
东莞市国土资源局	522	197	0	325	0	27	0	5	13	9	0	5	4
佛山市国土资源局	114	26	13	75	0	14	0	3	7	4	0	1	2
广州市国土资源和房屋管理局	3595	554	184	2857	39	161	1	43	92	25	0	11	17
河源市国土资源局	48	3	0	45	0	79	0	0	26	53	0	0	0
惠州市国土资源局	1177	710	278	189	0	35	0	0	22	13	0	0	0
江门市国土资源局	59	28	7	24	0	5	0	0	3	2	0	0	0
揭阳市国土资源局	474	169	76	229	0	17	0	0	11	6	0	0	0
茂名市国土资源局	6	1	0	5	0	25	0	0	13	12	0	0	0
梅州市国土资源局	11	0	0	11	0	4	0	0	4	0	0	0	0
清远市国土资源局	206	152	31	23	0	22	0	0	10	12	0	0	0
汕头市国土资源局	152	51	41	60	0	0	0	0	0	0	0	0	0
汕尾市国土资源局	25	0	25	0	0	32	0	0	12	20	0	0	0
韶关市国土资源局	47	22	4	21	0	12	0	0	9	3	0	0	0
深圳市规划和国土资源委员会	119	1	85	33	0	4	0	4	0	0	0	1	0
阳江市国土资源局	511	252	0	259	0	38	0	0	15	23	0	0	0
云浮市国土资源局	842	171	0	671	0	68	0	0	30	38	0	0	2
湛江市国土资源局	9	0	4	5	0	8	0	0	5	3	0	1	0
肇庆市国土资源局	7	1	0	6	0	18	0	5	10	3	0	0	0
中山市国土资源局	79	44	20	15	0	1	0	0	1	0	0	0	0
珠海市国土资源局	223	58	8	157	0	7	2	2	2	1	0	0	0

国土资源管理机构、人员及经费情况

2009 年

计量单位：人、万元

	年末从业人员										平均从业人员	收入总额				直属事业单位	
		行政编制人员				研究生		本科及大专	高中及中专	初中及以下			中央财政拨款	地方财政拨款	其他收入	单位个数	年末从业人员
			厅级	处级	科级		博士生										
	01	02	03	04	05	06	07	08	09	10	11	12	13	14	15	16	17
广东省	8584	5311	18	455	2123	435	16	6481	1502	166	8427	231170.48	1291.67	219019.47	10859.34	714	10410
广东省国土资源厅	135	135	12	60	63	31	3	103	1	0	134	18568.14	0	18228.02	340.12	12	1062
潮州市国土资源局	143	99	0	10	38	0	0	111	30	2	136	1284	0	1121	163	14	107
东莞市国土资源局	335	180	0	6	57	16	0	238	62	19	323	642.33	0	642.33	0	8	118
佛山市国土资源局	269	212	0	6	75	23	1	233	13	0	261	13978.33	0	13566.15	412.18	23	263
广州市国土资源和房屋管理局	886	642	4	140	309	106	3	716	59	5	893	80201.08	0	79949.72	251.36	123	3000
河源市国土资源局	942	378	0	9	106	4	0	678	248	12	904	3301.15	0	2620.15	681.00	30	165
惠州市国土资源局	406	202	0	12	110	21	1	315	49	21	411	12662.73	1285.37	10874.72	502.64	51	574
江门市国土资源局	199	140	0	11	56	13	0	161	20	5	197	4855.36	0	4676.70	178.66	22	167
揭阳市国土资源局	421	315	0	8	82	1	0	303	110	7	378	6182.09	6.30	5055.29	1120.50	32	220
茂名市国土资源局	719	268	0	10	106	16	0	552	144	7	772	4440.58	0	3657.13	783.45	39	0
梅州市国土资源局	278	267	0	10	95	6	0	234	37	1	198	2838.56	0	1811.91	1026.65	61	458
清远市国土资源局	322	283	0	11	94	1	0	260	58	3	253	9061.28	0	8475.92	585.36	42	327
汕头市国土资源局	403	310	1	9	71	9	0	279	106	9	496	4656.21	0	4274.62	381.59	41	582
汕尾市国土资源局	325	178	0	7	55	8	0	218	74	25	320	2583.34	0	2249.34	334.00	22	132
韶关市国土资源局	436	243	0	7	92	5	0	313	100	18	421	4170.36	0	3642.86	527.50	36	352
深圳市规划和国土资源委员会	673	506	1	82	361	132	8	459	82	0	673	26062	0	26062	0	5	1045
阳江市国土资源局	162	149	0	10	70	7	0	139	16	0	163	3766.91	0	3118.92	647.99	40	396
云浮市国土资源局	166	163	0	7	63	3	0	138	25	0	166	2830.92	0	2559.55	271.37	27	163
湛江市国土资源局	250	209	0	13	78	6	0	198	44	2	243	7030.28	0	6218.32	811.96	32	438
肇庆市国土资源局	745	345	0	10	85	9	0	560	153	23	729	7971.43	0	6382.66	1588.77	38	24
中山市国土资源局	93	44	0	9	31	3	0	50	38	2	93	9342.18	0	9337.60	4.58	10	434
珠海市国土资源局	276	43	0	8	26	15	0	223	33	5	263	4741.22	0	4494.56	246.66	6	383

乡级国土资源所：1295 个，人员 5893人，其中：派出人员 980人，兼职 39人。

基本农田保护情况

2009年

	年初面积（公顷）		年内实际减少（公顷）			年内实际补划（公顷）			年末面积（公顷）	
		耕地		建设占用	生态退耕		其他农用地调整	整理复垦开发增加		耕地
总计	2850281.93	2580589.12	258.33	258.33	0	258.33	0	258.33	2850281.93	2580589.12
广东省	2850281.93	2580589.12	258.33	258.33	0	258.33	0	258.33	2850281.93	2580589.12
广州市	138805.91	107315.81	0	0	0	0	0	0	138805.91	107315.81
韶关市	202857	201348.62	0	0	0	0	0	0	202857.00	201348.62
深圳市	2024.92	2024.92	0	0	0	0	0	0	2024.92	2024.92
珠海市	24700	24700	0	0	0	0	0	0	24700.00	24700.00
汕头市	51104.47	36103.79	0	0	0	0	0	0	51104.47	36103.79
佛山市	68102.66	39966.48	0	0	0	0	0	0	68102.66	39966.48
江门市	188106.23	162299.51	0	0	0	0	0	0	188106.23	162299.51
湛江市	450060.74	448138.61	0	0	0	0	0	0	450060.74	448138.61
茂名市	238268.19	238268.19	0	0	0	0	0	0	238268.19	238268.19
肇庆市	166087.68	155816.73	0	0	0	0	0	0	166087.68	155816.73
惠州市	136752.4	116585.26	0	0	0	0	0	0	136752.40	116585.26
梅州市	155678.78	154748.39	0	0	0	0	0	0	155678.78	154748.39
汕尾市	95880.27	95525.65	0	0	0	0	0	0	95880.27	95525.65
河源市	124533.48	124533.48	0	0	0	258.33	0	258.33	124791.81	124791.81
阳江市	187925.34	169731.95	0	0	0	0	0	0	187925.34	169731.95
清远市	269699.4	242063.71	0	0	0	0	0	0	269699.40	242063.71
东莞市	34309.09	12817.29	0	0	0	0	0	0	34309.09	12817.29
中山市	47433.33	15698.67	258.33	258.33	0	0	0	0	47175.00	15440.34
潮州市	43750.07	43118.73	0	0	0	0	0	0	43750.07	43118.73
揭阳市	110368.64	110060.91	0	0	0	0	0	0	110368.64	110060.91
云浮市	113833.33	79722.42	0	0	0	0	0	0	113833.33	79722.42

注：2009年全年经省直有关部门验收的跨市补划基本农田面积258.3333公顷，为中山市三个重点项目建设占用，并经省同意跨市补划，补划承担方为河源市，补划的基本农田已经省验收确认。

科学研究机构人员、课题经费及成果情况

2009年

计量单位:人、万元、项、篇、部

	年末从业人员						科技经费			课题情况		科技论文		科技著作	授权专利	获奖成果		
		从事科技活动人员																
			高级职称	中级职称	初级职称	其他		政府资金	非政府资金	课题数	经费内部支出		被收录论文				国家级	省、部级
	01	02	03	04	05	06	07	08	09	10	11	12	13	14	15	16	17	18
广东省	0	0	0	0	0	0	0	0	0	0	0	0	0	0	0	0	0	0
广东省国土资源厅	0	0	0	0	0	0	0	0	0	0	0	0	0	0	0	0	0	0

二〇〇九年度广东省矿产资源开发利用情况

	矿山企业数					从业人员（个）	年产矿量		实际采矿能力（万吨/年）	工业总产值（万元）	综合利用产值（万元）	矿产品销售收入（万元）	利润总额（万元）
	合计	大型	中型	小型	小矿		万吨	万立方米					
合计	2313	58	50	1759	446	70104	21049.33	0	24097.35	1012404.39	25634.69	860166.84	163623.31
广州市	33	4	4	25	0	1456	1218.22	0	1141.43	62682.94	365	21499.57	2185.19
韶关市	227	7	1	195	24	10625	1390.51	0	1600.4	238706.29	1706.32	215699.78	76286.86
深圳市	10	3	0	7	0	805	68.77	0	80	24959.52	30	24674.32	4557.41
珠海市	13	3	2	6	2	3569	135.65	0	112.7	36541.06	0	15627.79	-692.27
汕头市	37	0	0	37	0	681	800.47	0	995	3770	0	3767	222.78
佛山市	23	0	2	21	0	604	239.25	0	318.06	5796.79	0	4527.44	88.94
江门市	115	4	3	68	40	3998	1307.92	0	1703.55	31684.23	340	28031.78	745.34
湛江市	111	1	0	51	59	3609	650.87	0	762.12	19123.69	263	18620.99	1078.84
茂名市	325	4	5	143	173	8807	1294.37	0	2448.9	54135.33	1470	50557.13	4434.39
肇庆市	261	2	4	234	21	6815	1740.9	0	1915.73	82001.2	2069.58	82120.24	16803.09
惠州市	129	7	11	110	1	4633	3309.08	0	3441.21	61591.8	1801.23	46669.24	6915.5
梅州市	253	2	2	233	16	5255	1555.01	0	1896.31	61137.42	2377.01	43727.14	9964.53
汕尾市	21	1	3	17	0	448	148.75	0	154.3	2158	72	1848	191
河源市	213	4	3	170	36	4819	970.95	0	936.91	155293.38	8028.6	148182.03	26322.78
阳江市	52	2	2	48	0	1771	817.71	0	1002.52	18082.99	2184.5	18042.62	1366.85
清远市	343	10	3	270	60	5425	3238.92	0	3015.9	52319	3694.09	51387.76	9363.59
东莞市	11	0	2	9	0	325	111.8	0	87	4326.65	0	2625.2	130.47
中山市	10	0	0	10	0	550	272.02	0	261	5168.76	0	4949.15	181.25

	矿山企业数					从业人员（个）	年产矿量		实际采矿能力（万吨/年）	工业总产值（万元）	综合利用产值（万元）	矿产品销售收入（万元）	利润总额（万元）
	合计	大型	中型	小型	小矿		万吨	万立方米					
潮州市	25	1	0	24	0	370	265.17	0	250.82	1890.6	68.4	1795.5	70.8
揭阳市	19	0	0	18	1	432	204.95	0	427.35	1622.6	50	1531.23	88.31
云浮市	82	3	3	63	13	5107	1308.06	0	1546.15	89412.14	1114.97	74282.93	3317.66

土地整治项目竣工情况

公顷、万元

	土地整治项目个数	项目规模				新增农用地面积			增加或减少建设用地（+/-）	投资额
		合计					新增耕地面积			
			整理	复垦	开发			减少建设用地而增加耕地面积		
总计		35826.18	22314.34	197.82	13314.01		197.82			322435.61
广东省		35826.18	22314.34	197.82	13314.01		197.82			322435.61
广州市		228.28	227.91	0.00	0.37		0.00			2054.55
韶关市		3074.19	0.00	0.00	3074.19		0.00			27667.73
深圳市		47.93	24.47	0.00	23.46		0.00			431.34
珠海市		250.69	207.88	16.76	26.05		0.00			2256.17
汕头市		789.66	127.71	0.00	661.95		0.00			7106.96
佛山市		121.59	116.10	5.40	0.09		0.00			1094.28
江门市		896.52	748.13	0.00	148.39		0.00			8068.68
湛江市		3197.70	2005.72	42.18	1149.81		0.00			28779.34
茂名市		1053.34	497.10	54.27	501.97		0.00			9480.06
肇庆市		4039.57	2447.96	0.00	1591.61		0.00			36356.09
惠州市		1182.12	820.11	21.07	340.94		0.00			10639.08
梅州市		2878.88	1325.41	7.51	1545.96		0.00			25909.90
汕尾市		1215.79	924.15	0.51	291.13		0.00			10942.08
河源市		1225.43	693.19	47.93	484.30		0.00			11028.85
阳江市		5728.97	4943.50	0.00	785.47		0.00			51560.75
清远市		4793.18	3633.16	2.19	1157.82		0.00			43138.58
东莞市		0.00	0.00	0.00	0.00		0.00			0.00
中山市		257.13	0.00	0.00	257.13		0.00			2314.15
潮州市		0.00	0.00	0.00	0.00		0.00			0.00
揭阳市		2502.21	1845.62	0.00	656.59		0.00			22519.91
云浮市		2343.01	1726.22	0.00	616.79		0.00			21087.12

信息化建设情况

2009年

计量单位:人、台、个、人次、人天、万元

	年末从业人员		计算机保有量			网络		培训		累计经费投入				
		技术人员		台式机	笔记本	网络信息点数	网络连接单位	人次	人天		本年经费投入	硬件	软件	维护
	01	02	03	04	05	06	07	08	09	10	11	12	13	14
广东省	861	505	14600	12909	1628	16725	495	3949	2760	85048.45	11948.45	5462.44	4342.98	2143.03
广东省国土资源厅	185	91	1266	1066	200	270	20	0	0	7117.14	191.75	0	0	191.75
潮州市国土资源局	4	1	86	64	22	74	6	56	11	303.4	53	27	16	10
东莞市国土资源局	11	11	244	213	31	285	1	300	150	6248	295	0	0	295
佛山市国土资源局	40	33	322	230	37	696	36	912	161	9705.05	833.87	641.07	136.7	56.1
广州市国土资源和房屋管理局	116	65	4860	4291	487	5146	123	128	106	12032.9	2509.53	826.89	1028.63	654.01
河源市国土资源局	30	14	339	295	44	552	13	69	55	2683.72	147.38	92.78	33.6	21
惠州市国土资源局	62	33	720	638	69	965	26	145	356	7587.1	1862.22	753.52	1014.17	94.53
江门市国土资源局	24	15	450	414	34	265	10	36	48	1949.64	135.7	106.38	2	27.32
揭阳市国土资源局	29	14	236	224	35	283	28	80	57	573.72	114.92	75.01	15.19	24.72
茂名市国土资源局	15	15	413	386	27	1381	7	23	161	518.65	97.95	71.5	20.76	5.69
梅州市国土资源局	19	12	569	501	68	504	18	134	158	1896.1	567.9	316	224.7	27.2
清远市国土资源局	19	13	27	16	10	542	9	21	43	1722.22	665.76	295.5	349.96	20.3
汕头市国土资源局	26	2	366	315	51	128	21	21	5	1046.08	266.07	90.47	116.3	59.3
汕尾市国土资源局	1	1	80	71	9	42	17	1	1	106.31	30.26	18.6	3.5	8.16
韶关市国土资源局	51	22	364	324	56	179	39	74	74	1683.77	224.02	141.72	71	11.3
深圳市规划和国土资源委员会	155	104	2398	2143	219	3665	37	1508	1104	26062	2566	1284	868	414
阳江市国土资源局	5	4	227	216	37	1	2	0	0	305.98	141.43	128.33	4.7	8.4
云浮市国土资源局	16	7	278	247	31	465	12	225	250	961.66	281	159.8	94.2	27
湛江市国土资源局	2	2	237	279	35	257	20	0	0	516.04	116.42	106.22	3.6	6.6
肇庆市国土资源局	1	1	93	84	9	62	9	3	1	74.2	20.5	16.7	0.6	3.2
中山市国土资源局	42	42	530	500	20	700	26	3	10	1431.14	391.14	58.39	175.37	157.38
珠海市国土资源局	8	3	495	392	97	263	15	210	9	523.63	436.63	252.56	164	20.07

行政复议及行政应诉案件情况

2009 年

计量单位：件、万元

	行政复议案件情况											行政应诉案件情况																		补充资料	
		本年行政复议情况										复议后应诉情况										未经复议直接应诉情况									
				已审结									应诉机关		审理与判决								审理与判决								
	上期结转	本期新收	本期受理	维持	责令履行	变更	确认违法	撤销	撤回申请	其他	未审结	应诉总数	原具体行政行为机关	复议机关	撤诉	维持	撤销	变更	限期履行职责	其他	未审结	应诉总数	撤诉	维持	撤销	变更	限期履行职责	其他	未审结	行政赔偿	赔偿金额
	01	02	03	04	05	06	07	08	09	10	11	12	13	14	15	16	17	18	19	20	21	22	23	24	25	26	27	28	29	30	31
广东省	14	249	215	168	1	0	5	9	8	12	26	137	130	7	6	79	1	0	0	1	50	804	58	484	39	0	6	13	204	1	50
广东省国土资源厅	4	132	100	93	0	0	5	2	0	0	4	6	0	6	0	6	0	0	0	0	0	13	1	12	0	0	0	0	0	0	0
潮州市国土资源局	0	1	1	0	0	0	0	0	1	0	0	0	0	0	0	0	0	0	0	0	0	0	0	0	0	0	0	0	0	0	0
东莞市国土资源局	0	4	4	3	0	0	0	0	0	1	0	2	2	0	0	2	0	0	0	0	0	8	0	2	0	0	0	6	0	0	0
佛山市国土资源局	0	0	0	0	0	0	0	0	0	0	0	1	1	0	0	0	0	0	0	0	1	17	2	5	2	0	0	4	4	0	0
广州市国土资源和房屋管理局	0	7	2	1	0	0	0	0	0	0	1	53	53	0	0	49	0	0	0	0	4	461	34	322	26	0	5	0	74	1	50
河源市国土资源局	0	2	2	0	0	0	0	0	0	2	0	0	0	0	0	0	0	0	0	0	0	0	0	0	0	0	0	0	0	0	0
惠州市国土资源局	0	0	4	4	0	0	0	0	0	0	0	10	10	0	0	4	0	0	0	0	6	0	0	0	0	0	0	0	0	0	0
江门市国土资源局	0	1	1	1	0	0	0	0	0	0	0	1	1	0	0	0	0	0	0	1	0	2	0	0	0	0	0	2	0	0	0
揭阳市国土资源局	0	1	1	0	0	0	0	1	0	0	0	0	0	0	0	0	0	0	0	0	0	0	0	0	0	0	0	0	0	0	0
茂名市国土资源局	2	3	1	1	0	0	0	0	1	0	1	1	1	0	1	0	0	0	0	0	0	13	0	9	4	0	0	0	0	0	0
梅州市国土资源局	0	4	4	1	0	0	0	1	2	0	0	3	3	0	0	3	0	0	0	0	0	0	0	0	0	0	0	0	0	0	0
清远市国土资源局	0	1	1	0	0	0	0	0	0	1	0	2	2	0	0	2	0	0	0	0	0	0	0	0	0	0	0	0	0	0	0
汕头市国土资源局	0	0	0	0	0	0	0	0	0	0	0	2	1	1	1	1	0	0	0	0	0	12	0	4	4	0	0	1	3	0	0
汕尾市国土资源局	0	3	3	0	0	0	0	3	0	0	0	0	0	0	0	0	0	0	0	0	0	0	0	0	0	0	0	0	0	0	0
韶关市国土资源局	0	1	1	1	0	0	0	0	0	0	0	0	0	0	0	0	0	0	0	0	0	0	0	0	0	0	0	0	0	0	0
深圳市规划和国土资源委员会	2	55	55	48	1	0	0	0	2	0	6	10	10	0	1	1	0	0	0	0	8	181	11	78	1	0	1	0	90	0	0
阳江市国土资源局	0	0	1	0	0	0	0	0	1	0	0	0	0	0	0	0	0	0	0	0	0	0	0	0	0	0	0	0	0	0	0
云浮市国土资源局	0	1	1	1	0	0	0	0	0	0	0	2	2	0	0	1	0	0	0	0	1	2	0	1	1	0	0	0	0	0	0
湛江市国土资源局	2	0	0	0	0	0	0	0	0	2	0	8	8	0	0	2	0	0	0	0	6	18	0	6	0	0	0	0	12	0	0
肇庆市国土资源局	0	2	2	1	0	0	0	1	0	0	0	0	0	0	0	0	0	0	0	0	0	2	0	0	0	0	0	0	2	0	0
中山市国土资源局	3	4	4	3	0	0	0	0	0	1	3	1	1	0	0	1	0	0	0	0	0	45	7	38	0	0	0	0	0	0	0
珠海市国土资源局	1	27	27	10	0	0	0	1	1	5	11	35	35	0	3	7	1	0	0	0	24	30	3	7	1	0	0	0	19	0	0

政策法规摘选

257/319

责任编辑：吴兴菊

基础测绘条例

（经2009年5月6日国务院第62次常务会议通过，
现予公布，自2009年8月1日起施行。）

第一章　总　则

第一条　为了加强基础测绘管理，规范基础测绘活动，保障基础测绘事业为国家经济建设、国防建设和社会发展服务，根据《中华人民共和国测绘法》，制定本条例。

第二条　在中华人民共和国领域和中华人民共和国管辖的其他海域从事基础测绘活动，适用本条例。

本条例所称基础测绘，是指建立全国统一的测绘基准和测绘系统，进行基础航空摄影，获取基础地理信息的遥感资料，测制和更新国家基本比例尺地图、影像图和数字化产品，建立、更新基础地理信息系统。

在中华人民共和国领海、中华人民共和国领海基线向陆地一侧至海岸线的海域和中华人民共和国管辖的其他海域从事海洋基础测绘活动，按照国务院、中央军事委员会的有关规定执行。

第三条　基础测绘是公益性事业。

县级以上人民政府应当加强对基础测绘工作的领导，将基础测绘纳入本级国民经济和社会发展规划及年度计划，所需经费列入本级财政预算。

国家对边远地区和少数民族地区的基础测绘给予财政支持。具体办法由财政部门会同同级测绘行政主管部门制定。

第四条　基础测绘工作应当遵循统筹规划、分级管理、定期更新、保障安全的原则。

第五条　国务院测绘行政主管部门负责全国基础测绘工作的统一监督管理。

县级以上地方人民政府负责管理测绘工作的行政部门（以下简称测绘行政主管部门）负责本行政区域基础测绘工作的统一监督管理。

第六条　国家鼓励在基础测绘活动中采用先进科学技术和先进设备，加强基础研究和信息化测绘体系建设，建立统一的基础地理信息公共服务平台，实现基础地理信息资源共享，提高基础测绘保障服务能力。

第二章　基础测绘规划

第七条　国务院测绘行政主管部门会同国务院其他有关部门、军队测绘主管部门，组织编制全国基础测绘规划，报国务院批准后组织实施。

县级以上地方人民政府测绘行政主管部门会同本级人民政府其他有关部门，根据国家和上一级人民政府的基础测绘规划和本行政区域的实际情况，组织编制本行政区域的基础测绘规划，报本级人民政府批准，并报上一级测绘行政主管部门备案后组织实施。

第八条　基础测绘规划报送审批前，组织编制机关应当组织专家进行论证，并征求有关部门和单位的意见。其中，地方的基础测绘规划，涉及军事禁区、军事管理区或者作战工程的，还应当征求军事机关的意见。

基础测绘规划报送审批文件中应当附具意见采纳情况及理由。

第九条　组织编制机关应当依法公布经批准的基础测绘规划。

经批准的基础测绘规划是开展基础测绘工作的依据，未经法定程序不得修改；确需修改的，应当按照本条例规定的原审批程序报送审批。

第十条　国务院发展改革部门会同国务院测绘行政主管部门，编制全国基础测绘年度计划。

县级以上地方人民政府发展改革部门会同同级测绘行政主管部门，编制本行政区域的基础测绘年度计划，并分别报上一级主管部门备案。

第十一条 县级以上人民政府测绘行政主管部门应当根据应对自然灾害等突发事件的需要，制定相应的基础测绘应急保障预案。

基础测绘应急保障预案的内容应当包括：应急保障组织体系，应急装备和器材配备，应急响应，基础地理信息数据的应急测制和更新等应急保障措施。

第三章 基础测绘项目的组织实施

第十二条 下列基础测绘项目，由国务院测绘行政主管部门组织实施：

（一）建立全国统一的测绘基准和测绘系统；

（二）建立和更新国家基础地理信息系统；

（三）组织实施国家基础航空摄影；

（四）获取国家基础地理信息遥感资料；

（五）测制和更新全国 1:100 万至 1:2.5 万国家基本比例尺地图、影像图和数字化产品；

（六）国家急需的其他基础测绘项目。

第十三条 下列基础测绘项目，由省、自治区、直辖市人民政府测绘行政主管部门组织实施：

（一）建立本行政区域内与国家测绘系统相统一的大地控制网和高程控制网；

（二）建立和更新地方基础地理信息系统；

（三）组织实施地方基础航空摄影；

（四）获取地方基础地理信息遥感资料；

（五）测制和更新本行政区域 1:1 万至 1:5000 国家基本比例尺地图、影像图和数字化产品。

第十四条 设区的市、县级人民政府依法组织实施 1:2000 至 1:500 比例尺地图、影像图和数字化产品的测制和更新以及地方性法规、地方政府规章确定由其组织实施的基础测绘项目。

第十五条 组织实施基础测绘项目，应当依据基础测绘规划和基础测绘年度计划，依法确定基础测绘项目承担单位。

第十六条 基础测绘项目承担单位应当具有与所承担的基础测绘项目相应等级的测绘资质，并不得超越其资质等级许可的范围从事基础测绘活动。

基础测绘项目承担单位应当具备健全的保密制度和完善的保密设施，严格执行有关保守国家秘密法律、法规的规定。

第十七条 从事基础测绘活动，应当使用全国统一的大地基准、高程基准、深度基准、重力基准，以及全国统一的大地坐标系统、平面坐标系统、高程系统、地心坐标系统、重力测量系统，执行国家规定的测绘技术规范和标准。

因建设、城市规划和科学研究的需要，确需建立相对独立的平面坐标系统的，应当与国家坐标系统相联系。

第十八条 县级以上人民政府及其有关部门应当遵循科学规划、合理布局、有效利用、兼顾当前与长远需要的原则，加强基础测绘设施建设，避免重复投资。

国家安排基础测绘设施建设资金，应当优先考虑航空摄影测量、卫星遥感、数据传输以及基础测绘应急保障的需要。

第十九条 国家依法保护基础测绘设施。

任何单位和个人不得侵占、损毁、拆除或者擅自移动基础测绘设施。基础测绘设施遭受破坏的，县级以上地方人民政府测绘行政主管部门应当及时采取措施，组织力量修复，确保基础测绘活动正常进行。

第二十条 县级以上人民政府测绘行政主管部门应当加强基础航空摄影和用于测绘的高分辨率卫星影像获取与分发的统筹协调，做好基础测绘应急保障工作，配备相应的装备和器材，组织开展培训和演练，不断提高基础测绘应急保障服务能力。

自然灾害等突发事件发生后，县级以上人民政府测绘行政主管部门应当立即启动基础测绘应急保障预案，采取有效措施，开展基础地理信息数据的应急测制和更新工作。

第四章 基础测绘成果的更新与利用

第二十一条 国家实行基础测绘成果定期更新制度。

基础测绘成果更新周期应当根据不同地区国民经济和社会发展的需要、测绘科学技术水平和测绘生产能力、基础地理信息变化情况等因素确定。其中，1:100 万至 1:5000 国家基本比例尺地图、影像图和数字化产品至少 5 年更新一次；自然灾害多发地区以及国民经济、国防建设和社会发展急需的基础测绘成果应当及时更新。

基础测绘成果更新周期确定的具体办法，由国务院测绘行政主管部门会同军队测绘主管部门和国务院其他有关部门制定。

第二十二条 县级以上人民政府测绘行政主管部门应当及时收集有关行政区域界线、地名、水系、交通、居民点、植被等地理信息的变化情况，定期更新基础测绘成果。

县级以上人民政府其他有关部门和单位应当对测绘行政主管部门的信息收集工作予以支持和配合。

第二十三条 按照国家规定需要有关部门批准或者核准的测绘项目，有关部门在批准或者核准前应当书面征求同级测绘行政主管部门的意见，有适宜基础测绘成果的，应当充分利用已有的基础测绘成果，避免重复测绘。

第二十四条 县级以上人民政府测绘行政主管部门应当采取措施，加强对基础地理信息测制、加工、处理、提供的监督管理，确保基础测绘成果质量。

第二十五条 基础测绘项目承担单位应当建立健全基础测绘成果质量管理制度，严格执行国家规定的测绘技术规范和标准，对其完成的基础测绘成果质量负责。

第二十六条 基础测绘成果的利用，按照国务院有关规定执行。

第五章 法律责任

第二十七条 违反本条例规定，县级以上人民政府测绘行政主管部门和其他有关主管部门将基础测绘项目确定由不具有测绘资质或者不具有相应等级测绘资质的单位承担的，责令限期改正，对负有直接责任的主管人员和其他直接责任人员，依法给予处分。

第二十八条 违反本条例规定，县级以上人民政府测绘行政主管部门和其他有关主管部门的工作人员利用职务上的便利收受他人财物、其他好处，或者玩忽职守，不依法履行监督管理职责，或者发现违法行为不予查处，造成严重后果，构成犯罪的，依法追究刑事责任；尚不构成犯罪的，依法给予处分。

第二十九条 违反本条例规定，未取得测绘资质证书从事基础测绘活动的，责令停止违法行为，没收违法所得和测绘成果，并处测绘约定报酬1倍以上2倍以下的罚款。

第三十条 违反本条例规定，基础测绘项目承担单位超越资质等级许可的范围从事基础测绘活动的，责令停止违法行为，没收违法所得和测绘成果，处测绘约定报酬1倍以上2倍以下的罚款，并可以责令停业整顿或者降低资质等级；情节严重的，吊销测绘资质证书。

第三十一条 违反本条例规定，实施基础测绘项目，不使用全国统一的测绘基准和测绘系统或者不执行国家规定的测绘技术规范和标准的，责令限期改正，给予警告，可以并处10万元以下罚款；对负有直接责任的主管人员和其他直接责任人员，依法给予处分。

第三十二条 违反本条例规定，侵占、损毁、拆除或者擅自移动基础测绘设施的，责令限期改正，给予警告，可以并处5万元以下罚款；造成损失的，依法承担赔偿责任；构成犯罪的，依法追究刑事责任；尚不构成犯罪的，对负有直接责任的主管人员和其他直接责任人员，依法给予处分。

第三十三条 违反本条例规定，基础测绘成果质量不合格的，责令基础测绘项目承担单位补测或者重测；情节严重的，责令停业整顿，降低资质等级直至吊销测绘资质证书；给用户造成损失的，依法承担赔偿责任。

第三十四条 本条例规定的降低资质等级、吊销测绘资质证书的行政处罚，由颁发资质证书的部门决定；其他行政处罚由县级以上人民政府测绘行政主管部门决定。

第六章 附 则

第三十五条 本条例自2009年8月1日起施行。

矿山地质环境保护规定

（经2009年2月2日国土资源部第4次部务会议审议通过，
现予以发布，自2009年5月1日起施行。）

第一章　总　则

第一条　为保护矿山地质环境，减少矿产资源勘查开采活动造成的矿山地质环境破坏，保护人民生命和财产安全，促进矿产资源的合理开发利用和经济社会、资源环境的协调发展，根据《中华人民共和国矿产资源法》和《地质灾害防治条例》，制定本规定。

第二条　因矿产资源勘查开采等活动造成矿区地面塌陷、地裂缝、崩塌、滑坡，含水层破坏，地形地貌景观破坏等的预防和治理恢复，适用本规定。

开采矿产资源涉及土地复垦的，依照国家有关土地复垦的法律法规执行。

第三条　矿山地质环境保护，坚持预防为主、防治结合，谁开发谁保护、谁破坏谁治理、谁投资谁受益的原则。

第四条　国土资源部负责全国矿山地质环境的保护工作。

县级以上地方国土资源行政主管部门负责本行政区的矿山地质环境保护工作。

第五条　国家鼓励开展矿山地质环境保护科学技术研究，普及相关科学技术知识，推广先进技术和方法，制定有关技术标准，提高矿山地质环境保护的科学技术水平。

第六条　国家鼓励企业、社会团体或者个人投资，对已关闭或者废弃矿山的地质环境进行治理恢复。

第七条　任何单位和个人对破坏矿山地质环境的违法行为都有权进行检举和控告。

第二章　规　划

第八条　国土资源部负责全国矿山地质环境的调查评价工作。

省、自治区、直辖市国土资源行政主管部门负责本行政区域内的矿山地质环境调查评价工作。

市、县国土资源行政主管部门根据本地区的实际情况，开展本行政区域的矿山地质环境调查评价工作。

第九条　国土资源部依据全国矿山地质环境调查评价结果，编制全国矿山地质环境保护规划。

省、自治区、直辖市国土资源行政主管部门依据全国矿山地质环境保护规划，结合本行政区域的矿山地质环境调查评价结果，编制省、自治区、直辖市的矿山地质环境保护规划，经国土资源部审核后，报省、自治区、直辖市人民政府批准实施。

市、县级矿山地质环境保护规划的编制和审批，由省、自治区、直辖市国土资源行政主管部门规定。

第十条　矿山地质环境保护规划应当包括下列内容：

（一）矿山地质环境现状和发展趋势；

（二）矿山地质环境保护的指导思想、原则和目标；

（三）矿山地质环境保护的主要任务；

（四）矿山地质环境保护的重点工程；

（五）规划实施保障措施。

第十一条　矿山地质环境保护规划应当符合矿产资源规划，并与土地利用总体规划、地质灾害防治规划等相协调。

第三章　治理恢复

第十二条　采矿权申请人申请办理采矿许可证时，应当编制矿山地质环境保护与治理恢复方案，报有批准权的国土资源行政主管部门批准。

矿山地质环境保护与治理恢复方案应当包括下列内容：

（一）矿山基本情况；

（二）矿山地质环境现状；

（三）矿山开采可能造成地质环境影响的分析评

估（含地质灾害危险性评估）；

（四）矿山地质环境保护与治理恢复措施；

（五）矿山地质环境监测方案；

（六）矿山地质环境保护与治理恢复工程经费概算；

（七）缴存矿山地质环境保护与治理恢复保证金承诺书。

依照前款规定已编制矿山地质环境保护与治理恢复方案的，不再单独进行地质灾害危险性评估。

第十三条 矿山地质环境保护与治理恢复方案的编制单位应当具备下列条件：

（一）具有地质灾害危险性评估资质或者地质灾害治理工程勘查、设计资质和相关工作业绩；

（二）具有经过国土资源部组织的矿山地质环境保护和治理恢复方案编制业务培训且考核合格的专业技术人员。

第十四条 采矿权申请人未编制矿山地质环境保护与治理恢复方案，或者编制的矿山地质环境保护与治理恢复方案不符合要求的，有批准权的国土资源行政主管部门应当告知申请人补正；逾期不补正的，不予受理其采矿权申请。

第十五条 采矿权人扩大开采规模、变更矿区范围或者开采方式的，应当重新编制矿山地质环境保护与治理恢复方案，并报原批准机关批准。

第十六条 采矿权人应当严格执行经批准的矿山地质环境保护与治理恢复方案。

矿山地质环境保护与治理恢复工程的设计和施工，应当与矿产资源开采活动同步进行。

第十七条 开采矿产资源造成矿山地质环境破坏的，由采矿权人负责治理恢复，治理恢复费用列入生产成本。

矿山地质环境治理恢复责任人灭失的，由矿山所在地的市、县国土资源行政主管部门，使用经市、县人民政府批准设立的政府专项资金进行治理恢复。

国土资源部，省、自治区、直辖市国土资源行政主管部门依据矿山地质环境保护规划，按照矿山地质环境治理工程项目管理制度的要求，对市、县国土资源行政主管部门给予资金补助。

第十八条 采矿权人应当依照国家有关规定，缴存矿山地质环境治理恢复保证金。

矿山地质环境治理恢复保证金的缴存标准和缴存办法，按照省、自治区、直辖市的规定执行。矿山地质环境治理恢复保证金的缴存数额，不得低于矿山地质环境治理恢复所需费用。

矿山地质环境治理恢复保证金遵循企业所有、政府监管、专户储存、专款专用的原则。

第十九条 采矿权人按照矿山地质环境保护与治理恢复方案的要求履行了矿山地质环境治理恢复义务，经有关国土资源行政主管部门组织验收合格的，按义务履行情况返还相应额度的矿山地质环境治理恢复保证金及利息。

采矿权人未履行矿山地质环境治理恢复义务，或者未达到矿山地质环境保护与治理恢复方案要求，经验收不合格的，有关国土资源行政主管部门应当责令采矿权人限期履行矿山地质环境治理恢复义务。

第二十条 因矿区范围、矿种或者开采方式发生变更的，采矿权人应当按照变更后的标准缴存矿山地质环境治理恢复保证金。

第二十一条 矿山地质环境治理恢复后，对具有观赏价值、科学研究价值的矿业遗迹，国家鼓励开发为矿山公园。

国家矿山公园由省、自治区、直辖市国土资源行政主管部门组织申报，由国土资源部审定并公布。

第二十二条 国家矿山公园应当具备下列条件：

（一)国内独具特色的矿床成因类型且具有典型、稀有及科学价值的矿业遗迹；

（二）经过矿山地质环境治理恢复的废弃矿山或者部分矿段；

（三）自然环境优美、矿业文化历史悠久；

（四）区位优越，科普基础设施完善，具备旅游潜在能力；

（五)土地权属清楚,矿山公园总体规划科学合理。

第二十三条 矿山关闭前，采矿权人应当完成矿山地质环境治理恢复义务。采矿权人在申请办理闭坑手续时，应当经国土资源行政主管部门验收合格，并提交验收合格文件，经审定后，返还矿山地质环境治理恢复保证金。

逾期不履行治理恢复义务或者治理恢复仍达不到要求的，国土资源行政主管部门使用该采矿权人缴存的矿山地质环境治理恢复保证金组织治理，治理资金不足部分由采矿权人承担。

第二十四条 采矿权转让的，矿山地质环境保护与治理恢复的义务同时转让。采矿权受让人应当依照本规定，履行矿山地质环境保护与治理恢复的义务。

第二十五条 以槽探、坑探方式勘查矿产资源，探矿权人在矿产资源勘查活动结束后未申请采矿权的，应当采取相应的治理恢复措施，对其勘查矿产资源遗留的钻孔、探井、探槽、巷道进行回填、封闭，对形成的危岩、危坡等进行治理恢复，消除安全隐患。

第四章 监督管理

第二十六条 县级以上国土资源行政主管部门对采矿权人履行矿山地质环境保护与治理恢复义务的情况进行监督检查。

相关责任人应当配合县级以上国土资源行政主管部门的监督检查，并提供必要的资料，如实反映情况。

第二十七条 县级以上国土资源行政主管部门应当建立本行政区域内的矿山地质环境监测工作体系，健全监测网络，对矿山地质环境进行动态监测，指导、监督采矿权人开展矿山地质环境监测。

采矿权人应当定期向矿山所在地的县级国土资源行政主管部门报告矿山地质环境情况，如实提交监测资料。

县级国土资源行政主管部门应当定期将汇总的矿山地质环境监测资料报上一级国土资源行政主管部门。

第二十八条 县级以上国土资源行政主管部门在履行矿山地质环境保护的监督检查职责时，有权对矿山地质环境保护与治理恢复方案确立的治理恢复措施落实情况和矿山地质环境监测情况进行现场检查，对违反本规定的行为有权制止并依法查处。

第二十九条 开采矿产资源等活动造成矿山地质环境突发事件的，有关责任人应当采取应急措施，并立即向当地人民政府报告。

第五章 法律责任

第三十条 违反本规定，应当编制矿山地质环境保护与治理恢复方案而未编制的，或者扩大开采规模、变更矿区范围或者开采方式，未重新编制矿山地质环境保护与治理恢复方案并经原审批机关批准的，由县级以上国土资源行政主管部门责令限期改正；逾期不改正的，处3万元以下的罚款，颁发采矿许可证的国土资源行政主管部门不得通过其采矿许可证年检。

第三十一条 违反本规定第十六条、第二十三条规定，未按照批准的矿山地质环境保护与治理恢复方案治理的，或者在矿山被批准关闭、闭坑前未完成治理恢复的，由县级以上国土资源行政主管部门责令限期改正；逾期拒不改正的，处3万元以下的罚款，5年内不受理其新的采矿权申请。

第三十二条 违反本规定第十八条规定，未按期缴存矿山地质环境治理恢复保证金的，由县级以上国土资源行政主管部门责令限期缴存；逾期不缴存的，处3万元以下的罚款。颁发采矿许可证的国土资源行政主管部门不得通过其采矿活动年度报告，不受理其采矿权延续变更申请。

第三十三条 违反本规定第二十五条规定，探矿权人未采取治理恢复措施的，由县级以上国土资源行政主管部门责令限期改正；逾期拒不改正的，处3万元以下的罚款，5年内不受理其新的探矿权、采矿权申请。

第三十四条 违反本规定，扰乱、阻碍矿山地质环境保护与治理恢复工作，侵占、损坏、损毁矿山地质环境监测设施或者矿山地质环境保护与治理恢复设施的，由县级以上国土资源行政主管部门责令停止违法行为，限期恢复原状或者采取补救措施，并处3万元以下的罚款；构成犯罪的，依法追究刑事责任。

第三十五条 县级以上国土资源行政主管部门工作人员违反本规定，在矿山地质环境保护与治理恢复监督管理中玩忽职守、滥用职权、徇私舞弊的，对相关责任人依法给予行政处分；构成犯罪的，依法追究刑事责任。

第六章 附 则

第三十六条 本规定实施前已建和在建矿山，采矿权人应当依照本规定编制矿山地质环境保护与治理恢复方案，报原采矿许可证审批机关批准，并缴存矿山地质环境治理恢复保证金。

第三十七条 本规定自2009年5月1日起施行。

土地调查条例实施办法

（经2009年5月31日国土资源部第9次部务会议审议通过，现予公布，自公布之日起施行。）

第一章 总 则

第一条 为保证土地调查的有效实施，根据《土地调查条例》（以下简称条例），制定本办法。

第二条 土地调查是指对土地的地类、位置、面积、分布等自然属性和土地权属等社会属性及其变化情况，以及基本农田状况进行的调查、监测、统计、分析的活动。

第三条 土地调查包括全国土地调查、土地变更调查和土地专项调查。

全国土地调查，是指国家根据国民经济和社会发展需要，对全国城乡各类土地进行的全面调查。

土地变更调查，是指在全国土地调查的基础上，根据城乡土地利用现状及权属变化情况，随时进行城镇和村庄地籍变更调查和土地利用变更调查，并定期进行汇总统计。

土地专项调查，是指根据国土资源管理需要，在特定范围、特定时间内对特定对象进行的专门调查，包括耕地后备资源调查、土地利用动态遥感监测和勘测定界等。

第四条 全国土地调查，由国务院全国土地调查领导小组统一组织，县级以上人民政府土地调查领导小组遵照要求实施。

土地变更调查，由国土资源部会同有关部门组织，县级以上国土资源行政主管部门会同有关部门实施。

土地专项调查，由县级以上国土资源行政主管部门组织实施。

第五条 县级以上地方国土资源行政主管部门应当配合同级财政部门，根据条例规定落实地方人民政府土地调查所需经费。必要时，可以与同级财政部门共同制定土地调查经费从新增建设用地土地有偿使用费、国有土地使用权有偿出让收入等土地收益中列支的管理办法。

第六条 在土地调查工作中作出突出贡献的单位和个人，由有关国土资源行政主管部门按照国家规定给予表彰或者奖励。

第二章 土地调查机构及人员

第七条 国务院全国土地调查领导小组办公室设在国土资源部，县级以上地方人民政府土地调查领导小组办公室设在同级国土资源行政主管部门。

县级以上国土资源行政主管部门应当明确专门机构和人员，具体负责土地变更调查和土地专项调查等工作。

第八条 土地调查人员包括县级以上国土资源行政主管部门和相关部门的工作人员，有关事业单位的人员以及承担土地调查任务单位的人员。

第九条 土地调查人员应当经过省级以上国土资源行政主管部门组织的业务培训，通过全国统一的土地调查人员考核，领取土地调查员工作证。

已取得国土资源部、人力资源和社会保障部联合颁发的土地登记代理人资格证书的人员，可以直接申请取得土地调查员工作证。

土地调查员工作证由国土资源部统一制发，按照规定统一编号管理。

第十条 承担国家级土地调查任务的单位，应当符合条例第十三条的规定，并具备以下条件：

（一）近三年内有累计合同额1000万元以上，经县级以上国土资源行政主管部门验收合格的土地调查项目；

（二）有专门的质量检验机构和专职质量检验人

员，有完善有效的土地调查成果质量保证制度；

（三）近三年内无土地调查成果质量不良记录；

（四）取得土地调查员工作证的技术人员不少于20名；

（五）国土资源部规章、规范性文件规定的其他条件。

第十一条 申请列入国家级土地调查单位名录的单位，应当向国土资源部提出申请。经审核符合条例第十三条和本办法第十条规定的，由国土资源部列入国家级土地调查单位名录并公布。

列入国家级土地调查单位名录的单位，可以在全国范围内承担土地调查任务。

各省、自治区、直辖市国土资源行政主管部门可以参照本办法规定，确定并公布省级土地调查单位名录。

第十二条 土地调查单位名录实行动态管理，定期公布。

第十三条 各级国土资源行政主管部门应当根据土地调查单位名录，选取符合条件的土地调查单位承担土地调查任务。

第三章 土地调查的组织实施

第十四条 开展全国土地调查，由国土资源部会同有关部门在开始前一年度拟订全国土地调查总体方案，报国务院批准后实施。

全国土地调查总体方案应当包括调查的主要任务、时间安排、经费落实、数据要求、成果公布等内容。

第十五条 县级以上地方国土资源行政主管部门应当会同同级有关部门，根据全国土地调查总体方案和上级土地调查实施方案的要求，拟定本行政区域的土地调查实施方案，报上一级国土资源行政主管部门会同同级有关部门核准后施行。

第十六条 土地变更调查由国土资源部统一部署，以县级行政区为单位组织实施。

县级以上国土资源行政主管部门应当按照国家统一要求，组织实施土地变更调查，保持调查成果的现势性和准确性。

第十七条 土地变更调查中的城镇和村庄地籍变更调查，应当根据土地权属等变化情况，以宗地为单位，随时调查，及时变更地籍图件和数据库。

第十八条 土地变更调查中的土地利用变更调查，应当以全国土地调查和上一年度土地变更调查结果为基础，全面查清本年度本行政区域内土地利用状况变化情况，更新土地利用现状图件和土地利用数据库，逐级汇总上报各类土地利用变化数据。

土地利用变更调查的统一时点为每年12月31日。

第十九条 土地变更调查，包括下列内容：

（一）行政和权属界线变化状况；

（二）土地所有权和使用权变化情况；

（三）地类变化情况；

（四）基本农田位置、数量变化情况；

（五）国土资源部规定的其他内容。

第二十条 土地专项调查由县级以上国土资源行政主管部门组织实施，专项调查成果报上一级国土资源行政主管部门备案。

全国性的土地专项调查，由国土资源部组织实施。

第二十一条 土地调查应当执行国家统一的土地利用现状分类标准、技术规程和国土资源部的有关规定，保证土地调查数据的统一性和准确性。

第二十二条 上级国土资源行政主管部门应当加强对下级国土资源行政主管部门土地调查工作的指导，并定期组织人员进行监督检查，及时掌握土地调查进度，研究解决土地调查中的问题。

第二十三条 县级以上国土资源行政主管部门应当建立土地调查进度的动态通报制度。

上级国土资源行政主管部门应当根据全国土地调查、土地变更调查和土地专项调查确定的工作时限，定期通报各地工作的完成情况，对工作进度缓慢的地区，进行重点督导和检查。

第二十四条 从事土地调查的单位和个人，应当遵守国家有关保密的法律法规和规定。

第四章 调查成果的公布和应用

第二十五条 土地调查成果包括数据成果、图件成果、文字成果和数据库成果。

土地调查数据成果，包括各类土地分类面积数据、不同权属性质面积数据、基本农田面积数据和耕地坡度分级面积数据等。

土地调查图件成果，包括土地利用现状图、地籍图、宗地图、基本农田分布图、耕地坡度分级专题图等。

土地调查文字成果，包括土地调查工作报告、技术报告、成果分析报告和其他专题报告等。

土地调查数据库成果，包括土地利用数据库和地籍数据库等。

第二十六条 县级以上国土资源行政主管部门应当按照要求和有关标准完成数据处理、文字报告编写等成果汇总统计工作。

第二十七条 土地调查成果实行逐级汇交制度。

县级以上地方国土资源行政主管部门应当将土地调查形成的数据成果、图件成果、文字成果和数据库成果汇交上一级国土资源行政主管部门汇总。

土地调查成果汇总的内容主要包括数据汇总、图件编制、文字报告编写和成果分析等。

第二十八条 全国土地调查成果的检查验收，由各级土地调查领导小组办公室按照下列程序进行：

（一）县级组织调查单位和相关部门，对调查成果进行全面自检，形成自检报告，报市（地）级复查；

（二）市（地）级复查合格后，向省级提出预检申请；

（三）省级对调查成果进行全面检查，验收合格后上报；

（四）全国土地调查领导小组办公室对成果进行核查，根据需要对重点区域、重点地类进行抽查，形成确认意见。

第二十九条 全国土地调查成果的公布，依照条例第二十五条规定进行。

土地变更调查成果，由各级国土资源行政主管部门报本级人民政府批准后，按照国家、省、市、县的顺序依次公布。

土地专项调查成果，由有关国土资源行政主管部门公布。

第三十条 土地调查上报的成果质量实行分级负责制。县级以上国土资源行政主管部门应当对本级上报的调查成果认真核查，确保调查成果的真实、准确。

上级国土资源行政主管部门应当定期对下级国土资源行政主管部门的土地调查成果质量进行监督。

第三十一条 经依法公布的土地调查成果，是编制国民经济和社会发展规划、有关专项规划以及国土资源管理的基础和依据。

建设用地报批、土地整治项目立项以及其他需要使用土地基础数据与图件资料的活动，应当以国家确认的土地调查成果为基础依据。

各级土地利用总体规划修编，应当以经国家确定的土地调查成果为依据，校核规划修编基数。

第五章 法律责任

第三十二条 接受土地调查的单位和个人违反条例第十七条的规定，无正当理由不履行现场指界义务的，由县级以上人民政府国土资源行政主管部门责令限期改正，逾期不改正的，依照条例第三十二条的规定进行处罚。

第三十三条 承担土地调查任务的单位有下列情形之一的，县级以上国土资源行政主管部门应当责令限期改正，逾期不改正的，终止土地调查任务，该单位五年内不得列入土地调查单位名录：

（一）在土地调查工作中弄虚作假的；

（二）无正当理由，未按期完成土地调查任务的；

（三）土地调查成果有质量问题，造成严重后果的。

第三十四条 承担土地调查任务的单位不符合条例第十三条和本办法第十条规定的相关条件，弄虚作假，骗取土地调查任务的，县级以上国土资源行政主管部门应当终止该单位承担的土地调查任务，并不再将该单位列入土地调查单位名录。

第三十五条 土地调查人员违反条例第三十一条规定的，由国土资源部注销土地调查员工作证，不得再次参加土地调查人员考核。

第三十六条 国土资源行政主管部门工作人员在土地调查工作中玩忽职守、滥用职权、徇私舞弊，构成犯罪的，依法追究刑事责任；尚不构成犯罪的，依法给予行政处分。

第六章 附 则

第三十七条 本办法自公布之日起施行。

财政部 国土资源部 中国人民银行 监察部 审计署关于进一步加强土地出让收支管理的通知

财综〔2009〕74号

各省、自治区、直辖市、计划单列市财政厅（局）、国土资源厅（局）、监察厅（局）、审计厅（局），中国人民银行上海总部，各分行、营业管理部、省会（首府）城市中心支行，大连、青岛、宁波、厦门、深圳中心支行：

2006年，《国务院办公厅关于规范国有土地使用权出让收支管理的通知》（国办发〔2006〕100号）和《财政部国土资源部中国人民银行关于印发〈国有土地使用权出让收支管理办法〉的通知》（财综〔2006〕68号）印发后，各地区认真落实土地出让收支全额纳入地方基金预算管理的规定，大力加强土地出让收支管理，取得了积极成效。但是，个别地区土地出让收支管理仍存在一些问题，如，有的地区土地出让收支未全额纳入地方基金预算管理；有的地区已收缴的土地出让收入在非税收入汇缴专户滞留时间过长，未按规定及时缴入地方国库；有的地区存在拖欠土地出让收入问题，未能做到应收尽收；有的地区越权减免缓缴或变相减免土地出让收入，造成土地出让收入流失；还有的地区未按规定编制土地出让收支预算等。针对上述问题，按照财政资金科学化、精细化管理要求，结合开展工程建设领域突出问题专项治理工作，现就进一步加强土地出让收支管理的有关事宜通知如下：

一、统一思想认识，不折不扣地将土地出让收支全额纳入地方基金预算管理

土地出让收支全额纳入地方基金预算管理，是全面完整反映地方政府收支活动的一个重要手段，是加强土地调控、促进节约集约用地的一项重要内容，是落实科学发展观的一项重要举措，地方各级财政、国土资源管理部门要从维护中央政策统一性以及促进经济全面协调可持续发展的高度，进一步统一思想，提高认识，严格执行国办发〔2006〕100号和财综〔2006〕68号等文件，不折不扣地落实土地出让收支全额纳入地方基金预算管理的规定，将土地出让收入全额缴入地方国库，支出通过地方基金预算从土地出让收入中予以安排，实行彻底的“收支两条线”管理。

省级财政、国土资源管理、人民银行分支机构、监察、审计部门要对本地区各市县土地出让收支全额纳入地方基金预算管理情况进行认真排查，对于未按规定将土地出让收支全额纳入地方基金预算管理的市县，要督促其限期整改并落实到位，确保土地出让收支全额纳入地方基金预算管理政策在本地区得到贯彻执行。

二、加强征收管理，保障土地出让收入及时足额征收和缴入地方国库

保障土地出让收入及时足额缴入地方国库，是落实土地出让收支纳入地方基金预算管理的基础。除国务院有明确规定以外，任何地区和部门均不得减免缓缴或者变相减免土地出让收入。市县财政、国土资源管理部门、人民银行分支机构要各负其责，加强土地出让收入征管，确保土地出让收入及时足额缴入地方国库。

（一）严格土地出让收入征收管理。市县国土资源管理部门在国有土地出让合同、租赁合同、划拨决定书中，必须明确土地出让价款、租金和划拨土地价款的总额、缴付时间和缴付方式；对于经依法批准改变土地用途等土地使用条件的，市县国土资源管理部门必须在土地出让或租赁合同中明确应补缴的土地价款，缴款人应及时按合同有关规定缴款。对于未按规定缴清全部土地价款的单位或个人，市县国土资源管理部门不得核发国有土地使用证，也不得按土地价款缴纳比例分割发证。

（二）确保土地出让收入及时入库。土地出让收入原则上采取就地直接缴库方式，商业银行应当把收缴的土地出让收入及时足额划转地方国库。市县财政部门已将土地出让收入收缴至非税收入汇缴专户的，要严格执行10个工作日划转地方国库的规定，不得超时滞留已收缴的土地出让收入。对于不按规定将已收缴的土地出让收入及时划转地方国库的，省级财政、国土资源管理、人民银行分支机构、监察、审计部门要予以纠正，并在全省范围内通报批评。各级人民银行分支机构要加强对商业银行代收土地出让收入业务的检查监督与管理。

（三）规范土地出让收入分期缴纳行为。市县国土资源管理部门与土地受让人在土地出让合同中依法约定的分期缴纳全部土地出让价款的期限原则上不超过一年。经当地土地出让协调决策机构集体认定，特殊项目可以约定在两年内全部缴清。首次缴纳比例不得低于全部土地出让价款的50%。土地租赁合同约定的当期应缴土地价款（租金）应当一次全部缴清，不得分期缴纳。

（四）严格执行土地出让（租赁）合同、划拨决定书。市县国土资源管理部门要加强土地出让（租赁）合同、划拨决定书执行管理，督促土地受让人依法履行土地出让（租赁）合同、划拨决定书，严格按照土地出让（租赁）合同和划拨决定书约定条款缴纳土地出让收入。对于未按时缴纳土地价款的单位和个人，要依法采取有效措施限期追缴。除因不可抗力未及时缴纳土地出让收入外，要严格按规定加收违约金。对于未按时缴纳土地价款、未按合同约定动工建设的单位和个人，拖欠土地出让收入期间不得参与新的土地出让交易活动；有关拖欠和违约信息要计入其诚信档案，可以通过提高竞买保证金或违约金等方式，限制其参加土地招拍挂活动。对于2009年审计调查发现的个别地方越权减免缓缴或者变相减免土地出让收入的现象，省级财政、国土资源管理、监察、审计等部门要依法采取措施予以纠正，并限期补缴应缴的土地出让收入。

（五）完善土地出让收入信息共享制度。土地出让（租赁）成交后，市县国土资源管理部门应当按照规定及时在中国土地市场网及土地有形市场等指定场所公布。国有建设用地使用权出让（租赁）合同、划拨决定书应按有关规定及时在土地市场动态监测与监管系统中填报。市县财政部门要加强与国土资源管理部门沟通协调，或通过中国土地市场网、土地有形市场等方式及时了解土地出让情况及土地出让收入相关信息。省级财政部门要商同级国土资源管理部门建立全省统一的土地出让收入征管和信息共享机制，确保财政部门、国土资源管理部门及时掌握收缴信息。

三、完善预算编制，严格按照规定合理安排各项土地出让支出

根据政府性基金预算编制工作的要求，自2010年起，各级财政部门要向同级人大报告政府性基金收支情况。土地出让收支预算是地方政府性基金收支预算的重要组成部分，地方各级财政、国土资源管理部门要予以高度重视，严格按照国办发〔2006〕100号文件和《财政部、国土资源部关于加强土地出让收支预算编制工作的通知》（财综〔2008〕74号）的规定，共同做好本地区土地出让收支预算编制工作。

市县财政部门、国土资源管理部门在编制土地出让收支预算时，要统筹考虑经济社会发展和资金保障能力等因素，合理确定年度用地规模和土地供应规模，并按规定程序纳入新增建设用地计划和年度建设用地供应计划。编制土地出让收入预算应当与年度建设用地供应计划相衔接，实施新增建设用地计划应当与土地出让支出预算相衔接。市县财政、国土资源管理部门在编制土地出让支出预算时，要确保足额支付征地和拆迁补偿支出、补助被征地农民社会保障支出，重点向新农村建设倾斜，逐步提高用于农业土地开发和农村基础设施建设的比重；要严格按照规定将土地出让净收益的10%用于补充城市廉租住房保障资金，根据城市廉租住房保障工作进展情况及时核拨所需资金；要加强土地出让收支预算执行管理，对于未列入土地出让支出预算的各类项目，包括土地征收项目，一律不得通过土地出让收入安排支出。

省级财政、国土资源管理部门要加强对市县土地出让收支预算编制工作的指导，督促市县做好土地出让收支预算编制工作。同时，要在市县编制土地出让收支预算的基础上，汇总编制本地区土地出让收支预算，并于当年12月31日前连同预算编制说明一并报送财政部汇总。财政部门要将经人大批准的土地出让收支预算抄送同级地方国库部门。

四、加强统计工作，提高土地出让收支统计报表编报质量和编报水平

土地出让收支统计报表，是反映土地市场运行情况和土地出让收支政策执行情况的重要途径，是制定和完善相关政策的重要依据，也是查找问题、强化日常管理的工作平台。地方各级财政、国土资源管理部门和人民银行分支机构要高度重视土地出让收支统计工作，认真执行《财政部国土资源部中国人民银行关于建立国有土地收支统计报表体系的通知》（财综〔2007〕29号）的有关规定。

市县财政、国土资源管理部门要在本部门内部指定具体负责统计报表的机构和人员，落实报表填报责任。同时，要加强内部协调与沟通，指定相关机构及时向本部门牵头汇总机构提供土地出让收支报表相关数据。市县财政、国土资源管理部门和人民银行分支机构要分别做好报表数据审核工作，保障数据准确性，共同做好统计报表填报工作。市县财政部门要及时汇总本地区土地出让收支报表，按时报送省级财政、国土资源管理部门、人民银行分支机构。省级财政部门、国土资源管理部门和人民银行分支机构，要建立统计督查机制，督促市县相关部门及时报送土地收支报表，并及时审核汇总本地区土地出让收支统计报表，按时报送财政部、国土资源部、人民银行。

五、强化监督检查，严格执行土地出让收支管理的责任追究制度

省级财政、国土资源管理、人民银行分支机构、监察、审计部门要结合工程建设领域突出问题专项治理工作，强化对市县落实土地出让收支管理政策的监督检查，切实维护土地出让收支管理政策的严肃性，对于违反规定拖欠土地出让收入，未及时足额缴纳土地出让收入，未将土地出让收支全额纳入地方基金预算管理，已收缴的土地出让收入未按规定及时缴入地方国库，越权减免缓缴或变相减免土地出让收入等行为，要严格依照《财政违法行为处罚处分条例》（国务院令第427号）、《金融违法行为处罚办法》（国务院令第260号），以及监察部、人力资源社会保障部、国土资源部联合印发的《违反土地管理规定行为处分办法》（监察部令第15号）的规定进行处罚，并依法追究相关责任人员的行政责任。

地方各级财政、国土资源管理、人民银行分支机构、监察、审计部门要认真贯彻本通知，采取切实有效措施，确保相关政策落到实处。各省、自治区、直辖市及计划单列市的财政、国土资源管理、人民银行分支机构、监察、审计部门要于2010年3月31日前，将本地区贯彻落实本通知情况以书面形式报告财政部、国土资源部、中国人民银行、监察部、审计署。

中华人民共和国财政部
中华人民共和国国土资源部
中国人民银行
中华人民共和国监察部
中华人民共和国审计署
二〇〇九年十一月十八日

印发广东省征收农村集体土地留用地管理办法（试行）的通知

粤府办〔2009〕41号

各地级以上市人民政府，各县（市、区）人民政府，省政府各部门、各直属机构：

《广东省征收农村集体土地留用地管理办法（试行）》业经省人民政府同意，现印发给你们，请认真贯彻执行。

广东省人民政府办公厅
二〇〇九年六月十九日

广东省征收农村集体土地留用地管理办法（试行）

第一条 为深入推进征地制度改革，多方式妥善安置被征地农民，规范征收农村集体经济组织土地所需留用地的管理，切实维护被征地农民合法权益，根据《国务院关于深化改革严格土地管理的决定》（国发〔2004〕28号）有关精神和《中共广东省委广东省人民政府关于解决社会保障若干问题的意见》（粤发〔2007〕14号）的相关规定，制订本办法。

第二条 本办法所称的征收农村集体经济组织土地所需的留用地（以下简称留用地），是指国家征收农村集体土地后，按实际征收土地面积的一定比例，作为征地安置另行安排给被征地农村集体经济组织用于发展生产的建设用地。留用地的使用权及其收益全部归该农村集体经济组织所有。

第三条 留用地按实际征收农村集体经济组织土地面积的10%至15%安排，具体比例由各地级以上市人民政府根据当地实际以及项目建设情况确定。但符合下列情况之一的可不安排留用地，采取折算货币方式补偿：

（一）被征地农村集体经济组织选择折算货币补偿而放弃留用地安置的；

（二）被征地农村集体经济组织所属土地范围内，没有符合土地利用总体规划、城乡规划可供选址安排作为留用地的。

（三）被征地农村集体经济组织提出的留用地选址方案不符合土地利用总体规划或城市、乡镇规划确定的建设用地安排，在与市、县（市、区）人民政府充分协商后仍不能达成一致的。

已经是集体所有性质的留用地，农村集体经济组织申请将该留用地征收为国有土地而使用的，不再安排留用地，也不折算货币补偿。

第四条 留用地选址应当遵循以下原则：

（一）符合土地利用总体规划及城乡规划；

（二）各地级以上市、县（市、区）人民政府与被征地农村集体经济组织共同协商确定；

（三）根据产业分类分别向规划功能区、城镇社区集中。

第五条 留用地折算货币补偿的，其标准参照基准地价评估确定，并不得低于该留用地办理转为建设用地需要的所有费用总和，具体标准由各地级以上市人民政府按照本地区平均土地收益和经济社会发展水平自行制定。

折算成货币补偿的，应当将不安排留用地和折算货币补偿的情况在用地报批材料书面请示及征收土地方案中予以说明，货币补偿款项应当与实际征收土地的征地补偿费用一起兑现给被征地农村集体经济组织。

第六条 留用地应当依法转为建设用地。留用地原则上保留集体土地性质；在城镇规划区范围内的留用地可征收为国有土地。

留用地办理转为建设用地或征收土地手续的费用，纳入征地成本，由用地单位承担。其中，征收为国有建设用地的，各地级以上市、县（市）人民政府可以无偿返拨给被征地农村集体经济组织，用于发展壮大集体经济。

第七条 留用地应当在项目预审阶段纳入用地范围，在申请城市分批次或单独选址项目用地时一并上报审批，在征收集体土地时安排解决。因留用地选址等实际条件限制确实难以一并报批的，各地级以上市、县（市、区）人民政府在上报用地申请时应当附上向被征地农村集体经济组织作出的具体书面承诺，并在批准用地后6个月内为其依法办理留用地的用地报批手续；如被征地农村集体经济组织将不同征地项目的留用地累计合并安排，或者属于公益性或交通基础设施项目留用地的，可延长办理期限，但最迟不得超过两年，并在书面承诺中加以明确。

留用地与征地一并报批的，应当附上留用地安置方案，列明留用地选址位置、面积和拟安排用途等内容。

留用地单独报批的，县级以上土地行政主管部门应当专门作出书面说明，包括需安排留用地所对应的用地批次或项目，原用地批次或项目征地面积、征地时间、留用地比例、留用地指标安排、被征地农村集体经济组织对留用地选址方案的意见、是否经充分协商等情况，并附上当时各地级以上市、县（市、区）人民政府向被征地农村集体经济组织作出的具体书面承诺文件或地级以上市、县（市、区）人民政府与被征地农村集体经济组织签订的相关协议文件。

第八条 城市分批次报批及地级以上市、县级工程项目涉及留用地的用地指标由各地级以上市、县（市、区）安排解决。国家、省重点工程项目因征收农村集体经济组织土地需要安排留用地的，用地指标由省统筹安排解决。

对在征收集体经济组织土地时难以一并安排解决留用地的，对留用地实行指标管理。各地级以上市、县（市、区）土地行政主管部门要建立留用地指标管理台帐，以村为单位，对留用地的用地指标核定、使用、调剂、注销等实行动态管理。

被征地农村集体经济组织可以将不同征地项目安排的留用地指标累计合并使用，报批用地时使用当年土地利用计划指标。

已分配给被征地农村集体经济组织的留用地指标不得转让；各地级以上市、县（市、区）人民政府在征得被征地农村集体经济组织同意的前提下，可以协商购回该留用地指标。

用于核定留用地指标的原征地项目不获批准的，该留用地指标自动失效。

第九条 留用地应当以被征地农村集体经济组织的名义进行登记，不得以个人名义登记。

严禁将留用地分配到本村村民。

第十条 依法转让、出租、抵押国有留用地使用权或出让、转让、出租、抵押集体留用地使用权，须经本农村集体经济组织的村民会议2/3以上成员或者2/3以上村民代表的同意，流转方案应在本集体经济组织范围内公示15日。

留用地使用权出让、转让、出租或作价入股、出资与他人合作、联营等形式用于经营性项目和工业用地的，应当参照国有土地使用权公开交易的程序和办法，通过土地交易市场招标、拍卖、挂牌等方式进行。但本农村集体经济组织全（独）资注册成立的公司、企业使用留用地的除外。

第十一条 留用地安置不影响征地补偿，不得因实施留用地安置降低征地补偿标准。

第十二条 违反本办法第八条第四款规定，擅自转让留用地用地指标的，县级以上土地行政主管部门不得为其办理使用该留用地用地指标审批手续。

违反本办法第九条第二款规定和第十条第一款规定，擅自将留用地分配给本村村民，擅自转让、出租和抵押留用地使用权的，县级以上土地行政主管部门不得为其办理该留用地权属变更等登记手续。

违反本办法第十条第二款规定，留用地使用权不实行公开交易的，县级以上土地行政主管部门不得为其办理产权变更登记或者他项权利登记手续。

第十三条 大中型水利水电工程项目建设征地，按照国家《大中型水利水电工程建设征地补偿和移民安置条例》有关规定执行。

第十四条 各地级以上市人民政府可根据本办法精神，结合各地区自身实际情况，制定本市征收农村集体经济组织土地留用地管理具体实施办法。

第十五条 本办法由省国土资源厅负责解释。

第十六条 本办法自发布之日起施行。

印发广东省国土资源厅主要职责内设机构和人员编制规定的通知

粤府办〔2009〕99号

各地级以上市人民政府，各县（市、区）人民政府，省政府各部门、各直属机构：

《广东省国土资源厅主要职责内设机构和人员编制规定》已经省人民政府批准，现予印发。

广东省人民政府办公厅

二〇〇九年九月三日

广东省国土资源厅主要职责内设机构和人员编制规定

根据《中共广东省委、广东省人民政府关于印发〈广东省人民政府机构改革方案〉的通知》（粤发〔2009〕8号），设立广东省国土资源厅，为省人民政府组成部门。

一、职责调整

（一）取消和调整已由省人民政府公布取消和调整的行政审批事项。

（二）将归口管理省属地质勘查单位的职责调整为负责地质勘查行业管理。

（三）将下列职责交给相关事业单位。

1. 省级土地整理、补充耕地、复垦开发专项规划和省级土地利用总体规划编制的技术性、事务性工作，市、县级土地利用总体规划成果技术审查和规划实施评估工作；

2. 土地市场和地价动态监测分析，建设用地信息发布，国土资源统计等技术性、事务性工作；

3. 地质灾害预警预报事务性工作，汛期地质灾害应急技术性调查，地下水动态监测、评价、预报工作；

4. 矿产资源储量登记、统计，地质资料的汇交，建设项目压覆矿产资源查询工作；

5. 公开出版、展示、登载地图及地图产品内容的审核和测绘成果的汇交工作。

（四）将下列职责逐步交给相关社会组织。

1. 矿产资源储量社会评审机构和人员资质认定等工作；

2. 草拟行业标准、行业服务机构评比等工作。

（五）加强土地供需调控和总量平衡，落实最严格的土地管理制度；加强国土资源节约集约利用和耕地开发整理、补充、保护工作；加强国土规划、土地利用总体规划的整体控制作用；加强国土资源市场监管、基础测绘、国土资源执法监察工作。

二、主要职责

（一）贯彻执行国家和省有关土地、矿产资源、测绘管理的方针政策和法律法规，组织起草有关地方性法规、规章草案和政策措施并组织实施。

（二）承担保护与合理利用土地、矿产资源的责任。负责编制、实施全省国土与矿产资源规划，参与涉及国土资源相关规划的审查、审核，指导和审核地级以上市、县级土地利用总体规划和矿产资源规划。

（三）承担规范国土资源管理秩序的责任。监督检查下级人民政府及其国土资源主管部门执行国土资源管理法律法规情况，依法保护土地、矿产资源所有者和使用者的合法权益，调查处理国土资源重大违法违规案件。

（四）承担耕地保护的责任。组织制定全省土地开发、整理、复垦和补充耕地政策并负责指导、监督落实，组织实施土地用途管制，承担耕地面积占补平衡和基本农田保护工作。

（五）负责组织开展节约集约利用土地工作。拟订节约集约用地政策并组织实施，拟订建设用地使用权流转、储备、供应等政策，指导基准地价、标定地价的制定与公布，规范土地市场秩序，承担上报国务院、省人民政府审批的各类用地审查、报批工作。

（六）负责拟订地籍管理办法并组织实施。负责提供土地利用各种数据，承担土地资源调查、地籍调查、土地统计和动态监测工作，负责土地确权、定级、登记和城乡地籍管理等工作，承担省人民政府调处重大土地权属纠纷工作。

（七）负责矿产资源勘查、开发管理工作。承担矿业权审批、矿业权市场监管、矿产资源储量监管和地质资料汇交管理工作，监督管理全省重要矿区、保护性特定矿种的勘查开采活动，承担调处重大矿业权纠纷和地质勘查行业管理工作。

（八）负责地质环境保护和地质灾害防治工作。组织编制并实施全省地质环境保护、地质灾害防治和地质遗迹保护规划，指导、监督古生物化石、地质遗迹等重要保护区的管理工作，监督管理水文地质、工程地质、环境地质等勘查和评价工作，监测、监督防止地下水过量开采引起的地面沉降与地下水污染造成的地质环境破坏，承担国土资源应急管理工作。

（九）负责基础测绘和测绘市场管理工作。组织制定本省测绘规划和公共技术标准，监督管理测绘行业，负责测绘成果、基础地理信息数据管理和公共服务提供。

（十）负责下一级国土资源主管部门领导干部双重管理主管方的工作。

（十一）承办省人民政府和国土资源部、国家测绘局交办的其他事项。

三、内设机构

根据上述职责，省国土资源厅设15个内设机构：

（一）办公室（与机关党委办公室合署）

负责文电、会务、机要、档案等机关日常工作；承担信息、安全、保密、政务公开和计划生育等工作；承担综合组织协调、重大课题调研和起草重要文稿等工作；负责机关和直属单位的党群工作。

（二）政策法规处

组织起草有关地方性法规、规章草案，负责审核厅内规范性文件；组织、指导国土资源听证，承担行政复议案件的审理，组织办理有关行政复议、行政应诉、行政赔偿工作；统筹协调本系统依法行政和普法工作。

（三）规划处

编制实施国土、土地利用、矿产资源等综合规划；会同有关部门编制管理土地利用年度计划；承担与国土资源相关规划的审查、审核工作，对建设项目用地进行土地规划审核和预审；承担国土资源综合统计工作；提出全省国土资源供需总量平衡的政策建议。

（四）财务处（审计室）

组织拟订财务管理办法和相关规章制度；负责编制和执行部门预决算；承担财务、国有资产监督管理和内部审计，财政拨付资金安排和监督管理，国家和省规定的国土资源专项基金、行政事业性收费的征收及使用管理工作。

（五）耕地保护处

承担基本农田保护区的划定、调整和保护工作；拟订有关耕地保护和土地开发、整理、复垦方面的政策规定；组织实施土地开发整理复垦专项规划和计划；承担耕地补充方案审核、新增耕地监督检查、补充耕地指标管理和耕地占补平衡年度考核等工作。

（六）土地利用管理处

拟订节约集约用地和建设用地使用权储备、供应、流转等政策并监督指导实施；拟订地价政策，监督管理土地市场秩序，指导土地定级、基准地价、标定地价制定与公布；承担建设用地报批工作；协助做好征地补偿标准裁决工作。

（七）地籍管理处（省人民政府调处土地纠纷办公室）

拟订地籍管理办法并监督实施；承担土地利用现状、权属调查和变更调查工作，土地利用动态监测及统计管理工作；监督管理土地确权工作，调处重大土地权属纠纷。

（八）矿产资源管理处

监督管理矿产资源的开发利用与保护工作；承担采矿权审批、矿山储量动态、重要矿区和特定矿种保护性开采、采矿权市场的监管工作；负责调处重大采矿权权属纠纷；承担压覆矿产资源管理工作。

（九）地质勘查处

组织编制地质勘查规划并监督检查执行情况；承担探矿权审批工作；监督管理探矿权市场，管理地质勘查资质，调处重大地质勘查纠纷；指导地质勘查行业相关工作。

（十）地质环境处

组织、协调和监督地质灾害防治和应急管理工作；承担矿山地质环境保护工作；监督古生物化石、地质遗迹、矿业遗迹等重要保护区、保护地的管理工作；依法管理水文地质、工程地质、环境地质勘查和评价工作；组织监测、监督防止地下水过量开采和污染；承担饮用天然矿泉水注册登记和年审工作。

（十一）基础测绘处

拟订地理信息数据共享规则；会同有关部门拟订测绘发展规划和公共技术标准，编制基础测绘年度计划；管理行政区域界线测绘、地籍测绘和测绘成果；监督管理测绘基准和测量标志；审核重要地理信息数据；承担航空摄影和财政资金测绘项目审核工作。

（十二）测绘管理处

监督管理测绘市场，承担测绘资质资格和地图审核管理工作，调处测绘纠纷；负责测绘标准化、注册测绘师、测绘作业证管理工作；承担外国组织、个人来粤从事测绘活动的管理工作。

（十三）科技教育处

负责编制国土资源科技发展规划并组织实施；承担国土、地矿、测绘专业技术职称的评审工作；负责国土资源宣传和指令性业务培训、国土资源信息化管理及对外合作与交流工作。

（十四）人事处（与离退休人员服务处合署）

负责机关和指导直属单位的人事管理、机构编制、劳动工资和离退休人员服务工作；承担下一级国土资源主管部门领导干部双重管理主管方的工作。

（十五）执法监察局

负责土地、矿产资源、测绘行政执法监察和信访工作；承担违反土地、矿产资源和测绘管理法律、法规案件的查处工作，办理信访案件；监督检查全省国土资源动态巡查工作。

四、人员编制

省国土资源厅机关行政编制 110 名。其中厅级领导职数：厅长 1 名、副厅长 5 名，总工程师 1 名；执法监察局局长 1 名，正处级领导职数 18 名（含总规划师 1 名、机关党委专职副书记 1 名）、副处级领导职数 26 名。

五、其他事项

（一）省国土资源厅负责对省地质局、省核工业地质局等地质勘查单位进行行业管理。

（二）将丹霞山国家级自然保护区和南雄恐龙化石群、河源恐龙化石、饶平海山海滩岩田、潮安海蚀地貌等省级自然保护区管护机构人员、经费分别划给韶关、河源、潮州等市人民政府实行属地化管理。省国土资源厅负责地质遗迹保护的业务指导工作。

（三）用于综合行政执法的编制另行核定。

六、附则

本规定由省机构编制委员会办公室负责解释，其调整由省机构编制委员会办公室按规定程序办理。

关于加快建设用地报批依法保障扩大内需建设项目用地的紧急通知

粤府办明电〔2009〕245号

各地级以上市人民政府，各县（市、区）人民政府，省政府部门、各直属机构：

为贯彻落实国家关于扩大内需促进经济平稳较快发展的重大决策，进一步提高建设用地依法报批工作效率，促进全省经济社会发展，根据国家有关法律法规和《国土资源部关于在保增长保红线行动中做好扩大内需项目用地规划管理工作的通知》（国土资电发〔2009〕48号）要求，经省人民政府同意，现就加快我省建设用地报批，依法保障扩大内需建设项目用地的相关事项通知如下：

一、加快土地利用总体规划修编，落实耕地占补平衡

（一）加快规划修编和完善规划修改。各级人民政府要高度重视土地利用总体规划修编工作，保障工作经费，加快修编进度。全省力争在2009年底前完成各级土地利用总体规划修编工作。

在新一轮土地利用总体规划批准实施前报国务院审批的用地，不符合现行土地利用总体规划，但其新修编的土地利用总体规划大纲已经国土资源部或省国土资源厅审核同意的，可将用地报批材料以及与规划大纲的衔接说明一同上报审批；土地利用总体规划大纲未经国土资源部或省国土资源厅审核同意的，要将规划修改材料与用地报批材料一同上报审批。对需报省人民政府批准但不符合现行土地利用总体规划的用地，可按以下方式办理：经省人民政府批准已列入扩大内需项目清单的，符合已通过国土资源部审查验收的土地利用总体规划修编试点成果，或国土资源部（省国土资源厅）已审查同意的市级土地利用总体规划大纲的，由地级以上市人民政府将用地报批材料以及与规划大纲的衔接说明和承诺一并报省人民政府审批。

（二）做好基本农田跨市补划工作。广州、佛山、东莞、中山4市列入国家和省扩大内需项目需占用基本农田，而本市确实没有适宜耕地可供补划为基本农田的，可按照依法、平等、自愿、有偿的原则跨市补划。具体由项目所在地的地级以上市人民政府将跨市补划基本农田申请、补划方案及用地报批材料一并上报。

（三）积极开发补充耕地。各地要加大开发补充耕地力度，确保全省2009年完成补充耕地50万亩。对于国家和省扩大内需项目；项目业主应在省国土资源厅的指导下有计划地储备一批耕地占补平衡指标；做好先补后占工作。省国土资源厅负责指导、协调项目业主与有条件的地级以上市、县（市、区）协商耕地储备指标的转让，有关地级以上市、县（市、区）要从全省大局出发，予以积极支持。

二、加快用地审核报批速度

（一）明确规划修编审核时限。省土地利用总体规划修编工作联席会议成员单位要认真履行职责，在收到地级以上市、县（市、区）规划成果后5个工作日内提出审查意见；省国土资源厅在5个工作日内对各地修改完善后的规划成果上报省人民政府；省人民政府在10个工作日内批复或转报。今年内续建、在建和拟建的扩大内需项目，必须在10月底前完成整体用地或先行用地报批手续。

（二）简化建设用地报批手续。所有报省人民政府审批或转报的用地均适用《关于简化建设用地报批材料加快重点项目建设报批工作的通知》（粤国土资利用电〔2009〕5号）的规定。

（三）减少各类用地报批材料。报国务院审批的单独选址项目用地材料由原来规定的34项减少为19项（见附件1）；报省人民政府批准的单独选址建设项目用地材料由原来规定的23项减少为12项（见附件2）；报省人民政府批准的批次用地材料由原来规定的

17 项减少为 7 项（见附 3）。上报的建设用地报批材料减少后，所减少的报批材料由地级以上市人民政府审查并交同级国土资源管理部门保存备查。各市要认真履行用地审查责任，在用地请示文中作结论性审查说明，并对其申报材料的合法性、真实性负责。省人民政府每季度组织一次抽查。

（四）调整用地报批涉及的使用林地审核同意书、社保审核意见书及落实留用地材料的提交环节。对涉及使用林地的建设项目用地报批，应附上地级以上市、县（市、区）林业主管部门出具的已受理林地使用初审证明；使用林地审核手续可与用地报批手续同步审查，省林业主管部门应在用地报省人民政府批准前完成使用林地审核手续并经送省国土资源厅，作为用地报批材料。依法由省人民政府批准的用地，报批时难以具体落实社会保障对象的，在新的政策出台前，用地单位按照地级以上市、县（市、区）人民政府规定的标准缴纳社保保证金（每亩不少于 2000 元）后，由县级以上人民政府及项目业主出具在实施征地前落实好被征地农民社会保障的承诺和地级以上市社保主管部门出具的相关证明，作为建设用地报批材料。报国务院审批的建设用地报件不再将留用地一并打包上报，由地级以上市作出具体承诺，在建设用地批准后按《广东省征收农村级土地留用地管理办法（试行）》（粤府办〔2009〕41 号）规定的时限落实。未完成使用林地审核同意手续、未兑现社保和落实留用地的，不得实施征地。

三、适当扩大先行用地范围，确保扩大内需项目用地

列入省扩大内需项目清单依法由省人民政府批准的用地。急需开工建设的控制工期的单体工程，以及有工期要求或受季节影响急需开工的工程用地，具备以下条件的，可向省国土资源厅申请先行用地：

（一）完成项目批准（核准、备案）与初步设计；

（二）不占用基本农田；

（三）用地范围界线、面积、地类、权属清楚准确；

（四）征地补偿安置方案合理合法，被征地集体和农民对征地补偿安置方案无异议，补偿款到位；

（五）保证在 1 年内完成整个项目用地材料组织审查上报工作（先行用地材料见附件 4）。

对跨多个地区的线性工程项目用地，可以地级以上市为单位组织用地报批，个别急需开工建设的，也可以县（市、区）为单位组织用地报批。

四、强化土地执法监察，防止违法用地反弹

各地要认真贯彻执行《关于建立土地管理共同责任制度的通知》（粤府〔2008〕100 号），落实土地管理共同责任，做好扩大内需项目用地保障和执法监管工作。要进一步完善土地动态巡查责任制，继续保持违法违规用地查处整治高压态势，严肃查处土地违法违规案件，坚决遏制违法违规用地行为。

对违法违规用地的，国土资源管理部门要及时发出停工通知书；责成用地单位认真整改，并视整改情况依法处理。对未办理先行用地手续未批先用的扩大内需项目，在 2009 年底前办理用地报批手续的，按每平方米 2 元的标准缴纳罚款后办理手续；在 2010 年办理用地报批手续的，提高处罚标准并缴纳罚款后办理手续。对已办理先行用地但未能在规定时限内完成整体用地报批手续的，按违法用地查处。对谎报瞒报、骗取批准用地、“搭车”报批等行为，由监察、人事、国土资源等有关部门依据《违反土地管理规定行为处分办法》（监察部、人力资源和社会保障部、国土资源部令第 15 号）及有关规定严肃查处。

五、加强领导，明确责任

各级人民政府要按照依法依规、特事特办的原则，切实加强对用地报批工作的组织领导。省人民政府各有关部门要按照职能分工，督促各地政府落实扩大内需项目用地报批时的各项承诺。省发改委负责提供经省政府确定的扩大内需项目清单，并负责落实项目审批、核准、备案等工作。省国土资源厅负责督促落实项目用地与新一轮土地利用总体规划衔接及留用地的承诺，对用地报批情况每月进行通报。省劳动保障厅负责督促落实社保承诺。省林业局负责落实办理使用林地审核同意书。省交通、水利、铁路、电力等项目行业主管部门和单位要督促用地单位及时组织用地材料及依法申请用地，未经批准不得动工建设。各地级以上市、县（市、区）人民政府要切实履行职责，严格把关，并建立部门联合报批专责机制，指定专人负责，跟踪落实用地报批相关工作。

附件：

1.《报国务院审批用地的单独选址项目用地报批材料目录》

2.《省政府审批用地的单独选址项目用地报批材料目录》

3.《省政府审批用地的批次项目用地报批材料目录》

4.《建设项目先行用地报批材料目录》

附件 1：

报国务院审批用地的单独选址项目用地报批材料目录

（精简后为 19 项材料）

序号	报批材料名称
1	地级以上市国土资源管理部门请示文件
2	建设用地项目呈报资料“一书四方案”（含汇总方案及电子化格式的数据库表）
3	建设用地申请表（含电子化格式的数据库表）
4	建设项目用地预审批复文件（含 PDF 文档）
5	建设项目批准、核准或备案文件（含 PDF 文档）
6	初步设计批准文件或审核文件（含 PDF 文档）
7	土地所有权证（线性工程可不提供）
8	不压覆重要矿床的证明资料或压覆重要矿床评估审核意见
9	地质灾害危险性评估报告备案登记证明
10	项目的土地复垦方案通过评审的材料
11	补充耕地的验收文件及补充耕地地块边界拐点坐标表（含电子化格式的数据库表）
12	建设项目用地土地分类面积汇总表（含电子化格式的数据库表）
13	土地利用总体规划修改方案或与规划大纲的衔接说明
14	国土资源部或省国土资源厅对占用和补划基本农田方案进行论证的意见
15	补划基本农田地块边界拐点坐标表（含电子化格式的数据库表）
16	电子化格式的界址点坐标表（需由具有甲级测绘技术资质的单位制作）
17	拟占用土地 1:10000 分幅土地利用现状图
18	补充耕地的 1:10000 分幅土地利用现状图
19	土地利用总体规划图（图原件或复印件上标出用地所在位置；如提供的为局部规划图，应标出图的经纬度、坐标）

附件 2：

省政府审批用地的单独选址项目用地报批材料目录

（精简后为 12 项材料）

序号	报批材料名称
1	县级、地级以上市国土资源部门请示文件
2	建设用地项目呈报资料“一书四方案”（含汇总方案）
3	建设用地申请表
4	建设项目用地预审批复文件
5	建设项目批准、核准或备案文件
6	初步设计批准文件或审核文件
7	土地所有权证（线性工程可不提供）
8	补充耕地的验收文件及补充耕地地块边界据点坐标表（预审文件、补充耕地的验收文件在请示中注明文号）
9	土地利用总体规划修改方案或与规划大纲的衔接说明
10	拟占用土地 1:10000 分幅土地利用现状图及勘测定界界址点坐标表
11	补充耕地的 1:10000 分幅土地利用现状图
12	土地利用总体规划图（图原件或复印件上标出用地所在位置；如提供的为局部规划图，应标出图的经纬度、坐标）

附件 3：

省政府审批用地的批次项目用地报批材料目录

（精简后为 7 项材料）

序号	报批材料名称
1	县级、地级以上市国土资源部门请示文件
2	建设用地项目呈报资料“一书三方案”（含汇总方案）
3	土地所有权证
4	补充耕地的验收文件及补充耕地地块边界据点坐标表（预审文件、补充耕地的验收文件在请示中注明文号）
5	拟占用土地 1:10000 分幅土地利用现状图及勘测定界界址点坐标表
6	补充耕地的 1:10000 分幅土地利用现状图
7	土地利用总体规划图（图原件或复印件上标出用地所在位置；如提供的为局部规划图，应标出图的经纬度、坐标）

附件 4：

建设项目先行用地报批材料目录

序号	报批材料名称	备注
1	地级以上市国土资源管理部门关于先行用地的请示	包括项目概况、先行用地的必要性、项目前期工作情况、先行用地资金落实情况、申请先行用地的单体工程名称及用地面积、整体报批材料的上报时间等
2	项目建设用地预审批复文件	
3	项目可行性研究报告批复文件	
4	项目初步设计批复文件	
5	省发展改革部门对项目急需开工建设的意见	
6	先行用地权属、地类、面积一览表	
7	经审核的单体工程用地面积审核表	
8	用地涉及的农村集体经济组织同意征地的有关材料	包括：征地补偿协议、放弃听证证明、补偿款兑现证明等
9	预存先行用地补偿资金证明材料	
10	先行用地位置图或勘测定界报告图	先行用地位置图在 1:10000 分幅土地利用现状图上标注

关于为我省扩大内需促进经济增长做好测绘保障服务的若干意见

粤国土资测管发〔2009〕26号

各地级以上市国土资源局，厅属各测绘单位：

为积极应对复杂多变的经济形势，党中央、国务院作出了进一步扩大内需、促进经济平稳较快发展的决策部署，国家测绘局专门下发了《关于为国家扩大内需促进经济增长做好测绘保障服务的若干意见》（国测办字〔2008〕11号，以下简称《意见》），对贯彻落实好党中央的重大部署，进一步做好测绘保障服务工作提出了具体的要求。省委省政府提出了十六项措施，作出了积极应对世界金融危机冲击的战略部署。为贯彻落实中央、国务院和省委、省政府、国家测绘局的重大决策部署，使测绘工作更好地服从服务于省委、省政府的中心工作和重大决策，满足国民经济建设和社会发展对测绘保障服务的迫切需求，根据国家测绘局的《意见》要求和省委、省政府的部署，结合我省测绘工作实际，现提出如下意见：

一、统一思想认识，明确工作思路

各级国土资源部门要充分认识党中央关于扩大内需、促进经济增长战略决策的重大意义，切实把思想和行动统一到党中央、国务院的分析判断和决策部署上，统一到省委、省政府的工作部署上来。要认真研究省政府进一步加大投资力度扩大内需促进经济平稳较快发展的十六项措施对测绘工作的新要求，进一步强化责任意识，理清测绘发展思路，胸怀全局，迅速行动，积极主动服务大局，服务社会，服务民生，为扩大内需促进经济增长提供优质、适用、及时的测绘保障，着力提高测绘对促进经济增长的贡献率，切实提高保障经济社会又好又快发展的能力和水平。

各级国土资源部门要按照“出手要快、出拳要重、措施要准、工作要实”的要求，结合实际，解放思想，改革创新，着眼于经济社会发展全局，切实履行职责，加强协调配合，利用一切有利条件，调动一切积极因素，主动与所在地政府联系，加快测绘项目组织实施，加快测绘科技进步与创新，丰富地理信息，搭建共享平台，保障社会需求，进一步强化测绘公共服务，推动测绘事业科学发展，为扩大内需提供有力的测绘保障服务，为促进经济增长作出应有贡献。

二、加强统筹协调，强化服务意识

紧密结合我省现代产业体系建设及省政府加大投资力度扩大内需促进经济平稳较快发展的十六项措施，认真分析当前进一步扩大内需、促进经济增长对测绘保障服务的需求，找准切入点和结合点，主动与有关部门协调，切实为民生工程、生态环境建设、现代信息服务业、珠三角改革发展、产业园区建设、交通能源基础设施和重大工程建设等提供强有力的测绘保障服务。组织开展《十二·五基础测绘规划》和测绘项目的调研论证，切实做到按需测绘适度超前，保持基础地理信息数据的现势性，为我省经济社会发展提供及时、可靠、优质的测绘保障服务。

三、加快项目实施，提高保障水平

（一）加强基础地理信息资源建设。要抓住国家扩大内需促进经济增长给测绘事业发展带来的机遇，以基础地理信息数据获取与更新为重点，着力加强基础地理信息资源建设。一是合理安排计划，加快组织航空摄影与卫星数据获取，确保基础地理信息更新的数据源；二是大力加强基础测绘工作，按省政府的要求，确保于2010年实现珠江三角洲地区大比例尺基础地理信息数据全覆盖，其他市、县实现城镇地区覆盖。三是结合珠三角地区改革发展的规划，统筹协调珠三角地区基础地理信息建设，推动珠三角地区基础地理信息资源整合与数据更新，建立合理、高效的基础地理信息更新机制。

（二）切实做好全省卫星定位连续运行服务系统

（以下简称 GDCORS）的推广应用工作。积极推广服务系统，大力推进应用服务，为经济社会发展提供高精度、快速和实时定位服务，促进以位置服务为特征的地理信息产业的发展。一是抓好应用培训，大力推进 GDCORS 的实际应用，首先要在国土资源系统用起来，切实为国土资源管理工作提供快速高效的服务；其次，要在全省测绘行业中用起来，为测绘行业提供高速的定位服务，更好地为全省各项工程建设提供快速准确的定位服务；第三，要推进在社会服务业中的应用，切实发挥测绘高新技术设施在经济社会发展中的作用。二是抓好应用研究，充分发挥 GDCORS 在违法用地查处、地质灾害预防、矿山管理等工作中的保障服务作用。

（三）全面推进基础地理信息公共服务平台建设。加强上下联动，按照"统一规划、分建共享、分级实施"的原则，全面推进基础地理信息公共服务平台建设。一是解决应用难题，组织完成广东省地形图保密处理试点工作，积极探索开展市级大比例尺地形图保密处理技术试点工作，为构建基础地理信息公共服务平台打下坚实的基础。二是创新应用思维，以基础地理信息公共服务平台为基础，整合各级、各部门的地理信息资源，为政府各部门提供全面、急需、权威、精确、现势的地理空间信息服务，充分发挥地理信息资源的最大应用效益。三是上下联动，加快建设省、市、县三级互联统一的基础地理信息公共服务平台，进一步提高测绘工作对我省经济社会发展的保障服务水平。

（四）按中央政治局常委国务院副总理李克强的重要批示和国家测绘局的部署，积极推进"数字城市"地理空间框架建设，进一步扩大实际应用。根据经济社会发展的实际，进一步加大对数字城市地理空间框架建设与推广力度，扩大覆盖面。一是认真做好惠州市、佛山市、广州市、茂名市的数字城市地理空间框架建设试点与推广工作，确保按期保质完成，为全省的数字城市地理空间框架建设发挥示范作用。二是大力推进珠江三角洲地区和其他基础测绘工作开展较好的城市地理空间框架建设和应用，扩大应用范围，推动我省数字区域地理空间框架建设的全面开展。三是对测绘基础较为薄弱但需求特别迫切的地区，在影像获取、成果提供使用、技术指导等方面给予支持，加快建设速度，推进全省数字区域地理空间框架建设的整体发展。

（五）强化农村改革发展测绘保障服务工作。研究制定做好农村改革发展测绘保障服务的有关措施。一是统筹协调，形成省、市、县基础测绘工作的有机结合，为新农村建设、城乡一体化建设等提供有力的测绘保障；二是切实加强测绘高新技术在农村改革发展相关领域中的应用研究，为社会主义新农村建设提供测绘技术支撑；三是大力开发贴近民生的测绘公共产品，紧密结合新农村建设需求，因地制宜制作有关地图图件，推广应用涉农地理信息服务平台，为农村经济发展、文化建设等提供多样化的测绘服务；四是加大对经济欠发达地区农村的支持力度，提供强有力的测绘成果和技术服务支持。

（六）大力推进测绘公共服务。以优质高效的服务保障为目标，扩大测绘成果应用面，提高测绘公共服务水平，充分发挥基础测绘在经济社会发展中的保障服务作用。一是加快推进共建共享工作。积极推进部门间地理信息资源合作共建共享，重点抓好与应急、地震、海洋、民政、交通等部门间地理信息资源共建共享建设工作，初步形成地理信息资源共建共享的高效工作网络。二是推进公共地图服务，组织编制地图编审对照和标准地图图形，编制省、市标准版系列地图，提供社会查询和引用，加强政府用图和公开版地图的编制工作，强化地图公共服务。三是加强测绘成果应用和服务，实施基础测绘成果网络分发服务系统建设，向社会提供查询、索引等公共服务。四是加快建设广东省地图生产与服务综合数据库，加强公益性地图和公众版地图编制工作，丰富地图产品，繁荣地图市场。

四、加强组织领导，狠抓工作落实

各级国土资源部门要进一步增强做好扩大内需，促进经济较快发展的测绘保障服务的紧迫感和责任感，紧紧围绕促进自主创新能力、促进传统产业转型升级、促进建设现代产业体系、保持经济平稳较快发展，结合本地区本单位测绘工作实际，结合贯彻落实国务院与省政府关于加强测绘工作的有关要求，突出工作重点，加强组织领导，周密安排部署，注重统筹兼顾，提高办事效率，积极主动配合当地政府做好扩内需促增长测绘保障服务工作，切实加强对基础测绘项目的资金、质量等方面的监督管理，严格执行测绘成果保密和安全生产的法律法规，全面推进测绘工作又好又快发展，为我省经济社会发展提供强有力的测绘保障服务。

附件：

《国家测绘局关于为国家扩大内需促进经济增长做好测绘保障服务的若干意见》（国测办字〔2008〕11号）

广东省国土资源厅

二〇〇九年一月二十二日

附件：

国家测绘局关于为国家扩大内需促进经济增长做好测绘保障服务的若干意见

国测办字〔2008〕11号

各省、自治区、直辖市、计划单列市测绘行政主管部门，新疆生产建设兵团测绘主管部门，局所属各单位，局机关各司（室）：

今年以来，在党中央国务院的坚强领导下，面对极其复杂严峻的国际国内形势，我国保持了国民经济平稳较快发展。近期，为了更加有效地应对国际金融危机对我国经济造成的负面影响，党中央国务院作出了扩大内需、促进经济平稳较快增长的决策部署。为了贯彻落实好党中央的部署和要求，进一步做好测绘保障服务工作，满足国民经济建设和社会发展的需求，经研究，提出以下意见：

一、统一思想认识，明确重点任务

（一）准确把握精神。要全面理解和准确把握党中央精神，充分认识党中央关于扩大内需促进经济增长战略决策的重大意义，切实把思想和行动统一到党中央的分析判断和决策部署上来。要认真研究国家扩大内需促进经济增长十大措施对测绘工作的新要求，进一步优化测绘发展思路，及时调整测绘生产力布局，积极主动服务大局；服务社会，服务民生，为扩大内需促进经济增长提供可靠、适用、及时的测绘保障，着力提高测绘对促进经济增长的贡献率。

（二）明确工作思路。要深入贯彻落实科学发展观，解放思想，改革创新，着眼于经济社会发展全局，按照党中央关于扩大内需促进经济增长的决策部署，把项目更多地调到现实需求上来，把建设更好地放到公共服务上来，把产品更快地转到有利于民生上来，把资金更有效地用到扩大内需上来，把工作重心切实做到促进发展上来，举全国测绘之力，加快构建数字中国，丰富地理信息，搭建共享平台，保障社会需求，为扩大内需提供有力的测绘保障服务，为促进经济增长作出应有贡献。

（三）突出工作重点。要把贯彻落实好党中央国务院关于当前进一步扩大内需促进经济增长的十项措施，积极主动做好相应测绘保障服务，加强测绘基础建设，提高保障能力和水平作为工作的重点，按照“出手要快、出拳要重、措施要准、工作要实”的要求，进一步发挥中央和地方两个积极性，加快测绘项目组织实施，加快论证重大测绘项目，加快测绘科技进步与创新，强化测绘公共服务，繁荣地理信息产业，推动测绘事业科学发展，辐射带动经济社会相关领域发展进步。

二、加快项目实施，提高保障水平

（四）保障服务要到位。要认真分析当前进一步扩大内需促进经济增长的十项措施对测绘保障服务的需求，找准切入点和结合点，提前筹划、主动服务，充分发挥测绘部门的资源优势、技术优势和人才优势，切实为保障性安居工程建设，农村基础设施建设，铁路、公路和机场等重大基础设施建设，生态环境建设，地震灾区恢复重建等国家和地方重大工程建设做好测绘保障服务，发挥好测绘的基础性作用。

（五）重大项目要加快。加快推进我国西部1:50000地形图空白区测绘，带动西部地区测绘发展。加快实施国家测绘成果档案存储与服务设施建设项目，推动全国各级测绘成果档案存储与服务设施建设。加强统筹协调，整合国家、省、市、县各级基础测绘力量，加快1:50000基础地理信息数据库更新、1:10000地形图测绘、1:10000及更大比例尺基础地理信息数据库建设和更新等项目的实施进程。尽快启动实施国家现代测绘基准体系基础设施建设、高分辨率立体测图卫星、海岛（礁）测绘等国家重大测绘项目，加快省级相关项目的立项和实施，尽早发挥项目效益。

（六）带动性项目要优先。加强上下联动，采取有效措施带动地方各级基础测绘发展。要在认真总结数字城市建设示范工程经验的基础上，择优遴选一批地级市加快推广，在此基础上进一步扩大推广范围，加大推广力度。要紧密结合各省、市、县新农村建设的需求，加快实施“百镇千村测图”和“一村一图”等测绘保障服务工程。要继续配合国家有关部门做好边远地区、少数民族地区基础测绘专项补助经费项目的实施。要通过优先实施带动性项目，发挥中央和地方各级政府的积极性，利用3年左右的时间，直接带动各方面近100亿元的资金投入，为扩大内需注入新的活力。

（七）基础建设要加强。要抓住国家扩大内需促进经济增长给测绘事业发展带来的机遇，着力加强测绘能力建设，提高测绘保障服务水平。紧密结合国务院有关部门、地方各级政府出台的关于扩大内需促进经济增长的具体举措，积极论证争取一批新的测绘项目。加快做好全国地理信息公共服务平台建设、信息化测绘技术装备建设、新农村建设测绘保障、地理信息产业基地建设等项目的论证立项工作。

（八）公共项目要推进。要按照统筹规划、统一设计、统一标准的原则，加快建设国家、省、市三级互联，资源共享，能够满足防灾减灾、电子政务等方面需求的全国地理信息公共服务平台。完善全国测绘成果网络化目录服务系统，加快建立全国地理信息资源目录服务系统。进一步完善应急测绘保障预案，健全应急测绘保障体系。积极推进长城测量、文物普查测绘保障、第二次全国土地调查测绘保障、经济普查测绘保障、重要地理信息数据获取和审查发布等工作。

（九）急需项目要放开。积极探索增加测绘投入，提高测绘保障服务能力，更好满足经济社会发展对测绘保障服务需求的新思路、新办法和新途径。对于市县大比例尺地形图测绘及其地理信息数据库建设、航空摄影和高分辨率卫星遥感影像获取等社会需求强烈，短时间内政府又难以加大投入的测绘项目，有条件的地区，可以通过试点，探索研究政府主导下的、以财政投入为主体的多元化测绘投入模式，适当引入社会资金，加快发展。

（十）民生项目要快上。按照《国家汶川地震灾后恢复重建总体规划》对测绘工作的要求，加强灾区基础测绘和其它测绘工作，加快恢复和建设灾区测绘基础设施，建设灾情监测评估地理信息系统，确保灾后重建、测绘先行。加快公益性地理信息服务网站建设和资源整合，着力打造互联网地图服务知名品牌；加快公众版地形图研究，进一步丰富地图品种，不断推出精品地图，繁荣地图市场，满足人民群众的物质文化生活需要。加强对房产测绘质量、重大建设工程测绘质量等的监督检查，维护百姓权益和利益。

（十一）产业发展要支持。本着稳定行业、扩大就业的原则，在确保国家安全和测绘质量的前提下，对工程测量、地籍测绘、房产测量和地理信息系统工程等测绘活动实行适度宽松的市场准入政策，扩大产业规模，创造更多就业岗位。大力支持卫星导航电子地图、互联网地图和地理信息服务等高新技术产业化发展，推动汽车、通讯、物流、出行服务、网络服务等产业发展。要通过鼓励地理信息产业基地建设、推进产业化项目示范以及提供基础地理信息资源、测绘技术指导、实施政府采购倾斜政策等方式，保持产业平稳快速增长，推动地理信息产业总产值2010年力争达到1000亿元。

三、加强组织领导，狠抓工作落实

（十二）增强紧迫感责任感。测绘系统各单位要进一步增强做好扩大内需促进经济增长测绘保障服务的紧迫感和责任感，紧密围绕党中央的决策部署，结合本地区本单位测绘工作实际，加强组织领导，周密安排部署，注重统筹兼顾，切实抓出成效。要通过强有力的测绘保障，服务拉动内需促进经济平稳较快增长。

（十三）精心组织狠抓落实。测绘系统各单位要把做好扩大内需促进经济增长测绘保障服务作为当前的头等大事来抓，主要负责同志要亲自抓好各项工作的落实。各省级测绘行政主管部门要认真落实和配合国家测绘局的各项相关举措，积极争取省级人民政府的支持，加强对市县测绘行政主管部门的指导和监督。要狠抓工作落实，能出台的措施要尽快出台，已立项的项目和出台的措施要抓紧落到实处。

（十四）简化审批提高效率。要加快测绘行政许可集中受理和在线办理，对应急测绘保障等特殊项目的审批，要特事特办、即理即办。要通过修改审批程序规定、实行行政委托等方式，依法下放审批权限，将部分地图的审核、拆迁测量标志、提供测绘成果、建立相对独立坐标系等审批权力下放，提高审批效率。要适当简化基础测绘项目、基本建设项目、测绘科技项目等的审批程序，缩短审批时间，提高工作效率。

（十五）严格资金项目管理。要严格遵守国家和地方有关项目管理、经费管理、财务管理方面的法规规定，在允许的职责权限和范围内，遵照规定的程序进行测绘项目和资金调整。需报经上一级领导部门或有关部门审批的，必须严格按照规定程序报批。要建立健全责任制，加强对投资安排、项目管理、资金使用、项目质量、实施效果等各个环节的监督检查。

（十六）抓好安全保密管理。要严格执行测绘安全生产规定，坚持以人为本，安全第一，预防为主，确保测绘安全生产。要妥善处理测绘成果保密与利用的关系，坚持以保证涉密测绘成果安全、维护国家安全和利益为前提，严格执行国家有关保密法律法规和测绘成果保密法律法规，在确保国家安全的前提下推进测绘成果的广泛利用。

做好扩大内需、促进经济平稳较快增长测绘保障服务是测绘部门的应尽责任，是一项艰巨而紧迫的任务。测绘系统各单位要进一步解放思想，开拓创新，求真务实，扎实工作，共同为实现经济繁荣和社会和谐努力奋斗。

各单位贯彻落实本意见重大举措要及时向国家测绘局报告。

国家测绘局

二〇〇八年十一月二十五日

印发关于促进扩大内需支持现代产业发展用地若干意见的通知

粤国土资利用发〔2009〕71号

各地级以上市人民政府、各县（市）人民政府：

《关于促进扩大内需支持现代产业发展用地的若干意见》已经省人民政府同意，现印发给你们，请认真贯彻执行。执行过程中遇到的问题，请及时向我厅反映。

广东省国土资源厅

二〇〇九年二月二十六日

关于促进扩大内需支持现代产业发展用地的若干意见

为贯彻落实党中央、国务院关于进一步扩大内需促进经济平稳较快发展的重大决策和《中共广东省委广东省人民政府关于加快建设现代产业体系的决定》（粤发〔2008〕7号）的精神，现就促进扩大内需支持现代产业（指粤发〔2008〕7号文中所表述的现代服务业、先进制造业、高新技术产业、优势传统产业、现代农业、基础产业等六大产业）发展用地提出如下意见：

一、各级人民政府安排建设用地供地要向产业优化升级和促进扩大内需倾斜，优先保障现代产业项目以及中央和省财政新增投资计划项目（以下合称为“现代产业项目”）用地需求，主动高效做好项目用地预审、农用地转用、土地征收、建设用地供应等有关服务工作。

二、科学合理安排现代产业项目用地布局。各地要将现代产业项目纳入新一轮土地利用总体规划统筹安排，在城乡建设用地总规模控制下，优先安排用地，重点予以保障。用地审批权属省人民政府的现代产业项目建设需调整修改土地利用总体规划的，在新一轮镇级土地利用总体规划批准前，可按照与新一轮土地利用总体规划修编相衔接、先补后调以及确保耕地总量不减少、质量有提高的原则，编制土地利用总体规划调整方案随同农用地转用方案一并报省人民政府审批。

三、优先保障现代产业项目用地计划指标。省、市在统筹安排年度土地利用计划指标时，适时合理增加现代产业项目的用地指标，优先满足现代产业项目的用地需求。今后两年土地利用计划优先保障列入新增中央及省投资计划的现代产业建设项目用地。由省立项的现代产业项目，涉及新增建设用地的，由省安排用地指标。

四、加快现代产业项目用地报批。为促进现代产业发展配套的省重点基础设施项目，在同时具备以下条件前提下，其控制工期的单体工程可申请先行用地：1. 完成项目批准（核准）与初步设计，已取得《选址意见书》；2. 用地范围界线、面积、地类、权属清楚准确；3. 征地补偿安置方案合理合法，被征地集体和农民对征地补偿安置方案无异议，补偿款到位；4、保证在半年内完成整个项目工程的用地材料组织审查上报工作。其中项目用地审批权属国务院的，其控制工期的单体工程先行用地报国土资源部批准；项目用地审批权属省人民政府的，其控制工期的单体工程先行用地可报省国土资源管理部门批准。对跨多个市、县的线型工程，根据完成用地组件报批和符合动工条件等情况，可按地（市）为单位分次报批用地。

五、鼓励盘活利用存量建设用地：

1. 在符合城乡规划要求前提下，以划拨方式取得土地的企业或单位利用工业厂房、仓储用房兴办现代服务业的，土地用途和土地使用权人可暂不变更。

2. 在符合城乡规划要求前提下，原国有建设用地改变用途用于现代产业项目建设的，经原批准供地的人民政府批准，属出让土地的可按市场评估价补交地价，签订土地使用权出让合同变更协议或重新签订土地使用权出让合同，给原用地单位使用；属划拨土地的可补办出让手续或重新核发划拨决定书后给原用地单位使用。

3. 在符合城乡规划要求前提下，属市县人民政府统一规划实施改造的旧城区的建设用地需改变土地用途进行经营性房地产等项目建设的，可由市县人民政府依法收购或收回土地使用权后按公开交易方式确定土地使用权人，收回土地使用权时应与土地使用权人充分协商，按实际情况给原土地使用权人进行合理补偿。

4. 对纳入新增中央和省投资计划的自主创新和产业结构调整使用原国有建设用地进行增资扩建的现代产业项目，不再增收土地价款，鼓励提高土地利用率和增加建设容积率。

5. 鼓励使用原集体建设用地。现代产业项目原合法使用集体建设用地且项目已建成投产的，经土地所有权的集体经济组织同意，可由现代产业企业申请将集体建设用地依法征收为国有建设用地，并补办供地手续，按规定缴纳相关税费，支付集体经济组织安置补助费和土地补偿费等。

6. 促进使用闲置土地。现代产业项目确已落实且承诺一年内动工建设的，属使用闲置未满两年的土地，土地闲置费减半收取；属使用闲置满两年以上的土地，可暂不作收回土地使用权处理且土地闲置费减半收取。

六、单独设立的研发中心、科研机构以及产品设计和动漫制作产业的用地，在符合相关规划条件前提下，可按协议出让方式供地。

七、本意见由省国土资源厅负责解释。

关于印发省人民政府《关于同意授权地级以上市人民政府审批镇级土地利用总体规划的批复》的通知

粤国土资规保发〔2009〕89号

各地级以上市国土资源局：

现将省人民政府《关于同意授权地级以上市人民政府审批镇级土地利用总体规划的批复》(粤府函〔2009〕31号)印发给你们，请遵照执行。

广东省国土资源厅

二〇〇九年三月十六日

关于同意授权地级以上市人民政府审批镇级土地利用总体规划的批复

粤府函〔2009〕31号

省国土资源厅：

粤国土资规保报〔2009〕35号文收悉。根据《中华人民共和国土地管理法》、《广东省土地利用总体规划条例》等法律法规规定，同意授权各地级以上市人民政府负责审批本行政区域内的镇级土地利用总体规划。具体事宜，请按规定办理。

广东省人民政府

二〇〇九年三月三日

关于补充耕地储备指标有关问题的通知

粤国土资地籍电〔2009〕248号

各地级以上市国土资源局（国土资源和房屋管理局、规划和国土资源委员会）：

为了实现全省建设占用耕地的占补平衡，我省鼓励有条件的地区先开发补充耕地，经验收确认后作为补充耕地储备指标储备。各地级以上市（以下简称各市）按照依法、平等、自愿、有偿的原则，对耕地储备指标进行有偿转让，确保了全省耕地的占补平衡。随着第二次全国土地调查工作、各级土地利用总体规划（2006-2020年）修编工作的开展和完成，需对我省补充耕地储备指标与第二次全国土地调查成果和土地利用总体规划修编互相衔接。现就有关问题通知如下：

一、各市要认真贯彻落实国土资源部《关于全面实行耕地先补后占有关问题的通知》（国土资发〔2009〕31号）精神，对于已获验收确认的按规定可用于占补平衡的耕地，尚未用于占补平衡的，在年度土地变更调查工作中按耕地如实变更后，纳入土地整理复垦开发项目信息备案系统中，用于今后的耕地占补平衡。

二、2008年前（含2008年）各市补充耕地储备指标，或通过有偿转让获得的补充耕地储备指标，已报备且尚未用于用地报批的，可继续用于用地报批。各市用地报批使用这些补充耕地储备指标，造成本市耕地总量（含耕地和可调整地类，下同）减少的，由各市自行补充，确保耕地总量不减少。

为保证全省耕地保有量不减少，在第二次全国土地调查中，各市对1997年以来是耕地且土壤耕作层未被破坏或轻度破坏易于恢复为耕地的其他农用地确定为可调整地类，使第二次全国土地调查成果中的耕地总量不低于新一轮土地利用总体规划（以下简称新规划）下达的耕地保有量与各市尚未用于用地报批的补充耕地储备指标（即纳入土地整理复垦开发项目信息备案系统的耕地储备指标）之和。

三、在新规划批准前，对耕地总量达不到耕地保有量指标的市，如通过购买2009年以后（含2009年）验收的补充耕地储备指标来填补的，报经省批准后，可相应减少和增加买卖双方的耕地保有量指标，但这些补充耕地储备指标不得再用于占补平衡。在新规划批准后，确定给各市的耕地保有量指标不变。第二次全国土地调查成果确认之后，耕地总量低于新规划确定的耕地保有量指标与土地整理复垦开发项目信息备案系统中耕地储备指标之和的市，不得转让补充耕地储备指标。

广东省国土资源厅

二〇〇九年十一月十二日

关于调整我省工业用地出让最低价标准有关意见的通知

粤国土资利用电〔2009〕290号

各地级以上市国土资源局（国土资源和房屋管理局、规划和国土资源委员会）：

根据国土资源部《关于调整工业用地出让最低价标准实施政策的通知》（国土资发〔2009〕56号）的要求，为充分发挥地价政策在宏观调控中的积极作用，进一步扩大内需和促进经济平稳较快发展，现就我省调整工业用地出让最低价标准提出如下实施意见：

一、同意对开平市、南雄市、茂名市茂南区及湛江市麻章区的工业用地出让最低价进行调整，其中开平市由252元/平方米调整为168元/平方米，南雄市由168元/平方米调整为124元/平方米，茂名市茂南区由288元/平方米调整为224元/平方米，湛江市麻章区由336元/平方米调整为288元/平方米。

二、我厅已会同省发改委、省农业厅、省林业局、省海洋与渔业局制订《广东省优先发展产业目录》（附件1）和《广东省农、林、牧、渔业产品初加工目录》（附件2）。对列入《广东省优先发展产业目录》且用地集约的工业项目，以及列入《广东省农、林、牧、渔业产品初加工目录》的以农、林、牧、渔业产品初加工为主的工业项目，在确定土地出让底价时可按不低于所在地土地等别相对应《全国工业用地出让最低价标准》的70%执行。用地集约是指项目建设用地容积率和建筑系数超过《关于发布和实施〈工业项目建设用地控制指标〉的通知》（国土资发〔2008〕24号）所规定标准40%以上、投资强度增加10%以上。

三、工业用地拟定的出让底价应按不低于实际土地取得成本、土地前期开发成本和按规定应收取的相关费用之和的原则确定，不得低价出让土地。

附件：

1.《广东省优先发展产业目录》（略）

2.《广东省农、林、牧、渔业产品初加工目录》（略）

广东省国土资源厅

二〇〇九年十二月二十四日

关于进一步规范采矿权转让委托审批管理的通知

粤国土资矿管发〔2009〕378号

各地级以上市国土资源局：

我厅《关于调整采矿权转让审批权限的通知》（粤国土资矿管发〔2008〕363号）自发布以来，进一步提高了采矿权转让审批效率，方便了群众办事，减少了非法转让采矿权案件的发生。但是，目前仍有一些市、县国土资源主管部门对采矿权转让审批管理的程序、条件和要求把握不准，审批中仍存在一定漏洞。为进一步加强采矿权转让委托审批管理工作，根据《探矿权采矿权转让管理办法》（国务院令第242号）等有关规定，现将有关事项通知如下：

一、采矿权转让的委托审批权限

属于我省地级以上市和县（市）国土资源主管部门颁发的采矿许可证，其采矿权转让审批由我厅分别委托所在地级以上市和县（市）国土资源主管部门实施。属于省国土资源厅颁发的采矿许可证，其采矿权转让审批委托所在地级以上市国土资源主管部门实施。

二、采矿权转让应具备的条件

转让采矿权，应具备下列条件：

（一）矿山企业投入采矿生产满1年；

（二）采矿权属无争议；

（三）原取得的采矿权依法、有效；

（四）按照国家有关规定已经缴纳采矿权使用费、采矿权价款、矿产资源补偿费和资源税；

（五）国有矿山企业已征得主管部门同意转让采矿权。

三、采矿权转让应提交的材料

（一）转让申请人应提交的材料

1. 采矿权转让申请报告；

2. 采矿权转让申请登记书；

3. 转让人与受让人签订的转让合同；

4. 主管部门同意转让的批准文件（适用于有主管部门隶属关系的国有矿山企业或其他经济类型的矿山企业等）；

5. 矿产资源开发利用情况报告；

6. 转让人企业法人营业执照复印件；

7. 采矿权评估报告及评估报告备案证明（适用于国家出资查明的矿产地及其它需要进行采矿权评估的矿产地）；

8. 采矿权使用费、采矿权价款、矿产资源补偿费、资源税缴纳凭据的复印件；

9. 安全生产许可证复印件；

10. 采矿许可证复印件；

（二）受让人应提交的材料

1. 受让人企业法人营业执照复印件；

2. 受让人资质条件证明（资金、技术和设备明细材料）；

3. 委托机关规定提交的其他材料。

四、采矿权转让的审批程序：

（一）审查申请材料。按委托审批权限受理并审查申请人提交材料是否完备；

（二）调查。符合受理条件的，负责审批管理机关应向下级国土资源主管部门发出受理调查函；不符合受理条件的，要说明原因，退回申请材料；需要补充材料的，应在5日内一次告知，限期补充。

（三）会审和批复。根据申请材料和调查结果，审查转让的合法性，经集体会审后，下达批复文件。

（四）公告。将审批结果在网上或其他公开场所公告。

（五）资料归档。

五、采矿权转让的审批时限和变更登记

负责审批管理机关应当自收到转让申请之日起40日内，作出准予转让或不准予转让的决定，并书面通

知转让人和受让人，抄送有关国土资源主管部门。

准予转让的，转让人和受让人应当自收到批准转让通知之日起 60 日内，到原发证机关办理变更登记手续；受让人按照国家规定缴纳有关费用后，领取采矿许可证，成为采矿权人。不准予转让的，审批管理机关应当说明理由。

六、其他有关要求

（一）审批采矿权转让不得收费。

（二）各市、县国土资源主管部门及其工作人员要严格执行采矿权转让审批管理的各项规定，认真履行职责，并接受上级国土资源主管部门的监督检查。对滥用职权、玩忽职守、徇私舞弊的，要对直接负责的主管人员和其他直接责任人员依法给予行政处理；涉嫌犯罪的，坚决移送司法机关追究刑事责任。

广东省国土资源厅

二〇〇九年八月二十五日

关于印发《限制建设区用地项目目录》的通知

粤国土资规保发〔2009〕395 号

各地级以上市国土资源局：

经省人民政府同意，现将《限制建设区用地项目目录》印发给你们，请在新一轮土地利用总体规划编制和实施时遵照执行。

广东省国土资源厅

二〇〇九年九月三日

限制建设区用地项目目录

根据《广东省土地利用总体规划条例》第二十四条“严格限制在限制建设区内安排建设用地。交通、能源、水利、军事、国家安全、矿山和其他因生态环境保护要求需要单独选址且属于限制建设区用地项目目录范围的，可在限制建设区内安排建设用地”的要求，制定本目录。

属本目录的用地项目，在符合环境保护有关法律、法规的规定、国家和省的产业政策、行业和专项规划、建设用地规模没有突破土地利用总体规划相关用地指标的前提下，可在限制建设区内安排建设用地，并按有关程序进行用地预审和报批。本目录将根据产业政策和实施情况变化，适时进行调整。

一、交通项目

机场、港口、铁路、国道、省道、县道、航道、城际轨道（含地铁站场）、铁路货运站场、国家公路运输枢纽站场以及通往港口、机场、矿山、省级产业转移工业园等的专用公路。

二、能源项目

可再生能源、核电、水电项目，能源输送走廊，大型油气库。

三、水利项目

水库、水闸、堤防、灌区、排涝及水资源配置、节约保护等工程。

四、电信通讯项目

电信网线、通讯基站、灯塔、雷达站、导航站、固定无线电台站等。

五、特殊市政项目

污水处理厂、垃圾处理设施（填埋场、焚烧厂）、殡仪馆（火葬场）、公墓、传染病医院、气象站、地震观测站（台、点）、非营利性社会福利设施（养老服务、残疾人及儿童福利机构）、风景旅游区内的旅游设施。

六、特殊工业项目

国家粮食储备库、炸药库、矿山及其配套设施、选矿厂、水泥厂等。

七、特殊用地项目

军事设施、监狱、劳教所、强制隔离戒毒所、特殊用途的野外观测站、无线电监测站、国家和省测绘等级控制点、GPS 基站，国家和省级自然保护区、风景名胜区等因生态环境保护需要而必须建设的用地项目等。

八、其他

对于没有列入此目录且确实不宜在允许建设区内选址的用地项目，经省国土资源主管部门严格审查、会审同意后，可按单独选址项目上报。

关于进一步加强和规范测绘质量管理工作的通知

粤国土资测管发〔2009〕403号

各地级以上市国土资源局（国土资源和房屋管理局、规划和国土资源委员会）：

2007年，省厅下发《关于加强测绘质量监督管理工作的通知》（粤国土资测管发〔2007〕222号），转变传统仅对最终测绘成果进行定检、抽检的测绘质量监督检验做法和观念，建立测绘质量管理新机制，实行省市分级负责的监督管理制度，全面扩大测绘质量监管面，对全省所有测绘资质单位进行了检查，有效地促进了我省测绘事业健康发展。从2008年度检查结果看，个别地方还不够重视该项工作，存在检查走过场的情况；部分测绘单位存在非成果类或成果类检查不符合或批产品不合格的情况。为进一步加强和规范我省测绘质量监督检查工作，更好地落实测绘质量管理新机制，促进我省测绘成果质量的提高。现就有关事项通知如下：

一、加强领导，落实测绘质量监督管理工作

测绘质量监督管理工作是《中华人民共和国测绘法》赋予测绘行政主管部门的重要职责和依法行政的重要内容，是落实测绘工作统一监管的一个重要环节和抓手。各地一定要高度重视测绘质量监督管理工作，切实增强工作责任感和紧迫感，采取有效措施，加强组织领导，配备必要的人员，认真落实本地区测绘质量监督管理工作。一是认真组织实施。各地要根据辖区内测绘单位、测绘项目和监督检查的要求，编制年度测绘质量监督检查计划，并报省厅测管处备案。2009年度的检查工作务必提前作出安排，尽快开展，确保为资质管理、复审换证等工作提供及时详实准确的依据。二是统筹安排人员。去年，部分甲乙级测绘单位没有选派质检人员参与省统一组织的检查工作。今年，各市局要按照《关于测绘单位质检人员参与测绘质量监督检查有关事项的通知》（粤国土资测管发〔2008〕179号）要求，督促有关单位按要求选派符合条件的人员参与省级质检人员库及省组织的检查工作。各市要参照省厅做法，建立健全市级质检人员库，根据检查单位和测绘项目的情况，按照人员的专业和回避的原则，统筹协调安排好有关工作。三是及时上报结果。2008年度，部分市实施的测绘质量监督检查结果上报滞后，影响了全省情况的汇总、审核、使用和公布工作。在此明确，各地必须在每年12月底前全部完成检查工作，并在次年1月底前将本市实施的检查情况和结果上报省厅测管处。

二、统一标准，规范测绘质量监督检查工作行为

全省各地要按照统一的标准和方案组织实施测绘质量监督检查工作，严格按照《广东省测绘质量监督检查实施方案》和《广东省测绘质量监督检查成果类检验补充方案》进行操作。从各地上报的2008年度检查情况和检查结果看，有些地方存在工作被动、只是应付式开展，有些地方存在检查走过场、流于形式的情况。这些都必须引起重视，加以改正。各市在今后的工作中，必须按照“依法、公平、公正、客观”的原则，以事实为依据，以法律、法规、标准、规范为准则，实事求是，严格检查，严把质量关，切实履行好质量管理工作职责。建立健全相关工作制度和自我约束、自我监督的工作纪律，认真负责，加强和规范测绘质量监督检查工作，树立国土资源部门测绘管理的良好形象和权威。今年起，省厅将委托省测绘产品质量监督检验中心对各市实施的检查结果进行实地抽查，坚决杜绝“走过场、做好人”的现象发生。抽查结果将进行通报。

三、运用检查结果，强化测绘行业监管工作

从测绘质量监管入手，强化测绘行业管理，推进测绘质量管理制度和测绘资质管理制度创新，从而提

高我省测绘行业管理能力和测绘公共服务保障水平。测绘资质单位2009年度注册工作，已经全面依据2008年度的测绘质量监督检查结果进行审查和核准。经审核，在甲乙级测绘资质单位年度注册中，有6个乙级测绘单位被降为丙级，有2个乙级测绘单位被注销，有2个乙级测绘单位被取消部分测绘资质业务。今后，我省将继续加大测绘监管工作力度，充分利用检查结果，以监督检查结果为重要依据，综合运用法律、行政等手段，强化对测绘行业的管理。测绘资质、年度注册、复审换证、测绘市场信用信息公开等均与监督检查结果挂钩，审查核准相关事项。各市局要将测绘质量管理作为加强测绘统一监管的重要内容，完善体制机制，强化监督检查，落实工作职责，加强队伍建设，全面提升测绘为社会经济建设、信息化建设的保障能力和水平。

广东省国土资源厅

二〇〇九年九月八日

关于进一步加强矿产资源补偿费征收管理工作的通知

粤国土资财务发〔2009〕428号

各地级以上市国土资源局（国土资源和房屋管理局、规划和国土资源委员会），各县（市、区）国土资源局（国土资源和房屋管理局、规划和国土资源委员会）：

根据国家和省的有关规定，按照国土资源部对矿产资源补偿费有关征收具体要求的调整，在各级国土资源行政主管部门和财政部门的共同努力下，我省矿产资源补偿费的征收管理工作近年来逐步走上了规范化的轨道。但也有个别地方还存在自定征收标准、入库管理不严格、支出使用不规范等一些实际操作与相关规定不符的问题。为了进一步加强我省矿产资源补偿费的征收管理工作，切实维护国家对矿产资源的财产权益，促进合理开发利用和保护矿产资源，现就进一步加强和规范矿产资源补偿费的征收管理工作通知如下：

一、强化依法征收，切实维护国家所有权益

依法征收矿产资源补偿费既是实现矿产资源国家所有权益的要求，也是采矿权人对矿产资源进行合法开采的重要标志之一，各级征管部门要严格贯彻执行国务院第150号令、《广东省矿产资源补偿费征收管理实施办法》（粤府〔1995〕62号）和《关于加强矿产资源补偿费征收管理的通知》（国土资发〔2006〕116号）的有关规定，积极会同财政部门负起具体征收的职责，严格按照国家规定的有关计征办法计征，不得随意核定应征费额，更不得以随意规定的计算公式进行计征，做到应收尽收。

二、严格入库管理，防止发生截留、坐支和挪用现象

各级征管部门必须严格执行《矿产资源补偿费征收管理规定》，将矿山企业缴纳的补偿费及时全额就地缴入中央国库，不得设立各种名目的过渡户，不得以任何方式截留、坐支或挪用补偿费。对各级政府设立的财政专户和过渡户上没有及时入库的补偿费，要尽快办理入库手续。

三、进一步加强对征收管理工作的监督检查

各级征收部门要高度重视矿产资源补偿费的征管工作，要严格按照法律法规和有关管理办法的规定和要求，组织好本地区的征收入库工作，纠正工作中存在的不规范问题，促进我省矿产资源补偿费征管工作的规范化和法制化。

要坚持依法行政的原则，做到有法必依，执法必严，在依法征收的同时注重理顺征收部门与纳费企业之间的关系，理顺维护国家权益与保护企业利益之间的关系。要加强学习，掌握政策，积极主动地开展工作，为矿山企业提供优质服务，采取多种形式加大法律、法规的宣传力度，做好法规宣传和政策服务，促使企业切实提高依法纳费的意识。要切实采取措施，做好矿产资源补偿费的征收面覆盖所有矿山企业和所有矿种，避免漏征，对欠缴企业要进行清查，限期补缴，对弄虚作假、恶意欠费、拒绝缴纳补偿费的企业，要严格按照有关规定予以处罚。同时在矿山企业办理年检、采矿权延续、变更、转让、出租、抵押备案和相关用地手续以及受理地质勘查、地质环境治理等立项申请等方面进行严格把关。矿山企业在办理上述手续时，各级国土资源管理部门要严格审查，必须出具足额完费的证明或票据，方可办理有关手续。要严格执行补偿费征收信息统计制度，每半年报送一次“矿产资源补偿费征收情况统计表”，主动接受上级征管部门的监督。各地级市国土资源部门要于每年的7月15日和下一年度1月15日前将本行政区域内的矿产资源补偿费征收入库情况上报省国土资源厅。省国土资源厅将会同省财政厅根据补偿费征收管理情况开展定期或不定期的检查，对存在的突出问题开展专项检查，切实加强补偿费征收工作的监督管理。

广东省国土资源厅

二〇〇九年九月二十五日

关于印发《广东省基层国土资源所工作职责（试行）》的通知

粤国土资执法发〔2009〕435号

各地级以上市国土资源局（国土资源和房屋管理局、规划和国土资源委员会），各县（市、区）国土资源局（国土资源和房屋管理局、规划和国土资源委员会）：

《广东省基层国土资源所工作职责（试行）》业经厅务会议审议通过，现印发给你们，请认真贯彻执行。在执行过程中有什么问题和意见请及时向省厅执法监察局反映。

（此件，请发至基层国土资源所）

广东省国土资源厅

二〇〇九年九月二十九日

广东省基层国土资源所工作职责（试行）

基层国土资源所在其管辖的区域内，依据国家和省有关法律法规及政策规定，主要履行以下职责。

一、宣传、贯彻、执行国家和省有关国土资源管理的法律法规和方针、政策，以及市、县（市、区）国土资源管理的决定和措施。

二、参与土地利用总体规划、矿产资源总体规划、测绘发展总体规划、地质环境保护总体规划及其他专项规划的编制和实施工作；组织实施基本农田保护区的划区定界，建立基本农田保护档案；协助编制土地开发、整理、复垦计划，并对实施情况进行监督管理。

三、受理辖区内农村居民住宅用地的申报及批准后的组织实施和监督管理工作；协助做好辖区内农地转用、集体土地征收征用、具体建设项目供地等有关材料的组织和呈报工作；协助做好辖区内土地分等定级、土地评估、土地交易管理与服务工作；配合做好土地调查、统计和动态监测工作，协助做好有关地籍调查、土地登记发证工作，协助调查处理土地权属纠纷。

四、协助做好辖区内矿产勘查开发管理与服务工作，参与探矿权、采矿权设置的调查论证工作；协助做好矿产资源储量登记、压覆矿产资源证明等有关工作；协助调处矿业权属纠纷，维护矿产资源勘查、开发秩序；对矿业权人履行法定义务、矿产资源合理开发利用与保护、矿山地质环境保护与治理进行监督检查。

五、组织宣传地质灾害防治知识，指导群众做好防灾工作；开展地质灾害监测和巡查工作；对地质灾害群防群测工作落实情况进行监督；及时报告地质灾害险情灾情；协助做好地下水动态监测工作和地质遗迹的保护工作。

六、负责测量标志保护与维护工作，并对测量标志委托保管人履行义务、责任情况进行监督；及时报告损毁或擅自移动永久性测量标志的行为；协助做好有关测绘工作。

七、开展国土资源执法动态巡查，及时发现、制止和报告国土资源违法行为；配合上级国土资源部门做好国土资源违法案件的调查取证和处理工作；做好国土资源信访接待工作，及时调处和化解矛盾；发现重大上访苗头，及时向当地党委、政府和上级国土资源部门报告，采取必要措施协助做好维稳工作。

八、协助做好本行政区域内各项土地、矿产资源费税的收缴管理工作。

九、负责有关政务公开和政府信息公开工作。建立健全本所的政务公开和政府信息公开工作制度，依法、依规公开办事程序、办事过程，及时公开包括土地利用规划、基本农田保护区、农村宅基地管理、土地权属、统一区片价标准、征收或者征用土地的补偿方案等涉及广大人民群众切身利益的政府信息，保障公民、法人和其他组织依法知情、获取有关政府信息的权利。

关于印发《广东省国土资源厅政府信息依申请公开工作暂行规定》的通知

粤国土资办公发〔2009〕445号

机关各处室，厅属各单位：

《广东省国土资源厅政府信息依申请公开工作暂行规定》已经厅务会议审定，现印发你们，请遵照执行。

广东省国土资源厅

二〇〇九年十月十三日

广东省国土资源厅政府信息依申请公开工作暂行规定

第一条 为进一步规范厅政府信息依申请公开工作，明确工作流程和要求，及时向申请人提供优质的政府信息公开服务，根据《中华人民共和国政府信息公开条例》、《广东省政务公开条例》及厅的有关规定，结合实际，制定本规定。

第二条 本规定所称的政府信息，是指国土资源厅机关在履行职责过程中制作或者获取的，以一定形式记录、保存的信息。

第三条 除主动公开、免予公开的政府信息以外，原则上都纳入依申请公开的受理范围。

第四条 厅政府信息依申请公开工作在厅政务公开领导小组领导下，按照“谁产生、谁提供、谁负责”的原则，由厅政务公开领导小组（政府信息公开工作）办公室负责组织推进、指导、协调和监督。

机关各处室负责申请的意见答复工作，起草相应的告知书，提供相关答复材料。

厅办文窗口负责申请的审查、登记受理、转办分送、告知书及相关材料的发送，协调做好答复工作。

第五条 建立政府信息公开工作联络员制度。机关各处室确定一名政府信息公开工作联络员，负责本处室依申请公开工作的开展、协调和落实，解决工作中遇到的问题。联络员名单报厅政务公开领导小组（政府信息公开工作）办公室备案。联络员调整，应当在5个工作日内将新的联络员名单报送备案。

第六条 依申请公开工作应当遵循合法、便民、及时、准确的原则。

第七条 公开政府信息，不得危及国家安全、公共安全、经济安全和社会稳定。

第八条 建立健全政府信息公开保密审查制度。

保密审查遵循“谁公开谁审查”的原则。由办理处室对拟公开的信息依法进行保密审查，报分管业务的厅领导审定。

第九条 下列政府信息免予公开，法律、法规另有规定的除外：

（一）属于国家秘密的；

（二）属于商业秘密或者公开可能导致商业秘密被泄露的；

（三）属于个人隐私或者公开可能导致对个人隐私权造成不当侵害的；

（四）正在调查、讨论、处理过程中的；

（五）与行政执法有关，公开后可能会影响检查、调查、取证等执法活动或者会威胁个人生命安全的；

（六）厅机关内部研究、讨论工作的；

（七）与申请人生产、生活、科研等特殊需要无关的；

（八）法律、法规规定的其他免予公开的信息。

但是，经权利人同意公开，或者不公开可能对公共利益造成重大影响的涉及商业秘密、个人隐私的政府信息，可以予以公开。

第十条 厅办文窗口对申请人提出的《国土资源政府信息公开申请表》（以下简称《申请表》）进行审查，根据下列情况分别处理：

（一）对于《申请表》填写完整（申请人的姓名或者单位名称、身份证明、联系方式、地址、用途、提供形式等）、内容描述准确（文件名称和文号、项目名称、审批时间等）且有关身份证明材料齐全的有效申请，给予登记受理。

（二）对于《申请表》填写不完整、内容不明确或未按要求提供有关身份证明材料的申请，告知申请人作出更改、补充。

（三）采用书面形式确有困难的，申请人可以口头提出，由厅办文窗口工作人员代为填写《申请表》，经申请人签字、签章等方式确认后登记受理。

第十一条 厅办文窗口收到申请，能够当场口头答复的，应当当场给予口头答复；不能当场答复的，应当及时转送相关职能处室办理，自收到申请之日起15个工作日内予以答复；如需延长答复期限的，经厅政务公开领导小组（政府信息公开工作）办公室负责人同意，并告知申请人，延长答复的期限最长不得超过15个工作日。

第十二条 厅办文窗口根据申请公开的内容、处室职能分工等情况，于2个工作日内将《申请表》转主办处室办理。

第十三条 主办处室自收到厅办文窗口转送的《申请表》之日起8个工作日内，根据不同的答复类型，选择相应的告知书模板，起草告知书，准备相关材料，经本处室领导签字同意后，根据下列情况分别处理：

（一）属于主动公开范围的，向申请人提供该政府信息，或告知申请人获取该政府信息的方式和途径，同时出具《广东省国土资源厅政府信息公开告知书》（格式见附件1）。

（二）不属于我厅政府信息公开范围的，告知申请人并说明原因。能够确定该信息公开机关的，应当告知申请人有关机构的名称和联系方式，同时出具《不属于广东省国土资源厅政府信息公开范围告知书》（格式见附件4）。

（三）申请公开的政府信息不存在的，告知申请人，同时出具《政府信息不存在告知书》（格式见附件5）。

（四）申请公开的政府信息中含有不予公开的内容，但是能够作区分处理的，向申请人提供可以公开的信息内容，同时出具《广东省国土资源厅政府信息部分公开告知书》（格式见附件2）。

（五）属于免予公开的信息范围的，告知申请人并说明理由，同时出具《广东省国土资源厅政府信息不予公开告知书》（格式见附件3）。

以上答复类型，主办处室都应当将告知书和相关材料送分管业务的厅领导审批同意后转厅办文窗口。

第十四条 如申请公开的政府信息涉及商业秘密、个人隐私，公开后可能损害第三方合法权益的，应当由主办处室书面征求第三方的意见。第三方不同意公开的，不得公开。第三方在要求的期限内未作答复的，视为不同意提供。但主办处室认为不公开可能对公共利益造成重大影响的，经分管业务的厅领导批准后予以公开，并将决定公开的政府信息内容和理由书面通知第三方。

征求第三方意见所需时间不计算在第十一条规定的期限内。

第十五条 厅办文窗口自收到主办处室转送的告知书及相关材料后2个工作日内，告知申请人答复意见。

第十六条 主办处室应当按照申请人要求的形式提供公开的信息；无法按照申请人要求形式提供的，以其他适当形式提供。

第十七条 告知书及相关材料一般为一式三份，发送申请人一份，主办处室存档一份，厅办文窗口存档一份。

第十八条 信息查阅工作按照《中华人民共和国档案法》等法律法规及我省、我厅有关规定执行。申请人收到《广东省国土资源厅政府信息公开告知书》或《广东省国土资源厅政府信息部分公开告知书》后，还需查阅相关材料的，应当提前与厅办文窗口预约，填写《广东省国土资源厅政府信息查阅审批单》（格式见附件6），并经主办处室、办公室负责人签字同意后，直接凭《广东省国土资源厅政府信息查阅审批单》到档案管理部门查阅相关材料。

第十九条 为提高依申请公开的办理效率，每张《申请表》只受理1条政府信息公开申请。

第二十条 对于同一申请人就同一内容反复提出公开申请的，可以不作重复答复。

第二十一条 涉及收费的按照国家、省有关规定办理。

第二十二条 厅为依申请公开工作创造必要的办公条件。政府信息公开工作所需经费纳入厅年度预算，以保证厅政府信息公开工作的正常开展。

第二十三条 告知书中的“广东省国土资源厅政务公开领导小组办公室”以“广东省国土资源厅办公室”代章。

第二十四条 厅机关及其有关工作人员违反本规定，有下列情形之一的，由厅政务公开领导小组（政府信息公开工作）办公室提出处理意见，经厅研究决定后予以实施：一般情形的，责令改正；情节严重的，对直接负责的主管人员和其他直接责任人员给予处分：

（一）隐瞒或者不提供应当公开的政府信息的；

（二）无正当理由不受理信息公开申请的；

（三）在规定期限内不作出答复的；

（四）篡改、毁改政府信息的；

（五）未履行告知义务导致第三方的合法权益受损害的；

（六）其他违反规定的情况。

第二十五条 在执行本规定的过程中，工作人员对所接触的国家秘密负有保密的义务。泄漏国家秘密的，依据有关规定处理。

第二十六条 厅政务公开领导小组（政府信息公开工作）办公室会同驻厅监察室对厅依申请公开工作的实施情况进行监督检查，同时受理申请人对厅政府信息公开工作的举报和建议。

第二十七条 本规定由厅政务公开领导小组（政府信息公开工作）办公室负责解释。

第二十八条 本规定自发布之日起施行。厅原有规定与本规定不一致的，按本规定执行。

附件：

1.《广东省国土资源厅政府信息公开告知书》

2.《广东省国土资源厅政府信息部分公开告知书》

3.《广东省国土资源厅政府信息不予公开告知书》

4.《不属于广东省国土资源厅政府信息公开范围告知书》

5.《政府信息不存在告知书》

6.《广东省国土资源厅政府信息查阅审批单》

附件 1（主动公开型）

粤国土资公开告知［××××］××××号

广东省国土资源厅政府信息公开告知书

×××：

我厅已依法受理您（单位）于××××年××月××日提出的政府信息公开申请。根据《中华人民共和国政府信息公开条例》和《广东省政务公开条例》等有关规定，现函复如下：

以信函邮寄的方式向您（单位）提供××××复印件。您（单位）所要求提供的附图、附表等文本，涉及内容繁多，不便复制。如需查阅，请您（单位）与我厅办文窗口预约，待接到我厅办文窗口的查阅通知后，再到我厅查阅相关材料。

您（单位）申请的政府信息属于主动公开的范围，可到广东省国土资源厅门户网站（网址：http://www.gdlr.gov.cn）查阅。

特此告知。

附件：××××××××××

广东省国土资源厅政务公开领导小组办公室

××××年××月××日

附件 2（部分公开型）

粤国土资公开告知［××××］××××号

广东省国土资源厅政府信息部分公开告知书

×××：

我厅已依法受理您（单位）于××××年××月××日提出的政府信息公开申请。根据《中华人民共和国政府信息公开条例》和《广东省政务公开条例》等有关规定，现函复如下：

您（单位）申请的×××××××××可以提供。其他政府信息因属于国家秘密（第三方的商业秘密、个人隐私），不属于政府信息公开的范围，不予公开。

特此告知。

附件：××××××××××

广东省国土资源厅政务公开领导小组办公室

××××年××月××日

附件 3（不予公开型）

粤国土资公开告知［××××］××××号

广东省国土资源厅政府信息不予公开告知书

×××：

我厅已依法受理您（单位）于××××年××月××日提出的政府信息公开申请。根据《中华人民共和国政府信息公开条例》和《广东省政务公开条例》等有关规定，现函复如下：

您（单位）申请的信息因属于国家秘密，不属于政府信息公开的范围，不予公开。

您（单位）申请的信息因涉及第三方的商业秘密（个人隐私），经书面征求第三方意见，第三方不同意公开，故不予公开。

特此告知。

广东省国土资源厅政务公开领导小组办公室
××××年××月××日

附件 4（不属我厅公开型）

粤国土资公开告知［××××］××××号

不属于广东省国土资源厅政府信息公开范围告知书

×××：

我厅已依法受理您（单位）于××××年××月××日提出的政府信息公开申请。根据《中华人民共和国政府信息公开条例》和《广东省政务公开条例》等有关规定，现函复如下：

您（单位）申请的政府信息不是由我厅制作或获取的，不属于我厅公开的范围。

您（单位）应当向××××××××申请政府信息公开。

特此告知。

广东省国土资源厅政务公开领导小组办公室
××××年××月××日

附件 5（不存在型）

粤国土资公开告知［××××］××××号

政府信息不存在告知书

×××：

我厅已依法受理您（单位）于××××年××月××日提出的政府信息公开申请。根据《中华人民共和国政府信息公开条例》和《广东省政务公开条例》等有关规定，现函复如下：

您（单位）申请的关于××××××××政府信息不存在，无法提供。

特此告知。

广东省国土资源厅政务公开领导小组办公室
××××年××月××日

附件 6

广东省国土资源厅政府信息查阅审批单

申请人信息			
查阅内容及要求			
查阅时间			
主办处室审批			
	可否复印	能 □	不能 □
办公室审批			
办理情况			
备注			

关于加强集体建设用地使用权抵押融资管理的通知

粤国土资法规发〔2009〕460号

各地级以上市国土资源局（国土资源和房屋管理局，规划和国土资源委员会）、银监分局：

自《关于试行农村集体建设用地使用权流转的通知》（粤府〔2003〕51号，以下简称《通知》）和《广东省集体建设用地使用权流转管理办法》（省政府第100号令，以下简称《办法》）实施以来，我省以集体建设用地使用权抵押融资的形式逐步被采用，并开始步入规范化、制度化的轨道，有效解决了大量使用集体土地的中小企业在融资活动中抵押物不足的问题，在一定程度上缓解了中小企业融资难的困境。但与我省集体建设用地使用权流转的总量和中小企业的实际融资需求相比，以集体建设用地使用权抵押融资还不够普遍，相对滞后。为了进一步推进集体建设用地使用权抵押融资活动，帮助广大中小企业有效应对金融危机，促进我省经济持续、快速、健康发展，现就加强集体建设用地使用权抵押融资管理有关问题，通知如下：

一、科学发展，先行先试，积极推进集体建设用地使用权抵押融资活动

当前，我省正处在经济结构转型和发展方式转变的关键时期，既面临严峻挑战，也孕育着重大机遇，必须进一步推进改革创新，增创新优势。《国务院关于珠江三角洲地区改革发展规划纲要（2008–2020年）的批复》（国函〔2008〕129）中明确要求我省“继续在改革开放上先行先试，率先实现科学发展、和谐发展。”《中共中央关于推进农村改革发展若干重大问题的决定》明确提出：“逐步建立城乡统一的建设用地市场，对依法取得的农村集体经营性建设用地，必须通过统一有形的建设用地市场，以公开规范的方式转让土地使用权，在符合规划的前提下与国有土地享有平等权益。”推进集体建设用地使用权出让、转让和抵押，是我省贯彻党中央、国务院重大决策，有效应对国际金融危机，努力实现“三促进一保持”的重大举措。广东省人民政府已出台的《通知》和《办法》，也给集体建设用地使用权抵押活动提供了明确的法律和政策依据。

各级国土资源和银行监督管理部门要按照“科学发展，先行先试”的要求，大胆支持、积极鼓励集体建设用地使用权人和各类银行业金融机构积极稳妥开展集体建设用地使用权抵押融资活动，进一步规范集体建设用地使用权抵押中的评估、登记、交易等程序，正确引导集体建设用地使用权人和银行业金融机构有序开展集体建设用地使用权抵押融资活动，努力为集体建设用地使用权抵押融资创造良好的政策和服务环境。

二、切实履行登记职能，做好登记服务工作

市、县国土资源管理部门要切实履行土地登记职能，积极宣传抵押登记的法律要求和意义作用，研究制订规范简便的抵押登记操作办法，严格按照《办法》及有关操作规范开展集体建设用地使用权抵押登记工作。凡以依法取得的集体建设用地使用权抵押的，应当依法办理抵押登记手续，抵押登记必须以集体建设用地使用权登记为前提。集体建设用地使用权抵押权经依法办理登记手续后方才设立。

凡未经依法取得、土地权属有争议或者依法被查封、扣押、监管的集体建设用地使用权不得抵押，有关市、县国土资源管理部门不得给予办理抵押登记。在《办法》实施以前自行流转集体建设用地使用权的，应当依法处理，完善集体建设用地使用手续，取得《集体土地使用证》后方可抵押。

三、规范抵押权处分行为，切实维护抵押双方合法权益

处分抵押的集体建设用地使用权及地上建（构）筑物等抵押财产，应当按照《广东省土地使用权交易市场管理规定》（省政府第79号令）的要求，在市、县设立的土地交易中心，通过拍卖、挂牌等公开方式处置。处置抵押物所得，按依法登记的抵押权顺序偿还债务。

因处分抵押财产取得土地使用权的，其土地使用条件及用途不得改变，新的土地使用者应在抵押财产处分后持有关证明文件到国土资源行政主管部门办理土地变更登记手续。

各类银行业金融机构因抵押权实现而取得的集体建设用地使用权，可由金融机构按照《广东省土地使用权交易市场管理规定》（省政府第79号令）通过公开交易方式处置变现，也可以按照《关于加快金融机构抵债土地处置的若干意见》（粤国土资发〔2004〕73号）规定的处置方式进行处置。

四、切实做好集体建设用地使用权抵押的基础性工作

推进集体建设用地使用权抵押融资是我省探索在社会主义市场经济条件下拓宽融资渠道、改善融资环境的创新之举，涉及集体土地所有者、集体土地使用者和银行业金融机构的重大财产权益。为了确保集体建设用地使用权抵押融资活动稳妥有序进行，各级国土资源和银行监督管理部门要发挥各自职能，切实做好集体建设用地使用权抵押的相关基础性工作，为集体建设用地使用权抵押融资创造良好的环境。一是加快集体土地所有权和集体建设用地使用权登记发证工作，尽快实现集体土地所有权和集体建设用地使用权登记发证全覆盖，确保土地权属来源合法、界址清楚、产权明晰，为抵押融资奠定基础；二是市、县国土资源管理部门要按照《办法》和本通知的要求，尽快制定本行政区域集体建设用地使用权基准地价，报市、县人民政府批准实施；三是强化市、县土地交易机构服务职能，健全交易服务网络，努力为集体建设用地使用权抵押权实现环节的拍卖、挂牌转让提供优质服务，提高交易效率；四是切实加强对集体建设用地使用权抵押融资活动的指导，正确引导集体建设用地使用权主体和各类银行业金融机构有序开展集体建设用地使用权抵押融资活动，有效防范和化解集体建设用地使用权抵押融资风险。

附件：《集体建设用地使用权抵押融资工作规范》

广东省国土资源厅
广东省银监局
二〇〇九年十月二十七日

附件：

集体建设用地使用权抵押融资工作规范

为了做好集体建设用地使用权抵押融资和登记工作，根据《土地登记办法》、《广东省土地使用权交易市场管理规定》、《广东省集体建设用地使用权流转管理办法》和《关于加快金融机构抵债土地处置的若干意见》等规定，制定本工作规范。

一、集体建设用地使用权抵押融资的概念和原则

集体建设用地使用权抵押融资是指抵押人将依法取得的集体建设用地使用权抵押给银行业金融机构从而获得银行业金融机构的信用支持的融资担保方式。

各银行业金融机构在开展以集体建设用地使用权抵押融资业务时，应当明确集体建设用地使用权抵押只是授信担保条件之一，是贷款的第二还款来源，既要加强对集体建设用地使用权作为抵押担保品的审查和完善抵押手续，更要注重对借款人本身的现金流量和还款能力的分析和把握。

贷款行为属于市场经营行为，借贷双方既要依照国家有关法律和政策规定开展抵押贷款业务，也要注意研究、控制和把握贷款风险，防止集体建设用地使用权低值高押，并要承担因集体建设用地使用权价格波动、土地灭失等风险。各银行业金融机构在开展以集体建设用地使用权抵押贷款时，必须依法办理集体建设用地使用权抵押登记。

二、集体建设用地使用权抵押范围

单位和个人依法取得的集体建设用地使用权可以抵押，但有下列情形之一的，集体建设用地使用权不得抵押：

（一）不符合土地利用总体规划、城市规划或村庄、集镇规划的；

（二）土地权属有争议的；

（三）学校、幼儿园、医院等以公益为目的的事业单位、社会团体的教育设施、医疗卫生设施和其他社会公益设施；

（四）司法机关和行政机关依法裁定、决定查封或以其他形式限制土地权利的；

（五）村民住宅用地使用权。因抵押地上建筑物、其他附着物而导致住宅用地使用权抵押的除外。

集体建设用地使用权抵押时，其地上建筑物及其他附着物随之抵押；集体建设用地上的建筑物及其他附着物抵押时，其占用范围内的集体建设用地使用权随之抵押。抵押人未按照规定一并抵押的，未抵押的财产视为一并抵押。

三、银行业金融机构应当核查的相关事项

凡银行业金融机构拟接受借款人以依法取得的集体建设用地使用权抵押而发放贷款的，应当注意核查以下事项：

（一）土地来源合法，依法取得《集体土地使用证》；

（二）地上有建筑物的，依法取得建筑物所有权证明，属于在建工程的依法取得合法报建手续。建筑物的所有权人应当与集体建设用地使用权人保持一致；

（三）抵押标的物经有相应评估资质的评估机构评估并出具评估报告；

（四）结清土地价款凭证；

（五）农民集体土地所有者抵押集体建设用地使用权的，本集体经济组织的村民会议 2/3 以上成员或 2/3 以上村民代表同意抵押的书面材料；

（六）使用权人属企事业单位的，主管部门或董事会根据公司章程规定出具的同意抵押的文件。

四、集体建设用地使用权抵押登记

以依法取得的集体建设用地使用权抵押的，应当按照《土地登记办法》的规定向核发该宗土地《集体土地使用证》的县级以上人民政府国土资源管理部门提出集体建设用地使用权抵押登记申请，由该县级以上国土资源管理部门登记并核发《土地他项权利证明书》。土地使用权抵押权的合法凭证是《土地他项权利证明书》，集体建设用地使用权抵押权经依法办理登记手续后方可设立。

集体建设用地使用权抵押登记必须以土地使用权登记为前提，抵押人和抵押权人应就抵押事项签订书面合同，并在抵押合同签订后持下列有效证明文件、资料共同到登记发证机关申请抵押登记：

（一）土地权利证书；

（二）贷款合同和抵押合同；

（三）地上附着物权属证明（地上无附着物的除外）；

（四）当事人身份证明材料；

（五）依法必需提供的其它资料；

（六）农民集体土地所有者抵押集体建设用地使

用权的，应当提供本集体经济组织的村民会议 2/3 以上成员或 2/3 以上村民代表同意抵押的书面材料。

集体建设用地使用权抵押期间，抵押合同发生变更的，抵押双方当事人应持有关文件到原抵押登记的国土资源管理部门办理变更抵押登记手续。

集体建设用地使用权抵押合同解除或终止，抵押权人应出具解除或终止抵押合同的证明文件，与《土地他项权利证明书》一起交抵押人，抵押人自抵押合同终止或解除之日起十五日内，持相关证明文件到原抵押登记国土资源管理部门申请办理抵押权注销登记手续。

县级以上国土资源管理部门受理集体建设用地使用权抵押登记申请后，对符合抵押登记条件的，应当将抵押合同约定的有关事项在土地登记簿和土地权利证书上加以记载，申请登记的抵押为最高额抵押的，应当记载所担保的最高债权额、最高额抵押的期间。同一宗地多次抵押的，以抵押登记申请先后为序办理抵押登记。县级以上国土资源管理部门受理集体建设用地使用权抵押登记申请之日起二十日内，办结登记审查手续并核发《土地他项权利证明书》。特殊情况需要延期的，经国土资源行政主管部门负责人批准后，可以延长十日。

五、集体建设用地使用权抵押权的处分

集体建设用地使用权抵押人或其担保的债务人到期未能履行债务，或者发生当事人约定的实现抵押权的情况，抵押权人可以与抵押人协议以抵押财产折价或者以拍卖所得的价款优先受偿。协议不成的，抵押权人可以向人民法院提起诉讼。

处分抵押的集体建设用地使用权（连同地上建筑物），应当在市、县土地交易中心，通过公开招标、拍卖、挂牌等方式处置。处置抵押物所得，按依法登记的抵押权顺序偿还债务。因处分抵押财产取得集体建设用地使用权的，其土地使用条件及用途不得改变，新的土地使用者应在抵押财产处分后，持有关证明文件到国土资源管理部门办理土地变更登记手续。农民集体土地所有者抵押集体建设用地使用权的，在抵押环节已经经过本集体经济组织的村民会议 2/3 以上成员或 2/3 以上村民代表同意的，在抵押权实现环节无需再次办理经过本集体经济组织的村民会议 2/3 以上成员或 2/3 以上村民代表同意的程序。

银行业金融机构作为抵押权人与抵押人协议以抵押的集体建设用地使用权折价而取得的集体建设用地使用权，可以通过以下方式处置：

（一）银行业金融机构凭土地证书或人民法院生效裁定书向市、县土地交易机构提出委托办理土地使用权公开交易手续。通过公开招标、拍卖、挂牌或网上竞价的方式转让集体建设用地使用权。

（二）对于连续两次公开交易不成功的银行业金融机构抵债土地，可由银行业金融机构申请市、县土地储备机构收购。具体收购价格由银行业金融机构与市、县土地储备机构按照国家有关规定协商确定。拥有抵债土地的银行业金融机构也可不经过公开交易程序直接申请市、县土地储备机构收购。

（三）对于连续两次公开交易不成功的银行业金融机构抵债土地以及市、县土地储备机构不予收购的银行业金融机构抵债土地，有关银行业金融机构可向市、县土地储备机构提出申请，将抵债土地交给市、县土地储备机构托管，并授权市、县土地储备机构依法处置托管土地。处置托管土地的收益应及时支付给委托的银行业金融机构。银行业金融机构抵债土地交由市、县土地储备机构托管的，双方应当签订托管协议，受托管的土地处置变现时，应向土地储备机构缴纳托管费用。没有处置变现的，不缴纳托管费用。市、县土地储备机构处置托管土地时，处置价格不得低于托管协议确定的最低处置价格。

（四）银行业金融机构可向市、县国土资源管理部门提出调换土地申请。市、县国土资源管理部门审查同意的，可为银行业金融机构调换其他同等价值的土地。

关于进一步规范国土资源管理预防腐败行为的通知

粤国土资法规发〔2009〕526号

各地级以上市国土资源局（国土资源和房屋管理局、规划和国土资源委员会）：

韶关市国土资源局出现的“4·21”系列腐败案件以及个别地方国土资源管理部门在国土资源管理方面（组织管理、建设用地报批、供地和选聘评估机构、制度建设等）暴露出的问题，对全系统都是一个警醒。经组织深入剖析，为吸取教训，进一步规范国土资源管理、预防腐败行为，提出以下意见：

一、严格按照民主集中制原则，进一步完善班子民主决策机制，规范权力运行

按照“集体领导、民主集中、个别酝酿、会议决定”的原则，落实重大事项集体决策和人事任免票决制。重大事项集体决策，班子成员分工负责。权力运行应当公开透明。对审批过程和审批意见进行公开，强化监督机制，纪检监察机构要主动介入土地审批、矿业权审批以及测绘资质资格审批的过程监督。可以向社会聘请监督员对管理工作提出意见，主动接受公众监督。

二、落实建设用地审批（审核）会审会制度

（一）建设用地报批必须经过政府建设用地审批（审核）会审会议通过。各地级以上市和县（市、区）、国土资源部门要积极建议同级人民政府严格执行省政府《关于建立土地管理共同责任制度的通知》（粤府〔2008〕100号），建立建设用地审批（审核）会审制度。用地会审工作由各地级以上市、县（市、区）人民政府分管领导牵头，国土资源、发展改革、建设、城乡规划、环保、劳动保障、林业、信访、监察部门为常设成员单位。

在用地报批阶段，凡拟报省人民政府和国务院审批的批次用地和单独选址用地，各地除按法定程序办理相关手续外，还应在上报前经本级政府建设用地审批（审核）会审会议通过。凡用地报批没有经过政府建设用地审批（审核）会审会议通过的，上级政府不得受理用地报批。

（二）划拨国有建设用地或出让国有土地使用权必须经过政府建设用地审批（审核）会审会议通过。在供地审批阶段，凡地级以上市、县（市、区）人民政府按照法定权限批准划拨国有建设用地或者出让国有土地使用权的，应先由城乡规划主管部门依据控制性详细规划对拟划拨的用地核发建设用地规划许可证，对拟出让的用地出具规划条件，再提交地级以上市、县（市、区）人民政府建设用地审批（审核）会议审议。

凡未经建设用地审批（审核）会审会议通过、未编制控制性详细规划的地块不得划拨国有建设用地或出让土地使用权。

三、加强土地储备开发管理

各地土地储备开发管理工作必须按照国土资源部、财政部、中国人民银行联合下发的《土地储备管理办法》（国土资发〔2007〕277号）的有关规定执行。土地储备机构应为当地人民政府批准成立、具有独立法人资格、隶属于国土资源管理部门、统一承担本行政辖区内土地储备的事业单位，土地储备实行严格的计划管理，当地国土资源管理部门应会同相关部门编制年度土地储备计划，报同级人民政府批准，并报上级国土资源管理部门备案。

四、严格执行招标拍卖挂牌出让国有土地使用权制度

（一）以招标、拍卖或者挂牌方式出让国有土地使用权，必须严格执行国土资源部发布的《招标拍卖挂牌出让国有土地使用权规定》（国土资源部令第11号）和《招标拍卖挂牌出让国有土地使用权规范》。凡未依法办理土地征收和农转用的土地，在未完善土地征收和农转用手续前，各地不得供地、出让和办理土地使用权证。

（二）根据公平、公正、公开原则选取具有土地估价资质的机构进行出让评估，不得指定评估机构，防止地方保护和行业垄断。

1、实行完全的市场竞争机制。土地使用权出让或转让中涉及评估需委托土地估价中介机构的，不得搞部门垄断和地区封锁，应遵循市场准入原则，只要是经注册取得执业资格（省内机构在其执业注册范围内，省外机构或省内机构的分公司经省土地估价师协会执业备案）的中介机构均可作为被委托机构。

2、规范管理。为保证评估质量和实施有效的委托管理，可定期根据“公开招标、综合评分”的原则对符合条件的评估机构择优选择3家以上机构，综合评分指标可包含企业资质、注册资金、经营业绩、资信等级、执业水平等。委托业务应在入选机构中通过摇珠等随机抽取方式确定被委托机构。

3、动态跟踪、加强监管。为保证“备选名单”和随机抽取的公平、合理，应对入选机构进行定期考核和加强执业监管，并建立信誉奖惩和退出机制，也应根据市场情况适时对委托机构的抽取规则进行检验完善。为有效地规范市场秩序和完善监管制度，省土地估价师协会和市、县国土资源部门在执业资格、执业质量、职业道德、诚信水平等方面可建立信息交换和共享机制。

五、进一步推进矿业权市场建设，强化市场配置资源作用，规范出让行为

坚持以“公开、公平、公正”和透明的原则推进矿业权市场建设。培育和规范矿业权市场，凡是可以采取招标拍卖挂牌方式出让的矿业权，一律进行招标拍卖挂牌出让。各地国土资源部门要严格执行矿业权出让程序，对矿业权出让采取内部会审制度，加强对矿业权评估单位监督，严肃查处矿业权评估中违规违法行为。要严格按规定管理和使用矿业权出让各项费用，不得挪作他用。

六、建立健全业务审批、财务管理各项制度，落实问责制，从制度上防止腐败滋生

建立健全政治学习、业务审批、财务管理、廉政建设等各项管理制度，使各项工作、每个岗位都有章可循，有据可依。要针对各项业务的特点，依据有关法律法规的规定，制定机关内的规章制度，将责任落实到人，落实到岗位，并狠抓制度的贯彻落实。要深刻汲取高要市发生的截留挪用矿产资源补偿费违规案件教训，健全完善各项财务管理制度，杜绝类似案件发生。加强对制度的学习教育，维护制度的权威性，不断提高干部职工贯彻执行制度的自觉性和坚定性。发挥领导干部带头作用，领导干部带头学习制度、模范执行制度。建立经常性监督检查。采取定期检查和不定期检查相结合等方式，保证各项制度真正落到实处。加大对违反制度行为的查处力度，做到令行禁止、违者必究，严格落实问责制，真正使制度成为干部职工共同遵守的行为准则。

广东省国土资源厅

二〇〇九年十二月十七日

关于规范采矿权审批权限下放实施管理工作的通知

粤国土资矿管发〔2009〕527号

各地级以上市国土资源局（国土资源和房屋管理局、规划和国土资源委员会）：

《广东省人民政府第四轮行政审批事项调整目录》（广东省人民政府令第142号）已确定将涉及非国家授权和不跨地级市的非金属矿产采矿权新立、延续、变更登记发证与注销登记的审批事项下放给地级以上市政府实施。为进一步加强采矿权审批登记管理工作，规范采矿权审批权限下放实施管理行为，现就有关事项通知如下：

一、自2009年11月17日起，涉及非国家授权和不跨地级市的非金属矿产的划定矿区范围，采矿权新立、延续、变更登记发证与注销登记，以及储量评审备案、开发利用方案审查备案、采矿权评估报告书备案等管理事项，均由地级以上市国土资源行政主管部门负责实施（具体矿产名称见附件1）。下放实施管理的矿产原由省国土资源厅颁发采矿许可证的，在办理采矿权延续、变更、注销登记时，由申请人直接向所在地的地级以上市国土资源行政主管部门申请办理。其他矿产仍按原规定的审批权限办理。

二、各地级以上市国土资源行政主管部门应按照《矿产资源开采登记管理办法》（国务院令第241号）、《广东省矿产资源管理条例》等有关规定，坚持依法行政，建立健全采矿权审批内部会审制度，严格把关，规范运作，切实负起审批和监管责任。省下放实施的审批权限不得再次下放。严禁越权审批、弄虚作假等违法违规行为。我厅将适时组织对采矿权下放实施情况的检查，对不按规定履行采矿权审批职责而引起严重后果的，我厅将依法追究直接负责的主管人员和其他直接责任人员的责任。涉嫌犯罪的，移送司法机关追究刑事责任。

三、采矿权新立、延续、变更和注销登记的申请材料（见附件2）。对申请材料齐全、符合法定形式的，应当受理申请；对申请材料不齐全或者不符合法定形式的，应当在5个工作日内一次性告知申请人需要补正的全部内容。

四、在全省实施矿业权联网审批以前，各地涉及采矿权新立登记和扩大矿区范围的，应采取适当方式向上级国土资源行政主管部门查询申请范围内的矿业权设置或受理情况，避免发生矿业权设置重叠。

五、严格执行地质资料汇交制度以及储量评审备案和采矿权登记备案制度。地质资料汇交人应严格执行《地质资料管理条例》（国务院令第349号）的有关规定，依法及时汇交有关地质资料。对不按规定汇交地质资料的，不予受理其采矿权申请项目。各地级以上市国土资源行政主管部门应于每季度第一个月的20日前，将本辖区内地级以上市国土资源行政主管部门上一季度办理的储量评审备案情况（见附件3），以及市、县两级国土资源行政主管部门负责审批的采矿权项目情况（见附件4）列表报送省国土资源厅矿产资源管理处备案。

六、各级国土资源行政主管部门要及时将本通知精神传达到辖区内各矿山企业。同时，各地要加强对所辖矿山企业采矿权审批登记业务的培训和提供咨询服务工作。

特此通知。

附件：

1.《下放地级以上市审批的非金属矿产目录》（略）
2.《采矿权申请事项提交资料目录》（略）
3.《储量评审备案情况表》（略）
4.《采矿权登记备案表》（略）
5.《广东省人民政府令第142号》（略）

广东省国土资源厅

二〇〇九年十二月十六日

关于印发省重点项目用地预审和报批绿色通道实施办法的通知

粤国土资利用发〔2009〕528号

各地级以上市国土资源局（国土资源和房屋管理局、规划和国土资源委员会），厅机关各处室，厅属各单位：

根据中共广东省委办公厅 广东省人民政府办公厅《关于印发〈省重点项目建设工作责任制度〉的通知》（粤委办发电〔2009〕168号）精神，我厅制定了《省重点项目用地预审和报批绿色通道实施办法》，现印发给你们，请结合实际认真贯彻执行。

广东省国土资源厅

二〇〇九年十二月十五日

省重点项目用地预审和报批绿色通道实施办法

为进一步落实重点项目用地预审和报批工作责任，加快重点项目建设，有力促进扩大内需各项建设依法依规及时落地，根据中共广东省委办公厅、广东省人民政府办公厅《关于印发〈省重点项目建设工作责任制度〉的通知》（粤委办发电〔2009〕168号）要求，结合我厅实际工作情况，制定本办法。

一、总体要求

（一）加强协调

定期与省重点项目工作领导小组办公室、发展和改革委、人力资源与社会保障厅、林业局、市县国土资源局、重点项目业主进行联系，及时掌握项目用地动态和用地报批准备进度，提供全程跟踪服务，帮助解决在用地过程中遇到的困难。

（二）提高效率

对于省重点项目用地预审和报批，从办文窗口收件、主办处室受理审查、会办处室会审到厅领导审批，要增强责任意识，采取超常规办法，充分调动各方面的积极性和创造性，规范审批程序，减少审批环节，缩短审批时间，确保审批质量，提高报批效率。

（三）主动服务

针对一些用地单位对用地报批程序和报批要件不够清楚而延误审批时间的情况，在报批前有关业务处室要主动与各级国土资源管理部门和项目业主主动联系，建立信息互通联系制度。随时掌握项目报批进展情况，及时在项目用地预审阶段和组织报批材料阶段提出合理化建议，为缩短用地审查报批时间创造条件。

（四）专人负责

全面拓展服务的广度和深度，及时掌握重点建设项目进展情况和用地难题，提前拟定解决方案，全程专人跟踪省重点建设项目报批，确保在最短的时间内获得批准。

（五）规范程序

从窗口收到用地预审和报批申请材料到受理申请等环节要严格按程序办理。

1. 收件环节。办文窗口收到用地申请材料后，要当场对申请材料要件进行检查，要件齐全的，给予收件，并向申请单位出具材料接收单。

2. 受理环节。主办处室应抓紧完成对申请材料的初审和受理工作。对于材料齐全、符合法定形式的，自收到申请材料之日起即为受理。经初审，对于材料不齐全或者不符合法定形式的，在收到报件5个工作日内一次性告知申请单位需要补正的全部内容，逾期不告知的，自收到申请材料之日起即为受理。申请单位在规定的时限内按照要求提交全部补正申请材料的，自补正材料之日起即为受理。申请单位在规定的时限内未补正材料，要及时将申请材料作退件处理。

3. 审批环节。经我厅受理的用地申请材料应在规定时间内进行审核办结。

二、用地预审

（一）责任处室

规划处为主办处室，土地利用处和耕地保护处（涉及耕地）为会办处室。

（二）工作流程图

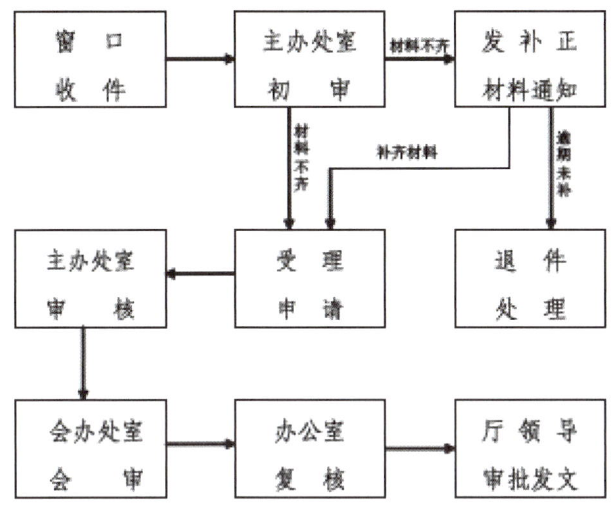

（三）时限要求

省重点项目用地预审应在受理之日起 10 个工作日内办结。具体是：主办处经室办人在 5 个工作日内出具拟办意见，处领导在 1 个工作日内审核，会办处室在 2 个工作日内提出会审意见，厅领导在 2 个工作日内审批发文。

三、用地报批

（一）责任处室

土地利用处为主办处室，规划处、耕地保护（涉及耕地）、地籍处、财务处和执法局（涉及违法用地）为会办处室。

（二）联合审查及工作流程

1. 成立联审办。成立由招玉芳厅长任组长，分管副厅长任副组长的建设用地审核报批领导小组。领导小组下设联合审核报批办公室（简称联审办）。联审办由土地利用、规划、耕地保护、地籍、财务和执法等处（局）抽调人员参加，对各地上报我厅的建设用地申请材料集中人员、集中时间、集中地点进行审核。

2. 并联审查。经我厅受理的建设用地申请材料，由联审办人员并联审查并出具审查意见，经土地利用处领导审核后，报送厅领导审批。

3. 工作流程图

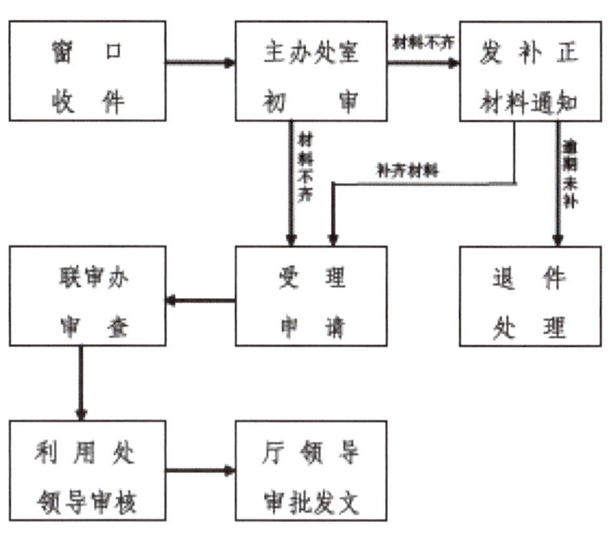

（三）时限要求

省重点项目用地报批应在受理之日起 7 个工作日内办结。具体是：联审办在 3 个工作日内拟出审查意见，土地利用处领导在 2 个工作日内审核，厅领导在 2 个工作日内审批发文。

四、相关服务

1. 窗口服务。办文窗口收到省重点项目用地申请材料时，除要当场对申请材料要件进行检查外，还应在公文处理表上加盖绿色通道项目标识，以提醒各个环节经办人注意，抓紧办理。同时，将收到的申请材料要当天通知主办处室，由主办处室派人领取，做到“即收即转”。

2. 信息服务。信息中心应在厅电子政务系统中用醒目颜色标注省重点项目，提醒经办人注意抓紧办理。

3. 档案服务。档案馆应在联审办或主办处室通知调阅图件的当天，将相关省重点项目图件送至联审办或主办处室。

转发国土资源部 农业部关于划定基本农田实行永久保护的通知

粤国土资规保发〔2009〕532号

各地级以上市国土资源局（国土资源和房屋管理局，规划和国土资源委员会）、农业局：

现将国土资源部、农业部《关于划定基本农田实行永久保护的通知》（国土资发〔2009〕167号）转发给你们，请遵照执行，我省的实施意见另行下发。

广东省国土资源厅
二〇〇九年十二月十一日

关于划定基本农田实行永久保护的通知

国土资发〔2009〕167号

各省、自治区、直辖市国土资源厅（国土环境资源厅、国土资源局、国土资源和房屋管理局、规划和国土资源管理局），农业（农牧）厅（委、局），新疆生产建设兵团国土资源局、农业局：

基本农田保护制度确立二十年来，基本农田保护工作一直受到党中央、国务院的高度重视。党的十七届三中全会《中共中央关于推进农村改革发展若干重大问题的决定》明确提出要划定永久基本农田，建立保护补偿机制，确保基本农田总量不减少、用途不改变、质量有提高。为科学划定基本农田实行永久保护，落实最严格的耕地保护制度，现将有关要求通知如下：

一、落实中央要求、实行永久保护，开创基本农田保护工作新局面

（一）坚决落实中央提出的新要求，全面提升基本农田保护工作水平。划定基本农田实行永久保护是党中央、国务院站在对历史和人民负责的高度，对基本农田保护工作提出的更新更高要求。各地要切实提高认识，增强责任感，按照“依法依规、确保数量、提升质量、落地到户”的要求，根据新一轮土地利用总体规划确定的基本农田保护目标，科学划定永久基本农田，全面提升基本农田保护水平，努力实现基本农田保护与建设并重、数量与质量并重、生产功能与生态功能并重。

（二）紧紧抓住有利时机，切实落实永久保护措施。当前，第二次全国土地调查即将完成，全国农用地分等定级、全国耕地地力调查基本完成，基本摸清了现有基本农田的位置、数量、等级及变化情况；地方各级土地利用总体规划修编工作已全面展开，为划定基本农田实行永久保护提供了有力支撑。各地要抓住有利时机，将划定基本农田实行永久保护的各项措施落到实处，切实解决一些地区基本农田零碎分散、规划调整频繁、建设占用多、补划不到位等突出问题，切实提高基本农田的区位稳定程度、集中连片程度、落地到户程度和信息化程度，将基本农田保护工作提升到全新水平。

二、合理调整、科学划定，确保基本农田落地到户

（三）严格规划编制的各项要求，切实落实基本农田保护目标。各地在新一轮土地利用总体规划修编中，要严格按照上一级规划确定的基本农田保护指标，根据《市县乡级土地利用总体规划编制指导意见》（国土资厅发〔2009〕51号）要求，切实做好基本农田布局调整工作。基本农田布局调整后，保护面积不得低于上一级规划下达的指标，总体质量等别应高于调整前的平均质量等别，集中连片程度应有所提高。县级土地利用总体规划应划定基本农田保护区，乡级土地利用总体规划应将县级规划划定的保护区进一步落实到保护地块。规划期内已经确定必须占用的耕地不得划为基本农田。根据《市县乡级土地利用总体规划编

制指导意见》，各地可以多预留一定比例的基本农田，用于规划期内不易确定具体范围的建设项目占用，同时列明可在基本农田保护区安排的建设项目清单；占用规划预留的基本农田，不视为调整规划。基本农田一经划定，不得擅自调整，不得随意改变区位。

（四）切实将基本农田落到地块和农户，真正落实保护责任。各地要在经依法批准的乡（镇）土地利用总体规划的基础上，将落实到地块的基本农田，编制基本农田保护专题图，并标示出基本农田所有权界线、地块及编号、图斑号、地类号及等级状况等基本信息。基本农田保护专题图要落到第二次全国土地调查形成的土地利用现状分布图上，作为年度土地利用变更调查的本底。各级国土资源管理部门要会同农业行政主管部门把划定的基本农田落实到承包农户，记载到土地承包经营权证，明确集体经济组织和农户的保护责任。规划预留的基本农田也必须落到地块和农户。

（五）设立和维护好基本农田统一标志，扩大社会宣传和监督效果。各地要根据《关于基本农田与土地整理标识使用及标志牌设立的规定》（国土资发〔2007〕304号）的要求，尽快设立统一规范的基本农田保护标志牌和标识，标示出基本农田的位置、面积、保护责任人、相关政策规定、示意图和监督举报电话等信息，扩大宣传效果，促进社会监督。每个基本农田保护区应设立标志牌，铁路、公路等交通沿线和城镇、村庄周边的显著位置应增设标志牌。省级国土资源管理部门要组织好标识和标志牌的设置和监督工作，并保障工作经费；市县级国土资源管理部门负责标识和标志牌的设立和维护。标识和标志牌一经设立，任何单位和个人不得擅自破坏和改变。

三、加强信息化建设、推行网络化报备制度，实现基本农田动态管理

（六）健全保护台账，夯实基本农田电子政务管理基础。地方各级国土资源管理等部门要健全台账，加强基本农田图、表、册管理。乡（镇）政府要根据基本农田保护专题图，对每一宗基本农田保护地块涉及的保护责任信息、土地承包经营信息和质量信息等进行收集、整理，建立基本农田保护信息表、册。各级农业部门要建立基本农田质量数据库。基本农田保护责任信息主要包括保护责任人的基本信息、保护责任内容、保护责任起始时间等；土地承包经营信息主要包括每一宗基本农田地块内的农户数、每一农户承包地面积、质量等级等；基本农田质量信息主要包括耕地和土壤类型、标准耕作制度、立地条件、剖面性状、土壤养分状况、耕地地力等级、污染状况等。

（七）加快建立统一的基本农田信息网络系统，构建信息化管理体系。县级以上各级国土资源管理部门按照《基本农田数据库标准》（TD/T1019-2009）要求，建立基本农田数据库，将基本农田保护图、表、册的内容，纳入数据库管理，并逐步实现省域内数据库联网互通。建立数据日常更新维护制度，图、表、册内容发生变化的，数据库相关信息要实时更新。各地要以构建国家、省、市、县、乡五级互动的基本农田信息化管理体系为目标，加快推进基本农田管理的计算机化、网络化，确保各级相关部门及时准确地掌握基本农田现状与变化情况。

（八）全面推行“五级”报备制度，实现信息共享。基本农田保护信息实行国家、省、市、县、乡五级报备制度，地方各级国土资源管理部门要将基本农田保护信息逐级备案，省级国土资源管理部门要做好备案信息的审核和监督，将经核实确认的汇总信息及时报备国土资源部。地方各级国土资源管理部门对本行政区域内备案信息的真实性、合法性、合规性负责。基本农田保护图件备案工作，应在新一轮土地利用总体规划修编完成后三个月内逐级上报省级国土资源管理部门。

四、严格占用审批、及时补划到位，确保基本农田的数量和质量

（九）加强用地审查，严格控制非农建设占用基本农田。国务院和国务院投资主管部门审批或核准的建设项目，涉及占用基本农田的，土地利用规划调整方案随同用地报批材料一并报国务院批准。各地凡涉及基本农田位置调整的土地利用总体规划修改，应报国务院批准。列入规划项目清单的建设项目占用规划预留的基本农田的，可不再补划基本农田，但必须完成补充耕地任务。各省（区、市）要对占用基本农田的征地补偿标准、耕地开垦费标准作出专门规定，提高占用基本农田的成本，不得低于当地征地补偿、耕地开垦费的最高标准。各省（区、市）制定的标准应报国土资源部备案。

（十）严格执行规定，切实做好补划工作。经国务院批准修改土地利用总体规划调整基本农田布局的，要保证规划确定的基本农田面积不减少、质量有提高，并落到基本农田保护图件上。经依法批准建设占用基本农田的，原则上要在本市县域范围内完成补划任务。因耕地后备资源匮乏、确实难以在本市县内补划的，必须由省级国土资源管理部门统筹安排补划基本农田并保证数量和质量。补划的基本农田数量和质量应由省级国土资源管理部门和农业行政主管部门验收确认。补划的基本农田要建立标识、落实到地块和农户、及时变更和备案。

五、实行年度变更调查、强化督察考核，提升基本农田监管水平

（十一）依法开展基本农田年度变更调查工作，准确掌握变化情况。地方各级国土资源管理部门要根据《土地调查条例实施办法》（国土资源部令第 45 号）规定，将基本农田状况调查、监测、统计、分析作为土地调查的重要内容，将基本农田位置、数量等变化情况列入年度土地变更调查。县级国土资源管理部门要做好年度基本农田变化情况的调查和统计，编制基本农田变化图件，及时汇交上一级国土资源管理部门汇总。地方各级农业行政主管部门要建立基本农田质量年度监测制度，并将基本农田质量变化情况反馈给同级国土资源管理部门。年度变更信息要按照基本农田“五级”信息报备的要求，及时变更和备案。

（十二）强化日常监管和督察，发挥共同监督作用。国家土地督察机构要切实担负起基本农田保护的督察职责。乡（镇）人民政府负责本行政区域内的基本农田保护管理工作，基层国土所要切实担负起基本农田保护的第一线责任。各级国土资源管理部门要加大对基层国土所的建设力度，强化动态巡查，切实发挥其日常监管作用。要充分发挥全社会共同监督作用，建立基本农田保护网络公开查询系统和畅通的信访、12336 举报电话等群众监管渠道，方便公众查询和监管。要充分运用遥感监测等先进技术手段，加强对基本农田保护重点区域的监控。

（十三）加大目标责任考核和奖惩力度，切实落实保护责任。各级国土资源管理部门要将土地利用总体规划确定的基本农田保护指标和任务层层分解落实，作为对下一级地方政府耕地保护责任目标考核的重要内容。各有关部门要加大对基本农田保护责任目标考核的力度，督促下一级地方政府主要领导人层层签订责任书，落实领导责任。国土资源管理部门要将考核结果作为下达土地利用年度计划指标的重要依据，及时兑现奖惩。农业行政主管部门要将考核结果作为安排耕地质量建设有关项目的依据，并予以适当倾斜。进一步落实基本农田保护共同责任机制，配合组织、审计等部门将耕地保护纳入地方党政领导班子绩效分析评价和领导干部耕地保护离任审计，进一步完善考核措施。

六、加大投入、创新机制，强化基本农田保护和建设

（十四）加大建设投入力度，提高基本农田质量。各级国土资源管理部门要将新增建设用地土地有偿使用费、耕地开垦费、土地复垦费、土地出让收入用于农业开发部分等土地整治专项资金向基本农田保护区倾斜；聚合相关部门资金和引导社会资金共同参与基本农田建设。农村土地整治增加的耕地要划为基本农田实行永久保护。要加快国家级基本农田保护示范区的建设，有条件的地方要建立省级示范区，发挥典型示范作用。国土资源、农业部门进一步采取措施，提高基本农田质量，共同做好补划基本农田质量评定工作。积极探索基本农田整备区建设，形成连片、高标准的粮棉油生产基地。

（十五）探索经济补偿机制，激发各地保护工作积极性。各地要积极探索建立基本农田保护补偿机制，鼓励有条件的地区建立基本农田保护基金，对农民和农村集体管护、利用基本农田给予补贴。对基本农田保护先进单位和个人要进行表彰和奖励。国土资源管理等部门要积极配合财政部门加大对基本农田保护任务较重地区的财政转移支持力度。国家将进一步总结提炼各地经验，适时出台有关政策。

中华人民共和国国土资源部
中华人民共和国农业部
二〇〇九年十二月二日

转发国土资源部关于印发《限制用地项目目录》（2006年本增补本）和《禁止用地项目目录》（2006年本增补本）的通知

粤国土资利用发〔2009〕536号

各地级以上市、县（市）国土资源局（国土资源和房屋管理局、规划和国土资源委员会）：

现将《国土资源部关于印发〈限制用地项目目录〉（2006年本增补本）和〈禁止用地项目目录〉（2006年本增补本）的通知》（国土资发〔2009〕154号）转发给你们，请认真贯彻执行。

广东省国土资源厅

二〇〇九年十二月二十二日

关于印发《限制用地项目目录（2006年本增补本）》和《禁止用地项目目录（2006年本增补本）》的通知

国土资发〔2009〕154号

各省、自治区、直辖市国土资源厅（国土环境资源厅、国土资源局、国土资源和房屋管理局、规划和国土资源管理局），解放军土地管理局，新疆生产建设兵团国土资源局，各派驻地方的国家土地督察局：

为贯彻落实《国务院关于批转发展改革委等部门关于抑制部分行业产能过剩和重复建设引导产业健康发展若干意见的通知》（国发〔2009〕38号），进一步增强土地政策参与宏观调控的自觉性和主动性，严格土地供应政策，抑制部分行业产能过剩和重复建设，促进产业结构调整和节约集约利用土地，依据国家有关产业政策，我部在国土资源部和国家发展改革委共同发布的《限制用地项目目录（2006年本）》和《禁止用地项目目录（2006年本）》的基础上，增补了相关内容。现予以发布，请认真贯彻执行。

一、本通知的规定适用于新建、扩建和改建的建设项目。

二、凡列入《限制用地项目目录（2006年本增补本）》的建设项目或者采用所列工艺技术、装备的建设项目，必须符合目录规定条件，各级国土资源管理部门方可办理相关手续。

三、凡列入《禁止用地项目目录（2006年本增补本）》的建设项目或者采用所列工艺技术、装备的建设项目，各级国土资源管理部门一律不得办理相关手续。

四、违反本通知规定办理相关手续的，要依法依规追究有关部门和责任人的责任。

附件：

1.《限制用地项目目录》（2006年本增补本）

2.《禁止用地项目目录》（2006年本增补本）

中华人民共和国国土资源部

二〇〇九年十一月十日

附件1:

限制用地项目目录（2006年本增补本）

一、乳制品加工项目

1. 乳制品加工项目：日处理原料乳能力200吨以上。

2. 新建和改（扩）建乳粉项目日处理生鲜乳能力必须达到下列规模：

北京、天津、上海、重庆、黑龙江、吉林、辽宁、内蒙古、河北、山西、山东、河南、西藏、陕西、甘肃、青海、宁夏、新疆等省（区、市）300吨及以上；

江苏、浙江、安徽、福建、江西、湖北、湖南、广东、广西、海南、四川、贵州、云南等省（区）100吨及以上。

3. 新建液态乳项目日处理生鲜乳能力必须达到下列规模：

北京、天津、上海、重庆、黑龙江、吉林、辽宁、内蒙古、河北、山西、山东、河南、西藏、陕西、甘肃、青海、宁夏、新疆等省（区、市）500吨及以上；

江苏、浙江、安徽、福建、江西、湖北、湖南、广东、广西、海南、四川、贵州、云南等省（区）200吨及以上。

4. 改（扩）建液态乳项目日处理生鲜乳能力必须达到下列规模：

北京、天津、上海、重庆、黑龙江、吉林、辽宁、内蒙古、河北、山西、山东、河南、西藏、陕西、甘肃、青海、宁夏、新疆等省（区、市）300吨及以上；

江苏、浙江、安徽、福建、江西、湖北、湖南、广东、广西、海南、四川、贵州、云南等省（区）100吨及以上。

牦牛乳、水牛乳、山羊乳等地方特色乳制品建设项目不受上述第2、3、4项规定的准入规模限制。

二、煤炭项目

新建、改扩建矿井不低于下列规模：山西、内蒙古、陕西等省（区）120万吨/年；重庆、四川、贵州、云南等省（市）15万吨/年；福建、江西、湖北、湖南、广西等省（区）9万吨/年；其他地区30万吨/年。

鉴于当前小煤矿数量多、布局不合理、破坏资源和环境尚未根本改善，煤矿安全生产形势依然严峻，“十一五”期间一律暂停30万吨/年以下的新建煤矿项目的土地供应。

三、钢铁项目

1. 中低碳锰铁、电炉金属锰和中低微碳铬铁等精炼电炉项目：必须采用热装热兑工艺，容量为3000KVA及以上。

2. 锰铁高炉项目：容积为300立方米及以上。

3. 硅钙合金和硅钙钡铝合金电炉项目：容量为12500KVA及以上。

4. 硅铝铁合金电炉项目：容量为16500 KVA及以上。

四、有色金属项目

1. 新建再生铅项目：规模必须在5万吨/年以上。

2. 新建再生铝项目：规模必须在5万吨/年以上。

3. 改造、扩建再生铝项目 ：规模必须在3万吨/年以上。

4. 多品种综合铝加工项目：生产能力必须达到10万吨/年以上。

5. 单一品种铝加工项目生产能力必须达到下列规模：板带材5万吨/年、箔材3万吨/年、挤压材5万吨/年。

6. 新建电解锰项目：单条生产线（一台变压器）规模达到1万吨/年；企业总的生产规模达到3万吨/年。

五、建材项目

1. 新建玻璃纤维池窑法拉丝生产线：规模必须达到3万吨/年及以上。

2. 玻璃纤维代铂坩埚法拉丝生产线：单丝直径小于7微米的细纱，且产品质量和规格达到国际标准，生产规模必须达到2000吨/年及以上。

3. 新建或改扩建平板玻璃生产线：熔窑规模应在500T/D以上（超薄线除外）。

六、多晶硅项目

新建多晶硅项目：规模必须达到3000吨/年以上，占地面积6公顷/千吨以下。

七、纺织项目

1. 棉、麻、化纤、丝绸机织物印染项目：生产能力2000万米/年及以上。

2. 毛机织物印染项目：生产能力200万米/年及以上。

3. 针织或纱线印染项目：生产能力2000吨/年及以上。

八、党政机关新建办公楼项目

1. 中央直属机关、国务院各部门、省（区、市）

及计划单列市党政机关新建办公楼项目：须经国务院批准。

2.中央和国家机关所属事业单位新建办公楼项目：须经国家发展改革委批准（使用中央预算内投资7000万元以上的，须经国务院批准）。

3.省直厅（局）级单位和市、县级党政机关新建办公楼项目：须经省级人民政府批准。

4.市、县级党政机关直属单位和乡镇党政机关新建办公楼项目：须经市、县人民政府批准。

九、商品住宅项目

宗地出让面积不得超过下列标准：小城市（镇）7公顷，中等城市14公顷，大城市20公顷。

附件2:

禁止用地项目目录（2006年本增补本）

一、钢铁项目

1. 采用反射炉焙烧钼精矿工艺或虽未采用反射炉焙烧钼精矿工艺但未配备SO2回收装置的钼铁生产线。

2.采用反射炉还原、煅烧红矾纳、铬酐生产工艺的金属铬生产线。

二、建材项目

1.原料不是特种成分的玻璃纤维生产线。

2.无碱、中碱玻璃球生产线。

三、机械制造项目

新建风电装备整机制造厂项目。

四、船舶制造项目

新建船坞、船台项目和现有造船企业船坞、船台的扩建项目（2012年前）。

五、其他项目

党政机关（含国有企事业单位）新建、改扩建培训中心（基地）和各类具有住宿、会议、餐饮等接待功能的设施或场所建设项目。

关于实施探矿权和地质勘查资质审批权限委托下放工作有关事项的通知

粤国土资地环发〔2009〕578号

各地级以上市国土资源局（国土资源和房屋管理局、规划和国土资源委员会）：

为贯彻落实《广东省人民政府第四轮行政审批事项调整目录》（广东省人民政府令第142号）的决定，规范探矿权转让、变更、延续、保留、注销登记和地质勘查丙级资质审批权限委托下放实施管理的行为，现就有关事项通知如下：

一、自2009年11月17日起，将省级探矿权新立登记委托县级国土资源行政主管部门受理；将不跨地级市的探矿权转让审批，非扩大勘查范围和不跨地级市的探矿权变更、延续、保留和注销登记的审批事项，地质勘查丙级资质审批，均下放给地级以上市国土资源行政主管部门实施。各地级以上市国土资源行政主管部门不得将省下放实施的审批权限再次下放。

二、各县级国土资源行政主管部门受理探矿权新立登记，应按照《国土资源部办公厅关于做好探矿权采矿权登记与矿业权实地核查工作衔接有关问题的通知》（国土资厅发〔2009〕54号）和省国土资源厅《关于探矿权新立及变更勘查范围登记申请有关问题的通知》（粤国土资地环电〔2009〕167号）规定的要求和程序办理。

探矿权人办理探矿权转让、变更、延续、保留和注销登记时，直接向项目所在的地级以上市国土资源行政主管部门申请办理。其他探矿权仍按照原规定的审批发证权限办理。

各地级以上市国土资源行政主管部门受理审批地质勘查丙级资质，应严格按照《地质勘查资质管理条例》（国务院令第520号）、《国土资源部关于印发〈地质勘查资质分类分级标准〉的通知》（国土资发〔2008〕137号）和《国土资源部关于贯彻实施〈地质勘查资质管理条例〉有关问题的通知》（国土资发〔2008〕131号）规定的要求办理，其中勘查技术人员等信息由省国土资源厅汇总后向国土资源部统一核查。原由省国土资源厅颁发的地质勘查丙级资质，在办理变更、补证和注销登记时，由申请人直接向单位所在地的地级以上市国土资源行政主管部门申请办理。

三、各地级以上市、县国土资源行政主管部门应严格按照《行政许可法》和矿产资源法律法规及有关政策文件规定办理。对申请材料不齐全或者不符合法定形式的，应当在5个工作日内一次告知申请人补正的全部内容；对申请材料齐全、符合法定形式的，应当及时受理，并在规定的时限内办结。其中探矿权新立核查工作，各地级以上市、县国土资源行政主管部门办理时限分别为10个工作日。探矿权新立、转让、变更、延续、保留、注销和地质勘查丙级资质审批的有关申请资料详见附件1-2。

四、各地级以上市国土资源行政主管部门在办理探矿权转让、变更、延续、保留、地质勘查丙级资质审批手续后，应将一套完整的审批资料报省国土资源厅，由省国土资源厅向国土资源部申请统一配号或统一编号。办理探矿权注销手续后，应向省国土资源厅及时备案，同时应督促探矿权人按照《地质资料管理条例》（国务院令349号）的有关规定，依法及时汇交有关地质资料。

五、各地级以上市、县国土资源行政主管部门应严格按照《矿产资源法》及其配套法规和有关政策文件的规定，坚持依法依规，程序合法、规范运作、严格把关，切实负起审批和监管的责任。对不按照规定履行探矿权、地质勘查资质审批职责而引起严重后果的，我厅将依法追究主要领导和分管领导及有关责任人的责任，构成犯罪的，由司法机关依法追究刑事责任。

六、各地级以上市国土资源行政主管部门要及时将本通知转发到辖区内各相关探矿权人和地质勘查单位，并提供咨询服务。各地在实施委托下放审批事项中遇到的问题，请及时向省国土资源厅反映。

附件：

1.《探矿权新立、变更（含转让）、延续、保留和注销登记申请资料目录》（略）

2.《地质勘查丙级资质申请资料目录》（略）

广东省国土资源厅

二〇〇九年十二月三十一日

关于印发《广东省补充耕地省级补助资金管理暂行办法》的通知

粤财农〔2009〕13号

各地级以上市财政局、国土资源局：

为规范补充耕地省级补助资金管理，建立耕地开垦激励机制，引导市县科学开发补充耕地，实现全省耕地占补平衡和耕地总量动态平衡，根据省府办公厅《广东省土地开发整理补充耕地项目管理办法》（粤府办〔2008〕74号）和财政专项资金管理有关规定，结合本省实际，我们制定了《广东省补充耕地省级补助资金管理暂行办法》，现印发给你们，请遵照执行。执行中如遇有问题，请反馈省财政厅、省国土资源厅。

广东省财政厅

广东省国土资源厅

二〇〇九年一月二十三日

广东省补充耕地省级补助资金管理暂行办法

第一章 总 则

第一条 为规范补充耕地省级补助资金管理，建立耕地开垦激励机制，引导市县（区）科学开发补充耕地，实现全省耕地占补平衡和耕地总量动态平衡，根据省府办公厅《广东省土地开发整理补充耕地项目管理办法》（粤府办〔2008〕74号）和财政专项资金管理有关规定，结合本省实际，制定本办法。

第二条 本办法所称补充耕地省级补助资金（以下简称省级补助资金），是指经省政府同意，2008年至2012年，由省财政安排专项用于引导和补助市县（区）补充耕地的40亿元补助资金。

第三条 本办法所称补充耕地，是指根据土地利用总体规划和补充耕地专项规划，将未利用地、园地（不含可调整园地）、山坡地以及建设用地改造为耕地的土地。

第四条 省级补助资金管理应遵循以下原则：

（一）规范管理，总量控制；

（二）依法依规，公平公正；

（三）因素分配，注重绩效。

第二章 补助范围、标准、用途

第五条 补助范围

2008年1月1日之后验收合格的补充耕地。包括由省国土资源厅、省农业厅联合核发确认函的市县级自筹资金补充耕地和按省府办公厅粤府办〔2008〕74号文规定的验收方式由地级以上市国土资源、农业、林业部门联合核发确认函的市县级财政资金及社会资金投资的补充耕地。

第六条 补助标准

经验收合格的补充耕地每亩由省补助2000元。

第七条 资金用途

省级补助资金专款用于补充耕地和基本农田建设与保护等支出，工作经费按不超过3%的比例据实列支。

第三章 资金申请与分配

第八条 申请程序

补充耕地经核发验收确认函后，由县级财政部门会同级国土资源部门于每年1月、4月、7月、10月底前将申请省级补助资金的请示及相关材料逐级报省财政厅、省国土资源厅。

第九条 申请材料

申请省级补助资金应提交以下材料：

（一）申请文件；

（二）省级国土资源部门会同有关部门进行补充耕地抽查的反馈意见；

（三）补充耕地项目验收确认函。

第十条 资金分配

省级补助资金按照竞争性分配原则进行分配：

（一）按照优胜劣汰的原则，对地级以上市组织专家验收不合格的补充耕地，不予安排省级补助资金。

（二）按照公开、公平、公正的原则，省级抽查合格的补充耕地列入补助范围；省级抽查不合格的，不列入补助范围。

（三）按照时间、效率优先的原则，对又好又快完成的补充耕地，根据补充耕地的质量、面积等因素在 40 亿元省级补助资金额度内优先给予补助。

第十一条 资金拨付

省级补助资金实行国库集中支付或财政报账制管理。具备国库集中支付条件的，由市县级财政部门实行国库集中支付；暂不具备国库集中支付条件的，按省财政厅《关于印发〈广东省财政支农专项资金报账制实施办法〉的通知》（粤财农〔2005〕117 号）的规定，实行财政报账制管理。

第四章 职责与监督

第十二条 国土资源部门职责

（一）市县国土资源部门职责。

1、负责制订本级补充耕地专项规划和分年度计划，对其可行性负责；

2、负责组织实施补充耕地项目，牵头组织有关部门对补充耕地项目进行验收，对其真实性负责；

3、根据国库集中支付或财政报账制的有关规定，对项目承担单位申请支付资金的资料和报账凭证进行审核，确保资料和凭证的真实性、合规性和完整性；

4、组织检查项目实施和资金使用情况，按要求开展省级补助资金绩效自评工作。

（二）省国土资源厅职责。

1、牵头组织省直有关部门对各地级以上市所报补充耕地验收项目进行抽查；

2、按照公开、公平、公正的原则拟定省级补助资金分配意见送省财政厅审核；

3、加强对省级补助资金使用情况的监督管理，组织开展省级补助资金的绩效自评工作。

第十三条 财政部门职责

（一）市县财政部门职责。

1、对申报资料的合规性进行审核；

2、分配和转下达省级补助资金；

3、根据国库集中支付和财政报账制的有关规定及时审核、拨付资金。

（二）省财政厅职责。

1、按规定筹集省级补助资金；

2、对省国土资源厅提出的省级补助资金分配意见进行合规性审核，及时下达省级补助资金；

3、加强对省级补助资金的监督管理，按规定组织省级补助资金绩效评价工作。

第五章 监督管理

第十四条 省市县（区）国土资源部门和财政部门应按照职责分工，加强对项目和资金的监督管理。

第十五条 对骗取、截留、挤占、滞留、挪用省级补助资金的行为，将按照《财政违法行为处罚处分条例》及其他法律法规追究有关单位及其责任人的法律责任。

第六章 附 则

第十六条 本办法由省财政厅、省国土资源厅负责解释。

第十七条 本办法自下发之日起执行。